AF547868

BLUTSGESCHWISTER
EIN EIGENER SCHLAG

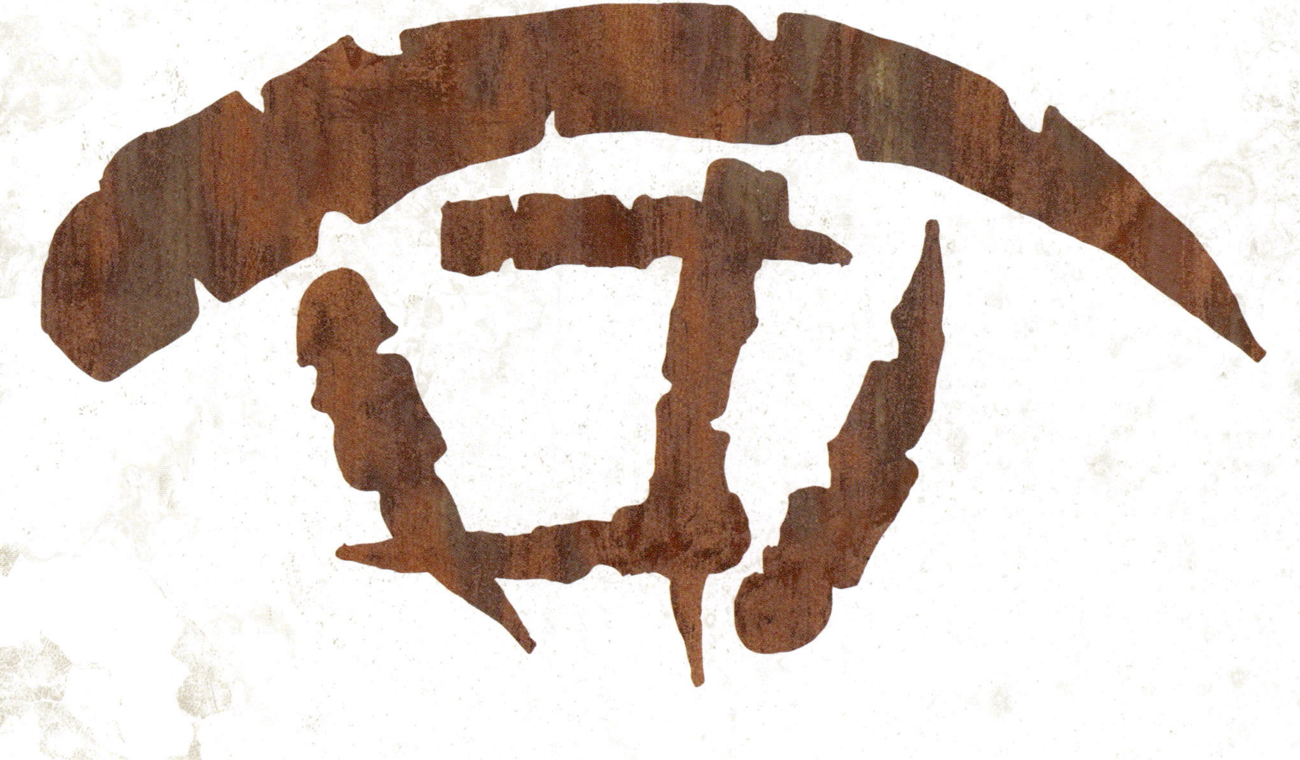

Mitarbeiter der Originalausgabe

Autoren: Jackie Cassada, Jess Hartley, Ethan Skemp, Bill Bridges
Entwicklung: Bill Bridges
Lektorat: Carol Darnell
Kreative Leitung: Rich Thomas
Künstlerische Leitung und Design: Mike Chaney
Coverillustration: Brian Leblanc
Illustrationen: Brian Leblanc, Andrew Trabbold, Chris Bivins, Bryan Syme, Drew Tucker, Leo Albiero

Danksagung

Martin „Dracula Lebt" Erricson dafür, dass er mit guten Nachrichten vom Galgen herabgestiegen ist.

Widmung

In Gedenken an Wolf #10, den „Big Guy" des Yellowstone Wolf Reintroduction Programms. Mögen deine und #9s Nachkommen sich verbreiten.

Mitarbeiter der deutschen Ausgabe

Redaktion: Jasmin Neitzel, Mirko Bader
Übersetzung: Katrin Osieja
Lektorat: Christina Müller
Korrektorat: Christina Müller, Jasmin Neitzel
Satz der deutschen Version: Matthias Lück

Administration: Carsten Moos, Sven Paff, Marlies Plötz
Marketing: Jens Ballerstädt, Philipp Jerulank, Derya Öcalan, Sebastian Wyrwall
Verlag: Zoe Adamietz, Steffen Brand, Frauke Forster, Kai Großkordt, Nikolai Hoch, Nadine Hoffmann, Johannes Kaub, Arne Frederic Kunz, Thomas Michalski, Michael Mingers, Markus Plötz, Nadine Schäkel, Maik Schmidt, Ulrich-Alexander Schmidt, Alex Spohr
Verlag USA: Bill Bridges, Timothy Brown, Darrell Hayhurst, Ross Watson
Vertrieb: Luca Giuliano, Jan Hulverscheidt, Stefanie Peuser, Sven Schlimgen, Thomas Schwertfeger, Saskia Steltner, Stefan Tannert

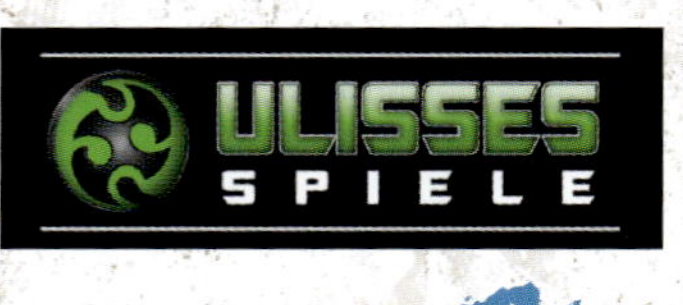

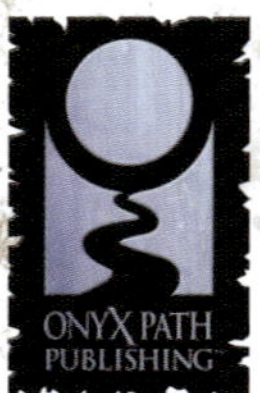

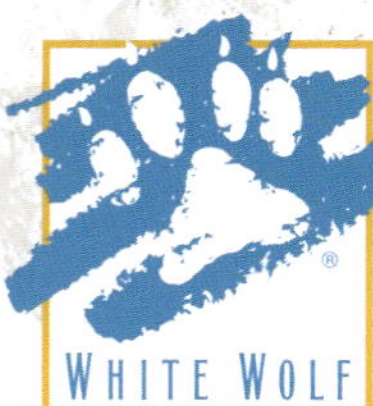

Check out White Wolf online at **http://www.white-wolf.com**
Check out the Onyx Path at **http://www.theonyxpath.com**

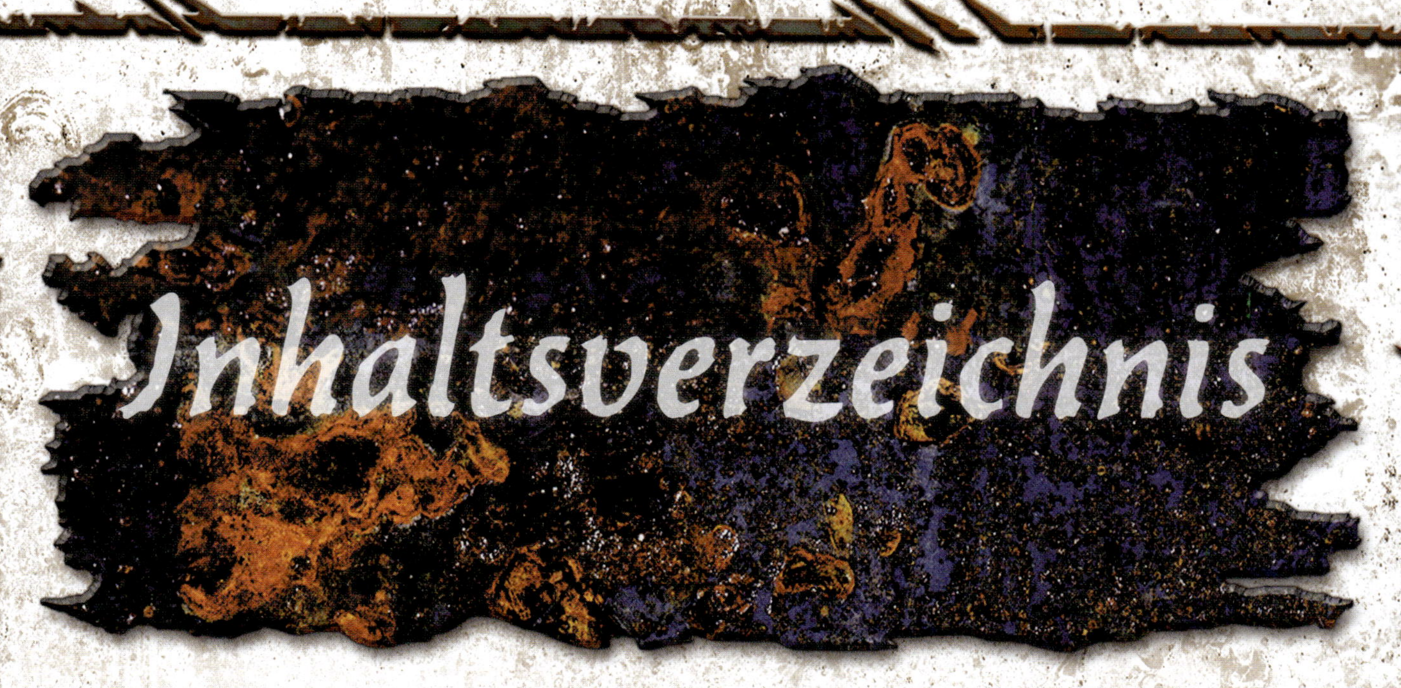
Inhaltsverzeichnis

Kapitel Drei : Blutsgeschwister-Charaktere 57

Kapitel Vier: Blutsgeschwister-Chroniken erzählen 87

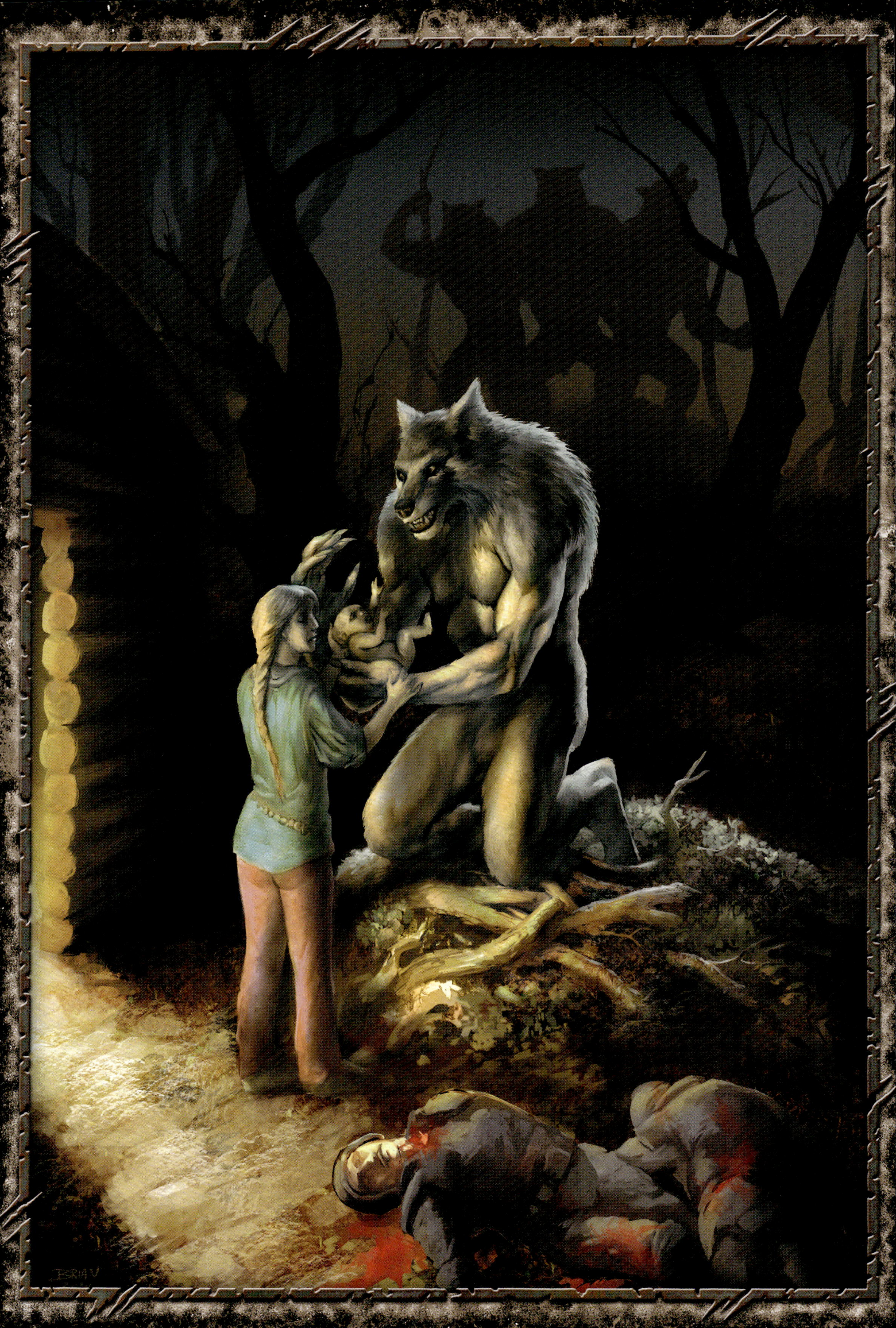

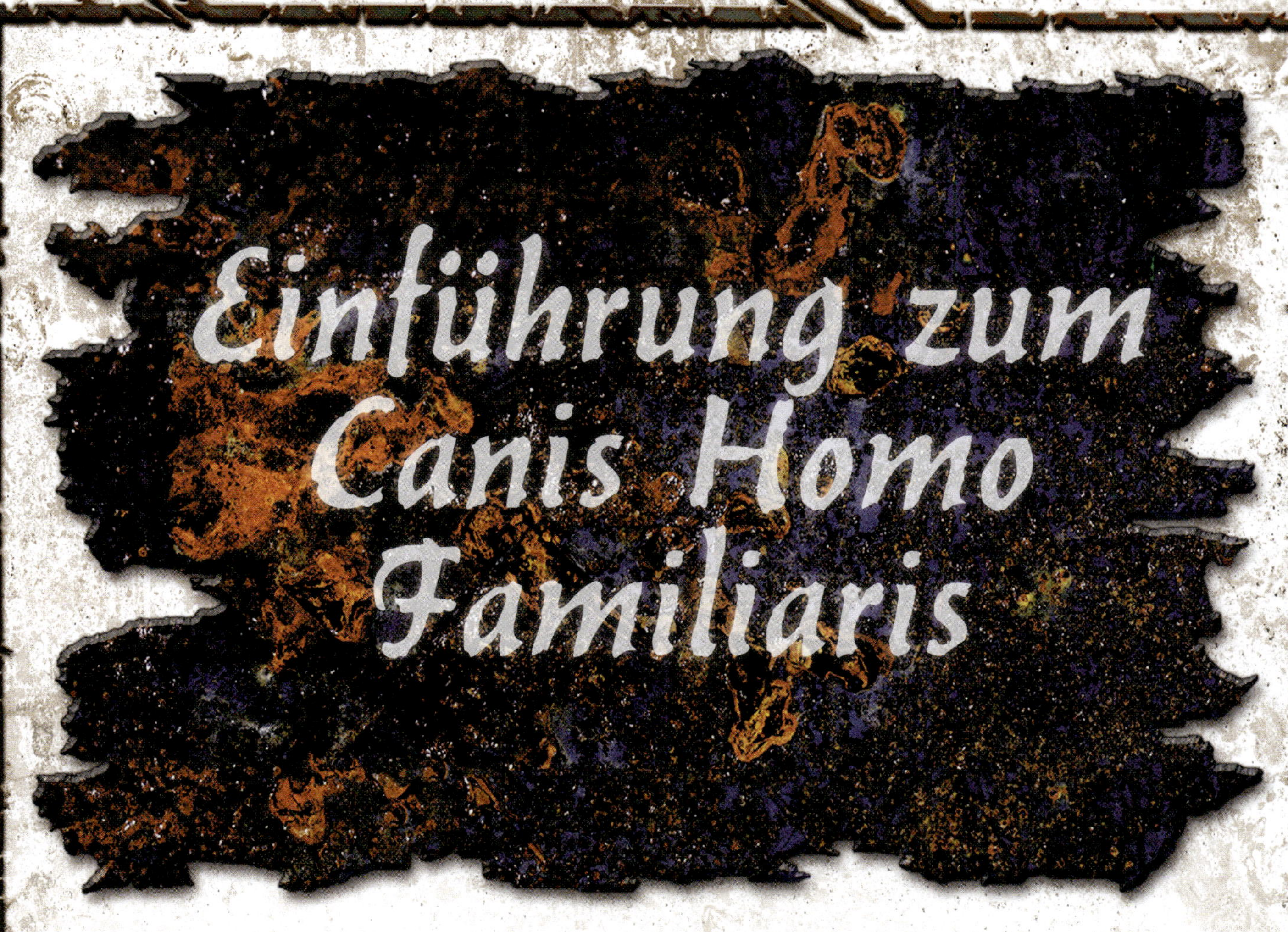

„Man kann sich seine Freunde aussuchen, aber seine Familie kann man sich nicht aussuchen, und ganz gleich, ob man sie anerkennt oder nicht, sie bleiben doch Verwandte, und man sieht ganz schön dumm aus, wenn man es nicht tut."

– **Harper Lee**, *Wer die Nachtigall stört*

Blutsgeschwister sind jene ganz besonderen Personen, die den Samen der Garou in sich tragen. Sie selbst sind keine „wahre Brut" – sie sind keine Garou – aber sie haben das Potenzial, einen Garou zur Welt zu bringen und ihren Beitrag zu einer Erblinie von Blutsgeschwisters zu leisten, die eines Tages einen wahren Garou zur Welt bringen könnten.

Es gibt keine einheitliche Vorlage für Blutsgeschwister. Sie variieren je nach Stamm, Kultur, sozioökonomischer Stellung, Geografie etc. Mit anderen Worten, sie sind genau wie die Menschen überall, außer, dass sie mit Werwölfen verwandt sind. Viele von ihnen wissen zwar, dass sie mit Werwölfen verwandt sind und sind auch durch die Kultur der Garou geprägt, aber manche haben auch keine Ahnung, dass der Wolf tief in ihren Adern rinnt, auch wenn er niemals dazu bestimmt ist, hervorzubrechen. Erstere werden *wissende* Blutsgeschwister genannt – sie „wissen Bescheid" – während Letztere *unerfahrene* Blutsgeschwister genannt werden – sie wissen nichts von der höheren Wirklichkeit, mit der ihr Blut sie verbindet.

Eines der Blutsgeschwister zu sein, die sich niemals verwandeln, ist im Grunde genommen tragisch. Sie werden niemals der King sein. Auch wenn das bedeutet, dass es Ihnen erspart bleibt, die Höhlen des Wyrms zu stürmen, können Sie auch niemals den Ruhm eines Garou für sich in Anspruch nehmen. Falls Sie tatsächlich das Pech haben sollten, einen Garou zu lieben, mit dem Sie verheiratet oder verbunden sind, wissen Sie, dass er vielleicht eines Tages nicht mehr nach Hause kommt, oder dem Tode nahe und schrecklich entstellt nach Hause kriecht, nur um gleich wieder loszuziehen und das Gleiche noch einmal zu tun, sobald seine Wunden verheilt sind. Noch schlimmer ist es, wenn Sie das Ziel seiner Wut und seiner Frustration werden – immerhin ist er eine Brutstätte des Zorns. Als Blutsgeschwister tragen Sie ständig die Zielscheibe der Feinde der Garou auf dem Rücken. Aber sie sind vielleicht auch gesegnet durch die unsichtbare Fürsorge und die Zuwendung von Geistern, die den Garou treu ergeben sind. Ihre großen Brüder und Schwestern passen immer auf Sie auf und Sie wissen, dass Sie in jedem Fall eine bedeutende Rolle in einem Krieg spielen, auch wenn Ihre Aufgabe lediglich darin besteht, die heimischen Feuer in Gang zu halten.

Motive und Stimmungen

Themen für Geschichten und Chroniken, in denen Blutsgeschwister eine Rolle spielen (sei es als Erzähler oder als Spielercharaktere) beinhalten häufig Motive wie Pflicht, Verpflichtung, erdrückende Verantwortung und familiäre Bindungen. Die Blutsgeschwister unterliegen einem Befehl ihrer Garou-Vettern: Seid fruchtbar und mehret euch ... auch wenn ihr das nicht wollt.

Die Last familiärer Erwartungen ist eine klassische Quelle für Dramen, Konflikte und Paranoia. Machen Sie sich nichts vor, die Garou sind unheimlich, selbst wenn sie Ihre Eltern, Geschwister oder Kinder sind. Sie gehören zu Ihnen, aber Sie sind nicht wie sie. Sie können Sie innerhalb von Sekunden in Stücke reißen, wenn der Zorn sie überwältigt, und die Tränen des Bedauerns, die sie hinterher vergießen, sind nur ein schwacher Trost. Blutsgeschwister haben häufig das Gefühl, dass sie in der Gegenwart ihrer Vettern einen Eiertanz aufführen müssen, und das beeinflusst auch ihr Verhalten untereinander. Man verletzt immer die, die einem am nächsten stehen, und Familien aus Blutsgeschwistern sind häufig brodelnde Knoten aus unterdrückter Wut, unangebrachten Verurteilungen, blinden Ambitionen und rücksichtslosen Befehlen, die Kindern von ihren Eltern auferlegt werden.

So muss es nicht sein. Auch wenn ein Konflikt das Herzstück einer Geschichte bildet, sind auch Momente der Freude, der Ehrfurcht und des Staunens das Geburtsrecht der Blutsgeschwister. Da ist ein Krieg im Gange, aber es ist ein Krieg um etwas Wunderschönes und verzweifelt Benötigtes — die lebende Welt Gaias. Blutsgeschwister können ebenso wenig einen Blick hinter den Todesgürtel und in das Umbra werfen, wie der Rest von uns einfachen Sterblichen, aber die Geisterwelt umgibt sie und ist ihnen näher als der großen Mehrheit der Nicht-Blutsgeschwister. Sie leben in einer Welt, die lebendiger ist als die meisten, und manchmal dürfen sie sie sogar kennenlernen. Es mag ihnen vielleicht nicht möglich sein, bei Bedarf einen Geist zu beschwören, aber vielleicht erhaschen sie einen Blick auf einen von ihnen, wenn er auf einem Sonnenstrahl reitet, der bei Tagesanbruch durch die Bäume des Waldes bricht. Diese Augenblicke der Gnade sind vielleicht selten, aber Blutsgeschwister erleben sie mit größerer Wahrscheinlichkeit als die meisten.

Spirituelle Erbanlagen

Moderne Garou sprechen häufig vom Garou-„Gen“, das festlegt, ob ein bestimmtes Kind tatsächlich ein Garou ist, oder nur zu den Blutsgeschwistern zählt. Mit anderen Worten geht es dabei um Vererbung, die bereits im Mutterleib festgelegt wird — oder sogar schon vor der Empfängnis, falls man einigen der gewagteren spirituellen Spekulationen bezüglich der Vorherbestimmung unter Gaias Kriegern glaubt.

In gewisser Weise ergibt es Sinn, in den Fachausdrücken der Wissenschaft der Genetik darüber nachzudenken. Aus diesem Blickwinkel betrachtet müsste es ein bestimmtes Gen geben, das von einem oder beiden Elternteilen an das Kind weitergegeben wird. Von diesem Punkt an wird es undurchsichtig: ist dieses Gen immer exprimiert, oder nur im Zusammenhang mit bestimmten Umwelt- und/oder Entwicklungsfaktoren? Ist Ersteres der Fall, dann besitzen es nur einige Personen und sie alle werden zu Garou. Ist Letzteres der Fall, dann haben vielleicht alle Blutsgeschwister die Chance, dass das Garou-Gen exprimiert wird, wobei die Chancen, dass alle relevanten Faktoren zusammenkommen, um das Gen zu aktivieren, äußerst gering sind.

Und doch sind sämtliche Versuche, dieses Gen zu identifizieren, gescheitert. Viele haben es versucht, und viele versuchen es auch weiterhin und pumpen große Summen an Forschungskapital in das Projekt. Es ist die *Daseinsberechtigung* der DNS (Desoxyribonukleinsäure), der sagenumwobene Stein der Weisen ihrer Forschungen. Auch viele Technokratische Vorfahren haben sich an dem Projekt versucht, und auch wenn manche von ihnen interessante und kreative Ergebnisse hervorgebracht haben, so scheint es doch, als hätten sie das angebliche Gen nur imitiert und es nicht isoliert und manipuliert. Auch Pentex hat versucht, das Gen zu beherrschen, und auch wenn es ihnen gelungen ist, die Physiologie der Garou auf viele Arten zu verändern, die eventuell mit der Mutation dieses geheimnisvollen Gens in Zusammenhang stehen, haben sie es bisher noch nicht gefunden und kodiert.

Vielleicht existiert es gar nicht. Oder, diese Theorie haben einige Glaswandler aufgestellt, es ist ein Gen, das in Teilen spiritueller Natur ist. Es existiert irgendwie auf beiden Seiten des Todesgürtels, mit einem Fuß in flüchtiger Materie, mit dem anderen in der molekularen Materie der materiellen Welt. Aber wie dem auch sei, bislang ist es auch noch keinem Glaswandler gelungen, das Geistergen zu finden.

Nachkommenschaft

Ein Garou früherer Tage, noch bevor die Wissenschaft damit begann, von DNS-Strängen und Molekülen zu sprechen, betrachtete das Thema der Vererbung der Garou als eine Art spirituelles Schicksal, das aufs Engste mit den physischen Blutlinien verbunden ist. Nicht-Blutsgeschwister bringen keine Garou hervor. Basta. Das steht fest. Nur jemand, in dessen Adern das Blut einer Erblinie der Garou fließt, kann einen Garou hervorbringen, selbst wenn es schon viele Generationen her ist, seit das Garou-Blut hinzugefügt wurde. Es ist eine Frage des Blutes. Es ist eine Frage der Familie.

Unter den Garou gibt man viel auf die Bedeutung von Rudelbindungen, Septenbindungen und Stammesbindungen. Zu selten ist auch die Rede von den familiären Bindungen. Ein Grund dafür ist die Tatsache, dass die Familie zu nah ist, zu grundlegend. Es ist nicht notwendig, darüber zu sprechen, weil es so verdammt offensichtlich und unvermeidlich ist. Der andere Grund ist allerdings eine gewisse Scham: Die meisten Familienmitglieder sind keine Garou, sie sind Blutsgeschwister. Nicht-Gestaltwandler, zerbrechliche Sterbliche, blind und dumm gegenüber der Geisterwelt und den Gefahren des Wyrms. Von ihnen zu sprechen würde bedeuten, sich daran zu erinnern, dass Familie viel zu oft auch eine Belastung ist.

Blutsgeschwister werden gezeugt. Diese archaische, biblische Bezeichnung für die Zeugung von Kindern bezieht sich auch auf die genealogischen Listen, die kenntlich machen, wer von wem abstammt. Bei den Hebräern des Alten Testamentes war dies hauptsächlich eine Frage der weltlichen Vererbung: welcher Sohn sollte das Familienvermögen und die Position des Patriarchen erben und welche Söhne nicht. Für Garou ist es eine Angelegenheit, die ihnen sehr viel bedeutet: eine Aufzeichnung darüber, wer die kostbare Hoffnung auf die Zukunft in sich trägt.

Die meisten Stämme haben sehr gute Aufzeichnungen darüber, wer ihre Blutsgeschwister sind. Aber Zeit und Schicksalsschläge können einfach alles aufzehren. Septen werden in der Schlacht ausgelöscht und mündliche Überlieferungen sterben ungehört. Manchmal geht eine Erblinie der Blutsgeschwister verloren. Aber selbst dann gibt es noch Hoffnung. Weit entfernt durch die Zeit vom ursprünglichen Funken des Garou-Blutes können sie entgegen allen Erwartungen noch immer einen Garou hervorbringen.

Viele Garou gelangten zu der Überzeugung, dass Blutsgeschwister, die Nachkommen mit Nicht-Blutsgeschwistern zeugten, auch Nicht-Blutsgeschwister hervorbrachten. Schuld daran ist die Besessenheit von der Reinheit und davon, dass die Blutlinien unversehrt bleiben müssen. In Wahrheit gibt es immer eine gewisse Chance, dass aus solchen Paarungen Nachkommen hervorgehen, die den Faktor der Blutsgeschwister erben.

Einige Garou, wie zum Beispiel die Silberfänge, halten sich allzu sehr mit genetischen Problemen auf, wie zum Beispiel mit der Frage, ob ein bestimmtes Kind reinen Blutes, ein Halbblut oder nur zu einem Viertel vom Blut ist etc. Es genügt wohl, wenn man sagt, dass ein Blutsgeschwister, das sich mit einem Nicht-Blutsgeschwister paart, unabhängig vom Anteil der geerbten DNS trotzdem die wölfische Erblinie weitergeben kann.

Der Mechanismus, warum und wie dies funktioniert — dominante Gene, rezessive Gene — ist ein Rätsel, das vielleicht niemals gelöst werden kann. Blutsgeschwister können trotzdem den zarten Samen der

Garou über die Generationen hinweg weitergeben – Generationen weit entfernter Blutsgeschwister, die unter den gegenwärtigen Garou häufig vergessen sind. *Jeder* könnte das wölfische Vermächtnis in sich tragen und es kann – entgegen allen Erwartungen – sogar jederzeit im Lauf eines Lebens zum Ausdruck kommen.

Glossar

Offizielle Terminologie

Vermächtnis, das: altertümliche Bezeichnung für das Garou-„Gen", das spirituelle Erbe durch die Geburt, das schließlich zur Ersten Verwandlung führt. Beispiel: „Beobachte das Kind genau – sie könnte das Vermächtnis in sich tragen." Siehe auch *Garou-Gen*.

Unerfahrener: Ein Angehöriger der Blutsgeschwister, der nichts von den Garou und seiner oder ihrer Verwandtschaft mit ihnen weiß. Er könnte den Verdacht hegen, dass er in irgendeiner Art und Weise anders ist als die anderen, aber er hat keine tatsächliche Kenntnis, auf die er diese Vermutung aufbauen könnte. Vergleiche auch *Wissender*.

Gemeinschaft: Eine formelle Organisation von Blutsgeschwistern, die für gewöhnlich gegründet wird, um die Kommunikation oder die Ahnenforschung zu erleichtern, um der Sache der Garou in irgendeiner Weise zu dienen oder zu Zwecken der gegenseitigen Hilfe und des Schutzes der Blutsgeschwister vor dem Zorn ihrer Vettern.

Garou-Gen: Moderne Bezeichnung für *das Vermächtnis*. Trotz der Bemühungen der Glaswandler und einiger Menschen, dieses vermeintliche Gen genau zu bestimmen, entzieht es sich der wissenschaftlichen Forschung.

Wissender: Ein Angehöriger der Blutsgeschwister, der von den Garou und seiner oder ihrer Verwandtschaft mit ihnen weiß. Vergleiche auch *Unerfahrener*.

Blutspürer: Eine besondere Art von Geist, der eingesetzt wird, um über die Blutsgeschwister zu wachen und den Garou-Stamm zu alarmieren, falls es zu einer Ersten Verwandlung kommen sollte

Gesindel-Rudel: Siehe *Untergeordnetes Rudel*.

Untergeordnetes Rudel: Eine eng miteinander verbundene formelle Gruppierung von Blutsgeschwistern, die Garou-Rudel nachahmt.

Inoffiziell/Slang

Goldener Apfel: Bezeichnung für einen Angehörigen der Blutsgeschwister, von dem die Familie glaubt, dass er sich eines Tages „richtig entwickeln" wird (z. B. indem er zu einem Garou wird), obwohl es keine bekannte Möglichkeit gibt, um genau vorauszusagen, welche Blutsgeschwister einmal zu Garou werden. Ein Wortspiel mit dem Sprichwort „Der Apfel fällt nicht weit vom Stamm." Vergleiche auch *fauler Apfel*.

Dummkopf: Abfällige Bezeichnung für unerfahrene Blutsgeschwister.

Tödliche Mutation: Eine abfällige Bezeichnung, die von einigen wissenden Blutsgeschwistern verwendet wird, um die Erste Verwandlung zu beschreiben, wenn einer ihrer Art sich richtig entwickelt und zu einem Garou wird. Manche Garou fühlen sich durch diesen Begriff beleidigt, während andere erkennen, dass er auf ohnmächtigen Neid zurückzuführen ist und bereit sind, so zu tun, als hätten sie ihn nicht gehört.

Zuchtstute: Weibliche Blutsgeschwister, die keinem anderen Zweck dienen als der Zeugung des Bestands. Eine abfällige Bezeichnung. Siehe auch *Zuchthengst*.

Nana: Blutsgeschwister, die sich um die Kinder oder Welpen von Garou kümmern. Die Bezeichnung wird für beide Geschlechter verwendet.

Fauler Apfel: Eine abfällige Bezeichnung für Blutsgeschwister, die sich nicht „richtig" entwickeln (indem sie zum Beispiel zu Garou werden). Ein Wortspiel mit dem Sprichwort „Der Apfel fällt nicht weit vom Stamm." Vergleiche auch *Goldener Apfel*. Wird gelegentlich verwendet, um von Blutsgeschwistern zu sprechen, die verdorben wurden.

Zuchthengst: Männliche Blutsgeschwister, die keinem anderen Zweck dienen als der Zeugung des Bestands. Eine abfällige Bezeichnung. Siehe auch *Zuchtstute*.

Unglückseliger: Bezeichnung für unerfahrene Blutsgeschwister.

Usher: Bezeichnung, die von wissenden Blutsgeschwistern verwendet wird, wenn sie von einer „gefallenen" Blutsgeschwister-Familie sprechen, von einer, die harte Zeiten durchmacht oder deren Garou-Vettern schlecht auf sie zu sprechen sind. Angelehnt an Edgar Allen Poes „Der Untergang des Hauses Usher."

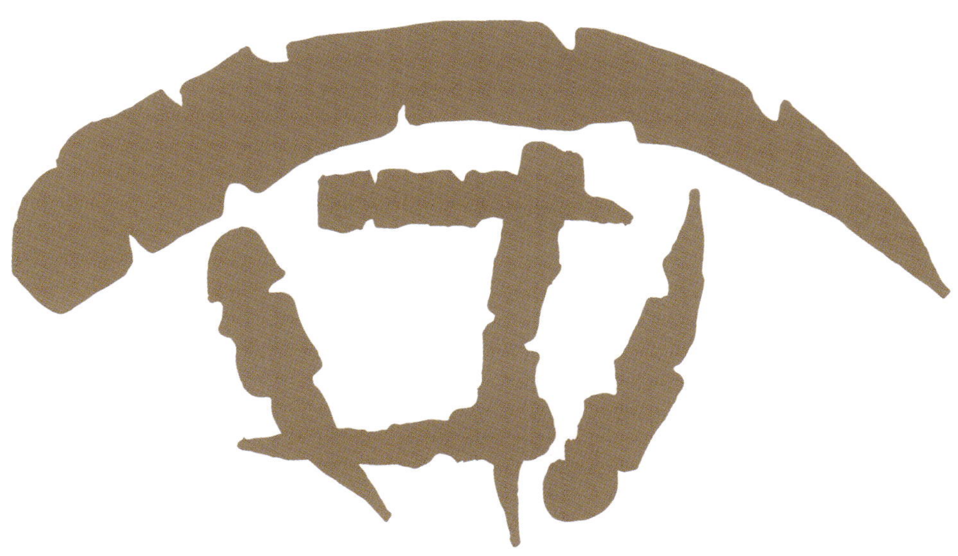

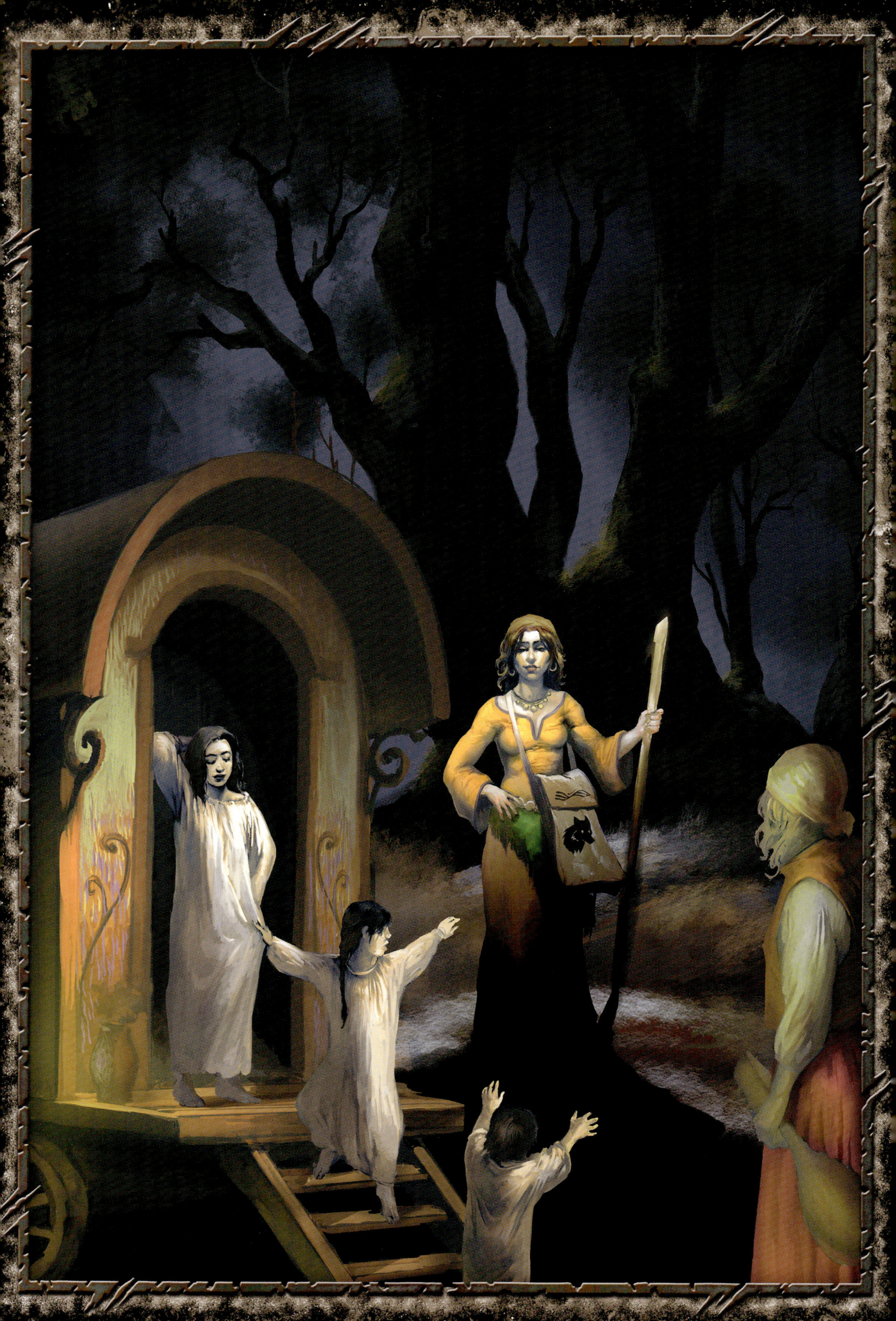

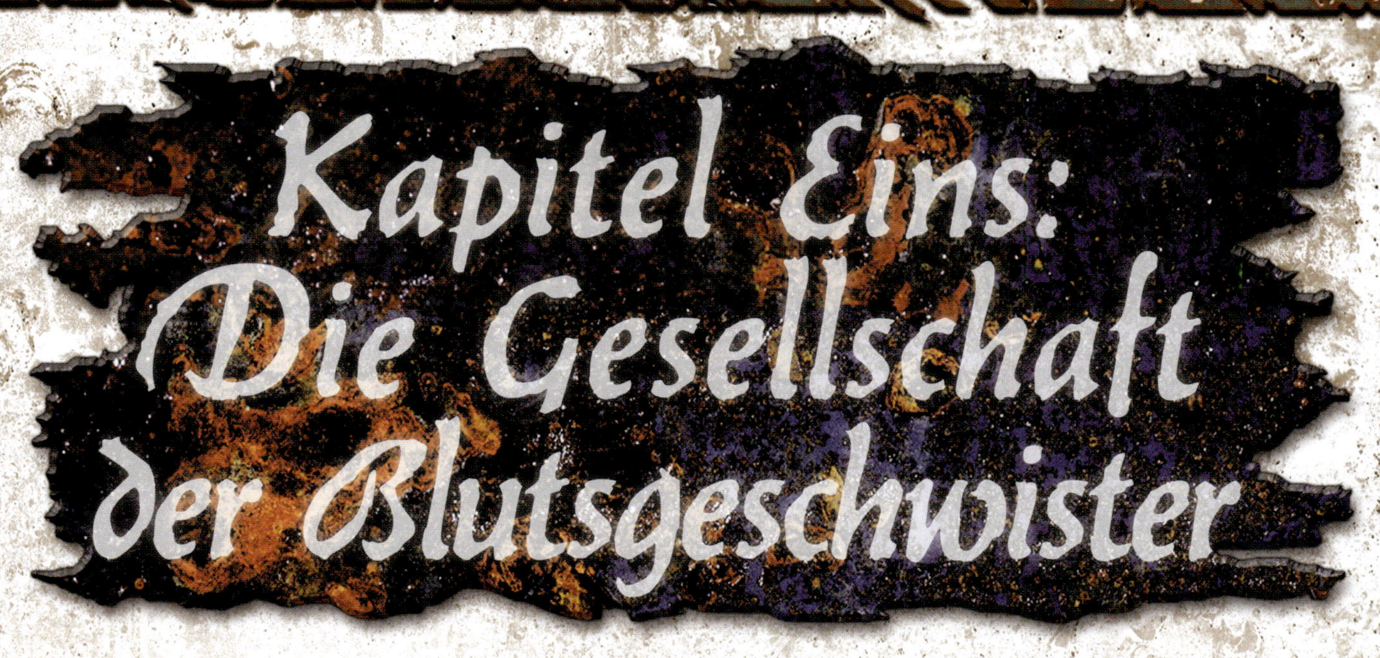

Kapitel Eins: Die Gesellschaft der Blutsgeschwister

Wissen Sie, so etwas wie eine Gesellschaft gibt es auch nicht.
Es gibt einzelne Männer und Frauen, und dann gibt es noch Familien.

– Margaret Thatcher

Blutsgeschwister-Dasein

Ein junges Mädchen wächst inmitten einer Großfamilie auf, die nicht nur sie und ihre Geschwister vor den meisten Gefahren der Welt um sie herum beschützt, sondern sie auch noch mit Listen von Dingen erstickt, die sie tun kann oder auch nicht. Häufig überlassen sie sie in gefährlichen Situationen sich selbst, damit sie allein herausfindet, wie die Dinge laufen. Sie versucht, ihre Verwandten zu hinterfragen und verlangt entweder Erklärungen oder eine Lockerung der Regeln. Bestenfalls stößt sie dabei auf Ausflüchte („Eines Tages wirst du es verstehen.") oder schlimmstenfalls auf Anfeindungen („Wage es nicht, meine Befehle in Frage zu stellen, Kind!" *Klatsch.*).

Gelegentlich besucht ein besonderer Verwandter die Heimstätte der Familie. Es könnte der für gewöhnlich nicht anwesende Vater sein, vielleicht einer der Großeltern, eine Tante oder ein Onkel oder sogar ein älteres Geschwisterkind. Wenn Tante Crystal auftaucht, kommt alles in der Familie zum Erliegen und jegliches Handeln dreht sich um die Besucherin. Selbst die Ältesten der Familie ordnen sich ihr unter, überlassen ihr den besten Platz im Haus und am Tisch, tischen ihr als erstes auf und bereiten spezielle Speisen für sie zu, die die sparsame Familie sonst nur selten zu sehen bekommt. Kostspielige Fleischstücke kommen bei jeder Mahlzeit auf den Tisch, sogar beim Frühstück.

Eines Tages wird das Mädchen in das Familiengeheimnis eingeweiht. Sie sind Blutsgeschwister, menschliche Verwandte der Garou. Sie spielen die Rolle Backgroundsänger in einer Band, Statisten oder Nebendarsteller in einem Film oder einem Theaterstück, Mitglieder eines Chors, die Boxenmannschaft eines NASCAR-Fahrers, das namenlose Operationsteam eines Chirurgen. Im Grunde sind sie die zivile Versorgungsmannschaft einer Armee, die in einem unausgesprochenen Krieg gegen einen übernatürlichen Feind kämpft. Und obwohl dem Mädchen vielleicht die Antworten nicht gefallen, die es bekommt, so erkennt sie doch zumindest, dass das alles *etwas* zu bedeuten hatte. Und oft macht dieses Wissen sie stolz.

Dieses Kapitel präsentiert grundlegende Informationen darüber, was es bedeutet, als Blutsgeschwister zu leben, die guten, die schlechten und die hässlichen – und die herzzerreißend schönen. Blutsgeschwister führen ein Leben voller Bedeutung, aber auch ein Leben, das sie in eine untergeordnete und unterstützende Position gegenüber ihren gestaltwandelnden Verwandten bringt. Einige Blutsgeschwister wissen von Anfang an, was sie sind. Manche lernen ihr Erbe als Antwort auf das Geheimnis kennen, in das ihre Familie eingeweiht war und das sie ihnen erst jetzt enthüllt. Manche erfahren und verstehen niemals, warum das Leben mit furchterregender Regelmäßigkeit einen Weg findet, um uneingeladen bei ihnen hereinzuplatzen.

Nicht alle Blutsgeschwister-Familien wissen, was sie vom Rest der Menschheit trennt, was ihr Leben von anderen ihrer sozialen Schicht, ihres wirtschaftlichen Niveaus, ihrer ethnischen Gruppe oder ihres geografischen Standortes unterscheidet. Diejenigen, die es wissen, nennen sich selbst Blutsgeschwister, wie es die Garou tun, die von ihnen wissen oder sie als ihre Familie beanspruchen. Die Garou bezeichnen diese Menschen, die Bescheid wissen, auch als „wissende" Blutsgeschwister oder „Wissende". Diejenigen, die nichts davon wissen, bezeichnen sich als nichts anderes als Menschen – es sei denn, sie verwenden das Wort „verflucht" oder „heimgesucht" oder sogar „gesegnet" oder einfach „glücklich". Garou nennen sie „Unerfahrene".

Wissende Blutsgeschwister

Die meisten Blutsgeschwister fallen in die Kategorie der wissenden Blutsgeschwister. Das Ausmaß des Wissens innerhalb dieser Familien variiert stark von jenen, die lediglich wissen, dass es Werwölfe in der Familie gibt, bis zu jenen, die die Abstammungsgeschichte widergeben können, einen Stamm von einem anderen unterscheiden können und manchmal als Informationsquelle für Garou dienen, die auf der Suche nach unbekannten Wissensbereichen sind. Die meisten wissenden Familien befinden sich irgendwo in der Mitte: Sie wissen etwas über die Garou, dass es unter ihnen ein oder zwei Familienmitglieder gibt, die Garou sind (und dass künftige Generationen ihrer Familie möglicherweise die Erste Verwandlung durchlaufen könnten) und dass es ihre Pflicht ist, ihre Garou-Familienmitglieder zu unterstützen.

Das Maß an Unterstützung, zu der eine wissende Familie ihren Garou verpflichtet ist, variiert von Familie zu Familie, von Garou zu Garou und von Stamm zu Stamm. Einige wissende Blutsgeschwister sehen ihre Garou-Verwandten nur, wenn ihre Hilfe benötigt wird. Sie halten sich bereit, um Schutz zu gewähren, Zugang zu medizinischer Versorgung, Nahrung und anderen materiellen Notwendigkeiten, wann immer ihr Garou-Bruder oder ihre Tante verwundet, verfolgt oder in anderer Weise bedürftig bei ihnen auftaucht. In der übrigen Zeit führen sie ein verhältnismäßig normales Leben.

Andere Blutsgeschwister-Familien verbringen einen Großteil ihrer Zeit damit, sich auf den Tag vorzubereiten, an dem die Garou nach ihnen verlangen könnten. Bei der Erziehung ihrer Kinder legen sie den Fokus darauf, ihnen Wege aufzuzeigen, wie sie ihrem Garou-Familienmitglied helfen könnten. Sie sind die ganze Zeit auf Abruf, führen ein Inventar an Dingen, die der Garou benötigen könnte und entfernen alles aus ihrem Leben, das nicht auf irgendeine Art und Weise mit ihren Garou-Verwandten verknüpft ist.

Garou sind von Stamm zu Stamm sehr verschieden, abhängig von ihrem Herkunftsort, ihren körperlichen Charakteristika und ihrer Einstellung. Diese Unterschiede machen sich auch bei ihren Blutsgeschwistern bemerkbar. Und doch haben Blutsgeschwister aus unterschiedlichen Stämmen mehr miteinander gemeinsam als mit „normalen" Menschen, selbst wenn sie sich in verschiedenen Aspekten stark voneinander unterscheiden, die auch die Unterschiede zwischen ihren Garou-Verwandten widerspiegeln.

Die Blutsgeschwister unter der Lupe

Die meisten wissenden Blutsgeschwister (eine Darstellung der unerfahrenen Blutsgeschwister folgt auf S. 35) teilen ein gemeinsames Persönlichkeitsprofil. Sie weisen ähnliche Persönlichkeitsmerkmale, Einstellungen und Temperamente auf. Das soll nicht heißen, dass Blutsgeschwister alle in eine Form gepresst werden können. Sie sind ebenso individuell wie alle Nicht-Blutsgeschwister-Menschen, was Einzelheiten ihres Lebens angeht, aber man kann ihnen gewisse breit angelegte Grundcharakteristika zuweisen, die viele Generationen der familiären Bindung mit den Garou widerspiegeln.

Einstellung

Wissende Blutsgeschwister wachsen mit der Kenntnis auf, dass sie das Garou-„Gen" (oder das Blut der Garou) in ihren biologischen Anlagen tragen. Sie wissen auch, dass sie bei der Vergabe der Einzelheiten, die erforderlich sind, damit ein Garou seine Erste Verwandlung durchläuft, zu kurz gekommen sind, und dass sie deshalb bei allem, was mit den Garou zu tun hat, an zweiter Stelle stehen. Viele von ihnen spüren deutlich, dass sie in der Garou-Nation nur „Bürger zweiter Klasse" sind. Die Garou selbst unterstützen diesen Eindruck nur allzu oft noch durch ihre Neigung, ihre menschliche Familie entweder mit Herablassung oder mit Arroganz zu behandeln.

Viele Garou setzen voraus, dass ihre Blutsgeschwister ihnen oftmals weit über die normalen Erwartungen hinaus dienen. Wenn ein Garou zu seiner Blutsgeschwister-Familie kommt, weil er Heilung, Ruhe, Vorräte oder gar ein vorübergehendes Versteck benötigt, dann erwartet er für gewöhnlich von seinen Verwandten, dass sie diesem Bedürfnis augenblicklich und ohne zu zögern nachkommen. Die Garou ziehen nur selten in Betracht, dass ihr Auftauchen möglicherweise die normalen Abläufe innerhalb der Familie stören könnte. Klavierkonzerte und Fußballspiele, Vorstandssitzungen, Arbeitsabläufe in Fabriken und selbst chirurgische Eingriffe müssen abrupt unterbrochen werden, um den Bedürfnissen des Garou gerecht werden zu können.

Viele Blutsgeschwister akzeptieren das und treffen Vorkehrungen für derartige Vorkommnisse. Andere begegnen diesem Problem, indem sie sich niemals in Dinge verwickeln lassen, die sie möglicherweise unterbrechen müssten, wenn Onkel Von-Gaias-Schlachten-Gezeichnet mal wieder mit einer neuen Bitte (sprich Befehl) um Unterstützung auftaucht. Manche Familien untersagen ihren Kindern, an außerschulischen Aktivitäten teilzunehmen, zu Bällen zu gehen oder Zukunftspläne zu schmieden, die nicht von einem Augenblick auf den anderen angepasst werden könnten. Während manche jungen Blutsgeschwister sich letzten Endes mit ihren sozialen oder beruflichen Einschränkungen abfinden, werden andere einfach immer verbitterter, manchmal sogar bis zur offenen Rebellion.

Andere Blutsgeschwister-Familien finden einen guten Mittelweg zwischen einem eigenen Familienleben und der Unabhängigkeit ihrer Kinder, ihre eigene Zukunft zu planen, um so ein Gleichgewicht zwischen ihren eigenen Bedürfnissen und denen der Garou in ihrem Leben zu erreichen.

Einige Garou-Stämme, wie zum Beispiel die Kinder Gaias, verlangen im Hinblick auf die Unterwürfigkeit weniger von ihren Blutsgeschwistern. Andere, wie die Knochenbeißer, strengen sich ganz besonders an, um ihre Blutsgeschwister in so viele Aktivitäten wie möglich zu integrieren, ohne ihnen Schaden zuzufügen. Wieder andere, wie die Schattenlords, bestehen häufig auf einer Beziehung, in der es einen übergeordneten und einen untergeordneten Part gibt.

Viele Blutsgeschwister wachsen in dem Gefühl auf, den Garou untergeordnet oder sogar eifersüchtig auf sie zu sein. Zusammen mit einem gewissen Maß an Verbitterung darüber, dass Gaia sie nicht auserwählt hat, damit das Garou-„Gen" sich in ihnen manifestiert, hegen diese Individuen auch eine große Portion Neid. Dies ruft bei ihnen unterschiedliche Reaktionen hervor.

Manche strengen sich ungemein an, um zu beweisen, dass sie an der Seite ihrer Garou-Verwandten (oder gegen sie) ihren Mann stehen können. Sie trainieren, unterziehen sich strengem Krafttraining und Diäten und bedienen sich häufig biochemischer Hilfsmittel, wie zum Beispiel Steroiden. Andere verfallen darauf, die Bedürfnisse ihrer Verwandten unauffällig zu unterlaufen: Sie versorgen sie mit Nahrung, die nahrhaft und reichlich ist, dafür aber schlecht zubereitet, sie versorgen sie mit zweitklassiger (wenn auch nicht minderwertiger) Ausrüstung, sie pflegen sie gesund mit wenig mehr als liebevoller Fürsorge (ohne es so scheinen zu lassen). Einige greifen zu extremen Mitteln und suchen nach jemandem, der ihnen dabei helfen könnte, ihren Traum zu erfüllen und selbst zu einem Garou zu werden. (Für zusätzliche Informationen über Hauttänzer siehe Kapitel Vier: Chroniken der Blutsgeschwister leiten.)

Gebräuche

Unabhängig von den Unterschieden zwischen einzelnen Blutsgeschwister-Familien oder zwischen Blutsgeschwistern unterschiedlicher Stämme, habe alle Blutsgeschwister einige gemeinsame Merkmale oder Gebräuche, die es ihnen ermöglichen, mit Familienmitgliedern zurechtzukommen, die in einem ständigen Zustand von posttraumatischer Belastungsstörung (PTBS) leben. Es handelt sich um ein paar Gebräuche, die es zulassen, dass zwischen Blutsgeschwistern und Garou unter den meisten Umständen harmonische Beziehungen herrschen können.

Fügung: Von klein auf lernen wissende Blutsgeschwister, dass sie besser mit Zustimmung reagieren, wenn ihre Garou-Verwandten sprechen. „Pass bloß auf, dass Onkel Jimmy nicht sauer auf dich wird," ist eine Warnung, die die meisten jungen Blutsgeschwister sehr ernst nehmen. Selbst ältere Blutsgeschwister, darunter auch gewöhnliche Familienoberhäupter, bewegen sich innerhalb ihrer Garou-Familie mit Bedacht, ganz gleich, wie tief ihre Bindung und ihre Zuneigung auch gehen.

Hege: Die meisten Garou besuchen ihre Blutsgeschwister (sofern sie nicht mit ihnen zusammenleben) nur in Zeiten, in denen sie ihre Hilfe benötigen, oder um sich fortzupflanzen. Blutsgeschwister erkennen dies an und sind stolz darauf, in der Lage zu sein, ihre Garou-Verwandten milde zu stimmen, sei es durch Nahrung, Geborgenheit, sexuelle Zuwendung oder einfach nur, indem sie ihnen ein ruhiges und erholsames Umfeld zur Verfügung stellen.

Ehrenplatz: Wenn ein Garou-Verwandter zu Besuch kommt, wird ihm der Löwenanteil von allem gewährt, das er haben möchte: Essen, Trinken, der beste Stuhl im Haus, das beste Bett oder der beste Schlafraum, und so weiter. Sofern der Garou nichts anderes anordnet, isst er als Erster, spricht als Erster und handelt als Erster, als sei er für seine Blutsgeschwister der Anführer des Rudels (was er genau genommen auch ist).

Respekt: Viele Garou glauben daran, dass sie ihren Blutsgeschwistern übergeordnet sind. Da sie Angehörige einer Spezies sind, in deren eigenen Stämmen und Rudeln eine strikte Hierarchie herrscht, erwarten die Garou ganz natürlich in gewissem Maße dieselbe Behandlung von ihren Blutsgeschwistern. Wenn sie nicht ganz besonders vertraut miteinander sind und sich nicht äußerst nahe stehen, werden Blutsgeschwister ihren Verwandten für gewöhnlich mit „mein Herr" oder „meine Dame" ansprechen oder irgendeinen anderen Ausdruck des Respekts wählen (nicht ganz unähnlich denen, die in manchen militärisch geprägten Familien Gebrauch finden). Sollten Blutsgeschwister einmal zum Ausdruck bringen wollen, dass sie einem Garou-Verwandten nicht zustimmen, so sind sie für gewöhnlich sorgsam darauf bedacht, dies auf eine taktvolle und respektvolle Art und Weise zu tun und beharren niemals auf ihren Vorstellungen oder Meinungen, wenn ein Garou seine Entscheidung gefällt hat.

Unterwerfung: Es wird unvermeidlich einmal dazu kommen, dass ein Mitglied der menschlichen Familie eines Garou etwas tut, das den Zorn des Garou hervortreten lässt. Ein Kampf zwischen Garou und Blutsgeschwistern kann nur mit dem Tod oder der dauerhaften Verstümmelung der Blutsgeschwister enden, ganz gleich, wie gekonnt die Blutsgeschwister sich auch verteidigen mögen. Werden Blutsgeschwister zum Ziel eines Angriffs ihres Garou-Verwandten, lernen sie, sich sofort zu unterwerfen, sei es, indem sie zurückweichen, oder, in Extremfällen, indem sie dem Garou-Angreifer ihre Kehle oder ihren Bauch darbieten. Diese unterwürfige Haltung kann den Zorn eines Garou für gewöhnlich durchbrechen, indem sie den Teil der Litanei heraufbeschwört, die den Garou dazu veranlasst, eine „ehrenhafte Kapitulation" zu akzeptieren.

Hierarchie

In manchen Blutsgeschwister-Familien herrscht eine interne Hierarchie, die die eines Garou-Rudels nachahmt. In den meisten Fällen (und vielen traditionellen menschlichen „Kernfamilien" nicht unähnlich) ist der Vater oder das älteste männliche Familienmitglied das Familienoberhaupt und erfährt dieselbe Art von Respekt wie ein Garou-Ältester. Die Gefährtin des Vaters, sofern sie keine Garou ist, ist die wichtigste Unterstützung für den „Ältesten" der Blutsgeschwister oder fungiert in seiner Abwesenheit als Anführerin. Wann immer ein Garou zugegen ist, übernimmt er natürlich als Ältester (ungeachtet seines aktuellen Status bei den Garou). Falls eine Familie eine matriarchalisch ausgerichtete Hierarchie verfolgt, fungiert die Mutter oder das älteste weibliche Familienmitglied als Älteste. In anderen Familien ist das älteste Familienmitglied, unabhängig von seinem Geschlecht, der oder die Älteste.

Blutsgeschwister der Schwarzen Furien neigen zu einer matriarchalischen Struktur in ihren Familien, während eine patriarchalische Hierarchie besonders häufig bei den Nachfahren des Fenris, den Silberfängen und den Fianna vorherrscht. Bei den Schattenlords und den Glaswandlern sind es Verdienste, die die älteren Blutsgeschwister hervorheben und die anderen Mitglieder nehmen ihren Platz innerhalb der Familie entsprechend ihrem Nutzen ein. Kinder Gaias, Sternenträumer und Stille Wanderer haben für gewöhnlich eine lockerere Familienstruktur. Sie geben Garou-Verwandten den Vorzug, haben darüber hinaus aber nur geringfügige Strukturen. Knochenbeißer haben entweder gar keine Hierarchie oder sie haben eine Matriarchin oder einen Patriarchen, der in den meisten Familienangelegenheiten das letzte Wort hat. Uktena und Wendigo neigen dazu, sich an ihren menschlichen Stammesgebräuchen zu orientieren, wann immer dies möglich ist. Bei den Blutsgeschwistern der Roten Klauen folgt die Hierarchie der normalen Struktur eines Wolfsrudels. Kinder stehen nahezu immer an unterster Stelle in der Hierarchie, da sie noch am meisten zu lernen haben und den meisten Schutz benötigen.

Untergeordnete Rudel (Rudel der Blutsgeschwister)

Ebenso, wie die Garou Rudel aus miteinander verbundenen Individuen bilden, um Gaia besser dienen zu können, hat auch das Konzept der Blutsgeschwister-Rudel, manchmal auch untergeordnete Rudel oder Proletarier-Rudel genannt, unter den Blutsgeschwistern ein exponentielles Wachstum erfahren. Für gewöhnlich bestehen diese Rudel aus Blutsgeschwistern in den späten Jugendjahren oder älter, wobei auch jüngere Blutsgeschwister manchmal sogenannte „Spielrudel" bilden.

Der Zusammenschluss zu einer dauerhaften oder auch nur einer vorübergehenden Gruppe von Blutsgeschwistern mit dem Ziel, Feldeinsätze in Angriff zu nehmen, eröffnet Blutsgeschwistern die Möglichkeit, einige von Gaias Feinden zu bekämpfen und dabei auf gute Überlebenschancen hoffen zu können. Die meisten Blutsgeschwister-Rudel nehmen sich die Garou-Rudel zum Vorbild, die kleinen taktischen Gruppen der militärischen Spezialeinsätze und sogar die Abenteurergruppen aus Online-Spielen und bestehen aus vier bis sechs Mitgliedern. Eine Person übernimmt die Aufgabe des Rudelführers, eine andere fungiert als „Mediziner" oder Heiler (für gewöhnlich jemand mit medizinischen Kenntnissen oder übernatürlichen Heilfähigkeiten), eine andere als Kundschafter oder Wegweiser und der Rest als „Muskelkraft".

Obwohl viele Blutsgeschwister-Rudel kommen und gehen, wie es gerade erforderlich ist, ist es ein paar Rudeln gelungen, zusammenzubleiben und sich unter den Blutsgeschwistern einen Namen zu machen. Ein paar dieser Rudel werden unten aufgeführt.

• **# (Hashtag):** Dieses Rudel besteht aus Glaswandlern, die über beeindruckende Computerkenntnisse verfügen, und tut sich mit der Durchführung von Computer-Spezialeinsätzen hervor, die Pentex und zahlreichen anderen mit dem Wyrm in Verbindung stehenden Unternehmen große Kopfschmerzen bereiten. Gelegentlich laufen sie auf, um ein bisschen Sabotage vor Ort zu betreiben, aber ihre Hauptaufgabe besteht darin, das Internet nach nützlichen Informationen zu durchforsten oder frühzeitige Warnungen zu geben, wenn der Wyrm unterwegs ist. Unter der Führung von Yvonne Masters, einer 32 Jahre alten Softwareentwicklerin mit eigenem Unternehmen führt # regelmäßige Meetings durch, um die jeweiligen Fähigkeiten der Mitglieder zu verfeinern und sich über den Fortschritt langfristiger Projekte auf dem Laufenden zu halten. Zu den anderen Rudelmitgliedern gehören Logan Firth, ein 22-jähriger Sicherheitsberater/Hacker, dessen Können im Hinblick auf die Verbreitung und Entfernung von Computerviren schon eine Reihe umweltschädigender Unternehmen an den Rand des Bankrotts gebracht hat, Fawkes, ein 26-jähriger Videospieletester, der seine eigenen Prozessoren baut, Morna Dawes, eine 23-jährige Bloggerin und Laufwerk-Zauberin und Alvin Geauchard, ein Online-Investor, Selfmade-Millionär und Autor von „Wie man sich selbst in der Geschichte verewigt", einem Ratgeber zur Nutzung von Internet und sozialen Netzwerken, um darüber seine eigene Realität zu erschaffen. Sie rühmen sich ihrer Fähigkeit, dem Feind Schaden zufügen zu können, ohne auch nur ihr Zuhause verlassen zu müssen. Seit sie zusammenarbeiten, sind sie um ein Vielfaches effizienter geworden.

• **Die Killer:** Dieses Blutsgeschwister-Rudel mit einem nicht ganz so subtilen Namen besteht hauptsächlich aus Blutsgeschwistern der Nachfahren des Fenris und der Stillen Wanderer, die sich auf handfeste Schlägereien mit den Feinden des Stammes spezialisiert haben oder mit Zielen, die ihnen von ihren Garou-Verwandten zugewiesen werden. Gunther Kraler, ein 30-jähriger Kriegsveteran und professioneller Jäger, führt das Rudel in lockerem militärischem Stil an. Es ist wichtig, der Rudelhierarchie zu folgen, aber Disziplin wird üblicherweise angenehm locker gehandhabt. Die Medizinerin des Rudels ist Anna Glimm, eine 28-jährige Krankenschwester aus der Notaufnahme. Sie ist das einzige weibliche Mitglied des Rudels und für gewöhnlich die Einzige, die nicht kämpft. Der 26-jährige Macabee Concannon von den Blutsgeschwistern der Stillen Wanderer fungiert als Kundschafter, wenn er sich in der Stadt aufhält. Ansonsten übernimmt Stefan Lunz diese Aufgabe, ein 30-jähriger Wildnisführer. Ein weiteres Teilzeit-Mitglied des Rudels, Jacobi Al Yusef von den Blutsgeschwistern der Stillen Wanderer, ist verantwortlich für Handfeuerwaffen, sofern seine Reisen es ihm ermöglichen, an einem Einsatz des Rudels teilzunehmen. Die Zwillinge Mark und Mikal von Zurgen, zwei 20-jährige Athleten und Waffennarren, stellen die Muskelkraft des Rudels. Alle Mitglieder kennen sich im Umgang mit verschiedensten Waffen aus, darunter auch Artillerie und Handgranaten, und sie sind in mindestens einer Kampftechnik oder einem Martial-Arts-Stil ausgebildet. Ihre Garou-Verwandten versorgen sie mit einer Liste potenzieller Ziele, die sie beseitigt oder „neutralisiert" wissen möchten, und sie überlassen es den Killern, ihre eigenen Einsätze zu planen und durchzuführen. Bislang waren sie immer erfolgreich und haben sich nicht erwischen lassen.

• **Nachtschatten:** Dieses Rudel aus Blutsgeschwistern der Schwarzen Furien besteht aus Rebecca Pacoulis, der 27-jährigen Anführerin und Tochter eines Theurgen, Melika Ash, einer 22-jährigen Rettungssanitäterin und Pflanzenheilkundlerin, Alexander Likoiros, einem 18-jährigen extremen Sportfanatiker und Späher des Rudels, Rico Karakis, einem 23-jährigen olympischen Wrestler, Pola Mistrunner, einer 25-jährigen Sportlehrerin und Themis Oeris, einem 19-jährigen College-Studenten und Amateur-Bogenschützen. Das Rudel ist seit etwas mehr als einem Jahr zusammen und seine Mitglieder haben sich darin hervorgetan, menschliche Funktionäre in Wyrm-kontrollierten Unternehmen auszuschalten. Für gewöhnlich greifen sie zeitgleich mit einem Überfall von Garou der Schwarzen Furien an und nehmen dasselbe Ziel ins Visier. Dieses Rudel bietet männlichen Blutsgeschwistern der Furien einen Ausweg, die es leid sind, in dieser matriarchalisch geprägten Gesellschaft nur eine untergeordnete Rolle zu spielen.

Ehen mit Garou

Für viele (tatsächlich sogar für die meisten) Garou existieren Blutsgeschwister nur zu Zuchtzwecken. Was auch immer sie sonst sein mögen oder werden mögen, Blutsgeschwister müssen, wann immer dies möglich ist, männliche und weibliche Garou mit Partnern für die Paarung versorgen. Für die meisten mag das zwar grob oder erniedrigend klingen, aber Garou begreifen, dass Gaia es in ihrer Weisheit untersagt hat, dass sich Garou mit Garou paaren. Wenn Gaias Krieger auch weiterhin ihre Schlachten schlagen sollen, müssen sie sich Gefährten unter ihren menschlichen oder wölfischen Blutsgeschwistern suchen. Dies mag Blutsgeschwister zwar scheinbar auf die Rolle von Zuchttieren reduzieren, aber tatsächlich zählt es zu einer der höchsten Formen des Dienstes an Gaia, die nächste Generation von Garou hervorzubringen, damit sie die schwierige Aufgabe übernehmen können, den Wyrm in all seinen zahlreichen Formen zu bekämpfen.

Familiäre Bindungen gehören zu den stärksten in der Tierwelt, insbesondere in Wolfsrudeln. Die Bedeutung dieser Bindungen findet auch bei den Garou Widerhall, die ihre Jungen und für gewöhnlich auch ihre Gefährten mit einer Heftigkeit umsorgen, die manchmal über die Grenzen des Beschützerinstinktes hinausgehen.

In vielen Fällen bleiben Garou ein Leben lang mit Blutsgeschwistern zusammen, so wie es auch Wölfe tun. Gelegentlich wählen Garou viele Gefährten aus, insbesondere dann, wenn es so aussieht, als sei die Verbindung mit dem aktuellen Partner nicht reich mit Kindern gesegnet. Manche Stämme, wie zum Beispiel die Stillen Wanderer, stellen fest, dass ihr nomadischer Lebensstil zu weniger dauerhaften Beziehungen führt, sei es mit menschlichen oder mit wölfischen Partnern. Andere, wie zum Beispiel die Schwarzen Furien, führen komplexe Beziehungen, die es möglich machen, mehr als einen männlichen Partner unter den Blutsgeschwistern zur gleichen Zeit zu haben. Für sie hat die Fähigkeit, weibliche Garou hervorzubringen, die größte Bedeutung.

Liebe und Heirat

Ehen zwischen Garou und Blutsgeschwistern basieren in der Mehrzahl der Fälle auf romantischer Liebe und körperlicher Anziehung. Die Leidenschaften der Garou brennen heiß und das gilt auch für die ihrer Blutsgeschwister. Viele Vereinigungen beginnen mit reiner „animalischer" Anziehungskraft, und die beiden Partner denken dabei an wenig mehr als an die Freuden, die sie in ihrer körperlichen Vereinigung miteinander teilen. Die daraus hervorgehenden Ehen haben eine Erfolgsrate, die der normaler Menschen nicht unähnlich ist. Manche Partner bleiben einander in Liebe verbunden, bis der Tod eines von beiden das Band auflöst. Andere erkennen, dass die anfängliche Anziehungskraft schon bald verblasst und die Realität einer dauerhaften Verbindung nutzt sie ab und lässt sie in die Brüche gehen. Aber trotzdem halten viele Garou und ihre Gefährten hartnäckig daran fest, genau wie es so manche menschliche Familie tut, in dem Bestreben, die Familie zusammenzuhalten, insbesondere dann, wenn die Verbindung sich als vorteilhaft für die Zeugung von Garou-Kindern erweist.

Arrangierte Ehen

Andere Garou-Verbindungen ähneln politischen Beziehungen oder geschäftlichen Verträgen, ganz ähnlich denen, die im menschlichen Adel vorkommen oder in der wirtschaftlichen Oberschicht. In vielen Ländern

Neues Blut: Verbindungen zwischen Blutsgeschwistern und Nicht-Blutsgeschwistern

Garou bevorzugen es, dass ihre Blutsgeschwister andere Blutsgeschwister heiraten und sich mit ihnen fortpflanzen. Dies garantiert, dass auch ihre Kinder Blutsgeschwister sein werden. Außerdem wird es dadurch leichter, die Geheimnisse der Familie zu bewahren. Aber wie es schon bei Shakespeare heißt, „Der Lauf der wahren Liebe war noch nie ohn Pein." Manchmal überkommt Blutsgeschwister die Liebe (oder Lust) zu einem Nicht-Blutsgeschwister, was zu Ehen, Beziehungen oder sogar One-Night-Stands mit jemanden führt, der nicht „vom Blut" ist. Ihre Kinder können Blutsgeschwister sein ... oder sie sind es nicht. (Siehe „Nachkommenschaft" in der Einleitung, S. 8 – 9).

Garou debattieren über die Wahrscheinlichkeit, dass solche Verbindungen Blutsgeschwister hervorbringen (ganz zu schweigen von Garou), wobei manche reine Blutlinien bevorzugen, um größere Wahrscheinlichkeiten zu garantieren und andere es besser finden, wenn sich Blutlinien vermischen, weil sie glauben, dass nur Gaia allein die Kontrolle über das Ergebnis hat.

Blutgeschwister sind sich wohl darüber im Klaren, dass sie gelegentlich ihre Familien öffnen müssen, um frisches Blut hineinzulassen. Inzucht kann kranke Kinder hervorbringen, die nicht geeignet sind, ihre Erste Verwandlung zu durchlaufen oder die Blutlinie fortzusetzen. In vielen Garou-Stämmen hat dies traditionell bedeutet, dass arrangierte Ehen geplant oder zumindest gesellschaftliche Treffen zwischen wissenden Blutsgeschwistern aus unterschiedlichen Septen inszeniert wurden. Diese Paarungen fanden einstmals vor allem zwischen Blutsgeschwistern desselben Stammes aus unterschiedlichen Regionen statt, wobei, aus Notwendigkeit, hin und wieder etwas Blut aus anderen Stämmen akzeptiert wurde. In der heutigen Zeit, in der die Reihen ausgedünnt werden und sich die Stämme in mehrstämmigen Septen zusammenschließen, wächst das Bewusstsein dafür, dass Blutsgeschwister nach frischem Blut außerhalb des Kreises der Garou suchen sollten. Das bedeutet, wenn kein Garou-Partner verfügbar ist und jeder Kandidat aus dem Kreis der Blutsgeschwister zu nah verwandt ist (oder aus anderen Gründen nicht in Frage kommt), wird es Blutsgeschwistern nahegelegt, in die Welt hinauszuziehen und dort nach Partnern zu suchen, außerhalb der Grenzen der Septen, selbst wenn das bedeutet, das Blut mit Nicht-Blutsgeschwistern zu vermischen. Da die moderne Partnersuche und Fortpflanzung es dem glücklichen Zufall überlassen muss, einen der unwissenden Blutsgeschwister als Partner zu finden, bedeutet dies, dass manche Kinder keine Blutsgeschwister sein werden.

Dies gibt Anlass zu neuer Sorge: Sollten Kinder, die keine Blutsgeschwister sind, wissend oder unwissend aufgezogen werden? Es könnte barmherzig sein, sie vor der Wahrheit über das Garou-Erbe ihrer Familie zu schützen, da sie sich nicht ohne Weiteres in die Angelegenheiten der Familie einbringen können (da sie nicht in der Lage sind, den Anblick der Crinos-Form zu ertragen). Da die Kinder, die diese Nicht-Blutsgeschwister hervorbringen, ebenfalls keine Blutsgeschwister sein werden (es sei denn, sie paaren sich mit Blutsgeschwistern, wodurch ihr Kind die Chance hat, zu den Blutsgeschwistern zu gehören) halten es viele Ältestes für das Beste, die Verbindungen zu diesen geringeren Vettern zu lösen, damit sie ihrer eigenen Wege gehen können, ohne jemals die Wahrheit über ihre exzentrischen Eltern zu erfahren. Andere Septen spüren allerdings, dass sie jeden Verbündeten brauchen, den sie bekommen können. Deshalb ziehen sie diese Nicht-Blutsgeschwister groß und lassen sie dabei in vollem Umfang an dem Wissen darüber teilhaben, welche Bürde ihre Familie trägt.

Obwohl Paarungen zwischen wölfischen Blutsgeschwistern und Wölfen, die keine Blutsgeschwister sind, immer üblich waren, ist der weit verbreitete Brauch, dass sich menschliche Blutsgeschwister mit Menschen paaren, die keine Blutsgeschwister sind, ein derart neues Phänomen, dass es bislang nur wenige Richtlinien gibt, die auf Stammeskulturen basieren. Der Brauch variiert von Septe zu Septe und richtet sich nach den heutigen Umständen und Anforderungen. Die Silberfänge stellen natürlich eine Ausnahme dar, denn sie bestehen noch immer auf Reinheit bei den Paarungen ihrer Blutsgeschwister.

Reinrassig: Hinter den Kulissen

Die Silberfänge zeigen mehr als jeder andere Stamm ein geradezu zwanghaftes Interesse an Blutlinien. Die meisten ihrer Blutsgeschwister verfügen über den Hintergrund Reinrassig und die Silberfänge stellen sicher, dass die Reinheit ihres Geschlechts nicht aufgrund von so belanglosen Gründen wie Liebe oder körperlicher Anziehungskraft geschmälert wird. Kurz nachdem eine Blutsschwester der Silberfänge ein Kind zur Welt gebracht hat, taucht ein Mitglied des Stammes auf (manchmal der Garou-Elternteil), um die Reinheit der Geburt „zu prüfen". Der Silberfang nimmt mithilfe eines Stammesrituals Kontakt zum Geist eines Vorfahren auf, damit er den wahren Vater des Kindes feststellt. In Kombination mit einer häufig gründlichen Befragung der Mutter und naher Verwandter kann der Stamm jedem einzelnen Fall von Untreue auf die Schliche kommen, der zu einer Verwässerung des Blutes führen könnte. Wird das Kind vom Stamm anerkannt, empfängt es seinen Ruf (siehe S. 99 – 104) und wird im Stamm willkommen geheißen. Selbst wenn es niemals seine Erste Verwandlung durchlaufen sollte, leistet es einen wichtigen Beitrag für den Stamm (und wird in die Liste der anerkannten Träger des Blutes aufgenommen).

Sollte sich das Kind als das Ergebnis aus einer Paarung zwischen einer Blutsschwester der Silberfänge und irgendjemand anderem herausstellen (dazu zählen auch Garou eines anderen Stammes), nehmen die Vernehmenden das Kind seiner Mutter weg und „siedeln es um". Die offizielle Geschichte behauptet, dass das Kind in einer anerkannten Pflegefamilie aufgenommen und von einem weniger wählerischen Stamm „adoptiert" wird (z. B. von den Knochenbeißern, den Kindern Gaias oder sogar von den Stillen Wanderern).

Die meisten Garou und Blutsgeschwister ziehen es vor, an die offizielle Geschichte zu glauben.

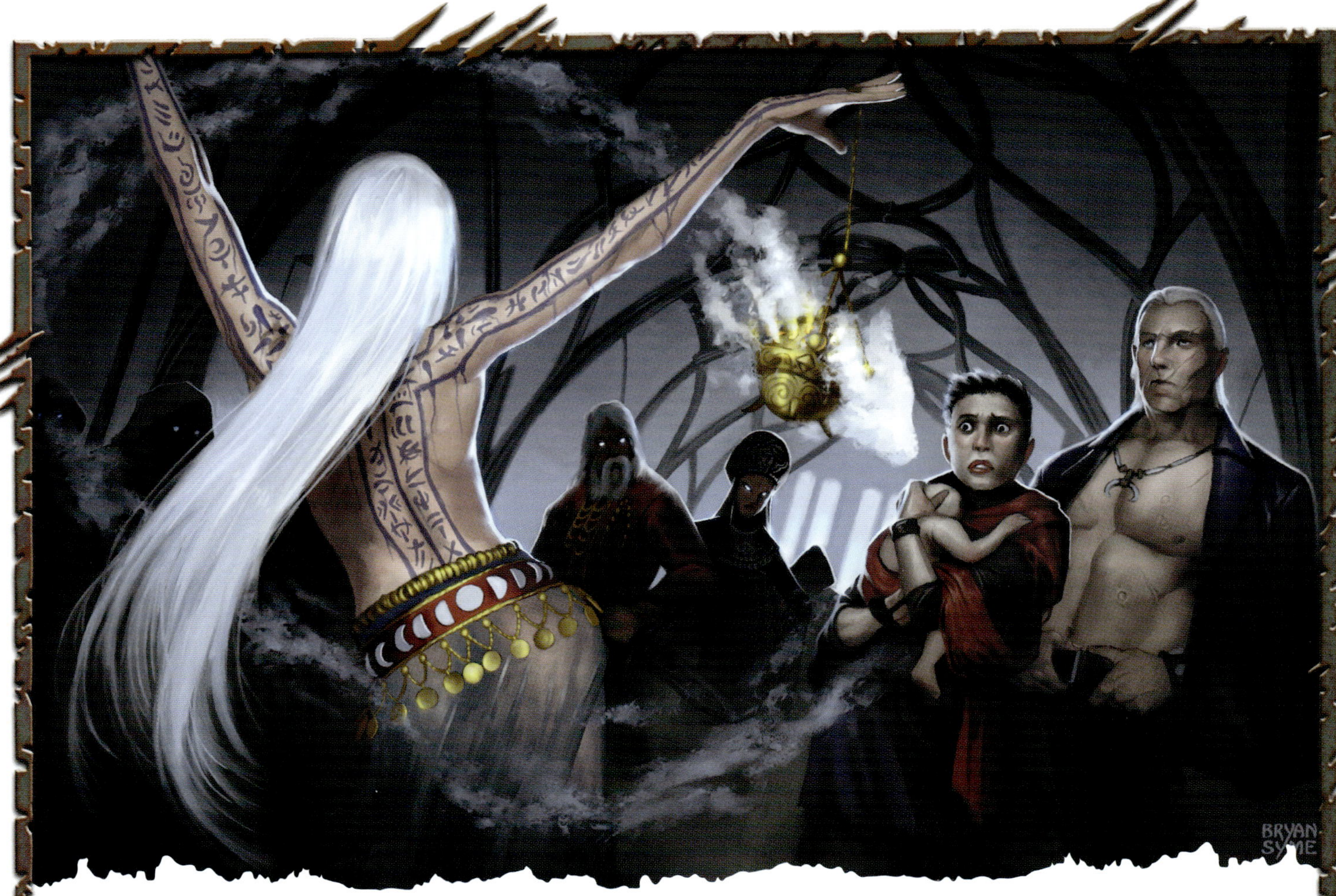

gibt es noch immer arrangierte Ehen und dieses Konzept existiert auch bei den Garou. Während manche Stämme, insbesondere die Kinder Gaias, die Knochenbeißer, die Fianna, die Glaswandler und die Stillen Wanderer Verbindungen aus Zuneigung oder zufällige Paarungen befürworten, legen andere großen Wert darauf, den Überblick über das Zuchtpotenzial ihrer Blutsgeschwister zu behalten.

Die Silberfänge stehen am meisten in dem Ruf, echte Pedanten im Hinblick auf Reinrassigkeit zu sein, weil sie sicherstellen, dass ihre Blutsgeschwister sich nur mit Garou oder anderen Blutsgeschwistern der Silberfänge paaren. Manchmal sind diese Paarungen das Ergebnis von arrangierten Ehen. In anderen Fällen entstehen sie durch *ad hoc* Paarungen, die nicht unbedingt zu einer langfristigen Beziehung führen müssen. Die Notwendigkeit, ein Kind zu zeugen, dient als Gebot, dem gegenüber alles andere zweitrangig ist. Die Silberfänge führen mindestens ein Register (siehe unten: Die Genealogische Gesellschaft des Silberbaumes), um das Fortbestehen des Blutes sicherzustellen.

Die Nachfahren des Fenris haben eine ähnlich starke Präferenz im Hinblick auf die Abstammungsline derer, die sie als ihre Blutsgeschwister beanspruchen. Sie bevorzugen größtenteils Blutsgeschwister aus dem Bestand der Nordländer oder der Teutonen, denn sie glauben, dass deren Kriegertraditionen, ihre starken patriarchalischen Neigungen und ihr kulturelles Ethos das beste angeborene und anerzogene Umfeld darstellen, um die zukünftigen Garou der Nachfahren hervorzubringen.

In seltenen Fällen, in der Regel in solchen, in denen jemand, der nicht zu den Blutsgeschwistern der Nachfahren gehört, durch eine herausragende Tat die Aufmerksamkeit eines Rudels der Nachfahren des Fenris erregt, kann das Rudel diese Person mit der Berechtigung belohnen, sich künftig zu den Blutsgeschwistern der Nachfahren des Fenris zu zählen. Für gewöhnlich geschieht dies, wenn es zu romantischen Verwicklungen zwischen einem Garou von Fenris und jemandem außerhalb des Kreises der Blutsgeschwister kommt. Es erinnert an die alten Märchen, in denen ein einfacher Bürgerlicher, der sich als würdig erweist, eine Prüfung seiner Stärke und seines Charakters besteht, um damit die Hand seiner Geliebten zu erringen.

Meistens behalten die Blutsgeschwister der Nachfahren des Fenris ihre Kinder so nah bei sich, dass sie sichergehen können, dass sie letztendlich eine anerkannte Beziehung eingehen, entweder mit anderen Blutsgeschwistern der Nachfahren oder mit einem vorher festgelegten Garou.

Die Schattenlords messen der Partnerwahl ihrer Blutsgeschwister ebenso große Bedeutung bei, wenn nicht sogar noch größere, allerdings aus ganz eigenen Gründen. Im Kopf der Schattenlord-Garou steht eine Frage an erster Stelle: „Wie kann eine Paarung am besten die Macht und den Einfluss des Stammes voranbringen?" Dicht gefolgt von: „Wie kann ich am meisten davon profitieren, einen politisch, sozial oder wirtschaftlich einflussreichen Partner zu wählen?" Heiraten oder Beziehungen außerhalb der Herde der Schattenlords können die Zustimmung des Stammes finden, vorausgesetzt, sie bestehen eine sorgfältige Prüfung, die auch Bankkonten, Investitionen und manchmal auch nicht ganz legale Aktivitäten umfasst. Unterm Strich bedeutet das: Es kommt nur darauf an, was gut für den Stamm ist.

Die Roten Klauen scheinen sich, da sie keine menschlichen Blutsgeschwister haben, nicht allzu viel Gedanken über „Ehen" zu machen. Wölfe neigen dazu, sich für ein ganzes Leben zu binden und Rote Klauen tragen noch so viel von ihrer wölfischen Natur in sich, dass die Empfängnis, das Austragen und die Aufzucht von Kindern durch wölfische Blutsgeschwister kein Problem darstellen. Was die Rote Klaue angeht, die sich vielleicht gelegentlich einen Absturz mit menschlichen oder wölfischen Blutsgeschwistern eines anderen Stammes gönnt, so existieren darüber nur Gerüchte, die die Vermutung nahelegen, dass so etwas überhaupt jemals vorkommt. Einige von den Blutsgeschwistern der Schwarzen Furien, der Knochenbeißer, der Uktena, der Kinder Gaias und der Stillen Wanderer behaupten, dass sie Kinder von der einen oder anderen abtrünnigen Roten Klaue getroffen und sogar geboren haben wollen, aber die Klauen haben dies niemals bestätigt — und das

Le Droit du Seigneur: Herrenrecht

Das *droit du seigneur*, auch *jus primae noctis* (das Recht der ersten Nacht), *le droit de jambage* (das Recht des Beins) oder *le droit de cuissage* (das Recht des Schenkels) genannt, bezieht sich auf einen Brauch, der mindestens bis ins Mittelalter zurückreicht, wenn nicht sogar noch weiter, und nach dem der Herr eines Reiches das Recht hatte, die Hochzeitsnacht mit jeder Frau niedereren Ranges zu verbringen, sei sie eine Adelige oder eine Bäuerin, sollte er dies wünschen. Auch wenn es sich dabei nicht um eine bestätigte Tatsache handelt, existieren genügend Hinweise auf diese Praxis, um davon auszugehen, dass Männer von hoher Geburt, insbesondere in einer Gesellschaft, in der Frauen lediglich als Ware oder als Gefäße für die Zeugung der Nachkommenschaft angesehen wurden, von diesem Vorrecht Gebrauch machten. Garou aus dieser Epoche unterschieden sich nicht übermäßig von ihren menschlichen Pendants und viele neuzeitliche Garou (mehr als sie vielleicht zugeben möchten) blicken mit einer gewissen nostalgischen Sehnsucht auf die Tage zurück, in denen Blutsgeschwister noch „ihren Platz kannten".

Die Gesellschaft des Mittelalters mit ihrer strikten hierarchischen Struktur machte es den Garou leichter, den Überblick über ihre Blutsgeschwister zu behalten und sicherzustellen, dass ihnen immer ein ausreichend hochwertiger Zuchtbestand zur Verfügung stand, um das Fortbestehen ihrer Stämme zu gewährleisten. Gelegentlich werden Stämme, die stärker mit ihrer kulturellen Geschichte verbunden sind, zu diesen Denkmustern früherer Tage zurückgeworfen. Das gilt besonders für die Silberfänge, die Nachfahren des Fenris, die Fianna, die Schattenlords und sogar für die Wendigo.

Selbst heute noch gibt es gewisse Umstände, die es einem Garou erlauben, oder ihn sogar dazu zu ermutigen scheinen, Frauen aus den Reihen der Blutsgeschwister als Partnerinnen „zu beanspruchen", sogar (oder insbesondere) in ihrer Hochzeitsnacht. Subkulturen wie zum Beispiel Biker Gangs, Inselgemeinschaften, in denen sehr oft nah verwandte Blutsgeschwister Kinder zeugen, religiöse oder soziale Kulte, Banden oder kriminelle Familien betrachten diesen Brauch möglicherweise als einen anerkannten Teil ihrer Lebensweise – und Garou-Rudel treten in all diesen Bereichen auf. Ist dies die Antwort mancher Garou-Rudel auf das Problem Inzucht oder das Stapeln der genetischen Karten? Vielleicht. Ist das Vergewaltigung? Wenn die Frau nicht dazu bereit ist, *ja*!

Erzähler sollten vorsichtig damit sein, solche Gegebenheiten in die Chroniken ihrer Garou oder Blutsgeschwister einzubetten. Spieler müssen darauf vorbereitet und dazu bereit sein, sich mit moralisch zweifelhaften (oder einfach ganz klar moralisch falschen) Aktionen auseinanderzusetzen, und vielleicht eines ihrer Blutsgeschwister zu retten oder eine lange vorherrschende Rudelpolitik zu ändern.

werden sie auch niemals tun. Ohne Zweifel wird jede Rote Klaue, die dabei erwischt wird, mit menschlichen Blutsgeschwistern zu verkehren, vom Stamm bestraft werden, was häufig im günstigsten Fall zu einem Rufverlust von Ehre und/oder Weisheit führt, oder, noch schlimmer, zu einem tatsächlichen Verlust des Rangs, für Unverbesserliche sogar zur Verbannung (Wiederholungstäter).

Ein weiterer Stamm, der den Fortpflanzungsgewohnheiten seiner Blutsgeschwister große Beachtung schenkt, sind die Wendigo. Diese Garou versuchen tendenziell, den amerikanischen Ur-Garou vor der Verunreinigung durch Paarungen mit den Wyrmbringer-Stämmen aus Europa zu bewahren. Es gibt zwar einzelne Wendigo, die sich anders entscheiden und ihrem Herzen folgen, der Stamm als Ganzes begegnet solchen Ehen oder Beziehungen aber mit Missbilligung und reagiert mit Kritik oder besteht auf irgendeiner Form spiritueller Reinigung, bevor er den fehlgeleiteten Wendigo wieder in seinem Stamm aufnimmt oder seine Partnerwahl widerstrebend anerkennt.

Grundsätzlich sind alle Garou bestrebt, sich ihre Blutsgeschwister auf eine Art und Weise zunutze zu machen, die den Stamm stärkt und keiner der Stämme fühlt sich darüber erhaben, jemandem vorzuschreiben, wen er zu heiraten hat, wenn die Zukunft Gaias auf dem Spiel steht.

Stammesgebräuche

Jeder Garou-Stamm hat seine eigene Meinung oder seine eigenen Auffassungen bezüglich der Blutsgeschwister, ihrer Bestimmung, der Art und Weise, wie sie zu behandeln und zu halten sind und ihrer Einstellung gegenüber diesen Menschen (oder Wölfen), die sicherstellen, dass die Spezies der Garou überleben kann. Da die Zahl der Garou schwindet, kommt es gelegentlich vor, dass die Beziehungen zwischen Garou und Blutsgeschwistern an ihre Grenzen getrieben werden, was für beide Seiten mit großem Druck verbunden ist.

Einige Stämme und ihre Blutsgeschwister bekommen dies deutlicher zu spüren als andere. Manche behaupten, dass sie keinerlei Probleme mit ihren Blutsgeschwistern haben. In den meisten Fällen entspringt dies einer Lüge oder einer gestörten Wahrnehmung.

Blutsgeschwister der Dreizehn Stämme

Schwarze Furien

Die alles umfassende Sorge der Schwarzen Furien bezüglich Frauen und Kindern in den Klauen einer patriarchalischen oder von Männern dominierten Gesellschaft schafft eine große Nähe zu ihren Blutsgeschwistern, sowohl den männlichen als auch den weiblichen. Viele weibliche Blutsgeschwister schließen sich Zirkeln der Schwarzen Furien an.

In Europa und in der Alten Welt engagiert sich die Schwesternschaft dafür, Blutsgeschwister und ihre Kinder an sichere Orte zu bringen. In der modernen Welt, in der genetische Säuberungen wiederaufgetaucht sind, haben Garou und Blutsgeschwister der Schwesternschaft Frauen und Kinder in Osteuropa und in den neuen Ländern der ehemaligen Sowjetunion gerettet, ganz zu schweigen von Orten in Afrika und dem Mittleren Osten. Männliche Blutsgeschwister werden innerhalb der Schwesternschaft willkommen geheißen. In vielen Ländern, in denen diese Gruppierung der Schwarzen Furien für Freiheit und Gleichberechtigung kämpft, können männliche Blutsgeschwister an Orte gelangen und Vorteile sichern, die Frauen nicht zugänglich sind. Diese tapferen Männer verstehen, dass ihre Aufgabe wichtig ist, betrachten sie aber in keiner Weise als bedeutsamer als es die Aufgaben von Frauen unter den Blutsgeschwistern und Garou sind.

Viele Blutsgeschwister, die zur Schwesternschaft gehören (siehe S. 29) haben Scharlatanerie erlernt (siehe *Numina* in Kapitel Drei). Sie sind unter den Einheimischen als *strega* bekannt und stehen im Ruf, weise Frauen und Heilerinnen zu sein, ein weiterer Faktor, der ihnen von Seiten der örtlichen Patriarchien negative Aufmerksamkeit einbringt. Blutsgeschwister der Schwesternschaft werden auch in Gefechtstaktiken und in Kampfkünsten ausgebildet, manchmal sogar besser als ihre Garou-Verwandten, die sich ebenso häufig auf ihre natürlichen Waffen und ihre Stärke verlassen wie auf andere Kampftechniken.

Während die Schwesternschaft Blutsgeschwistern in Europa und anderen Teilen der Welt Zuflucht und Schutz bietet, sind in der westlichen Hemisphäre die Mondtöchter für diese Aufgabe zuständig, die aus der Liebelei Amerikas mit der New-Age-Bewegung geboren wurden. In Zusammenarbeit mit den Kindern Gaias streben die Furien der Mondtöchter häufiger nach einer friedlichen Lösung, auch wenn ihr kriegerischer Geist niemals ganz verstummt. Sie heißen Heiden, ganzheitliche Ansätze, New Ager jeder Art und sogar Christen willkommen, die mit ihren egalitären, friedlichen Bräuchen einverstanden sind. Mondtöchter praktizieren häufig Ritualmagie, haben wölfische Blutsgeschwister als enge Begleiter und sehen männliche Blutsgeschwister (und auch manche männliche Nicht-Blutsgeschwister) als gleichberechtigt oder zumindest beinahe gleichberechtigt an.

Anders als andere Stämme, die die Fortpflanzung über alle anderen Bestimmungen für Blutsgeschwister stellen, erkennen die Blutsgeschwister der Schwarzen Furien ihre Pflicht an, die nächste Generation Schwarzer Furien hervorzubringen, sind sich aber gleichzeitig auch der Bedeutung der Aufgabe bewusst, allen Frauen und Kindern Sicherheit zu gewähren. Sie haben wenig Probleme mit Homosexuellen oder alternativen Lebensweisen und manche Gruppierungen unter den Schwarzen Furien scheinen gleichgeschlechtliche Partnerschaften in jeder Hinsicht, außer zum Zwecke der Zeugung von Kindern vorzuziehen. Blutsgeschwister der Schwarzen Furien entscheiden sich häufig dafür, männliche Kinder von anderen Stämmen aufnehmen zu lassen, insbesondere dann, wenn sie Anzeichen dafür zeigen, dass sie zu Garou werden. In gleicher Weise nehmen Blutsgeschwister der Schwarzen Furien gerne weibliche Kinder aus Stämmen auf, die männliche Sprosse bevorzugen, wie zum Beispiel die Nachfahren des Fenris und einige Schattenlords.

Knochenbeißer

Anders als andere Garou leiden die Knochenbeißer nicht an der Tendenz, ihre Blutsgeschwister herablassend zu behandeln oder sie zu unterschätzen. Die Umstände und die Geschichte haben sich verschworen und diese Kinder der Ratte am unteren Rand der Garou-Gesellschaft angesiedelt – nur eine Stufe über den Blutsgeschwistern. Manche sagen, dass eines Tages ein Galliard der Knochenbeißer in einer Hütte voller Blutsgeschwister aufwachte, die sich alle die Zeit damit vertrieben, Geschichten über sich selbst und ihre vergangenen Taten zu erzählen. Die Nacht schritt langsam voran und jede Geschichte wurde länger, die Einzelheiten detailreicher und die Ereignisse fantastischer. Der Knochenbeißer lauschte Geschichten über besiegte Feinde, über Unschuldige, die gerettet wurden und über die Geknechteten, denen Helden gesandt wurden, um sie zu verteidigen. Schließlich war er an der Reihe, eine Geschichte zu erzählen. Er versuchte, sich an etwas zu erinnern, das er getan hatte und das ihn von den anderen abheben konnte. Schließlich erhob er sich mitten unter ihnen und sagte: „Ich kann das hier.“ Er verwandelte sich in seine wildeste Form und sah sich um. Einer oder zwei unter den Blutsgeschwistern sahen für einen Moment erstaunt aus. Dann applaudierten sie alle und einer von ihnen bot ihm einen Schluck aus dem gerade entkorkten Tonkrug an. „Sieht aus als wärest du einer von uns“, sagte der Spender. Der Knochenbeißer nahm wieder seine menschliche Gestalt an, um die Erfrischung besser zu sich nehmen zu können, und erkannte, dass es keine Rolle spielte, wer wer war. Sie alle waren Knochenbeißer. Alle einer von „uns“. Tatsächlich ist vielen Knochenbeißern bewusst, dass ihre Blutsgeschwister häufig ihr undankbares und von Sorgen geplagtes Leben mit mehr Mut und deutlich weniger Vorteilen ertragen als es die Knochenbeißer tun. Von diesem Tag an verbreitete sich die Geschichte des Galliard und die Knochenbeißer betrachteten ihre Blutsgeschwister mit deutlich mehr Respekt. So erzählt man es sich zumindest. Andere Geschichten besagen, dass es schon immer so gewesen ist.

Knochenbeißer bringen ihren Blutsgeschwistern große Achtung entgegen, oder zumindest so viel, wie es jemandem möglich ist, der wenig auf das gesellschaftliche Drumherum gibt. Sie begreifen, dass sie und ihre Blutsgeschwister zusammenarbeiten müssen, um das zu erreichen, was Gaia von ihnen erwartet. Blutsgeschwister, die sich dem Lager der Schmutzfinken der Knochenbeißer angeschlossen haben, finden sich häufig auf den unteren Rängen der Gesellschaft und gehen ihrer Arbeit als Hausmeister, Fast-Food Schleuderer, Müllmann, kleiner Angestellter und anderen undankbaren Tätigkeiten nach, die die notwendige aber wenig ruhmreiche unterste Sprosse der Leiter zum Erfolg bringen. Gemeinsam mit ihren Garou-Verwandten handeln sie mit Informationen und befinden sich grundsätzlich in einer günstigen Position, um ungewöhnliche Daten zu sammeln.

Sowohl menschliche als auch wölfische Blutsgeschwister der Knochenbeißer wissen von der Bellenden Kette, die verschlüsseltes Kläffen, Heulen und Bellen verwendet, um damit Informationen von einem Ort zum anderen zu transportieren, sei es innerhalb einer Stadt, zwischen zwei Städten oder aus der Stadt zu Beißern, die in ländlichen Regionen leben. Obwohl menschliche Blutsgeschwister die komplexen Laute nicht nachahmen können, die in dieser Kommunikationsform verwendet werden, es sei denn, sie verfügen über die Gabe Kettenkommunikation (siehe S. 67), so wissen sie doch, dass jede Information, die an wölfische Blutsgeschwister weitergegeben wird, an der Kette entlangwandern wird, bis sie ihren Bestimmungsort erreicht hat. Blutsgeschwister, die unter der „Kappe“ der Knochenbeißer herumlaufen, teilen den Wunsch ihrer Garou-Verwandten, eine gleichberechtigtere Gesellschaft zu erschaffen, indem sie so viel Reichtum wie möglich umverteilen. Unter diesen Blutsgeschwistern findet sich alles, vom kleinen Dieb, der über eine „ehrenwerte Sache“ gestolpert ist, an der er jetzt seine halbseidenen Taten aufhängen kann, bis hin zu Anwälten, die *pro bono* arbeiten (wobei nicht jeder von ihnen legal praktiziert) und ehemaligen Sozialarbeitern, die begreifen, dass sie außerhalb des Systems mehr Leuten helfen können als innerhalb.

In vielen Städten bahnen Blutsgeschwister der Knochenbeißer sich ihren Weg in die Arbeitswelt mithilfe der örtlichen Tierfänger. Dies erlaubt es ihnen, Garou ausfindig zu machen, die von ihrer Ersten Verwandlung überrascht wurden. Berichte von „wilden Hunden“ ermöglichen es ihnen, diese Garou zu finden und zu retten, unabhängig von ihrem Stamm, und sie in Sicherheit zu bringen, bevor sie im Heck eines Transporters der Tierfänger enden. Blutsgeschwister sind auch die Vorreiter der Bewegung, die sich dafür einsetzt, dass streunende Tiere nicht getötet werden und führen den Kampf gegen Betreiberringe von Hunde- und Hahnenkämpfen an.

Blutsgeschwister der Wächter der Straße teilen die Wanderlust der Garou, aus denen dieses Lager besteht. Für gewöhnlich haben sie einen wertvollen Besitz, einen Van, den sie benutzen, um ihre jüngste Gruppe an „Familienmitgliedern", zu denen auch Garou zählen, über Nebenstraßen und Autobahnen zu transportieren, oder manchmal auch ein Motorrad, für diejenigen, die lieber näher am Erdboden reisen möchten. Manche halten an der Tradition des Vagabundenlebens fest, andere reisen nur, wenn sie das Verlangen überkommt, wenn es keine Arbeit mehr gibt, oder wenn sie geschnappt werden.

Die Blutsgeschwister, die zum Knochenbeißer-Lager der Hinterwäldler gehören, erfüllen jedes Klischee, das mit dem Begriff „Hinterwäldler" verknüpft ist – aber nur manchmal. Für jeden ungebildeten, rückständigen, analphabetischen, durch Inzucht gezeugten Almöhi und seine barfüßige Familie gibt es einen Kräuterheilkundigen mit einem Doktorgrad in Volkskunde und Kräuterheilkunde oder einen tüchtigen Bergbauern, der seine Kinder zu Hause unterrichtet und die ebenso gut die Universität besuchen könnten wie zu Hause zu bleiben und das Familiengehöft um ein oder zwei zusätzliche Zimmer erweitern. Viele dieser Blutsgeschwister wollen nichts von Technologie wissen. Andere geben mit ihren Satellitenschüsseln an und überwachen ihren Polizeifunk mit beinahe religiösem Eifer, um immer die neuesten Nachrichten mitzubekommen. Und natürlich brauen sie (Blutsgeschwister und Garou) den rechtschaffensten Moonshiner in den Höhlen der Appalachen, dem Ozark-Plateau und anderen Bergregionen. Außerdem sind sie mehr als die meisten anderen Blutsgeschwister anfällig dafür, sich in Familienfehden zu verstricken, die über Generationen fortgeführt werden.

Kinder Gaias

Von allen Garou sind es wahrscheinlich die Kinder Gaias, die ihren Blutsgeschwistern die größte Achtung entgegenbringen. Diese Garou begreifen, wie wichtig die Rolle ist, die die Blutsgeschwister für das Fortbestehen der Spezies spielen, und deshalb räumen sie ihnen, wann immer dies möglich ist, einen gleichberechtigten Rang ein, und einen nahezu gleichberechtigten in allen Angelegenheiten, in denen Garou die Führung übernehmen müssen.

Der noch immer fortbestehende Makel eines ihrer Blutsgeschwister, Samuel Haight, dessen berühmt-berüchtigter Hass gegenüber seinem untergeordneten Status zu seiner Entdeckung des „Hautwechsels" führte und zu der daraus resultierenden Gründung der geächteten Hauttänzer, hat die Notwendigkeit, sich ihren Blutsgeschwistern gegenüber anständig zu verhalten, tief in das Bewusstsein des Stammes eingebrannt. Niemand möchte, dass sich etwas derartiges wiederholt, und beim nächsten Mal womöglich mit noch schrecklicheren Konsequenzen.

Genau wie ihre Garou-Verwandten konzentrieren sich auch die Blutsgeschwister der Kinder Gaias stark auf ihr Engagement für die Gemeinschaft. Sie legen vor allem großen Wert auf Umweltbelange, soziale Ungerechtigkeit und Hilfsaktionen. Die Kinder Gaias und ihre Blutsgeschwister gehörten zu den ersten Einsatzkräften nach Naturkatastrophen wie Wirbelstürmen, Tsunamis und Erdbeben, unterstützten Seite an Seite freiwillige Hilfsaktionen und leisteten sowohl Menschen als auch Tieren auch nach den Katastrophen noch weitere Unterstützung. Von nationalen und internationalen Organisationen wie dem Roten Kreuz, Ärzte ohne Grenzen, Tierschutzorganisationen, Naturschutzorganisationen und Umweltschutzprogrammen bis hin zur örtlichen freiwilligen Feuerwehr, Wohltätigkeitsvereinen und Selbsthilfe- und Schutzgruppen arbeiten die Blutsgeschwister der Kinder Gaias im Dienste des höchsten Gutes für eine größtmögliche Bevölkerungsgruppe. Wölfische Blutsgeschwister arbeiten häufig als Caern-Wächter und Bewacher von Viehgehegen, um sich so gut wie möglich in das Leben des Stammes einbringen zu können.

Wann immer dies möglich ist, versuchen Garou-Kinder, ihre Blutsgeschwister in Versammlungen (zumindest in die Teile, an denen sie teilnehmen können) und Riten zu integrieren. Auch wenn sie kein „Wahlrecht" haben, wenn es darum geht, Entscheidungen für Septen zu treffen, finden die Wünsche und Vorstellungen von Blutsgeschwistern trotzdem Berücksichtigung.

Manchmal kann sich die Gleichberechtigung zwischen Garou und Blutsgeschwistern als mehr erweisen, als die Blutsgeschwister ertragen können. Hin und wieder erwarten Garou zu viel von ihren Blutsgeschwistern, insbesondere im Kampfsituationen. Manchmal führen die körperlichen Unzulänglichkeiten von Blutsgeschwistern zu katastrophalen Ergebnissen und rufen so auf unerbittliche Art und Weise in Erinnerung, dass eine beabsichtigte Gleichberechtigung nicht immer auch zu einer tatsächlichen Gleichberechtigung führen muss.

Fianna

Für die Fianna umfasst Familie so viel mehr als nur Blutsverwandte. Die Garou keltisch menschlicher Abstammung integrieren Vorstellungen wie Clanstolz, gemeinschaftlicher Kampf und die Freude am Leben und Sterben in ihr tägliches Leben. Wissende Blutsgeschwister wachsen in dem Bewusstsein auf, dass sie nicht nur eine Verbindung zu ihrer Garou-Familie haben, sondern auch zu einer kulturellen Tradition. Manche Blutsgeschwister verstricken sich in die politischen und sozialen Machtkämpfe, die mit ihrer keltischen Herkunft einhergehen.

Die Blutsgeschwister der irischen und schottischen Fianna werden manchmal in politische Aktivitäten verwickelt, die in regelmäßigen Abständen zu gewalttätigen Ausbrüchen führen. In den Vereinigten Staaten beteiligen sich Blutsgeschwister der Fianna häufig an den eng miteinander verknüpften Aktivitäten irischer oder schottisch-irischer Amerikaner, nehmen an Versammlungen in hibernischen Gesellschaften oder an Highland-Festivitäten teil. Manchmal übernehmen sie eine ethnische Gesinnung, die auf überholten und rückständigen Vorurteilen beruht, die auf eine Zeit zurückgehen, in der es noch unpopulär war, ein Ire zu sein, oder in der Amerikaner irischer oder schottischer Abstammung nur selten zurechtkamen. Viele Blutsgeschwister müssen von Zeit zu Zeit daran erinnert werden, dass rassische und ethnische Spannungen sowie religiöse und politische Differenzen nicht in ihre Welt gehören (oder in irgendeine Welt), und dass ein Teil der Fianna zu sein Vorrang vor allem anderen hat.

Obwohl die Blutsgeschwister der Fianna mit ihren Garou-Verwandten auf einer nahezu gleichberechtigten Basis interagieren, spielen die Differenzen zwischen den Kriegern Gaias und ihrem menschlichen Versorgungsnetzwerk doch eine große Rolle, wenn es darum geht, den Wyrm und seine Lakaien zu bekämpfen. Blutsgeschwister sind in viele Lebensbereiche des Caerns integriert und vertrauenswürdige Familien leben sogar innerhalb der Behausung und übernehmen Pflichten im Zusammenhang mit der Absicherung der Umgebung des Caerns. Zu Festgelagen und Feierlichkeiten sind Blutsgeschwister eingeladen und die meisten Fianna-Septen pflegen die Tradition des Festgelages vor der Schlacht. Bei diesen Anlässen können Blutsgeschwister und Garou auch die Gelegenheit nutzen, einen Partner zu wählen, sei es nur für eine Nacht oder für eine längerfristige Beziehung.

Beziehungen zwischen Blutsgeschwistern der Fianna und den Garou sind alles andere als leichtfertig. Sie streben vielmehr nach einer Grundeinstellung, die das Liebesbedürfnis im Angesicht des nahenden Todes ebenso annimmt wie den übermächtigen Glauben daran, dass die Freude, so transzendent sie auch sein mag, den größten Schmerz zu überwinden vermag. Tief verwurzelt im Leben der Fianna-Garou und ihrer Familien ist die innere Einstellung, dass das Leben kostbar und vergänglich ist, die Freude niemals auf den „richtigen Zeitpunkt“ sollte warten müssen und dass Familienbande für immer bestehen.

Konkurrenzkämpfe spielen eine Rolle bei den meisten Zusammenkünften von Blutsgeschwistern und Garou der Fianna. Manchmal wetteifern Blutsgeschwister und Garou direkt miteinander in Tanz- und Trinkwettbewerben. (Es gilt nicht als sportlich, zu betrügen, indem man die Gabe Gift widerstehen einsetzt). Bei körperlichen Wettkämpfen werden Blutsgeschwister und Garou in der Regel voneinander getrennt, um den offenkundigen Unterschieden hinsichtlich der Fähigkeiten gerecht zu werden.

Viele Blutsgeschwister der Fianna gehen einer Beschäftigung nach, die ebenso ihre kulturelle Erziehung widerspiegelt wie auch ihr Faible für Arbeit, bei der sie ihre körperlichen Grenzen austesten könne, wie zum Beispiel als Polizeibeamte, Feuerwehrmänner, Ersthelfer, Trainer oder Fitnesstrainer. Andere werden Ärzte, Lehrer oder Künstler unterschiedlichster Ausrichtung. Nicht wenige beschreiten einen Weg in der Gastronomie und leisten hervorragende Arbeit als Bierbrauer oder Caterer.

Einige Blutsgeschwister, insbesondere jene, deren Familien gelernt haben, ihr Garou-Blut mithilfe traditioneller religiöser Praktiken in Einklang zu bringen, wählen ein religiöses Leben als Priester oder Nonne, wenn sie katholisch sind, und als Pastor oder Pastorin, wenn sie Protestanten sind. Fianna-Garou haben häufig Probleme mit Blutsgeschwistern, die einer Berufung folgen möchten, die den Zölibat voraussetzt, da sie dadurch aus dem dringend benötigten Fortpflanzungsbestand entfernt werden. Die Fianna verbieten es ihren Blutsgeschwistern zwar nicht explizit, eine solche Entscheidung zu treffen, sie bestehen allerdings darauf, dass ihre Blutsgeschwister äußerst gute Gründe dafür anführen können, warum sie dies zu tun wünschen. Es sind eben solche Fälle, in denen sich die vermeintliche Gleichberechtigung zwischen Garou und Blutsgeschwistern ihren härtesten Prüfungen unterziehen muss.

Nachfahren des Fenris

Obwohl die Nachfahren des Fenris zu Recht in dem Ruf stehen, grimmige Krieger, unerbittliche Gegner und häufig auch barsche Verteidiger der Überlegenheit der Garou zu sein, stellen sie für ihre Blutsgeschwister doch etwas ganz anderes dar. Die Leidenschaft, Loyalität und Zuneigung, die die Nachfahren ihren Blutsgeschwistern entgegenbringen und der Beschützerinstinkt, den sie ihnen gegenüber hegen, machen ihrer Verpflichtung gegenüber Gaias Sicherheit Konkurrenz. Ihre Blutsgeschwister wissen das und haben gelernt, sich auf den gelegentlich übertriebenen Autoritarismus ihrer Garou-Eltern, Söhne, Töchter, Geliebten und anderer Verwandter einzustellen.

Im Allgemeinen stellen Blutsgeschwister die Entscheidungen nicht infrage, die ihre Garou-Verwandten treffen, selbst wenn es sich um Entscheidungen handelt, die mit ihren eigenen Lebensentscheidungen zu tun haben. Es kommt allerdings nicht selten vor, dass eine Frau, die einen Angehörigen der Nachfahren geheiratet hat, mit ihrem Partner darüber diskutiert, ob sie eine Arbeit außer Haus annehmen, eine weiterführende Ausbildung beginnen oder sich auf ein öffentliches Amt bewerben wird. In ähnlicher Weise hören sich männliche Blutsgeschwister, die mit einer Nachfahrin verheiratet sind, auch aufmerksam ihre Meinung dazu an, welche Maßnahmen er ergreifen sollte, um seiner Rolle als Beschützer seiner menschlichen Familie bestmöglich gerecht zu werden.

Obwohl der Geschlechterunterschied einst eine wichtige Rolle innerhalb des Stammes und zwischen den Nachfahren und ihren Blutsgeschwistern spielte, sind die Grenzen zwischen den Geschlechtern angemessenen Handlungen verwischt worden, weil Frauen freimütiger geworden sind und die Mehrheitsgesellschaft sich immer mehr der allgemeinen Gleichberechtigung annähert. Viele Blutsgeschwister ziehen ihre Kinder noch immer nach alten Traditionen auf und haben fest vorgeschriebene Rollen für Mädchen und Jungen. Andere Blutsgeschwister-Familien achten mehr darauf, wo die Stärken einer Einzelperson liegen und versuchen, die tatsächlichen Talente ihrer Kinder zu fördern.

In der Außenwelt neigen Blutsgeschwister der Nachfahren dazu, berufliche Laufbahnen einzuschlagen, in denen es konkrete Parameter zur Bestimmung von Erfolgen gibt. Viele Männer, und ein paar Frauen, streben Berufe an, die ihnen Autorität verleihen und es ihnen ermöglichen, ihre Vorliebe auszuleben, die Kontrolle über eine Situation zu übernehmen. Viele schätzen die Disziplin und Herausforderung, die notwendig sind, um einen medizinischen oder juristischen Grad zu erreichen und schlagen diesen Weg in der Absicht ein, irgendwann einmal ihrem Stamm helfen zu können.

Andere wenden sich einer militärischen Ausbildung zu, die ihnen die Fähigkeit verleiht, an der Seite ihrer Garou-Verwandten zu kämpfen, sollte dies einmal notwendig sein. Oft wählen weibliche Blutsgeschwister das Militär als eine Möglichkeit, ihren männlichen Blutsgeschwistern aber auch ihren Garou-Verwandten zu beweisen, dass sie dazu in der Lage sind, für Gaia zu kämpfen. Weibliche Blutsgeschwister nehmen auch Berufungen an, die es ihnen ermöglichen, für die nächste Generation der Mädchen ein Vorbild zu sein, seien sie nun Blutsgeschwister oder nicht, indem sie Selbstverteidigung lehren, Sport oder andere Aktivitäten, die das Selbstverstrauen stärken und Führungsqualitäten hervorbringen können.

Einige Blutsgeschwister schließen sich zusammen, um Kreaturen wie Vampire und zerstörerische Geister zur Strecke zu bringen, während sie gleichzeitig die Werwölfe beschützen, die unter ihrem Dach leben.

Auch wenn die typischen Fenris-Garou, die ihre Blutsgeschwister mit eiserner Hand regieren, wahrscheinlich auch weiterhin existieren werden, so wird dieses Klischee im Grunde genommen doch nach und nach zur Ausnahme.

Glaswandler

Blutsgeschwister der Glaswandler befinden sich im Vergleich zu den meisten anderen Blutsgeschwistern in einer wenig beneidenswerten Position. Auf der einen Seite bringen die Glaswandler ihren Blutsgeschwistern große Wertschätzung entgegen und erwarten infolgedessen auch sehr viel von ihnen. Auf der anderen Seite erfüllen die Wandler selbst einen Großteil der Funktionen, die üblicherweise von den Blutsgeschwistern anderer Stämme erfüllt werden. Als Finanziers und Geschäftsleute generieren sie umfangreiche Finanzmittel für den Stamm. Sie sind ebenfalls in der Lage, eher städtisch angelegte Dinge zu erledigen, wie zum Beispiel Ausrüstung und Nahrung für die Caerns oder Septen einzukaufen und Kontakte mit den örtlichen Behörden und der kriminellen Unterwelt zu knüpfen. Da die Garou diese Aspekte im Kampf ums Überleben des Stammes übernehmen, besteht die hauptsächliche Aufgabe der Blutsgeschwister darin, als Zuchtbestand zu dienen und Aufträge zu anzutreten, die es erforderlich macht, dass sie Reisen unternehmen, die sie weit von der Septe fortführen. Im Verlauf ihrer gesamten Geschichte hatten es weibliche Blutsgeschwister der Glaswandler immer schwerer, ihren Platz in der Stammesgesellschaft zu finden, als ihre männlichen Pendants. Manche haben sich sogar menschlichen Einrichtungen wie der Kirche angeschlossen, wo sie als Nonnen indirekten Einfluss ausüben konnten, um ihre Garou-Verwandten vor Ärger zu bewahren. Dies entfernte sie allerdings aus dem Fortpflanzungspool, weshalb weibliche Blutsgeschwister häufig großen Widerstand überwinden mussten, wenn sie einen solchen Weg einschlagen wollten.

Männlichen Blutsgeschwistern erging es nur wenig besser. Die Garou fanden häufig eine Einsatzmöglichkeit für ihre männlichen Blutsgeschwister, indem sie sie als Spione in die Territorien anderer Stämme entsandten oder in Organisationen, die im Verdacht standen, mit dem Wyrm in Verbindung zu stehen. Dies hatte zur Folge, dass diese Blutsgeschwister für lange Zeiträume von ihren Familien getrennt wurden, was häufig zu belasteten Beziehungen zwischen Garou und ihren Blutsgeschwistern führte.

Trotz der Nachteile, denen sich viele Blutsgeschwister der Glaswandler gegenübersehen, genießen sie doch den Schutz des Stammes. Viele Septen verlangen von ihren Blutsgeschwistern, dass sie innerhalb des Caerns leben, für gewöhnlich in abgetrennten Bereichen, um sie besser beschützen zu können. Dies gilt besonders häufig für schwangere Frauen und Kinder.

Der Zugang zu hochentwickelten Waffen und vielfältiger Bewaffnung, Kampfrüstung und anderen Schutzmöglichkeiten versetzt die Glaswandler in die Lage, ihre Blutgeschwister gut genug auszurüsten, damit sie ihnen in die Schlacht folgen können. Die Garou verlangen nicht von ihren Blutsgeschwistern, dass sie gegen die übernatürlichen Verbündeten des Wyrms kämpfen, aber sie empfinden Blutsgeschwister als ungemein hilfreich, wenn es darum geht, die menschlichen Diener des Wyrms und einige schwächere Fomori zu bekämpfen. Mit bestimmten Gaben und mindestens einem speziellen Ritus können die Blutsgeschwister der Glaswandler mit den Garou gemeinsam als Rudel agieren und sich die Vorteile des Rudel-Totems zunutze zu machen als wären sie selbst Garou.

Rote Klauen

Die Blutsgeschwister der Roten Klauen sind Wölfe, und nur Wölfe. Trotzdem kommt auch hier die Unterscheidung zwischen Blutsgeschwistern und Garou zum Tragen, die bei anderen Stämmen und ihren menschlichen Blutsgeschwistern besteht. Die Garou sehen sich selbst ihren wölfischen Blutsgeschwistern in vielen Bereichen überlegen. Sie haben Gaias Auftrag, für Sie zu kämpfen. Ihre Blutsgeschwister kennen nur das Überleben. Ihr „menschlicher Verstand", der es ihnen erlaubt, die Homid-Gestalt anzunehmen und unter den Menschen umherzulaufen, verleiht ihnen die Fähigkeit, vorauszudenken, zu planen und Vorsichtsmaßnahmen zu treffen. Das heißt, dass sie wissen, wie sie ihr Ursprungsrudel beschützen können, mit dem sie üblicherweise enge Bande knüpfen und aus dem sie sich mit großer Wahrscheinlichkeit einen Partner wählen.

Wölfische Blutsgeschwister erkennen Rudelanführer automatisch an, auch wenn sie ihnen nicht das Word „Alpha" (oder irgendein anderes Wort) beifügen. Diese Blutsgeschwister leisten den Anweisungen ihres Garou-Verwandten Folge, die über stimmliche Laute und Körpersprache weitergegeben werden. Sie wissen, wann es an der Zeit ist zu jagen oder zurückzubleiben, während ihr Garou-Verwandter in anderen Angelegenheiten unterwegs ist. Blutsgeschwister der Roten Klausen zeigen nicht dieselbe Verbitterung über ihre Verbannung auf einen niederen Rang. Ihre Instinkte gebieten ihnen, ihren Platz innerhalb der wölfischen Gesellschaft zu akzeptieren. Da Garou länger leben als Menschen oder Wölfe, ist es möglich, dass eine Rote Klaue tatsächlich zahlreiche Generationen von Wölfen innerhalb des Rudels überlebt. Wölfe erreichen das Erwachsenenalter innerhalb von zwei Jahren. Das bedeutet, dass Wolfsjunge rasch lernen, wie sie sich in der Nähe ihres Anführers von den Roten Klauen zu benehmen haben. Dass ein Rudelmitglied sich dem Anführer zu unterwerfen hat, liegt bereits in ihrer Natur. Die Schattenseite dieses langen Lebens und der Stabilität des Rudels lastet auf den Schultern der Roten Klaue, die mitansehen muss, wie Generationen von geliebten Gefährten und Freunden, sogar Kindern, altern und sterben.

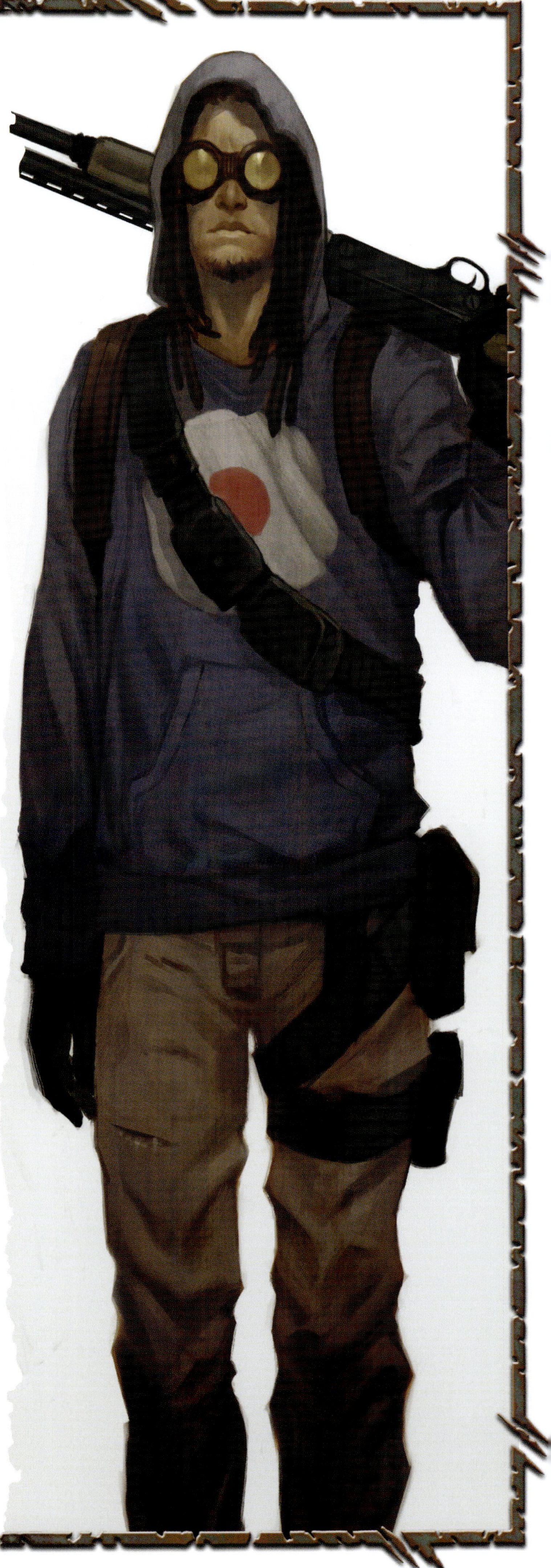

EINEN WOLF SPIELEN

Die Roten Klauen haben keine menschlichen Blutsgeschwister. Wenn man also in einer Werwolf-Chronik einen Charakter der Lupus-Blutsgeschwister spielen möchte, bedeutet das, dass man einen Wolf spielen müsste. In seltenen Fällen kann eine Chronik, die um ein Rudel von Roten Klauen mit einem oder zwei Wolf-Blutsgeschwistern angesiedelt ist, funktionieren, insbesondere als Spiel mit nur ein oder zwei Spielsitzungen und fortgeschrittenen Spielern.

Jeder, der sich der Aufgabe widmet, einen Wolf-Charakter zu spielen, muss zunächst einige Nachforschungen anstellen, was das Verhalten von Wölfen im Besonderen und das Verhalten von Tieren im Allgemeinen angeht, um zu verstehen, wie man ohne Worte kommunizieren kann. Spieler können selbstverständlich erklären, was sie gerade tun und warum sie so handeln, sollten dabei aber darauf achten, dass sie keine Gründe anführen, die eigentlich in die Welt der Menschen gehören.

Wölfe leben in der Gegenwart und haben nur begrenzte Vorstellungen von der Vergangenheit und der Zukunft. Sie wissen, dass bestimmte Dinge passieren, nachdem andere Dinge passiert sind. Sie handeln nach ihrem Instinkt und erkennen keine Absichten. Sie wissen nicht, was ein anderer Charakter zu tun beabsichtigt, nur was der Charakter tatsächlich tut.

Das bedeutet nicht, dass Spieler nicht versuchen sollten, Wolf-Blutsgeschwister darzustellen, sondern lediglich, dass sie sich die damit einhergehenden Einschränkungen bewusst machen sollten, bevor sie den Versuch wagen.

Wölfe sind größtenteils noch immer gefährdet. Insbesondere dort, wo sie nicht mehr vom Gesetz her geschützt sind, machen sich die Menschen ihren ungeschützten Status zunutze und jagen sie. Die Roten Klauen sehen sich mehr und mehr in eine Position gedrängt, in der sie als Hüter von Wolfsrudeln fungieren müssen, sei es ihr Ursprungsrudel oder auch eines, dem sie nach ihrer Ersten Verwandlung begegnen.

Gelegentlich kommt es vor, dass einer der wölfischen Blutsgeschwister sich von den anderen Mitgliedern des Rudels abhebt. Vielleicht hat sie die übliche Zeit für ihre Erste Verwandlung überschritten (zwei Jahre für einen lupinen Garou) und hat sich nicht verwandelt, was darauf schließen lässt, dass etwas schiefgegangen ist. Trotzdem lässt der Wolf einige Anzeichen erkennen, die eher nach einem Garou als nach einem Wolf aussehen. Diese wölfischen Blutsgeschwister können tatsächlich einen oder zwei Punkte Gnosis besitzen, ein Zeichen, dass Gaia diesen Wolf berührt hat, ohne ihn jedoch vollständig als Garou in ihre Dienste zu berufen. Diese Raritäten unter den wölfischen Blutsgeschwistern können bestimmte eingeschränkte Gaben erlernen, sofern ihr Garou von den Roten Klauen sich dafür entscheidet, ihnen dabei zu helfen, sie zu erlernen und sich bei den Geistern für sie einzusetzen, damit sie ihnen diese Gaben auf eine Art und Weise lehren, in der ein Wolf sie anwenden kann.

Wölfische Blutsgeschwister, die über Gaben verfügen, setzen diese in der Regel nicht selbstständig ein, sondern auf das Bestreben ihrer Garou-Verwandten. Beispiele für diese Gaben werden in Kapitel Drei erwähnt (S. 67–68), ein Spielleiter kann allerdings befinden, dass andere Gaben ebenfalls geeignet sind und sie in seiner Chronik verwenden.

Schattenlords

Obwohl viele ihrer ältesten Blutsgeschwister-Familien aus Osteuropa und Zentralasien stammen, wählen die Schattenlords ihre Blutsgeschwister aus den zur Verfügung stehenden Menschen in ihrer Umgebung. In der heutigen Zeit decken die Blutsgeschwister der Schattenlords die gesamte Bandbreite an Rassen, ethnischer Herkunft und Wolfsrassen ab. Diese ehrgeizigen Garou legen bei der Wahl ihrer Blutsgeschwister mehr Wert auf andere Qualitäten als auf das nationale Erbe. Sie bevorzugen Individuen, die vor allen Dingen intelligent, gerissen und ehrgeizig sind. Auf dieselbe Art und Weise wählen sie auch ihre Lupus-Blutsgeschwister aus, und zwar unter den Wölfen, die ein höheres Maß an Intelligenz und Überlebensfähigkeit erkennen lassen als andere. Wann immer dies möglich ist, entscheiden sich die Schattenlords bevorzugt für Blutsgeschwister, deren Fähigkeiten sie mächtig gemacht haben, sei es in finanzieller oder in politischer Hinsicht.

Im Großen und Ganzen geben Schattenlords keinem Geschlecht einen besonderen Vorzug. Obwohl auch heute noch mehr Männer als Frauen über eigenständige Macht verfügen, haben auch viele Frauen eine Machtposition erreicht, während wieder andere das Potenzial erkennen lassen, nach dem die Schattenlords suchen. Wie die meisten Garou geben sich auch die Schattenlords größte Mühe, ihre Blutsgeschwister zu beschützen, solange sich ihre Blutsgeschwister diesem Schutz als würdig erweisen. Dumme oder unvorsichtige Blutsgeschwister haben nur wenig Hilfe von den Lords zu erwarten, falls sie einmal in Gefahr geraten sollten.

Trotz ihres Ehrgeizes sind die Schattenlords nicht immer ganz glücklich mit der Art von Ressourcen, die sie benötigen, um ihren Verpflichtungen gegenüber Gaia gerecht zu werden. In diesem Fall bedienen sie sich ihrer Blutsgeschwister und setzen ihre Macht und ihren Einfluss nach ihrem eigenen Gutdünken ein.

Schattenlords bemühen sich darum, innerhalb von menschlichen Organisationen tätig zu sein, um den Schaden zu begrenzen, den Menschen Gaias Schöpfungen zufügen können, und um dem Einfluss entgegenzuwirken, den raubtierhafte Wesen wie zum Beispiel Vampire auf die menschlichen Handlungen nehmen könnten. Blutsgeschwister erweisen sich in dieser Hinsicht als sehr nützlich, da sie sich häufig in Machtpositionen (oder in potenziellen Machtpositionen) befinden, wie zum Beispiel im Polizeidienst, in der Kommunalverwaltung oder in der Landesregierung, im Bankenbereich und in anderen Geschäftsfeldern. Darüber hinaus erkennen die Schattenlords und ihre Blutsgeschwister, welche enorme Macht in den Händen der kriminellen Unterwelt liegt, sei es in der Mafia, der russischen Mafia, den mexikanischen Drogenkartellen oder anderen Arten illegaler Organisationen. Wo Macht ist, sind auch die Schattenlords – und ihre Blutsgeschwister.

Während Garou aus anderen Stämmen ihre Blutsgeschwister manchmal auf Distanz halten, neigen die Schattenlords dazu, eng mit ihren Blutsgeschwistern zusammenzuarbeiten und sie auf ähnliche Art und Weise in ihre Einsatzmannschaften zu integrieren, wie es auch bei den Glaswandlern üblich ist, oder Seite an Seite mit ihnen in derselben Einrichtung zu arbeiten. So waren Blutsgeschwister und Garou für denselben Polizeiapparat tätig, manchmal sogar in derselben Einheit, sei es entweder als allgemeine Ermittler, oder in einem Sonderkommando, oder in anderen Abteilungen.

Stille Wanderer

Stille Wanderer wählen ihre Blutsgeschwister aus den nomadischen Bevölkerungsgruppen der Welt aus. Einige der ältesten Blutsgeschwister-Familien können bis in die Zeit zurückverfolgt werden, in der die semitischen Stämme durch die Wüste zogen. Andere Blutsgeschwister geben Roma, Mongolen, Tinker, afrikanische und zentralasiatische Nomaden und andere historische Wanderer als Herkunft an. Als der Stamm die Neue Welt erreichte, brachte ihr Umherziehen sie mit den einheimischen Stämmen in Kontakt. In manchen Fällen gelang es ihnen, die Uktena davon zu überzeugen, ihnen den Kontakt mit der örtlichen Bevölkerung zu gestatten, weshalb ein paar indianische Familien zu den Blutsgeschwistern der Wanderer gehören.

Anders als die Garou unterliegen die Blutsgeschwister der Stillen Wanderer nicht dem Zwang, immer weiter umherziehen zu müssen. Aus diesem Grund stellen Blutsgeschwister ihren Garou-Verwandten häufig einen festen Ort zur Verfügung, an dem sie während ihrer Reisen Halt machen können. Durch ihre Blutsgeschwister können die Wanderer ein Bett für die Nacht, eine warme Mahlzeit, Vorräte und manchmal sogar Gesellschaft und Liebe finden.

Aufgrund ihrer fortwährenden Wanderschaft haben Wanderer häufig die Gelegenheit, ihre Lupus-Blutsgeschwister zu besuchen und sicherzustellen, dass das wölfische Blut innerhalb des Stammes stark bleibt. Außerdem haben sie die Möglichkeit, dafür Sorge zu tragen, dass ihren Wolfsrudeln der Schutz zuteil wird, den sie benötigen, um in einer Welt zu überleben, in der es von Jägern nur so wimmelt.

Viele Blutsgeschwister der Wanderer erben das „Wandergen" und begeben sich in Karawanen auf Wanderschaft, wie zum Beispiel in einem Wanderzirkus, in einem Motorradklub (oder einer „Gang") oder in ähnlichen Gruppen. Diese Blutsgeschwister können den Garou der Stillen Wanderer zwar nicht gerade umfangreiche Ressourcen oder finanzielle Unterstützung zukommen lassen, allerdings haben sie ein mobiles Versorgungsnetzwerk zu bieten.

Einige Blutsgeschwister der Stillen Wanderer erben eine Spur der übernatürlichen Verbindung des Stammes und haben, ebenso wie die Blutsgeschwister der Fianna, die Tendenz, etwas zu empfangen, was häufig „die Sicht" genannt wird. Manche Blutsgeschwister finden Arbeit als professionelle Hellseher oder paranormale Ermittler. Andere versuchen, jeden Hinweis auf eine übernatürliche Gabe zu ignorieren, weil sie der Meinung sind, dass ein Verwandter eines Werwolfes zu sein schon übernatürlich genug ist.

Da Stille Wanderer außer mündlich überlieferten Geschichten kaum Aufzeichnungen haben, neigen sie dazu, die Verbindungen zu ihren Blutsgeschwistern deutlich häufiger zu verlieren als die meisten anderen Stämme. Viele der unerfahrenen Blutsgeschwister stammen aus einer Familie der Stillen Wanderer.

Obwohl die Stillen Wanderer ihren Blutsgeschwistern Wertschätzung und Respekt entgegenbringen, knüpfen sie für gewöhnlich keine engen Bindungen zu ihnen aufgrund ihres eigenen Dranges, umherzuziehen. Manchmal gehen ein Garou und ein Mitglied der Blutsgeschwister eine lebenslange Bindung ein. In diesem Fall entscheidet sich das Blutsgeschwister für gewöhnlich dafür, seinen Garou-Partner zu begleiten.

Die meisten Blutsgeschwister gehen einer Beschäftigung nach, die ihnen die Möglichkeit zu häufigen Ortswechseln einräumt. Blutsgeschwister der Wanderer arbeiten als Parkaufseher, Tierfotografen, Forscher und moderne Abenteurer, aber auch als Mitglieder von Institutionen wie zum Beispiel Ärzte ohne Grenzen und vielen internationalen Hilfsorganisationen. Andere bleiben bei der Lebensweise des fahrenden Volkes, während ein paar an einem Ort bleiben, um ihren umherziehenden Garou-Verwandten Zwischenstationen auf ihren Reisen anbieten zu können.

Wanderer behandeln weibliche Blutsgeschwister nicht anders als männliche Familienmitglieder, es sie denn, sie wählen sich eine Partnerin aus. Für gewöhnlich bleiben männliche Wanderer bei ihren schwangeren Blutsgeschwistern, bis das Kind sicher zur Welt gekommen ist. Weibliche Garou neigen ebenfalls dazu, bei ihren Blutsgeschwister-Partnern zu bleiben, bis sie ihr Kind zur Welt gebracht haben.

Silberfänge

In der Vergangenheit wählten Silberfänge ihre Blutsgeschwister ausschließlich aus jenen Menschen aus, die von königlichem Geblüt waren, und aus Wölfen, die aus einer makellosen Zucht stammten. Da der Adel seltener geworden und damit viel schwerer zu finden ist, haben Silberfänge die Basis ihrer Blutsgeschwister dahingehend ausgeweitet, dass nun auch Menschen aus angesehenen Blutlinien dazugehören, einschließlich Familien, die in ihren vielfältigen Gemeinschaften eine respektable Position innehaben – der neue Adel! Sobald eine Familie ihren Platz in den Reihen der Blutsgeschwister der Silberfänge eingenommen hat, wachen ihre Garou-Verwandten sorgfältig über sie.

Die Silberfänge sind so sehr darauf bedacht, bestimmte Blutlinien zu erhalten und sicherzustellen, dass keine der von ihnen anerkannten Abstammungslinien durch unangemessene oder zwanglose Partnerschaften geschwächt wird, dass sie das Prinzip der arrangierten Ehen häufig bis zum Äußersten treiben. Silberfänge gehen keine Verbindung aus Liebe ein, noch nicht einmal aus politischen Gründen. Sie gehen Verbindungen ein, um ihre Blutlinien rein zu halten. Sie halten sich selbst für die Anführer von Gaias Kriegern und glauben, dass sie die Pflicht haben, die ausgezeichnetsten Garou hervorzubringen, die nur möglich sind, um ihr Schicksal zu erfüllen. Das bedeutet, dass sie ihre Blutsgeschwister ihren eigenen eng gefassten Ansprüchen anpassen müssen.

Außerhalb der Fortpflanzung ist das Handeln der Silberfänge ebenso auf den Schutz ihrer Blutsgeschwister ausgerichtet wie es bei den meisten Garou-Stämmen der Fall ist. Sie neigen dazu, sich mehr in das tägliche Leben ihrer Blutsgeschwister einzumischen als manche anderen Stämme und bringen ihr Missfallen zum Ausdruck, falls sich Blutsgeschwister für einen Beruf entscheiden sollten, in denen ihre herausragenden Führungsqualitäten nicht anerkannt werden. Sie ziehen Fäden, wann immer es ihnen möglich ist, um sicherzustellen, dass ihre Blutsgeschwister in eine repräsentative Stellung gelangen und diese auch behalten, und es ist ihnen sogar lieber, wenn Blutsgeschwister ein unabhängiges Vermögen besitzen und nicht arbeiten müssen.

Alles, was ihre menschlichen Familien tun, um Beifall zu ernten, verbessert auch die Position der Silberfänge – zumindest in ihren eigenen Augen.

Der Funke des Irrsinns, von dem die Silberfänge gezeichnet sind, berührt auch ihre Blutsgeschwister in gewisser Weise und kommt in Form irgendeiner verbreiteten Neurose zum Ausdruck oder in eigentümlich Marotten, die sie einfach „sonderbar" wirken lassen.

Sternenträumer

Die Sternenträumer stellen für die übrigen Garou eine echte Herausforderung dar. Sie streben danach, ihren Zorn zu überwinden, anstatt ihn für Gaias Zwecke zu kanalisieren. Dadurch scheinen sie den Kern dessen abzulehnen, was sie zu Garou macht. Ihre Blutsgeschwister befinden sich in einem ähnlichen Zwiespalt. Als Blutsgeschwister spüren sie die Anziehungskraft, die von Gaias Verlangen nach Kriegern ausgeht. Gleichzeitig halten aber die Garou, die ihnen am nächsten stehen, sie auf Distanz und verweigern ihnen die Bindung und die Verbundenheit, die Blutsgeschwister-Familien eine sichere Identität gibt.

Die meisten Blutsgeschwister der Sternenträumer entstammen Bevölkerungen, die mit dem Mystizismus des Ostens in Verbindung gebracht werden. Die frühen Sternenträumer erwählten ihre Blutsgeschwister aus Nepal und der Himalayaregion sowie aus dem Nahen Osten (Indien) und Fernost. In der heutigen Zeit suchen sich die Sternenträumer ihre Blutsgeschwister aus der ganzen Welt, sofern sie über die Qualitäten verfügen, die sie für die Ziele ihres Stammes als wünschenswert erachten. Sie wählen Mystiker aus, Pazifisten und andere Menschen, die sich von der Idee des Krieges als Lösung für die Probleme der Welt abwenden. Heute stammen viele Blutsgeschwister der Sternenträumer aus Stämmen amerikanischer Ureinwohner, für gewöhnlich mit der Erlaubnis der ortsansässigen Uktena.

Von allen Garou bringen die Sternenträumer ihren Blutsgeschwistern die größte Wertschätzung und die geringste Liebe entgegen. Die tief verwurzelte Angewohnheit, keine Bindung mit ihnen einzugehen, führt dazu, dass die Sternenträumer-Garou ihre Blutsgeschwister auf Distanz halten und nur zu einem Teil ihres Lebens werden, wenn sie sich zur Fortpflanzung entschließen oder ihre Hilfe benötigen. Vielfach verstecken Sternenträumer ihre Blutsgeschwister in abgelegenen Gemeinschaften und sorgen für ihre Sicherheit und ihren Schutz.

Während manche Blutsgeschwister ihren Garou-Verwandten die fehlende Bindung übelnehmen, erkennen andere den Respekt an, den die Sternenträumer ihnen entgegenbringen und wissen die Möglichkeit zu schätzen, ihr Leben so zu gestalten, wie sie es für richtig halten.

Einige wenige Sternenträumer entscheiden sich dafür, sich bei ihren Blutsgeschwistern niederzulassen und friedlich mit ihnen zu leben. Es ist dann sehr wahrscheinlich, dass sie Enklaven und sichere Gemeinschaften weit abseits der Außenwelt gründen. Viele Blutsgeschwister wählen Tätigkeiten als Philosophen, Berater und andere Berufswege, in denen die Distanz von Vorteil sein kann. Manche werden Ärzte, Krankenschwestern und Mitglieder eines Notfallteams, wenn sie mit der Außenwelt in Kontakt stehen. Sie empfinden ihr Gespür für Distanz als hilfreich, um in stressigen Situationen die Ruhe zu bewahren. Andere werden Lehrer und verbreiten in ihren Unterrichtsstunden ihre friedliche und leidenschaftslose Grundhaltung.

Uktena

Von allen Garou-Stämmen bringen die Uktena ihren Blutsgeschwistern die größte Aufmerksamkeit entgegen. Sie schätzen und beschützen sie nicht nur, wie es die meisten anderen Stämme tun, die Uktena betrachten ihre Blutsgeschwister als wesentlichen Bestandteil ihres Lebens. Blutsgeschwister nehmen an vielen Riten der Uktena teil, beteiligen sich an Versammlungen, bringen ihre Meinung zum Ausdruck, die Uktena teilen ihre Lieder, Tänze und ihr Wissen bereitwillig mit ihnen (zumindest so bereitwillig, wie ein Geheimnisbewahrer eben etwas zu teilen vermag) und sie akzeptieren eine große Vielfalt an Völkern als ihre Blutsgeschwister.

Einst erwählten die Uktena nur Mitglieder des Ersten Volkes, die zu den ersten Einwohnern der Unbefleckten Lande gehörten. Als das ursprüngliche Erste Volk ausstarb oder verschwand, wählten sie Blutsgeschwister aus den Stämmen der südöstlichen Gebirge, dem Süden und dem Südwesten und überließen die nördlichen Stämme ihren Kleinen Brüdern, den Wendigo. Nachdem die Wyrmkommenden viele ihrer Blutsgeschwister vernichtet hatten, öffneten die Uktena ihre Herzen auch anderen vertriebenen Stämmen – den Menschen aus Afrika, die als Sklaven nach Nord- und Südamerika verschleppt worden waren sowie spätere Immigranten, die unter den europäischen Wyrmbringern leiden mussten. Schließlich konnten Uktena eingeborene Hawaiianer, australische Aborigines, Maoristämme, sibirische Stammesbevölkerung, Polynesier und die Ureinwohner der Karibik zu ihren Angehörigen zählen. Tatsächlich war jeder als potenzielle Blutsgeschwister willkommen, mit Ausnahme der europäischen Siedler, die als Folge von Columbus Reisen gekommen waren.

In dieser gebräuchlichen Bevölkerungsgruppe halten die Uktena insbesondere nach Individuen Ausschau, in denen sie einen starken spirituellen Funken erkennen können. Viele ihrer Blutsgeschwister verfügen über eine gewisse Kenntnis der Geisterwelt, sei es als Schamanen, Medizinmänner und -frauen, Geistheiler und dergleichen. Andere haben einfach ihren Weg in die Geisterwelt gefunden oder sich bei einer oder mehreren Gelegenheiten mit ihr verbunden. Uktena neigen dazu, die Spiritualität ihrer Blutsgeschwister zu fördern und versuchen für gewöhnlich, sie Gaben zu lehren, wann immer dies möglich ist.

Blutsgeschwister der Uktena halten sich häufig im Caern oder zumindest innerhalb des Schutzkreises der Septe auf und leisten einen möglichst großen Beitrag dazu, den Bereich instand zu halten. Sie nehmen nicht in vollem Umfang an sämtlichen Aktivitäten der Uktena teil, aber sie empfinden nur selten das Gefühl, ausgeschlossen zu sein, das Blutsgeschwister anderer Stämme zu spüren bekommen.

Früher wahrten die Uktena eine gewisse Distanz zu ihren Blutsgeschwistern, aber die Ereignisse im Laufe der Geschichte überzeugten sie davon, dass ihr Schicksal und das ihrer Blutsgeschwister so eng miteinander verknüpft ist, dass es erforderlich war, ihre Blutsgeschwister in ihrer Nähe zu behalten. In vieler Hinsicht können sich die Blutsgeschwister der Uktena der Zugehörigkeit zu einer großen erweiterten Familie erfreuen.

Da viele Völker der Eingeborenen dazu neigen, nicht innerhalb ihrer Clans zu heiraten, sondern die Auszucht mit anderen Clans des Stammes bevorzugen, um die Lebenskraft ihrer Blutlinien zu erhalten, setzen viele Blutsgeschwister der Uktena auf dem Stamm angehörige Heiratsvermittler, die ihnen einen Partner für die Fortpflanzung oder auch für eine längerfristige Beziehung auswählen. Sogar die Garou folgen für gewöhnlich dem Rat der Heiratsvermittler, die die Geister und ihre mündlichen Überlieferungen zu Rate ziehen, um sicherzustellen, dass die Ehen oder Verbindungen keine innerhalb des Stammes vorherrschenden Tabus verletzen. Im Rahmen dieser Einschränkungen finden Garou und Blutsgeschwister der Uktena häufig Liebe und auch Respekt und Zuneigung in ihren Beziehungen miteinander.

Wendigo

Obwohl sie für ihre Härte und Grausamkeit berüchtigt sind, kommen die Wendigo gleich nach den Uktena, wenn es um ihre tiefe Verbundenheit mit dem Leben ihrer Blutsgeschwister geht. Wie die Wendigo-Garou kämpfen auch die Blutsgeschwister, von denen viele aus den eingeborenen Stämmen der nördlichsten Regionen des amerikanischen Kontinents stammen, täglich um ihr Überleben. Die Inuit, Aleuten, Jakuten und andere arktisches Stämme leben in einer harten und erbarmungslosen Umgebung. Die Stämme der nördlichen und nordöstlichen Teile der Vereinigten Staaten, wie zum Beispiel die Stämme, aus denen sich das Volk der Sechs Nationen im Nordosten Amerikas zusammensetzte (Irokesen, Oneida, Onondaga, Cayuga, Seneca und Tuscarora), sahen sich im Laufe der Geschichte immer wieder den Übergriffen der Wyrmbringer auf ihre Gebiete und ihrer eigenen Abschiebung in Reservate ausgesetzt. Auch in der heutigen Zeit kämpfen sie noch immer mit zermürbender Armut und unterdurchschnittlichen Lebensbedingungen.

Soweit es ihnen möglich ist, versuchen die Wendigo, dafür zu sorgen, dass ihre Blutsgeschwister ihren einheimischen Gebräuchen und Traditionen treu bleiben. Sie lassen ihre Blutsgeschwister auch an vielen ihrer Riten teilnehmen und lehren sie Gaben, um ihnen einen Vorteil zu verschaffen, der insbesondere in den kalten Regionen der Arktis und der Tundra Kanadas, Alaskas und Sibiriens nützlich ist.

Da sich die Wendigo-Garou in einem Zustand des fortwährenden Krieges sowohl gegen die Plünderungen des Wyrms als auch gegen die Präsenz der europäischen Garou befinden, verbringen sie viel Zeit weit weg von ihren Blutsgeschwistern, um ihre ständigen Angriffe gegen ihre Feinde zu führen. Der Schutz ihrer Blutsgeschwister hat in ihrem Prioritätensystem einen hohen Stellenwert. Sie wissen, dass sie ohne ihre Blutsgeschwister nicht existieren können.

Von noch größerer Bedeutung als ihre menschlichen Blutsgeschwister ist für sie allerdings der Status der Wölfe im Norden Amerikas und in Kanada. Die beinahe Ausrottung des Wolfes hat viele Wendigo dazu veranlasst, ihre eigenen Wolfsrudel ausfindig zu machen und sie in abgeschiedenen Regionen zu schützen, in die Menschen nur selten einen Fuß setzen. Ihnen ist mehr als jedem anderen Stamm bewusst, dass der Verlust des Wolfes das Todesurteil für die Garou bedeuten würde, dass der menschliche Stamm das Blut der Garou letztendlich ausdünnen würde. Sie glauben außerdem, dass sie der Schlüssel zur Rettung der Roten Klauen als Stamm sind, sollten sich diese Garou jemals dazu entschließen, sich mit Menschen zu paaren. Zu diesem Zweck üben sich manche Wendigo und ihre Blutsgeschwister darin, ein so minimalistisches Leben zu führen wie nur möglich, um ein weniger bedrohliches Umfeld für soziale Interaktionen mit Roten Klauen in Menschling-Gestalt zu schaffen.

Ihre Garou-Verwandten haben zwar den Wunsch, sich selbst von der Massenkultur und ihren von der Weberin durchtränkten Normen fernzuhalten, aber viele Blutsgeschwister erkennen, dass die Zeit, die sie in der Nähe der von der Weberin heimgesuchten Gesellschaft verbringen, die sie umgibt, ihnen Informationen über Ereignisse verschafft, die die eingeborenen Stämme ebenso betreffen könnten wie die Garou. Diese Blutsgeschwister machen sich zu einem Teil der Masse, wählen aber für gewöhnlich Beschäftigungen, die es ihnen ermöglichen, ihrem Volk zu helfen. Eine Tätigkeit im Bereich des Artenschutzes, in den medizinischen Berufen, als Anwälte und als Organisatoren im Bereich der Indianischen Rechte sorgen dafür, dass Blutsgeschwister mit der Zeit gehen und in der Lage sind, ihre Garou-Verwandten zu warnen, falls sich Schwierigkeiten ankündigen sollten.

So oft sie können nehmen die Wendigo Blutsgeschwister mit sich und zeigen ihnen, wie man jagt und wie man in der nördlichen Wildnis überleben kann. Sie versuchen, ihre Blutsgeschwister dazu zu ermutigen, so eng wie möglich im Kontakt mit Gaias Welt zu bleiben, denn sie bemerken, dass viele Ureinwohner der Stämme dazu neigen, in Verzweiflung zu verfallen, sich dem Alkohol oder Drogen zuzuwenden oder ein Teil der stetig wachsenden Kriminalität zu werden, die sich zunehmend in Regionen zeigt, in denen seriöse Arbeit und eine gerechte Behandlung eher die Ausnahme als die Regel darstellen.

Obwohl Wendigo ihre Blutsgeschwister nahezu ausschließlich unter den eingeborenen Stämmen Kanadas auswählen, gibt es immer Ausnahmen aus den Staaten Nordamerikas, Sibiriens und anderen subarktischen und arktischen Stämmen.

Blutsgeschwister der Gefallenen und der Verschollenen

Bunyip

Als Garou-Stamm sind die Bunyip ausgestorben. Sie wurden größtenteils von den europäischen Garou getötet, die sich in den Jahrhunderten der Entdecker in Australien niederließen, die auch den amerikanischen Kontinent bevölkerten. Eine sehr kleine Anzahl menschlicher Blutsgeschwister existiert noch, aber sie sind über die Stämme der Aborigines im australischen Busch und in den wilden Gebieten Tasmaniens verstreut. Obwohl ihr tierischer Blutsverwandter, der Tasmanische Wolf (oder Tasmanische Tiger) ausgestorben ist, seit der letzte von ihnen im Jahre 1936 in Gefangenschaft starb, kursieren von Zeit zu Zeit noch immer Gerüchte über Sichtungen dieser scheuen Beuteltiere. In Wahrheit existieren noch ein paar Gruppen Tasmanischer Wölfe weit weg von jeglichem Kontakt mit den Menschen, verborgen gehalten von Geistern des Australischen und Tasmanischen Umbras, damit sie unentdeckt und unbehelligt bleiben.

Kein Bunyip-Garou wurde mehr von einem ihrer Blutsgeschwister geboren seit der Krieg, der die Bunyip vernichtete, die wenigen Überlebenden in das Umbra trieb. Blutsgeschwister ähneln den eingeborenen Stämmen Australiens, Neuseelands und Tasmaniens. Sie sind ein kleines, dunkelhäutiges Volk mit dunklem Haar und dunklen Augen. Sie leben in Stämmen zusammen und existieren in Einklang mit dem Land. Sie ehren die Geister von Tieren, Pflanzen und Mineralien.

Obwohl sich die Zivilisation mehr und mehr ausbreitet und viele Ureinwohner ihrer Kultur entreißt und sie in die Zivilisation der Massenkultur überführt, bleiben ein paar ihren Wurzeln und ihrer Verbindung zur Traumzeit treu. Sie neigen dazu, materiellen Besitztümern wenig Bedeutung beizumessen, ein sehr einfaches Leben zu führen, ihre Kinder zu hegen und eine stärkere spirituelle Verbindung mit der Welt zu spüren als die „zivilisierteren Menschen". Gelegentlich kann es vorkommen, dass einer von ihnen eine Verbindung mit einem der Blutsgeschwister eines anderen Stammes eingeht, für gewöhnlich der Uktena, aber keiner von ihnen hat bisher ein Kind geboren, das sich verwandelt.

Tänzer der Schwarzen Spirale

Von allen Garou-Stämmen haben die Tänzer der Schwarzen Spirale vielleicht die eindeutigste Meinung von ihren Blutsgeschwistern. Manche Individuen, die von jenen Pikten abstammen, die sich einst als Blutsgeschwister der Weißen Heuler bezeichneten, leben heute Hab und Gut ihrer Garou, und das beinhaltet sämtliche praktischen Anwendungsbereiche. Aber die Tänzer beschränken sich nicht auf einen bestimmten ethnischen Typus.

Sie finden Gefallen daran, Blutsgeschwister von anderen Stämmen zu stehlen. Sie scheinen ein Händchen dafür zu haben, unerfahrene Familien aufzutun, von denen sie durch Vergewaltigung, One-Night-Stands oder Entführung Nachwuchs bekommen können. So oft sie können, schleichen sie sich bei einer Familie von Blutsgeschwistern ein, sei es eine unerfahrene oder eine andere Familie, und versuchen, sie entweder zu bestechen oder zu verführen.

Alles, was die außenstehende Welt über zerrüttete Familien weiß, kommt in überlebensgroßer Form in den Gemeinschaften der Schwarzen Spirale vor. Vergewaltigung, Inzest, Missbrauch jeglicher Art kennzeichnen das Leben dieser Blutsgeschwister. Viele von ihnen versuchen, sich ihr tägliches Dasein als Prügelknaben und Punchingball durch Drogenmissbrauch jeglicher Art erträglicher zu machen. Andere werden kriminell, nicht nur, um Geld für den Stamm aufzutreiben, sondern auch als eine Möglichkeit, einer Gemeinschaft, die ihnen keine echte Form von Selbstwertgefühl erlaubt, ein gewisses Maß an Macht für sich selbst zu entreißen.

Viele Blutsgeschwister der Schwarzen Spirale tragen die Last einer schweren Geistesstörung. Die Silberfänge mögen vielleicht von einem Funken des Irrsinns „berührt" worden sein. Die Tänzer sind vollständig darin versunken. Wenn sie nicht mit einer Geistesstörung geboren werden, tun ihre Familien ihr Möglichstes, um schon in jungen Jahren eine oder sogar mehrere in ihnen zu wecken.

Viele Blutsgeschwister-Kinder kennen keinen regulären Schulbesuch. Würden sie öffentliche Schulen besuchen, würden die Anzeichen für den Missbrauch, der in ihrem häuslichen Umfeld geschieht, ungewollte Aufmerksamkeit von sozialen Einrichtungen und Strafverfolgungsbehörden mit sich bringen. Stattdessen „unterrichten" Eltern der Schwarzen Spirale ihre Kinder zu Hause, zumindest bis sie ein Alter erreichen, in dem sie ihr häusliches Umfeld aus eigenem freiem Willen verschleiern können und möglicherweise mit ihren älteren Verwandten gemeinsam daran arbeiten können, ihr Verderben zu verbreiten.

Blutsgeschwister der Spirale neigen dazu, bei ihrem Umgang mit der Außenwelt alles zu verderben, mit dem sie in Berührung kommen. Sie sind stolz darauf, wenn es ihnen gelingt, ausgerissene Mädchen und Jungen in die Prostitution, die Drogenabhängigkeit oder Schlimmeres zu locken und sie ernten schroffe Anerkennung von ihren Garou-Verwandten für jede Seele, die sie in die Dienste des Wyrms zu führen vermögen.

Während viele Blutsgeschwister nicht wirklich den Grund dafür kennen, warum sie in der Hölle leben, wo sie von bestimmten Gangstertypen eingeschüchtert und körperlich dominiert werden, die die Anführer ihrer Familien zu sein scheinen, kennen andere Blutsgeschwister einige der Geheimnisse der Tänzer nur allzu gut. Verbrechen, die von Blutsgeschwistern der Tänzer verübt werden, werden von den örtlichen Behörden häufig als die Tat satanischer oder den Teufel anbetender Kulte bezeichnet. Das Geschimpfe mancher Blutsgeschwister, wenn sie festgenommen und aufs Polizeirevier gebracht werden, um sie zu bestimmten Verbrechen zu befragen, klingt eher nach dem Unsinn unzusammenhängender Kultisten, während die Wahrheit doch so viel schlimmer ist.

Es kommt vor, dass Blutsgeschwister der Schwarzen Spirale keine Ahnung davon haben, wer sie sind. Sie wissen nur, dass ihr Leben, dass ungeachtet ihrer sozialen Schicht schon schwierig genug ist, zur Hölle auf Erden wird, wenn bestimmte Verwandte auftauchen. Sie lernen schnell, dass Auflehnung gegen ihren „verrückten Onkel John" oder „Tante June" nur noch schlimmere Konsequenzen mit sich bringt als wenn sie der Verderbtheit ihrer Verwandten einfach nachgegeben hätten. In mancher Hinsicht haben diese Blutsgeschwister das grausamste Schicksal, denn in den Zeiten, in denen ihre Garou-Verwandten nicht da sind, kämpfen sie darum, sich selbst einreden zu können, dass alles besser werden kann, dass es Hoffnung auf eine bessere Zukunft gibt. Unglücklicherweise sagt die Stimme der Spirale, dass sie damit falsch liegen.

Croataner

Die Croataner-Garou opferten sich selbst und ihre Blutsgeschwister, um den Seelenfresser im frühen Kolonialamerika zu vernichten. Nur ein paar wenige Blutsgeschwister der Croataner überlebten. Diese Glücklichen fanden ein neues Zuhause bei den Stämmen der Wendigo oder der Uktena. Ohne ein Stammestotem, das sie ebenfalls in der Zeremonie geopfert hatten, die den Seelenfresser vernichtete, hörte der Stamm auf zu existieren. Kinder, die von Blutsgeschwistern der Croataner geboren werden, werden, sofern sie sich verwandeln, als Mitglieder des Stammes betrachtet, der ihren Vorfahren ein neues Zuhause gab.

Obwohl einige lokale oder staatliche Regierungen den einen oder anderen Stamm als Nachfahren der Croataner-Indianer anerkannt haben, haben weder sie noch irgendein anderer Stamm neue Croataner-Garou geboren. Das Opfer der Croataner scheint endgültig zu sein, da sogar ihre Blutspürer gemeinsam mit dem Stamm verschwanden.

Weiße Heuler

Als die Garou der Weißen Heuler auf der Schwarzen Spirale tanzten und zu den Tänzern der Schwarzen Spirale wurden, verwandelten sich auch ihre Blutsgeschwister. Ein paar Blutsgeschwistern der Weißen Heuler gelang es, diesem Schicksal zu entkommen, indem sie sich zu anderen Stämmen flüchteten, um sie vor dem tragischen Schicksal

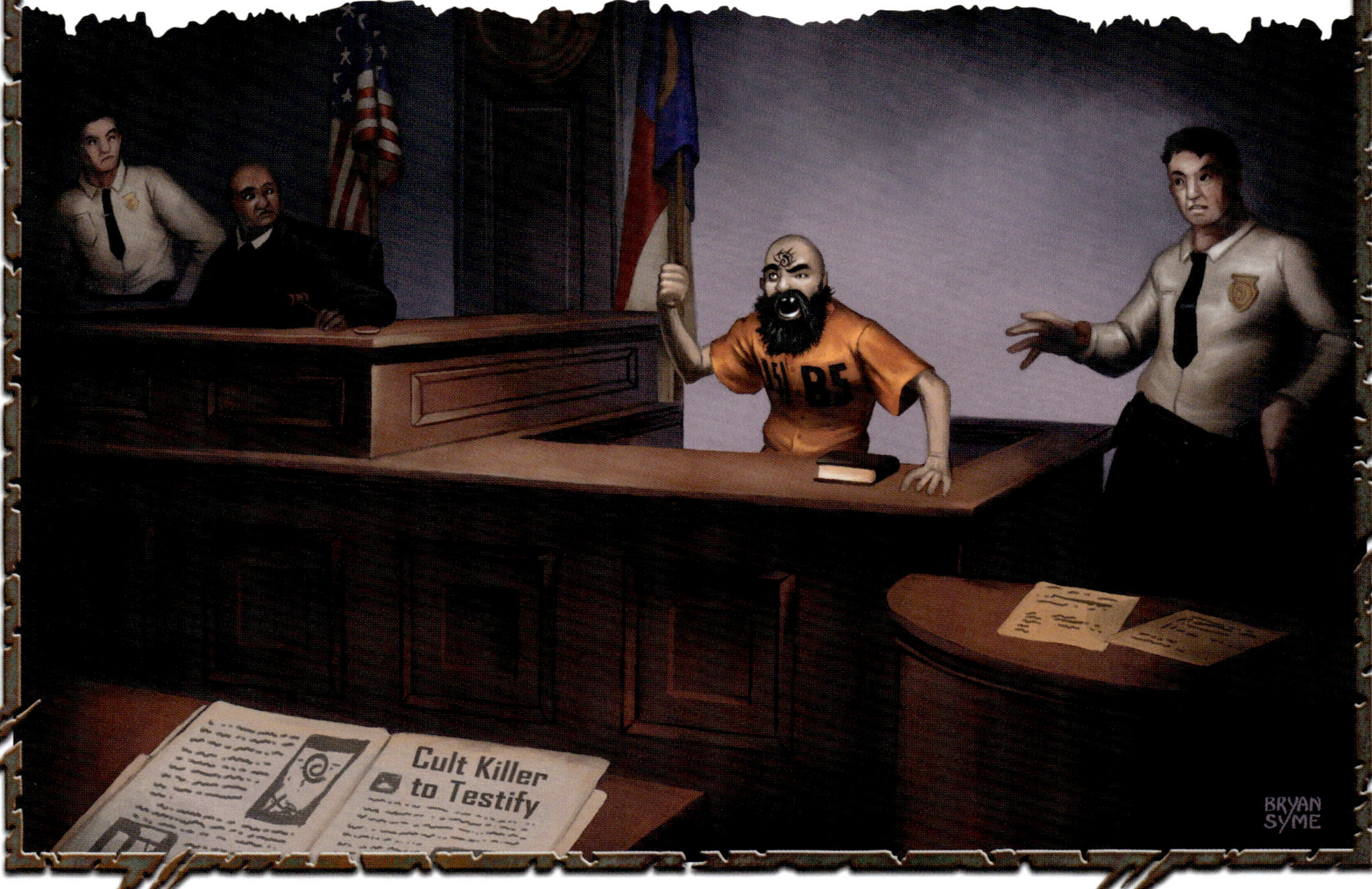

ihrer Garou-Verwandten zu warnen. Da es keinen Stamm gab, der sie für sich beanspruchen konnte, und keinen Totemgeist, der ihre Kinder kennzeichnen konnte, schlossen sich diese überlebenden Blutsgeschwister entweder den Blutsgeschwistern anderer Stämme an oder sie verschwanden in den Reihen der verschollenen, oder unerfahrenen, Blutsgeschwister.

Die meisten Blutsgeschwister der Weißen Heuler haben heute entweder bei den Nachfahren des Fenris oder den Fianna ein Zuhause gefunden. Mit den Fianna verbindet sie ein gemeinsames keltisches Erbe, da sie von uraltem piktischem Blut abstammen. Genau wie die Nachfahren des Fenris haben sich auch die Weißen Heuler einen Namen gemacht durch ihre Tapferkeit im Kampf. Die Geschichten über ihre Fähigkeiten als furchtlose und manchmal sogar waghalsige Krieger brachte ihnen den Respekt der Nachfahren des Fenris ein, denen es gelang, ihre keltische Abstammung zu ignorieren.

Hin und wieder kommt es vor, dass den Blutsgeschwistern mit Vorfahren aus dem Geschlecht der Heuler ein Garou geboren wird, der eine Art Rückkehr zum ursprünglichen Stamm zu sein scheint. Sehnig und in weißem Pelz in ihrer Wolfsgestalt spiegeln diese Garou die Heuler der alten Zeit wider. Diese Ähnlichkeit endet allerdings mit ihrem körperlichen Erscheinungsbild. Sie haben keinerlei Stammesidentität mehr, abgesehen von ihrer derzeitigen, und unterscheiden sich in keiner Weise von jedem anderen Nachfahren oder Fianna. Desgleichen existieren auch nur wenige Blutsgeschwister, deren Blutlinien nicht mit Generationen von Fianna oder Nachfahren des Fenris vermischt wurden.

In den meisten Fällen dient ein Garou, der aussieht wie einer der Heuler von einst, lediglich als bittere Mahnung an den tragischen Verlust eines Stammes an den Wyrm.

Gemeinschaften der Blutsgeschwister

Solange es die Blutsgeschwister gibt, haben Gruppen von Blutsgeschwistern Gesellschaften oder Gemeinschaften gebildet. Diese Gruppen dienen vielen Zwecken. Sie geben Blutsgeschwistern eines Stammes eine Möglichkeit an die Hand, Menschen zusammenzubringen, die etwas Wichtiges gemeinsam haben – ihre Verbindung zur Garou-Nation. Einige dieser Gemeinschaften bieten einfach die Möglichkeit, soziale Kontakte zu knüpfen, ähnlich wie es Buchclubs oder Bridgeclubs für viele Menschen tun. Andere basieren auf einem gemeinsamen Zweck, ähnlich wie die Bruderschaften wie zum Beispiel die Elche, die Kiwanis oder die Rotary-Clubs oder Gesundheitsdienstleister wie das Rote Kreuz. Manche schließen sich unter der Schirmherrschaft eines bestimmten politischen oder umweltrelevanten Themas zusammen, wie viele Naturschutz- und Wahlkampfkomitees. Manche nehmen nur Mitglieder eines einzelnen Stammes auf, während andere eine offene Mitgliederpolitik pflegen. Manche sind auf Blutsgeschwister beschränkt, während andere unter der Schirmherrschaft von Garou stehen oder den einen oder anderen Garou zu ihren Mitgliedern zählen. All diese Gesellschaften existieren außerhalb des Radars der Mehrheitsgesellschaft.

Es gibt ein paar Gesellschaften, die sogar für die Garou geheim sind. Diese vereinen Blutsgeschwister für gewöhnlich unter dem Banner des Widerspruchs oder sogar der Rebellion. Geheimgesellschaften der Blutsgeschwister stehen ähnlichen Geheimbünden der Massengesellschaft sowohl in ihren extremen Einstellungen als auch in ihren Bemühungen darum, den Garou und der Außenwelt verborgen zu bleiben, in nichts nach. Die Strafen für eine Mitgliedschaft, die von den menschlichen Behörden verhängt werden, sind schon schlimm genug. Die, die von den Garou ausgesprochen werden, wenn sie feststellen, dass ihre Blutsgeschwister möglicherweise gegen sie arbeiten, sind tendenziell bedeutend schlimmer.

Kodex der Schwarzen Adler

Mitglieder der Kommandoeinheit der Schwarzen Adler stimmen bei jeder Mission, die sie übernehmen, den folgenden Bedingungen zu:

1. Ich werde keine Mission übernehmen, die den Tod nicht an den Kampfhandlungen beteiligter Frauen oder Männer beinhaltet.

2. Ich werde unter gar keinen Umständen eine Mission übernehmen, die es erforderlich macht, Kindern Schaden zuzufügen (mit Ausnahme von vorübergehenden Unannehmlichkeiten, die erforderlich sind, um eine Rettungsmission durchführen zu können).

3. Ich werde keine Mission übernehmen, die sich als schädlich für die Umwelt erweist.

4. Ich werde keine Mission übernehmen, die den sinnlosen Tod von Tieren oder die Ausrottung einer Spezies herbeiführt oder zur Folge hat, ganz gleich, wie nutzlos sie erscheinen mag. Ich werde nach meinem Ermessen oder dem meines Anführers handeln, wenn eine Mission den Tod von Spezies beinhaltet, die Krankheiten übertragen, und selbst dann werde ich die Mission mit dem Mindestmaß an erforderlicher Gewalt ausführen.

5. Ich werde unter allen Umständen und zu jedem Zeitpunkt auf jegliche Art von Handlung verzichten, die zu Kränkung oder Verletzung führen oder meinen persönlichen Ehrenkodex oder den Namen und das Ansehen der Schwarzen Adler beschmutzen könnte.

(An dieser Stelle folgt ein Eid, der auf irgendetwas oder irgendjemanden geschworen wird, der für das Mitglied, das den Eid ablegt, besonders wertvoll ist, sowie die Unterschrift des vereidigten Mitglieds.)

Die nachfolgend aufgeführten Gruppierungen stellen eine Auswahl an Organisationen der Blutsgeschwister dar. Erzähler und Spieler sollten nicht zögern, diesen Gruppierungen ihre eigenen hinzuzufügen oder sie durch eigene Ideen zu ersetzen. Die Mitgliedschaft in diesen Gruppierungen könnte eine Möglichkeit sein, um eine Chronik anzustoßen, an der Blutsgeschwister beteiligt sind.

Die Schwarzen Adler

Unter den paramilitärischen und Söldnergruppen, die weltweit tätig sind, genießen die Schwarzen Adler den Ruf herausragender Leistungen, der Effizienz, der Ehre und der Schnelligkeit. Diese erstklassigen Profis sind stolz auf ihre Bilanz, nach der sie ihre Missionen überall auf der Welt innerhalb von 48 Stunden erledigen. Etwas länger brauchen sie, um Unmögliches möglich zu machen. Ihre Dienste haben einen hohen Preis und sie übernehmen nur Aufträge, die sie ihrer Aufmerksamkeit als würdig erachten. Die Wahrheit ist, dass die Gruppe, die hauptsächlich aus Blutsgeschwistern der Nachfahren des Fenris besteht, nur selten einen Auftrag ablehnt. Nur Missionen, die aktiv oder passiv die Ziele des Wyrms unterstützen, ernten von ihnen ein kurzes, aber deutliches

Veto – und haben häufig einen von den Adlern initiierten Schlag gegen die Gruppierung zur Folge, die sie anheuern wollte. Es hat sich schnell herumgesprochen: Sie vorsichtig, was du dir von ihnen wünschst. Sei dir sicher, dass du eine redliche Sache vertrittst.

Es muss wohl nicht erwähnt werden, dass nur wenige Personen die wahre Natur der Schwarzen Adler kennen, wobei die Söldnergemeinschaft und diejenigen, sie die anheuern, den Ehrenkodex der Adler respektieren.

Zu den Missionen, die die Schwarzen Adler durchführen, gehören Überfälle, Befreiungsaktionen, Sicherheitsberatungen (nur für Garou und Blutsgeschwister), Ausbildung, Aufklärungen, Einschleusen, Neutralisierung, Beschaffung von Personen oder Besitz, Lieferungen und Übernahmen, Such- und Bergungsaktionen, Rettungen, Katastrophenhilfe und andere kleinere Einsatzkommandos. Gerald Schwartz, der derzeitige Bataillonskommandant, hat sich aus dem Feldeinsatz zurückgezogen, wobei man munkelt, dass er sich auf eine letzte ruhmreiche Mission vorbereitet, die er nicht zu überleben gedenkt. „Der Ruhestand ist etwas für Weicheier", hat man ihn immer wieder sagen gehört, obwohl er nicht von anderen erwartet, dass sie dieser Philosophie folgen.

Sandor „Sandy" Hunter, Schwartz' Adoptivsohn, ist von Schwartz persönlich ausgebildet worden und führt nun viele der gefährlicheren Missionen an. Dem Klatsch innerhalb der Reihen zufolge soll er innerhalb der nächsten ein oder zwei Jahre die Führung über die Schwarzen Adler übernehmen. Hunter ist groß und muskulös, hat schmutzig blondes Haar, das er im Nacken zusammenbindet, dunkle Augen, die nichts preisgeben und ein herbes Gesicht, das für seine 27 Jahre bereits von zu vielen Stressfalten gezeichnet ist. Längst hat er sich das Vertrauen und den Respekt der Mehrheit der Schwarzen Adler verdient. Nur wenige misstrauen ihm noch immer, und es fällt ihnen ziemlich schwer, ihr Misstrauen zu begründen.

Das Hauptquartier der Schwarzen Adler ist eine gut geschützte Ranchanlage von 2.500 Morgen irgendwo in Montana, auf der die Ausbildung stattfindet und wo Schwartz die Logistik und die Vertragsverhandlungen abwickelt. Die Anlage beinhaltet ein Arsenal, in dem modernste Ausrüstung gelagert wird, eine große Garage für Spezialfahrzeuge, eine private Start- und Landebahn und einen Hangar für die Helikopter und kleinen Flugzeuge der Gruppierung, Ausbildungsmöglichkeiten im Innen- und Außenbereich, ein Quartiermeistergebäude, einen Sicherheitsbereich und ein Wohnquartier für ein paar Dauerbewohner, sowie Räumlichkeiten, in denen Mitglieder für einen kürzeren Zeitraum wohnen können. Es kursieren einige Geschichten über Ebenen unter der Anlage, wo die Adler ihren eigenen Arrestbereich für „spezielle" Gefangene unterhalten sollen, wobei nur diejenigen, die über den Status „Kenntnis nur bei Bedarf" verfügen, wissen, wem eine solche Behandlung zugedacht ist. Schwartz unterhält außerdem ein Lagerhaus in Washington, D.C., das als zweites Hauptquartier dient. Es gibt weitere Einrichtungen, die in verschiedenen Ländern auf der ganzen Welt angesiedelt sind, um als sicherer Unterschlupf und Rekrutierungszentren zu fungieren. Die Gesamtzahl der Mitglieder beträgt zu jeder Zeit ungefähr 100 Personen weltweit, darunter zwei oder drei Einheiten aus 25 Personen, die sich in kleinere Einheiten aufteilen können. Ein ausgedehntes Netzwerk aus personeller Unterstützung und Kontakten ermöglicht es den Schwarzen Adlern, nahezu alles zu beschaffen, was eine Kampfgruppe für ihre Mission benötigen könnte. Schwartz hat Berichten zufolge Kontakte zur NSA und zum Heimatschutz, die dafür sorgen, dass die Regierung nichts von den Aktivitäten der Adler erfährt.

Obwohl die Schwarzen Adler ihren Garou-Verwandten der Nachfahren des Fenris bereitwillig ihre Unterstützung zukommen lassen, sind sie selbst stolz darauf, keine Hilfe von Garou zu benötigen, um ihre Missionen zu erfüllen. Obwohl eine Rückverfolgung von Schwartz tatsächlicher Blutsgeschwister-Familie in so viele Sackgassen geführt hat, dass manche glauben, dass er gar kein echtes Blutsgeschwister-Blut in sich trägt, erkennen die Nachfahren ihn aufgrund seiner Fähigkeiten und seiner Hingabe für die Sache trotzdem als einen „Blutsverwandten im Geiste" an. Während seiner Dienstzeit in der Armee wurde er Zeuge eines Nachfahren des Fenris in seiner Crinos-Form, ohne mit der Wimper zu zucken. Ein anderes Mal überlebte er einen Schlag von seinem Garou-Freund, als dieser plötzlich in Raserei verfiel. Ein anderer Nachfahre zog ihn von seinem Freund weg und es gelang ihm, die Situation zu entschärfen, bevor jemand zu Tode kam, aber Schwartz' Ruf, zäh und tapfer zu sein, wuchs durch diesen Vorfall ins schier Unermessliche an.

Nach seiner ehrenhaften Entlassung aus dem Militärdienst verdiente Schwartz weiterhin sein Geld durch seine Arbeit bei den Reservisten und legte es für seine neue Aufgabe zurück. Die Entdeckung, dass die Garou existieren, hatten seiner Leben eine Bedeutung gegeben und ihm ein Ventil für seine unstillbare Energie und seinen starken „Beutetrieb" verschafft. Die Gründung der Schwarzen Adler hat, wie er immer wieder betont, sein Leben gerettet. Derzeit wählt Schwartz noch immer jedes neue Mitglied selbst aus, wobei er inzwischen Hunter in den Entscheidungsprozess miteinbezieht.

Während Auftraggeber, die nicht zu den Garou gehören, gepfefferte Preise für die Unterstützung der Adler bezahlen, müssen Garou jedes Stammes nur für den Transport und die Auslagen aufkommen. Auch wenn Schwartz darüber witzelt, sich in Florida zur Ruhe zu setzen, glauben einige seiner Kollegen, dass er gerade dabei ist, einen weiteren geheimen Stützpunkt in den Tiefen der Everglades zu planen, an dem er seinen eigenen mysteriösen Zielen folgen kann.

Das Gaia Netzwerk

Das Gaia Netzwerk und das Gaia Jugendnetzwerk wurden von einer Gruppe von Blutsgeschwistern der Kinder Gaias ins Leben gerufen und umfassen das bis heute größte Netzwerk aus Blutsgeschwistern. Diesen Status behauptet die Gruppe seit über 30 Jahren. Der erklärte Zweck der Organisation liegt darin, den Überblick über die Blutsgeschwister und Garou der Kinder auf der ganzen Welt zu behalten, Richtlinien zu formulieren und für alle Septen der Kinder Gaias als eine Art Beratungsorgan zu fungieren. Die meisten Positionen werden von Blutsgeschwistern besetzt und ein paar Stammmitglieder aus den Reihen der Garou unterstützen sie bei den organisatorischen Aufgaben.

Die Kinder Gaias genießen zwar nicht den Ruf, eine besonders organisierte Gruppierung zu sein, aber die Blutsgeschwister von Gaias Netzwerk hoffen, die Energie der vielen Blutsgeschwister des Stammes in geordnete Bahnen lenken zu können, indem sie Blutsgeschwister und Garou in die Lage versetzen, einander ausfindig zu machen und zusammenzuarbeiten. Es dient als Ordnungsinstanz für Aktionen, eine Möglichkeit für einzelne Blutsgeschwister und Garou, einander zu treffen und eine Möglichkeit, um die Kameradschaft innerhalb einer Gruppierung zu fördern, die bereits für ihre Fähigkeit zu sozialem Engagement bekannt ist.

Das Gaia Netzwerk hat kürzlich Gespräche mit den Schlossern eröffnet (siehe unten), um die Beziehung zu intensivieren und vielleicht sogar beide Gruppierungen miteinander zu verbinden. Obwohl es nicht sehr wahrscheinlich erscheinen mag, dass Kinder Gaias und Glaswandler miteinander kooperieren, glauben doch beide Gruppen daran, dass man mit der Zeit gehen sollte. Einige Kinder möchten die Vorteile moderner Technologien nutzen, indem sie sich das Fachwissen der Schlosser zunutze machen, während einige Schlosser sich einen Teil der sozialen Fähigkeiten aneignen möchten, die Kinder im Umgang mit verschiedensten Elementen der Gesellschaft an den Tag legen. Andere Mitglieder beider Blutsgeschwistergruppen lehnen noch immer alles vehement ab, das über eine vorsichtige Zusammenarbeit hinausgeht.

Während das Netzwerk Mitglieder nach eigener Entscheidungsbefugnis aufnimmt, gibt es eine Reihe von Mitgliedern, die der Meinung sind, dass jüngere Blutsgeschwister zu vertrauensselig sind und die befürchten, dass die Organisation irgendwann vielleicht zu einer Belastung für Blutsgeschwister und Garou überall werden könnte.

Die Schlosser

Als Organisation tauchten die Schlosser gegen Ender der 1990er auf, als die Internet-Junkies langsam ihre Fühler ausstreckten und all die Dinge für sich entdeckten, die man mithilfe des World Wide Web tun konnte. Die Schlosser wurden von einem Glaswandler ins Leben gerufen, der nur als Strangelove bekannt ist, und sie fungieren als ein Netzwerk der Blutsgeschwister der Wandler. Garou und Blutsgeschwister auf der ganzen Welt nutzen es, um miteinander in Kontakt zu bleiben und die neuesten Erkenntnisse über Pentex und die vom Wyrm infiltrierten Unternehmen mitzuverfolgen. Kürzlich haben die Schlosser eine Webseite hinzugefügt, die ausschließlich dem Fracking und den möglichen natürlichen und übernatürlichen Gefahren gewidmet ist, die damit einhergehen.

Die ersten Projekte der Gruppierung waren zwei große Datenbanken: eine Liste sämtlicher bekannten verunreinigten Produkte und eine Liste sämtlicher Unternehmen, die zu Pentex oder irgendeiner anderen Firma im Besitz des Wyrms gehörten. Eine interaktive Webseite mit Namen Tale Time kombiniert modernste Grafiken mit Geschichten über legendäre Garou und Blutsgeschwister als eine Art Archiv für überliefertes Wissen und Geschichte.

Anfangs behielten die Schlosser noch streng die Kontrolle über die Art von Projekten, die sie umsetzten. Moderne Ansichten haben allerdings zu einer etwas offeneren Politik geführt, da Glaswandler beabsichtigen, einige der anderen Stämme in den Datenstrom miteinzubeziehen.

NAMIV (Nordamerikanische Indianer Verordnung)

Dieses Netzwerk aus Wendigo-Blutsgeschwistern (zu dem auch ein paar Mitglieder aus den Reihen der Uktena-Blutsgeschwister gehören) wird auch die Sternentänzer genannt, nach der Übersetzung des Chippewa-Wortes „genannt“, und beschäftigt sich im Kern mit dem Wohl der amerikanischen Ureinwohner.

Die Organisation versucht, den Kreislauf zu durchbrechen, der zu Armut und den damit einhergehenden Problematiken unter den amerikanischen Ureinwohnern führt, die in Reservaten und in der amerikanischen Massengesellschaft leben. NAMIV hat Schulprogramme für amerikanische Ureinwohner eingeführt, die ein College besuchen, an einer Hochschule ein Aufbaustudium absolvieren, eine medizinische, tiermedizinische und juristische Fakultät besuchen oder sich an einer anderen berufsbildenden Einrichtung befinden. Sie stellen außerdem ein Netzwerk aus Anwälten zur Verfügung, Geldmittel für rechtlichen Beistand und eine politische Aktionsgruppe, die für die Bürgerrechte der amerikanischen Ureinwohner, Landbesitzansprüche und andere Streitpunkte Lobbyarbeit betreibt.

In der Organisation gibt es außerdem einen nicht genehmigten militanten Flügel, der wütende junge Radikale (und ebenso ältere Personen) anzieht, die den Weg über die Verwaltungsinstanzen und politische Aktionen als ineffektiv verdammen und die ganz offen die Gewalt als einzige Möglichkeit favorisieren, um Gerechtigkeit zu erlangen. Einige Unterstützer von NAMIV befürchten, dass die Organisation durch interne Meinungsverschiedenheiten auseinanderbrechen könnte oder dass das radikale Element sich abspalten könnte, um eine gefährlichere und unkontrollierte Splittergruppe zu bilden.

Die Genealogische Gesellschaft des Silberbaums

Die Genealogische Gesellschaft des Silberbaums wurde im Jahre 1989 von June Richmond Barrows nach dem Tod ihres Ehemannes, eines Silberfangs, gegründet. Die Gesellschaft hatte Bestand und erweiterte Mrs. Barrows‘ Anteil an Familiengeschichte und Genealogie. Noch heute beaufsichtigt die betagte aber immer noch rüstige June Barrows, obwohl es ihr nicht mehr möglich ist, ihre gesamte Zeit der Gesellschaft zu widmen, das, was sich zur größten und detailliertesten Datenbank für Silberfänge und Garou aller Stämme entwickelt hat. Jedem Garou, der sich dafür interessiert, seine Erblinie zu erforschen, sei es, um einen passenden Partner zu finden, oder um herauszufinden, ob er wirklich mit einem berühmten Garou verwandt ist, steht es frei, die Archive zu nutzen.

Nach Angaben von Mrs. Barrows reicht das Material in den Archiven ungefähr 500 Jahre zurück, oder bis ins sechzehnte Jahrhundert. Ursprünglich begann Mrs. Barrows damit, Informationen verschiedenster Art zu sammeln. Ein paar seltene Dokumente bleiben unter Glas geschützt und jeder, der sie sichten möchte, muss Vorsichtsmaßnahmen ergreifen, um zu verhindern, dass die brüchigen Dokumente verunreinigt werden. Ein altertümlicher Zettelkatalog, der Karten enthält, die akribisch mit Feder und Tinte beschrieben wurden, stellt die Anfänge von Mrs. Barrows‘ Bemühungen dar. Als Technologien für die Datenspeicherung aufkamen, hat die Gesellschaft Gebrauch von moderneren Speichertechniken gemacht. Die Gesellschaft bezahlt junge Blutsgeschwister, damit sie im Sommer dort als Praktikanten arbeiten. Sie stellen ihnen Unterkunft und Verpflegung zur Verfügung sowie ein Gehalt, damit sie sie dabei unterstützen, sämtliche Aufzeichnungen ins 20. Jahrhundert hinüberzubringen. In der Zwischenzeit müssen genealogische Forscher möglicherweise zahlreiche Quellen durchforsten, wie zum Beispiel den Zettelkatalog, Mikrofilmrollen, Mikrofiche, computerbasierte Datenbanken, CD-ROMs und USB-Speicher.

Zunächst führte Mrs. Barrows die Gesellschaft von zu Hause aus, aber schließlich machten räumliche Überlegungen dies unpraktikabel. Heute besitzt die Genealogische Gesellschaft des Silberbaums ein eigenes Gebäude auf dem Gelände des Barrows-Anwesens (mit dem Namen „Silberbaum“). Die Septe, in der ihr Ehemann geboren wurde, unterhält einen Caern in einem bewaldeten Bereich des Anwesens. Zusätzlich zu den saisonalen Praktikanten kümmert sich ein Stab aus Vollzeit-Mitarbeitern, zu denen Blutsgeschwister und ein oder zwei junge Garou gehören, um das Tagesgeschäft, so auch um die Unterstützung von Besuchern, die Weiterleitung von Telefonanrufen und E-Mails, die Pflege einiger Internetgruppen und die Durchführung der ursprünglichen Forschungen, wenn neue Informationen auftauchen.

Kürzlich hat sich die Gesellschaft ein paar neuen Projekten gewidmet. Eine Gruppe unter der Leitung von Tara Sternenberührer, einer jungen Verwandten von June Barrows, sucht nach Informationen über verschollene Blutsgeschwister-Familien in der Hoffnung, mehr Blutsgeschwister wieder in den Schoß der Familie zurückzuholen. Ein weiteres, riskanteres Projekt unter der Leitung von Daniel Trefoil, einem Blutsgeschwister der Silberfänge und seiner Lebenspartnerin Creta Netzgleiter, einer Glaswandler Theurgin, hat sich der Aufgabe verschrieben, eine genealogische Datei über Blutsgeschwister der Tänzer der Schwarzen Spirale und der Weißen Heuler zusammenzustellen, auf die sie zufällig stoßen. Ein Großteil ihrer Arbeit findet aus der

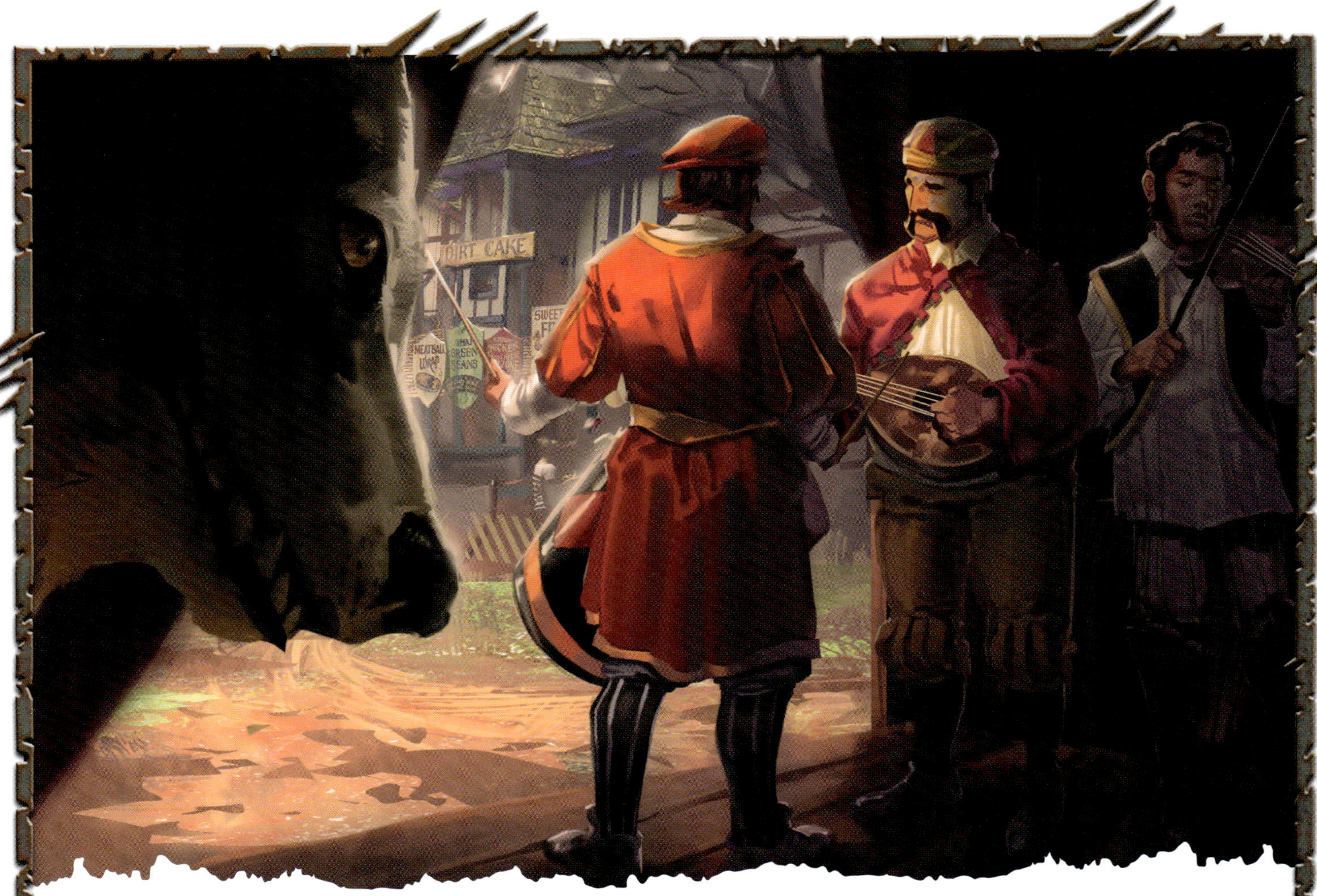

Ferne statt und mithilfe von Fernrecherchen. Sowohl Daniel als auch Creta glauben, dass ihre Arbeit zu einigen wichtigen Entdeckungen führen könnte.

Die Schwesternschaft

Die Schwesternschaft ist mehr als ein Netzwerk aus Blutsgeschwistern der Schwarzen Furien. Es ist eine Organisation, die aus Furien und Blutsgeschwistern besteht, sowohl männlichen als auch weiblichen, Lupi und Menschlingen. Ihr Ziel: Gemeinsam für das Wohl des Stammes zu agieren. Während es ein verbreiteter Glaube ist, dass die Schwarzen Furien gegen Männer eingestellt und matriarchalisch sind, akzeptieren alle Furien die Wahrheit, dass der Stamm ohne männliche Blutsgeschwister nicht existieren würde. Darüber hinaus sind manche Gesellschaften wohlwollender gegenüber Männern eingestellt, die als Wortführer agieren, insbesondere im Mittleren und Nahen Osten. Viele männliche Blutsgeschwister der Furien besetzen hervorgehobene Positionen in der Schwesternschaft.

Eine der wichtigsten Missionen der Schwesternschaft besteht darin, es Flüchtlingen wie missbrauchten Frauen und Kindern – und auch Männern – zu ermöglichen, aus gefährlichen Situationen zu fliehen und eine sichere Zuflucht aufzusuchen, in der sie in Sicherheit leben können. In früheren Zeiten arbeitete die Schwesternschaft mit der Underground Railroad in den Vereinigten Staaten zusammen, um den Sklaven dabei zu helfen, in freie Staaten oder nach Kanada zu flüchten. In nahezu jeder Situation, in der eine Flüchtlingspopulation nach einem Weg in die Freiheit gesucht hat, sei es aus politischen oder religiösen Gründen, war die Schwesternschaft da, um ihnen zu helfen.

Einige Mitglieder der Schwesternschaft sind *Strega* oder Hexen. Andere arbeiten in der Verwaltung, als Lehrer, Heiler und Einsatzkräfte, die Flüchtlingsgruppen aus Gefahrenzonen bringen, für gewöhnlich mit großem Risiko für das eigene Leib und Leben.

Ein weiteres wichtiges Bestreben, dem sich die Schwesternschaft widmet, beinhaltet den Kauf von Ländereien, die ursprünglich im Besitz der Furien waren, darunter auch viele heilige Stätten. Die Blutsgeschwister der Furien hoffen, ihre eigenen geschützten Enklaven errichten zu können, unabhängig von irgendeinem Land und allein Gaia verpflichtet. Sie engagieren sich für die Rückgewinnung der Regenwälder in Zentral- und Südamerika und haben viel Zeit und Mühe darauf verwendet, die dahinschwindenden Wölfe ausfindig zu machen und zu beschützen, darunter auch einige weniger bekannte Unterarten, die man bereits für ausgestorben gehalten hatte.

Die Widdershins Gesellschaft

Vor zwanzig Jahren gründeten die Fianna-Blutsgeschwister Padraig und Aidan Conneely Widdershins, eine keltische Folk-Band, die aus ihren musikalisch begabten Freunden bestand, allesamt aus dem Bestand der Fianna. Sie spielten die Irish-Folk-Songs, die sie schon als Kinder gehört hatten, und ursprüngliches Liedgut im Folk-Style, und sie gewannen eine ausreichend große Fangemeinde, um professionell Musik zu machen, mit einem Plattenvertrag, Schallplatten (später CDs) und Tourneen, die vor allem im Südosten der Vereinigten Staaten stattfanden. Nach und nach gewannen sie mehr Anhänger unter den Blutsgeschwistern durch Mundpropaganda und es entstand die Idee von einer Gemeinschaft, die Botschaften zwischen Blutsgeschwistern entlang der gesamten Golfküste und der Ostküste übermitteln konnte. Und das galt auch für die Idee von Blutsgeschwister-Bands.

Die Conneely-Zwillinge sind jetzt in ihren Vierzigern, aber die Band besteht weiter, obwohl ihre Mitglieder altern und manchmal sogar zu neuen Ufern aufbrechen. Andere keltische Folk-Gruppen haben sich seither der Widdershins Gesellschaft angeschlossen: Die Wölfe der Highlands, die sich auf schottische Folk-Songs spezialisiert haben und Dudelsäcke und schottische Flöten und Trommeln einsetzen, touren durch die gesamte Appalachen-Region. Gaelsong, eine *a capella*-Gruppe aus Blutsgeschwistern, tourt regelmäßig über die Kunst- und Handwerksmessen und überallhin, wo man sie einlädt. Taliensin's Songbird, eine walisische Folk-Band, besitzt Verbindungen auf beiden Seiten des Atlantiks. Und es gibt noch mehr von ihnen. Manche dieser Gruppen sind professionelle Musiker, während andere die Musik nur als ein ernsthaftes Hobby betreiben oder an Amateur-Folkwettbewerben und Musik-Festivals teilnehmen. Sie alle sind stolz auf ihr Blutsgeschwister-Erbe. Ein vereinzelter Fianna-Galliard hat sich der Gesellschaft angeschlossen und stärkt die Beziehungen innerhalb eines ohnehin schon stark miteinander verbundenen Stammes.

Die Widdershins Gesellschaft bleibt zwar eine reine Gesellschaft der Fianna, aber andere Stämme sind ihrem Beispiel gefolgt und manche von ihnen haben ihre eigenen musikalischen Gesellschaften aus Blutsgeschwistern gegründet. Pan und die Muse, ein Duo, das aus einem Paar Zwillingsbrüder von den Schwarzen Furien besteht. Andromache und Andros Peloppaneus, die antike griechische Lieder in die Neuzeit transportieren und eine Gruppe von männlichen und weiblichen Blutsgeschwistern der Schwarzen Furien anführen. Gerties Jug Band, die sich um ein großes Netzwerk aus Blutsgeschwistern der Knochenbeißer zentriert, Cajun- und Zydeco-Musik spielt und Suppenküchen einrichtet, um heimatlose Bevölkerungen zu ernähren und zu unterhalten. Potlatch Songs besteht aus jungen Musikern der Wendigo-Blutsgeschwister, die darauf brennen, der Welt ihre starke Botschaft für eine umweltbewusste und natürliche Lebensweise näherzubringen, weil sie glauben, auf diese Weise dabei helfen zu können, Gaia für den bevorstehenden Kampf zu stärken. Jeder Stamm verfügt über mindestens eine Gruppe aus Blutsgeschwistern, die für musikalische und soziale Kontakte sorgt.

In jüngster Zeit hat sich der Gedanke etabliert, all diese Gruppen in einer einzigen Riesengesellschaft der Blutsgeschwister zu vereinen. Manche Garou-Stämme nehmen möglicherweise Anstoß an dieser Form von stammesübergreifender Zusammenarbeit, aber Befürworter dieses Konzeptes sind sich sicher, dass eine derartige Organisation unausweichlich ist.

Wolfenheim (früher Viatopia)

Im Laufe der Geschichte haben sich die experimentellen Gemeinschaften stark ausgebreitet. Allein in den Vereinigten Staaten haben religiöse Gruppierungen wie die Oneida-Gemeinschaft und die Shakers, kultistische Vereinigungen wie die Vereinigungskirche der Ehrenwerten Monde und Gesellschaften, die auf bestimmte politische Theorien gegründet sind, wie Henry Georges Anhänger der „Einheitssteuer", versucht, ihre eigenen alternativen Gesellschaften zum Erfolg zu bringen.

Immer und immer wieder scheiterten diese Bemühungen nach ein paar Jahren aus dem einen oder anderen Grund, ganz gleich, wie vielversprechend sie gestartet waren.

Adam Preston, Blutsgeschwister der Schattenlords, erwarb in den frühen 1990er Jahren mit seinem Familienvermögen etwas Grundbesitz im Süden Minnesotas und gründete eine Gemeinschaft für Garou und Blutsgeschwister aller Stämme. Er nannte die Gemeinschaft Viatopia, womit er wahrscheinlich den Grundgedanken eines „realistischen Utopia" zum Ausdruck bringen wollte. Obwohl die ursprünglichen Mitglieder Blutsgeschwister oder Garou der Schattenlords waren, sahen sich bis zum Ende des ersten Jahres alle Stämme mit mindestens einem oder zwei Mitgliedern aus Blutsgeschwistern vertreten.

Preston steuerte das erste Stück Land bei, aber spätere Stifter und Investoren trugen dazu bei, dass der Landbesitz der Gemeinschaft auf das Dreifache seiner ursprünglichen Größe erweitert werden konnte. Der Verwaltungsrat, ein Rat aus Funktionären, die für eine vierjährige Amtsperiode gewählt werden, ohne Einschränkung in Bezug auf die Wiederwahl, hofft darauf, die Gemeinschaft weiter wachsen zu lassen, die auf der Grundidee des verantwortungsbewussten Wohnsitzes basiert.

Alle Anwohner beteiligen sich an den Kosten für die Instandhaltung der Ländereien. Die Mitglieder melden sich außerdem freiwillig für Arbeiten im Außenbereich oder administrativer Art und nehmen an städtischen Versammlungen teil. Sobald die Gemeinschaft den Punkt erreicht hatte, an dem sie sich selbst unterhalten konnte, änderte sie ihren Namen in „Wolfenheim" (inspiriert von den Legenden von Wolfsheim, einem Reich des Umbra) und begründete sich als Kommune. Die meisten Einwohner gehen heute einer bezahlten Tätigkeit innerhalb der Gemeinschaft nach. Viele von ihnen sind Kleinunternehmer oder selbstständige Kleinbauern. Heute betreibt Wolfenheim seine eigene Schule, ein Krankenhaus und ein Zentrum für medizinische Notfälle, ein Postamt, ein Energieunternehmen, das sich im Besitz der Mitglieder befindet und ein Bürgerhaus. Ein nichtkonfessionelles Kirchengebäude befindet sich an einem Standort in der Nähe der Innenstadt und ist für Mitglieder mit einer entsprechenden Neigung bestimmt.

Wolfenheim folgt einer Vereinbarung, nach der Mitglieder entweder Garou oder Blutsgeschwister sein müssen, obwohl manche Stadtbewohner mit dieser Ausschlussklausel nicht einverstanden sind. Befürworter glauben, dass die Gemeinschaft auf einer Mitgliedschaft aus Garou und Blutsgeschwistern basiert, und sind der Meinung, dass es nicht nur der Bestimmung der Stadt zuwiderhandeln würde, sollte man der allgemeinen Bevölkerung erlauben, sich dort niederzulassen, sondern dass es auch das Leben der Garou schwieriger gestalten würde, die dort eine Heimat gefunden haben.

Die Philosophie, die hinter Wolfenheim steht, zielt darauf ab, die vollumfängliche Akzeptanz für Blutsgeschwister in der Garou-Gesellschaft zu erreichen. Dies beinhaltet, dass Blutsgeschwister bei Volksversammlungen anwesend sein dürfen, dass ihnen das Recht zugestanden wird, sich Anweisungen zu widersetzen, die sie für zu gefährlich oder schlecht geplant erachten und die freie Wahl bei der Fortpflanzung. Die Mitglieder sind bestrebt, nicht nur die politischen Richtlinien zu verändern, sondern auch die Einstellung der Garou gegenüber ihren Blutsgeschwistern.

Die Gemeinschaft findet Unterstützung bei den Kindern Gaias, den Knochenbeißern und den Schwarzen Furien, während andere Stämme, und zwar die Silberfänge, die Nachfahren des Fenris und die traditionelleren Fianna sich dagegen zu sträuben scheinen, so viele Veränderungen in so kurzer Zeit zu akzeptieren.

Prestons Traum hat Wolfenheim seit seiner Gründung vor beinahe einem Vierteljahrhundert angetrieben. Auch heute noch, weit in seinen Fünfzigern, beteiligt sich Preston aktiv an allen Belangen innerhalb der Gemeinde, in der er seinen Sitz im Verwaltungsrat ohne Unterbrechung innehatte. Einige Leute sowohl innerhalb als auch außerhalb der Gemeinde fragen sich, ob Wolfenheim Bestand haben wird, nachdem Preston sich entweder zur Ruhe gesetzt hat oder verstorben ist. Seine charismatische Persönlichkeit und seine geradlinige Art, mit jeder Art von Leuten umzugehen, haben den Weg des Wachstums und der Entwicklung für die Gemeinschaft erleichtert, der auch ein schwieriger Weg hätte sein können. Genügend Leute bringen Preston mit dem Inbegriff eines Kultführers in Verbindung, um bei vielen die Frage nach der tatsächlichen Realisierbarkeit aufzuwerfen.

In dieser Sache ist das letzte Wort noch nicht gesprochen.

Geheimgesellschaften

Zusätzlich zu den Gesellschaften der Blutsgeschwister, die den Garou bekannt sind, gibt es auch ein paar Gruppierungen unter den Blutsgeschwistern, die geheime Treffen abhalten und sich darum bemühen, die Kenntnis von ihrer Existenz vor ihren Garou-Verwandten verborgen zu halten. Eine oder zwei dieser Gruppierungen stellen für die Garou keine wirkliche Bedrohung dar. Sie sind viel mehr aus der inhärenten Notwendigkeit heraus entstanden, etwas vor Leuten geheim halten zu müssen, die alles über sie zu wissen scheinen und sich Geistern bedienen, um herauszufinden, was sie noch nicht wissen. Andere Gruppierungen dienen allerdings unheilvolleren Zwecken, und zwar solchen, die den Garou nicht gefallen würden.

Seit der Entdeckung der Hauttänzer sind die Garou äußerst unentspannt, wenn es um Geheimhaltung unter ihren Blutsgeschwistern geht. Selbst die unschuldigsten der nachfolgend aufgeführten Gruppierungen treten unter den Garou äußerst vorsichtig auf, denn sie wissen, dass ihre Entdeckung zu Todesopfern führen könnte, ganz gleich, wie wertvoll sie als Blutsgeschwister sein mögen.

Gaias Richter

Vor fünf Jahren nahm sich einer der Blutsgeschwister der Silberfänge mit Namen Curtis Cannon, der gerade dabei war, seinen Abschluss in amerikanischer Geschichte zu machen, ein Jahr Auszeit von seinen regulären Studien, um einige wichtige Stätten der amerikanischen Geschichte aus erster Hand kennenzulernen. Er verbrachte einige Monate in Kalifornien, wo er ein paar der spanischen Missionsstationen studierte und mit den einheimischen Stämmen der Region in Kontakt kam. Als er zu seinen Studien zurückkehrte, war er ein anderer Mann. Er beendete sein Studium mit einem Abschluss in amerikanischer Geschichte mit einem Schwerpunkt auf den präkolumbischen Stammeskulturen Wie seine Familie es für ihn geplant hatte, nahm er eine Stelle als Lehrer an einem örtlichen College in der Nähe seiner Heimatstadt Baltimore in Maryland an. Im Verborgenen nahm er Kontakt zu einigen Blutsgeschwistern auf, die er auf seinen Reisen kennengelernt hatte, und begründete die Organisation, die die Vision erfüllte, die er in Kalifornien empfangen hatte.

Als Teil einer New Age „Erlebnisreise der Indianer" hatte sich Cannon auf eine Visionssuche begeben, die von heiligen Kräutern und Pilzen verstärkt wurde. Während seiner Vision in der Wüste begegnete ihm Gaia selbst, die um die Garou-Kinder weinte, die auf Abwege geraten waren, indem sie ihre Blutsgeschwister missbrauchten und sich selbst in eine Position gebracht hatten, die sie über ihre Blutsgeschwister erhob. Anstatt partnerschaftlich mit ihnen zusammenzuarbeiten, herrschten sie über Blutsgeschwister und schrieben ihnen vor, wie sie ihr Leben zu leben hatten.

Cannon bot an, einen Weg zu finden, um diese Situation zu ändern, und er versprach Gaia, dass er alles in seiner Macht Stehende tun würde, um die Strukturen zu verändern, von denen die Beziehung zwischen Garou und Blutsgeschwistern geprägt war. Er wollte die Welt von jenen Garou befreien, die sich der Veränderung verweigerten. Gaias Richter waren geboren.

Die Organisation hat ungefähr zwanzig Mitglieder, die sich vor allem in den Mittelatlantikstaaten zentrieren. Cannon hat sämtliche Mitglieder handverlesen, und zwar im Hinblick darauf, wie sehr sie an seine Vision glauben und wie loyal sie persönlich sind. Die Mission der Gruppierung besteht darin, Informationen über Garou zu sammeln, die mit Blutsgeschwistern in Konflikt geraten sind, sei es in Form von körperlichem Missbrauch oder durch irgendeine andere Art von Verhalten, das Blutsgeschwistern ihre Rechte verweigert hat, wie sie sie sehen. Wenn sie genug Beweise gegen einen einzelnen Garou zusammengetragen haben, hält die Gruppierung einen Prozess *in absentia* gegen dieses Individuum ab. Wenn das Tribunal, das aus Cannon und seinen drei engsten Beratern besteht, den Garou der Verbrechen gegen Blutsgeschwister für schuldig befindet, wird ein Todesurteil verhängt.

Mitglieder der Gruppierung, die irgendeine Art von Kampfausbildung haben, bilden Kader aus Attentätern und entwickeln gemeinsam einen Plan, um das Todesurteil zu vollstrecken. Bisher können die Richter Gaias nur zwei erfolgreiche Missionen verbuchen, die den Tod ihrer Zielperson unter mysteriösen Umständen zur Folge hatten. Ob der Kader spezielle Gifte, Silberwaffen oder Sabotage einsetzt, bleibt ein Geheimnis. Cannon gewährt seinen Todeskadern vollständige Handlungsfreiheit.

Obwohl der Gründer der Organisation ein Silberfang ist, zieht sie unzufriedene Blutsgeschwister aller Stämme an. Bisher konnten sie ihr Geheimnis sicher bewahren, aber zu viele Fälle von verschwundenen Garou könnte Aufmerksamkeit auf ihre Existenz lenken, wenn sie nicht mit äußerster Vorsicht vorgehen. Blutsgeschwister, die als Mitglieder angenommen werden, müssen einen Geheimhaltungseid und einander Solidarität schwören, und nur Blutsgeschwister, die das schwere Fehlverhalten von Garou unzweifelhaft beweisen können, werden für eine Mitgliedschaft in Betracht gezogen. Jedes Mitglied der Richter sieht sich bereits unter einem Todesurteil der Garou, glaubt aber daran, zu tun, was getan werden muss.

Die Eleusinen

Diese Geheimgesellschaft aus weiblichen Blutsgeschwistern wurde nach den eleusinischen Geheimnissen des antiken Griechenkultes um Demeter und Persephone benannt und hat ihren Ursprung unter den Blutsgeschwistern der Schwarzen Furien. Heute gehören allerdings Frauen aus nahezu allen Stämmen dazu. Die weiblichen Blutsgeschwister der Uktena und Wendigo haben ihre eigenen Zeremonien, weshalb ihre Mitgliedschaft bei den Eleusinen für gewöhnlich nur ein oder zwei gleichzeitig umfasst. Das Geheimnisvolle dieser Gruppierung liegt in der Tatsache begründet, dass sie schon immer eine Geheimgesellschaft war. Nach Aussage der Blutsgeschwister der Furien gibt es die Eleusinen schon genauso lange wie die Blutsgeschwister.

Der Zweck dieser Gesellschaft besteht darin, weibliche Blutsgeschwister in ihre „Pflichten" als Partnerin der Garou und Mütter ihrer Kinder einzuweisen und sie darauf vorzubereiten. Die Eleusinen behaupten, dass Werwölfe aufgrund ihres animalischen Wesens, das so dicht unter der Oberfläche lauert, ein besonderes Verständnis benötigen, damit sie sich nicht nur erfolgreich mit ihren Blutsgeschwistern paaren, sondern auch eine Beziehung mit ihnen führen können.

Als sich die Blutsgeschwister der Kinder Gaias in bedeutender Anzahl den Eleusinen anschlossen, den Wissensbewahrern der Gruppierung zufolge irgendwann im Laufe des Mittelalters, fügten sie ihr das dreifache Wesen der „Göttin" hinzu. Junge, unverheiratete und alleinstehende Frauen schließen sich dem Kultus als „Mägde" an. Ihre Aufgabe besteht darin, alles zu lernen, was sie wissen müssen, um sich mit Garou zu paaren und ihre Kinder auszutragen. Sobald sie Kinder geboren haben, wechseln sie in den zweiten Status und werden „Mütter", deren Aufgabe darin besteht, zukünftigen Mägden ein Vorbild zu sein.

Da die Wahrscheinlichkeit, zur Witwe zu werden, unter den Gefährtinnen von Garou größer ist, umfasst der dritte Status jene, die geliebt und verloren haben: den „alten Tanten" oder „alten Weibern". Manchmal sind diese Frauen ziemlich jung, aber sie bleiben alte Tanten bis sie erneut heiraten und ihren Status als Mütter wieder annehmen. Die alten Tanten sind die eigentlichen Lehrerinnen der Geheimnisse, die Wortführerinnen der Versammlungen und in manchen Fällen auch die Kupplerinnen innerhalb ihrer Stämme.

Auch wenn manche Garou möglicherweise von der Existenz der Eleusinen wissen, so mischen sie sich doch nicht in die Praktiken des Kultes ein, da deren Glaubensvorstellungen eher dazu neigen, die Garou zu unterstützen. Als Folge des Problems mit den Hauttänzern sind die

Anführerinnen der Eleusinen sogar so weit gegangen, den weiblichen Anführern der Garou zu schwören, dass sie nicht die Absicht haben, irgendeinem Garou zu schaden. Dadurch sind sie zu so etwas wie einem offenen Geheimnis geworden und die Garou sind bereit, so zu tun, als bemerkten sie es nicht.

Was sie nicht erkannt haben, ist die Tatsache, dass die Eleusinen zu einem mächtigen Einfluss unter den Blutsgeschwistern geworden sind. Sie vereinen nicht nur die meisten der Stämme, sie haben auch ein großes Maß an Einfluss auf ihre menschlichen Familien und auf die Garou, die sie zum Partner nehmen. Manche glauben, sollte die Gesellschaft der Blutsgeschwister ihren Status im Hinblick auf die Garou jemals ändern, so wird die Initiative dafür von dieser Gruppierung kommen.

Leben nach dem Tod

Als Geister, die Gaia geweiht sind, glauben die Garou, dass ihre Geister, wenn sie den guten Tod sterben, in das Umbra eingehen, wo diejenigen, die nicht wiedergeboren werden, zu Geistern der Vorfahren werden. Dieser Glaube findet Bestätigung in der Fähigkeit von Theurgen, eine Verbindung mit diesen Geistern der Vorfahren aufzunehmen, mit ihnen zu sprechen, sie um Rat zu bitten und, falls es notwendig sein sollte, sie in Fetische zu binden.

Während die meisten Blutsgeschwister dies auch von ihren Garou-Verwandten annehmen, unterscheiden sich ihre Glaubensvorstellungen bezüglich ihres eigenen Lebens nach dem Tod stark von Stamm zu Stamm. Es existiert kein offizielles Glaubenssystem oder ein religiöser Kanon, der erklärt, was mit Blutsgeschwistern nach ihrem Tod passiert. Manche Blutsgeschwister empfinden kein echtes Dilemma im Hinblick auf die religiösen Traditionen ihrer menschlichen kulturellen Traditionen. Viele Blutsgeschwister der Fianna bleiben praktizierende Katholiken, so wie eine Reihe von Nachfahren des Fenris weiterhin lutheranische Gottesdienste besucht. Es gibt sogar ein oder zwei Familien unter den Blutsgeschwistern der Fenris, die ihren Quäker-Glauben praktizieren. Andere Blutsgeschwister schließen sich den Erweckungsbewegungen an, die zur Anbetung ihrer ursprünglichen Pantheons zurückgekehrt sind: das griechische Pantheon für Blutsgeschwister der Schwarzen Furien, keltische Religion und Druidentum für einige Fianna und das Wiederaufleben von Religionen, die nordische Gottheiten verehren, für Fenris-Blutsgeschwister. Die Sternenträumer und ihre Blutsgeschwister haben lange Zeit Wahrheit und Erkenntnis in der Weisheit des Ostens gefunden, deshalb sind einige Blutsgeschwister der Sternenträumer Buddhisten oder Anhänger des Dao. Stille Wanderer beanspruchen Religionen wie den Hinduismus, den Islam oder das Judentum, je nach den geographischen Ursprüngen ihrer Familie. Die Blutsgeschwister der Schattenlords haben sich an der Wiederbelebung des osteuropäischen Heidentums beteiligt, während einige Silberfänge russisch-orthodox sind.

Einige wenige Blutsgeschwister der Schwarzen Furien identifizieren sich mit der griechisch-orthodoxen Religion und Kultur, was einen religiösen Keil zwischen sie und ihre Blutsgeschwister treibt, die das griechische Pantheon verehren. Glaswandler neigen zu einer materialistischeren Sichtweise ihres Lebens nach dem Tod, oder zumindest nehmen sie Religion nicht allzu ernst. Ihre Glaubensvorstellungen beinhalten manchmal Science Fiction-artige Ideen wie zum Beispiel Kryogenik und die Möglichkeit, Persönlichkeiten nach dem Tod herunterzuladen. Knochenbeißer neigen dazu, das Leben und den Tod als einen unaufhörlichen Regenerationsprozess zu betrachten und sprechen nur selten über irgendwelche persönlichen Glaubensvorstellungen bezüglich des Lebens nach dem Tod. Die Kinder Gaias übernehmen viele New Age Glaubensvorstellungen, was wenig überraschend ist, oder sie übernehmen das Modell vom Leben nach dem Tod, das die Garou vertreten. Sowohl die Blutsgeschwister der Uktena als auch der Wendigo neigen dazu, die religiösen Gebräuche ihres Stammes zu ehren, die üblicherweise denen der Garou entsprechen.

Viele Blutsgeschwister, insbesondere diejenigen, die Kenntnisse vom Dunklen Umbra oder der Unterwelt haben, integrieren dieses Wissen in ihre religiösen Glaubensvorstellungen. Wenn ein Blutsgeschwister stirbt, geht er nicht sofort in das für ihn bestimmte Leben nach dem Tod über. Stattdessen betritt er die Unterwelt, wo all seine Unzulänglichkeiten und Missetaten genau betrachtet werden, damit er von ihnen gereinigt werden kann. Dies erlaubt es ihm, einen Zustand zu erlangen, in dem er bereit ist, in das für ihn bestimmte Leben nach dem Tod überzugehen. Viele Blutsgeschwister glauben, dass sie während dieser Zeit auch alle unerledigten Dinge abschließen müssen. Dies dient als Erklärung für „Gespenster" im Gegensatz zu den Geistern der Vorfahren.

Religionen und Kulte der Blutsgeschwister

Während viele Blutsgeschwister einem religiösen Glauben folgen, der zu ihrem kulturellen und ethnischen Hintergrund passt, finden andere ihre spirituellen Überzeugungen in ihren eigenen religiösen Bewegungen. Das Wissen, dass ihre Garou-Verwandten die Grenzen der materiellen Welt überschreiten und in die Geisterwelt übertreten, spornt Blutsgeschwister dazu an, auch für sich selbst nach einem solchen Weg zu suchen, nach einem, der im Lichte ihres Daseins als etwas, das nur eine Spur mehr ist als ein Mensch, Sinn ergibt. Garou begegnen diesen Bewegungen der Blutsgeschwister über weite Teile mit Toleranz, denn was ihre Blutsgeschwister über das Leben nach dem Tod glauben, geht sie grundsätzlich nichts an. Wenn sie sich einige der Religionen ihrer Blutsgeschwister genauer ansehen, könnte dies allerdings in den Garou Besorgnis auslösen bezüglich der Einstellungen der Menschen, die sie als Familie betrachten.

Religiöse Situationen spielen zwar in den meisten **Werwolf**-Chroniken eine untergeordnete Rolle, falls sie überhaupt eine spielen, allerdings können Erzähler und Spieler durchaus in Betracht ziehen, eine der unten aufgeführten religiösen Gruppierungen der Blutsgeschwister zu verwenden, um ihre eigenen Gruppierung(en) zu gestalten. Ergänzt man das Dasein der Blutsgeschwister, das ohnehin schon mit der Versorgung und Ernährung ihrer Garou-Verwandten belastet ist, um die Mitgliedschaft in einer Gemeinschaft, die ihnen zusätzliche Anforderungen auferlegt, könnte dies eine Blutsgeschwister-Chronik um zusätzliche Bedeutungsebenen bereichern.

Grableger

Unter den Blutsgeschwistern der Knochenbeißer existiert ein religiöser Kult, dessen Glaubensvorstellungen der antiken Geschichte entlehnt sind. Sie glauben, genau wie viele Völker der Antike, dass man seinen Besitz mit auf die andere Seite nehmen könnte. Die Grabstätten der Pharaonen und anderer bedeutender Ägypter, wie auch in anderen Kulturen, enthielten viele Besitztümer, die den Bewohner eines Grabes in seinem Leben nach dem Tod bereichern sollten. Einige Blutsgeschwister der Knochenbeißer glauben, da sie für gewöhnlich zu Lebzeiten über wenig materielle Ressourcen verfügen, an ein Leben nach dem Tod, das ihnen all das bieten wird, das ihnen im Diesseits gefehlt hat. Zu diesem Zweck gehen Grableger in Nächten, bevor der Sperrmüll abgeholt wird, durch die Straßen oder hängen auf Mülldeponien herum, um Gegenstände zu finden (sogar kaputte), die sie möglicherweise in ihrem Leben nach dem Tod gerne bei sich hätten. Zu bestimmten Zeiten eines Jahres ergeht ein Aufruf an alle Grableger eines bestimmten Gebietes, sich an einem Ort zu versammeln, der von Blutsgeschwistern mit dem zweiten Gesicht festgelegt wird. Bei dieser Zusammenkunft graben die stärkeren Mitglieder eine gewaltige Grube in die Erde. Die Grableger bringen die Gegenstände, die sie gesammelt haben, zu diesem Treffen mit und nachdem sie jeden Gegenstand mit dem Namen seines Besitzers versehen haben, werden ihre Spenden in die Grube gelegt. Es folgen Gesang, Tanz und andere Festivitäten und anschließend wird die Grube von den Blutsgeschwistern, die sie gegraben haben, auch wieder verschlossen. Die Gegenstände bleiben dort vergraben, bis die Zeit gekommen ist, an der die verstorbenen Geister der Blutsgeschwister der Knochenbeißer sie vielleicht benötigen. Bis dahin sollen die Gegenstände in einem guten Zustand und bereit sein, damit die Blutsgeschwister der Knochenbeißer ein angenehmes Leben nach dem Tod genießen können.

Heimat der Blutsgeschwister

Die Vorstellung, dass Blutsgeschwister nach ihrem Tod in die Heimat ihres Garou-Stammes im Umbra übergehen, ergibt für viele Blutsgeschwister Sinn. Für sie können menschliche Religionen ihr Wesen nicht erklären und bieten ihnen auch keine überzeugende Vorstellung von einem Leben nach dem Tod an. Als Blutsgeschwister wissen sie, selbst wenn sie unerwünscht sind oder von ihren Garou-Verwandten schlecht behandelt werden, so haben sie doch etwas, das dem Rest der Menschheit fehlt. Was könnte ihnen eine rein menschliche Religion also zu bieten haben?

Ihre Hoffnung besteht darin, dass, wenn sie sterben, die Geister von Blutsgeschwistern in die Heimat im Umbra übergehen, die für ihren Stamm bestimmt ist. Manche glauben, dass es innerhalb dieser Heimat eine spezielle „Heimat der Blutsgeschwister" für die Blutsgeschwister gibt. An diesem Ort endet ihr Dienst für die Garou und ihre Geister existieren in ewiger Glückseligkeit. Wenn Garou-Geister oder Garou, die in Geistergestalt reisen, versuchen, in die Heimat der Blutsgeschwister einzudringen, so gelangen sie nur dorthin, um dem Geistern der Blutsgeschwister, die dort existieren, Freude und Unterstützung zukommen zu lassen. Der Gedanke, dass es einen Ort gibt, an dem die Garou sich ihren Wünschen beugen, hat für viele Blutsgeschwister einen äußerst großen Reiz.

Diejenigen, die an die Heimat der Blutsgeschwister glauben, besuchen keinen wöchentlichen „Kirchengottesdienst", sondern ehren ihre Glaubensvorstellungen für gewöhnlich in ihrem eigenen Zuhause oder gelegentlich auch bei „Versammlungen der Heimat der Blutsgeschwister", die üblicherweise um die Sonnenwende und die Tagundnachtgleiche abgehalten werden. Diese Treffen finden nicht am Tag der Sonnenwende (oder der Tagundnachtgleiche) selbst statt, weil die Garou ihre jahreszeitlich bedingten Rituale zu diesen Zeiten abhalten und ihre Blutsgeschwister normalerweise in irgendeiner Form daran teilhaben lassen. Die meisten Gläubigen sprechen nicht mit Garou über ihre Glaubensvorstellungen, aber sie finden Erfüllung im Gedenken an eine Zeit, in der sie nicht mehr hinter ihren sich verwandelnden Verwandten zurückstehen müssen.

Lunae

Eine kleine Gruppe von Blutsgeschwistern gehört der Gemeinschaft der Luna an. Diese Blutsgeschwister nennen sich „Lunae" und glauben, dass, wenn sie sterben, ihre Geister in die Heimat ihres Stammes übergehen, wo sie sich einer Prüfung ihrer Entschlossenheit, ihrer Hingabe und ihrer Tapferkeit unterziehen müssen. Jene Blutsgeschwister, die ihre Prüfung bestehen, reisen in ein Leben nach dem Tod in das Reich des Mondes, an einen Ort, der nur Blutsgeschwistern vorbehalten ist. Hier erfahren sie Frieden, die Klarheit der Erkenntnis und in Vollmondnächten erhalten sie die Möglichkeit, zur Erde zurückzukehren und Familie und Freunde zu besuchen (wobei diese Leute den Besuch

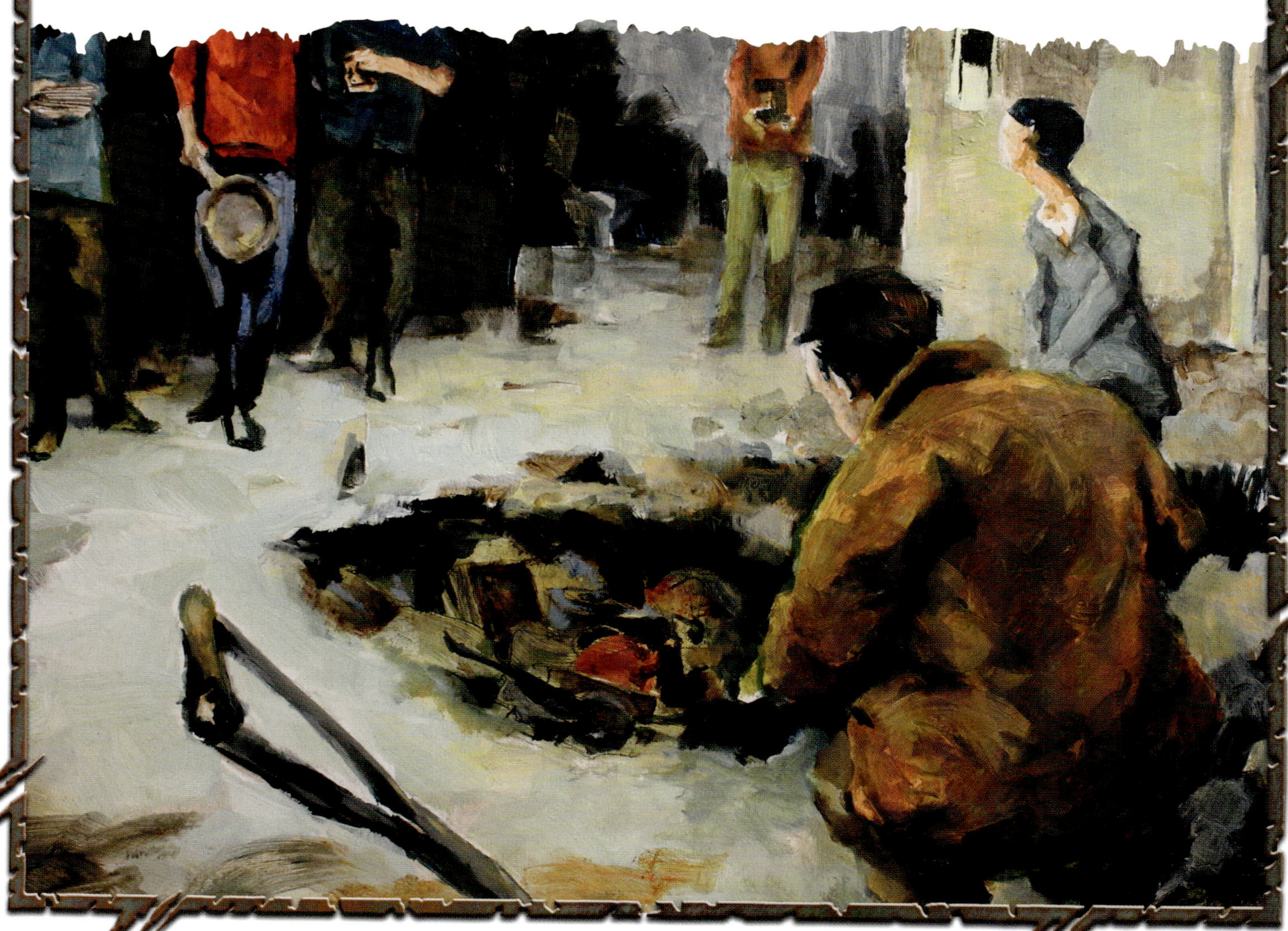

möglicherweise nicht bemerken). Einige der Kinder Gaias empfinden diese Vorstellung vom Leben nach dem Tod als angenehm, ebenso wie ein paar Silberfänge.

Wiedergeborene

Die Wiedergeborenen glauben, dass Blutsgeschwister, die sich in den Augen Gaias und der Geister ihres Stammes als würdig erwiesen haben, nach ihrem Tod als einer der Garou wiedergeboren werden. Durch ihre Verbindung mit den Philosophien des Ostens fallen viele Blutsgeschwister der Sternenträumer in diese Kategorie. Auch wenn ein paar Sekten der Blutsgeschwister existieren, in deren Zentrum die Wiedergeburt steht, wie zum Beispiel die Wiedergeborenen Blutsgeschwister und die Blutsgeschwister des Rades (oder Räder), gehören die meisten Wiedergeborenen keiner Organisation an. Sie leben einfach ihr Leben in Hingabe für die Garou und lernen in diesem Zusammenhang so viel über ihre sich verwandelnden Verwandten, wie sie können.

Unerfahrene Blutsgeschwister

„Euer Onkel Robert ist eines Tages einfach in einen Bus nach Chicago gestiegen und das ist das letzte Mal, dass wir etwas von ihm gehört haben. Er ist in der Tat etwas seltsam. Ein richtiger einsamer Wolf."

– Eine alte Frau erklärt ihren Enkeln, was es mit ihrem verschollenen Bruder auf sich hat.

Viele Blutsgeschwister wachsen in dem Wissen auf, dass ihr Leben auf irgendeine Art und Weise mit dem Übernatürlichen in Berührung ist. Manche von ihnen kennen die meisten Einzelheiten bezüglich ihrer Garou-Verwandten und sogar bezüglich der Garou im Allgemeinen. Andere wissen gerade genug, um zu verhindern, dass sie jedes Mal davonlaufen, wenn Onkel Henry eine seiner merkwürdigen Anwandlungen hat und Mama alle Kinder aus dem Haus schickt, oder wenn Mama ohne eine Erklärung wochenlang fortgehen muss. Ganz gleich, wie viel oder wenig diese Blutsgeschwister über ihre Garou-Verwandten und die Welt wissen, wie sie durch die Augen jener aussieht, die zum Schutze Gaias kämpfen, sie wissen zumindest irgendetwas.

Nicht alle Blutsgeschwister wissen, was sie sind. Für manche Blutsgeschwister nimmt ihr Leben einfach hin und wieder seltsame Wendungen. Eine Familie mag vom Pech verfolgt sein, als hätte irgendjemand oder irgendetwas es auf sie abgesehen: Schicksalsschläge ereilen ein Familienmitglied nach dem anderen in kurzer Zeit. Die Welt einer anderen Familie wird plötzlich komplett auf den Kopf gestellt, als ein ansonsten sicherer Arbeitsplatz plötzlich verschwindet. Wieder andere Familie haben vielleicht das Gefühl, dass sie von irgendjemandem verfolgt werden, oder dass irgendetwas Finsteres dort draußen lauert und sich plötzlich auf sie stürzen wird, wenn sie sich nicht in Acht nehmen. Eine andere Familie weiß vielleicht nur, dass es in ihrer Vorgeschichte Geheimnisse gibt, die alle Versuche zunichte zu machen scheinen, ihrer Familiengeschichte nachzuspüren.

Unerfahrene Blutsgeschwister sind jene Blutsgeschwister, die sich nicht mehr innerhalb der Reichweite der Garou befinden. Sie tragen das Potenzial in sich, das Garou-Gen weiterzugeben – und tatsächlich geben sie es mit ihrem Blut über die Generationen hinweg weiter – aber sie haben keine Ahnung, dass sie der Blutlinie von Werwölfen angehören. Sie leben ihr Leben in scheinbarer Normalität, erhalten dabei aber möglicherweise mehr als den ihnen zustehenden Anteil an unerklärlichen Umständen aufgrund von irgendeiner angeborenen Anziehungskraft, die sie auf die Welt des Übernatürlichen ausüben.

Blick in die Vergangenheit

Irgendetwas ist in der Vergangenheit einer unerfahrenen Familie geschehen, das ihre Verbindung zu ihren Garou-Verwandten getrennt hat. Wenn ein Stock von Schwarzen Spiralen über eine Septe von Knochenbeißern hereinbricht, diese in einem unachtsamen Moment antrifft und bis auf den letzten Wolf vernichtet, treiben die Blutsgeschwister dieser Beißer oft orientierungslos umher ohne Verbindung zu den Garou, die wussten, dass sie existieren. Nachdem sie den Tod ihrer Garou-Verwandten betrauert haben, sofern sie jemals herausfinden, was ihnen zugestoßen ist, ist es möglich, dass diese Familie oder diese Familien einfach vom Wissensradar der Garou verschwinden, sofern sie nicht irgendetwas unternehmen, um ihre Verbindung aufrechtzuerhalten. Wenn allerdings etwas dieser Größenordnung geschieht, ist es möglich, dass eine Blutsgeschwisterfamilie für sich entscheidet, dass Flucht die beste Lösung ist. Mit einem Mal sind sie ohne die Garou, die gleichzeitig ihr Leben beherrschten und als Puffer dienten zwischen ihnen und der Welt des Unheimlichen, für die die Garou standen. Es ist möglich, dass sie aus dem Gebiet oder sogar aus dem Land flüchten und keine Spur ihres Verbleibs hinterlassen. Nachdem ein paar Generationen vergangen sind, weiß niemand mehr, dass sie existieren.

Gelegentlich kommt es vor, dass Kinder aus unerfahrenen Familien das Phänomen des „eingebildeten Spielkameraden" entwickeln, mit einem Unterschied: ihr Spielkamerad ist real, ein Blutspürer, der den Familienzweig noch immer beobachtet, aber nicht weiß, welchem Garou er Bericht erstatten soll. Manchmal verschwindet der Spürer einfach aus dem Leben eines Kindes, wenn klar wird, dass das Kind keinen Garou in sich trägt, der darauf wartet, hervorzubrechen.

In anderen Fällen kommt es vor, dass unerfahrene Familien feststellen, dass ihr Leben von Schicksalsschlägen geprägt ist. Geschichten von Familien, in denen der Vater Amok läuft und die ganze übrige Familie tötet, bevor er sich entweder selbst umbringt oder verschwindet, können die Geschichte einer späten und unerwarteten Ersten Verwandlung verschleiern, die schrecklich schiefgelaufen ist. Geschichten eines wilden Tieres, das durch eine Gemeinde streift und regelmäßig Menschen oder Tiere tötet, könnten auf einen Garou hindeuten, der durch eine Verwandlung verrückt geworden ist, die er niemals erwartet hat und nicht akzeptieren kann.

Betroffene Familienmitglieder versuchen möglicherweise, der Quelle dieses Familienfluches oder dieser Verkettung von Geheimnissen auf den Grund zu gehen. Manchmal verrennen sie sich dabei in einer Sackgasse, weil sie nicht dazu in der Lage sind, die Hürde dessen zu überwinden, was sie glauben können und was nicht.

Von unerfahren zu wissend

Die Entdeckung, dass eine Person zu einer Familie von Blutsgeschwistern gehört, kann einen faszinierenden Anfang (oder das Ende) einer Blutsgeschwister-Chronik abgeben. Lässt der Erzähler eine Gruppe von Spielern Charaktere erschaffen, die einfache Menschen zu sein scheinen (vielleicht mit etwas Numina, um sie zu etwas Besonderem zu machen), und führt sie dann durch eine Chronik, in der es ihnen möglich ist, ihre Wurzeln als Blutsgeschwister zu entdecken, kann er seinen Spielern die Erkenntnis nahebringen, wie weit sich ihre Blutsgeschwister-Charaktere tatsächlich von der Welt der Normalsterblichen entfernt haben, wenn sie ihr Erbe annehmen.

Wird das Konzept unerfahrener Blutsgeschwister als eine Möglichkeit eingesetzt, um Charakteren das Leben und die Zeiten von Blutsgeschwistern im Allgemeinen näherzubringen, vielleicht über persönliche Erfahrungen, die ihr Charakter macht, kann dies die Welt der Blutsgeschwister mit ihrer ganz eigenen Macht erfüllen und die

Fähigkeit hervorheben, mithilfe von Blutsgeschwistern fesselnde und unvergessliche Geschichten innerhalb des größeren Kontextes der Welt der Gestaltwandler zu erzählen.

Geschichten können mit jeder der nachfolgenden Szenario-Anregungen beginnen:

- **Die Legende von der Verrückten Selena:** Eine Familie bezieht ein neues Haus, von dem es heißt, es habe während der letzten Jahrhundertwende ihrer Familie gehört. Als sie während des Einzugs das Haus durchsuchen, stoßen sie auf Gegenstände, die offensichtlich diesen lange verschollenen Verwandten gehört haben. Schließlich stoßen sie auf ein Fotoalbum, oder vielleicht auch auf ein Tagebuch, das einem Familienmitglied mit einer literarischen Neigung gehört hat, und das die Geschichte der „Verrückten Selena" erzählt, die seit ihrer Zeit als junges Mädchen auf den Mond fixiert war, die von einem merkwürdigen, gutaussehenden Mann träumte, der vom Mond herabsteigen und sie mit sich fortführen konnte. Die Geschichte von Selena könnte zu der Entdeckung führen, dass ihre Familie sich dafür entschied, sie wegzusperren, um sie davon abzuhalten, ihre merkwürdigen Träume wahr zu machen, nur um dann festzustellen, dass sie eines Nachts verschwunden war. Auf der Suche nach weiteren Informationen könnten die Charaktere herausfinden, dass irgendetwas die übrige Familie in dieser Nacht tötete, und möglicherweise gab es nur einen Überlebenden: den Vorfahren eines oder mehrerer der Charaktere. Schließlich gelingt es ihnen, die Septe der Silberfänge aufzuspüren, die ihre Schwester Selena Mond-Anruferin von einer Familie einforderten, die nicht dazu bereit war, sie ihrem Schicksal folgen zu lassen.
- **Feuer und Flut:** Eine Gruppe von Blutsgeschwister-Charakteren reist zu einer Gemeinschaft, die durch eine Flut vor dem Ruin steht. Als sie versuchen, dabei zu helfen, die Gemeinschaft wiederaufzubauen und das Land zu heilen, das durch die eingestürzten Abwasserleitungen einer nahegelegenen Fabrik zerstört wurde, stellen sie fest, dass sie sich zu einer speziellen Familie hingezogen fühlen. Falls es ihnen gelingt, das Vertrauen der Familie zu gewinnen (was nicht sehr schwer ist, da sie gerade dabei sind, der Gemeinschaft zu helfen), finden sie heraus, dass ein Feuer im Gemeindehaus vor einigen Generationen einen Großteil der öffentlichen Aufzeichnungen zerstört hat. Geburten, Tode, Heiraten, Urkunden, Testamente und andere Dokumente gingen verloren, bevor sie digitalisiert werden konnten. Andere Hinweise, vielleicht Versuche, den neuen Freunden der Charaktere zu schaden, könnten zu der Erkenntnis führen, dass es dort draußen einige übernatürliche Mächte gibt, die die Familie ausschalten möchten. Wenn die Charaktere an der Oberfläche kratzen, können sie eine Erblinie von Blutsgeschwistern enthüllen, die seit dem Feuer verschollen war – und sie können die Kreaturen enthüllen, die hinter den Versuchen stehen, sie zu beseitigen.
- **Auf der Flucht:** Eine scheinbar ganz normale Familie packt alles zusammen, was sie tragen kann, und zieht an einen anderen Ort, wo sie ihren Namen ändert, alle Verbindungen zu ihrem vorangegangenen Leben abbricht und irgendwo anders noch einmal ganz von vorne anfängt. Dieser Umstand wird den Garou zugetragen, die den Verdacht hegen, dass sie möglicherweise über eine Gruppe von abtrünnigen Blutsgeschwistern gestolpert sind. Da sie nicht zu viele Garou opfern wollen, um auf die Jagd nach ihnen zu gehen, wählen sie ein paar vertrauenswürdige Blutsgeschwister aus und vielleicht ein oder zwei Garou-Welpen, die sie begleiten sollen, um der Familie zu folgen, herauszufinden, was sie getan haben, das sie so nervös gemacht hat und sich um jedes Problem zu kümmern, das sich dabei auftun könnte. Die Familie erweist sich als ungewöhnlich gut darin, Spuren zu entdecken, und führt die Charaktere auf ihrer Flucht an der Nase herum, bis das Geheimnis schließlich ans Licht kommt. Die Familie besteht aus unerfahrenen Blutsgeschwistern. Irgendetwas hat ein Familienoberhaupt vor langer Zeit dazu bewogen, sich für eine Flucht vor den Garou zu entscheiden. Er erzählte seinen Kindern nur von den Zeichen, nach denen sie Ausschau halten sollten, weil sie auf die Gegenwart „der Wächter" oder der „Regierungsspione" oder sogar der „Außerirdischen" hinweisen könnten. Wenn sie die Zeichen sahen, sollten sie davonlaufen. Es könnte sich als eine Herausforderung erweisen, den Stamm der Blutsgeschwister ausfindig zu machen oder einen Stamm zu finden, der bereit ist, sie aufzunehmen. Und falls die Familie sich dazu entschließt, weiter auf der Flucht zu bleiben…

Verloren und wiedergefunden

Die Garou bemerken, dass viele ihrer Blutsgeschwister-Familien auf der Strecke geblieben sind, aber nicht alle Stämme bemühen sich aktiv darum, ihre fehlenden Bindeglieder aufzuspüren. Es gibt eine ganze Reihe von Einflussfaktoren, die zu der Vielfalt von Reaktionen auf das Wissen beitragen, dass es „dort draußen" unerfahrene Blutsgeschwister gibt.

- **Fianna:** Die Fianna betrachten die Entdeckung einer ihrer unerfahrenen Familien immer als einen Grund zum Feiern. Allerdings stellen sie als Stamm keine koordinierten Bestrebungen an, um verschollene Blutsgeschwister zu finden. Für sie ist der Krieg gegen die Feinde Gaias weitaus wichtiger. Die Fianna neigen dazu, solche Angelegenheiten wie das Aufspüren von unerfahrenen Verwandten ihren Blutsgeschwistern zu überlassen. Manche Blutsgeschwister der Fianna messen dem Auffinden verschollener Familien eine hohe Priorität bei. Andere scheinen solche Dinge dem Zufall zu überlassen, weil sie glauben, dass die unerfahrenen Familien ihre Verbindung möglicherweise aus einem bestimmten Grund verloren haben, wie zum Beispiel einer Unfähigkeit, Familienbande aufrechtzuerhalten oder einer Schwäche des Blutes, aufgrund derer keine neuen Garou geboren wurden, um die Verbindung zu erneuern.
- **Glaswandler:** Die Glaswandler durchsuchen regelmäßig das Internet nach Anzeichen für verschollene Blutsgeschwister. Die Glaswandler machen sich die Vorteile von Sozialen Medien und Internetseiten zunutze, die genealogischen Gesichtspunkten gewidmet sind, und sie verfolgen jegliche Hinweise, die anzudeuten scheinen, dass der Ersteller eventuell Garou-Blut in sich tragen könnte. Sie verfolgen auch Polizeiberichte von Tiersichtungen oder anderen Anomalien, die zur Entdeckung unerfahrener Blutsgeschwister führen könnten. Manche Garou, die die aktive Suche nach unerfahrenen Familien unterstützen, kritisieren die Wandler zwar dafür, dass sie ihre Suche nicht öfter in die Straßen hinaus tragen, aber die Wandler glauben, dass die Verwendung technologischer Hilfsmittel ihre Suche vorantreibt und sie vor nutzlosen Sackgassen bewahrt.
- **Kinder Gaias:** Die Kinder gehören zu den Gewissenhaftesten, wenn es darum geht, verschollene Blutsgeschwister zu verfolgen, und häufig spüren sie jedem Hinweis bezüglich merkwürdiger Ereignisse im Zusammenhang mit einer Familie nach, über den sie stolpern, wie zum Beispiel Artikel, die in Klatschzeitschriften auftauchen oder in anderen alternativen Medienquellen. Wenn sie auf irgendwelche unerfahrenen Blutsgeschwister treffen, sind sie schnell damit bei der Hand, sie willkommen zu heißen, wobei ihr Überschwang gelegentlich auch eine negative Reaktion hervorrufen kann. Sie lassen häufig den ursprünglichen Stamm der unerfahrenen Familie außer Acht und legen mehr Wert darauf, der Gesamtmischung zusätzliche Blutsgeschwister hinzuzufügen, anstatt dafür zu sorgen, dass sie in die richtige Schublade einsortiert werden.
- **Knochenbeißer:** Wann immer ein Knochenbeißer oder einer ihrer Blutsgeschwister die Fährte einer unerfahrenen Familie

aufnimmt, ganz gleich, ob sie zu ihrem Stamm gehört, agieren sie rasch und entschieden. Da der Stamm dazu neigt, Informationen aller Art aufzusaugen, scheinen Nachrichten über unerfahrene Blutsgeschwister ihnen ganz selbstverständlich zu Ohren zu kommen, sei es über Klatsch, der von ihren Informanten weitergegeben wird, oder über jemanden aus ihren eigenen Reihen, der ein paar Anzeichen für ihre Anwesenheit wahrnimmt. Ihr Geschick im Hinblick auf die Entdeckung verschollener Welpen in Tierheimen führt sie gelegentlich zu Lupus-Blutsgeschwistern, eine kostbare und äußerst wertvolle Errungenschaft für sie. Für gewöhnlich benachrichtigen Knochenbeißer andere Stämme, falls sie eine ihrer verschollenen Blutsgeschwister-Familien finden. Merkwürdigerweise neigen sie allerdings dazu, zu vergessen, andere Stämme über irgendwelche Lupus-Blutsgeschwister zu informieren, die sie entdecken.

• **Nachfahren des Fenris:** Unter den Nachfahren gibt es eine Spaltung im Hinblick auf verschollene Blutsgeschwister. Ältere, traditionellere Garou sind tendenziell Anhänger des Grundgedankens vom „Überleben des Stärksten". Sie behaupten, dass unerfahrene Familien ihren Zustand auf irgendeine Art und Weise selbst verursacht haben, sei es durch irgendetwas, das sie getan haben, oder durch irgendetwas, das sie versäumt haben. Sie glauben, dass unerfahrene Blutsgeschwister aus dem Fortpflanzungspool der Garou entfernt wurden. Jüngere Nachfahren glauben, dass es manchmal Umstände gibt, die sich verschwören, um dafür zu sorgen, dass eine Blutsgeschwister-Familie ihre Verbindung verliert, und sie glauben, dass es ihre Pflicht gegenüber Gaia sei, ihnen dabei zu helfen, den Weg nach Hause zu finden. Glücklicherweise bleiben unerfahrene Familien immun gegenüber dem Delirium, denn die Methoden der Nachfahren, um ihre unerfahrenen Blutsgeschwister über ihr wahres Erbe in Kenntnis zu setzen, sind selten differenziert oder subtil.

Rote Klauen: Gelegentlich kommt es vor, dass eine Rote Klaue buchstäblich die Witterung eines unerfahrenen Rudels aufnimmt. Wenn dies geschieht, spürt oft das gesamte Garou-Rudel seine unerfahrenen Brüder und Schwestern auf. Es kommt zwar manchmal zu kleineren Kämpfen, um die Dominanz über das unerfahrene Rudel festzulegen, aber dies wird meist schnell beendet und der Garou der Roten Klauen ist für gewöhnlich der Sieger. Manchmal stößt ein anderer Stamm auf ein Wolfsrudel, das Anzeichen dafür zeigt, aus unerfahrenen Blutsgeschwistern zu bestehen. Falls der Stamm, der sie entdeckt hat, Pluspunkte bei den Roten Klauen sammeln möchte, informiert er die Klauen über seinen Fund. Anderenfalls vergrößern sie ihren eigenen Fundus an Lupus-Blutsgeschwistern. Ein paar Rote Klauen, die eine Tätigkeit als Parkaufseher oder Wildtierretter übernommen haben, machen die Entdeckung von unerfahrenen Blutsgeschwistern zu ihrer Hauptverantwortung. Der Mangel an Wölfen lässt ihre Suche allerdings in der Regel erfolglos verlaufen.

• **Schattenlords:** Genau wie bei den Nachfahren des Fenris stehen auch die Bedeutung, die die Schattenlords dem Erfolg beimessen, und die angeborene Verachtung, mit der sie Misserfolgen begegnen, ihrer Suche nach unerfahrenen Blutsgeschwistern oft im Wege. Wenn sie Nachweise dafür finden können, dass die Verbindung der Familie zu ihrem Stamm ohne ein Fehlverhalten der Familie zustande gekommen ist, setzen sie beträchtliche Bemühungen in Gang, um ihre verschollenen Blutsgeschwister wieder für sich zu beanspruchen. Falls sich die unerfahrene Familie allerdings im Hinblick auf die Standards der Schattenlords als unwürdig erweisen sollte, erlauben sie es ihnen, unwissend zu bleiben, oder, falls es sich als nötig erweisen sollte, schalten sie jegliche Bedrohung aus, die sie für die Gemeinschaft der Garou darstellen könnten.

• **Schwarze Furien:** Einige der weniger zahlreichen Stämme, wie zum Beispiel die Schwarzen Furien, sind sich der Notwendigkeit bewusst, ihre verschollenen Blutsgeschwister zu finden, aber es fehlt ihnen schlicht und ergreifend an Personal, um eine organisierte Suche durchzuführen. Wenn sie doch einmal eine unerfahrene Familie entdecken, reagieren sie so schnell wie möglich, um die Familie wieder nach Hause zu holen. Falls eine wissende Familie in der Nähe der unerfahrenen lebt, beteiligen die Furien sie an der Rückführung und lassen sie das Vertrauen und die Freundschaft einzelner Familienmitglieder gewinnen, bevor sie sie mit der Wahrheit konfrontieren. Anderenfalls entsenden sie ein Mitglied ihres eigenen Stammes als Botschafter, der sie mit ihrem verloren gegangenen Erbe wiedervereinen soll.

• **Silberfänge:** Die umfangreichen Nachforschungen, die die Silberfänge anstellen, um ihre Blutlinien unter Kontrolle zu behalten, sorgen dafür, dass sie von allen Garou-Stämmen die geringste Anzahl an unerfahrenen Blutsgeschwistern aufzuweisen haben (falls man unbekannte Mengen zählen kann). Falls auch nur der kleinste Hinweis auf unerfahrene Familien der Silberfänge am Horizont auftaucht, entsenden die Silberfänge eine Gruppe von Garou und Blutsgeschwistern, um die Familie ausfindig zu machen und die Richtigkeit der Meldung zu bestätigen oder zu widerlegen. Manche Garou lassen es allerdings gar nicht zu den Silberfängen durchdringen, dass sie versehentlich Informationen verloren haben, die zur Entdeckung von lange verschollenen Familien führen könnten, insbesondere wenn die Familie für die Erblinie der Silberfänge möglicherweise zu „gewöhnlich" ist. In dieser Hinsicht sind die Fänge den Schattenlords sehr ähnlich. Wenn sie sich allerdings darauf konzentrieren, kann es niemand mit der Gründlichkeit aufnehmen, mit der die Silberfänge verschollene Blutsgeschwister aufspüren.

• **Sternenträumer:** Diese zurückgezogen lebenden Garou sind so wenige, insbesondere jene, die es in der westlichen Welt noch gibt, dass sie ihre Blutsgeschwister genau im Blick behalten, trotz ihrer Neigung, sie sich vom Leibe zu halten. Wenn die Sternenträumer einen Hinweis auf eine verschollene Familie erhalten, unternehmen sie entschiedene, wenn auch nicht immer offensichtliche Anstrengungen, um die Familie ausfindig zu machen und sicherzustellen, dass sie dem richtigen Stamm zugeführt wird. Auch wenn sie sich darum bemühen, jeder Entdeckung mit Gleichmut zu begegnen, fällt es ihnen doch schwer, die echte Freude zu verleugnen, die sie verspüren, wenn sie einen ihrer Art wiederfinden.

• **Stille Wanderer:** Die Stillen Wanderer gehören zu den Garou, bei denen die Wahrscheinlichkeit besonders groß ist, dass sie die Spur ihrer Blutsgeschwister verlieren. Dies gleichen sie aber aus, indem sie sich emsig darum bemühen, jeglichen Gerüchten über verschollene Blutsgeschwister auf den Grund zu gehen. Die nomadische Lebensweise des Stammes macht sie geradezu prädestiniert für Gerüchte, Märchen und andere flüchtige Formen der Kommunikation, weshalb sie bei ihrer Suche nach unerfahrenen Blutsgeschwistern häufig im Vorteil sind. Sobald eine unerfahrene Familie auf ihrem Radar auftaucht, spüren sie sie rasch auf und versuchen, sie mit bestehenden Blutsgeschwister-Familien zusammenzubringen. Manchmal bleiben sie bei ihnen, bis es ihnen gelingt, sich anzupassen, oder bis ihr Fernweh sie wieder vorantreibt.

• **Uktena:** Die weite Verstreuung der indianischen Stämme hat dazu beigetragen, dass die Verbindungen zwischen den Blutsgeschwistern und den Uktena vielfach durchtrennt wurden. Der Stamm verfolgt jedes Anzeichen für die Existenz einer unerfahrenen Uktena-Familie mit großer Dringlichkeit. Eine der Gelegenheiten, bei der die Kooperation zwischen zwei Stämmen ohne großes Aufhebens stattfindet, ist dann, wenn die Uktena Hilfe in Anspruch nehmen, um unerfahrene Familien aufzuspüren, oder selbst Hilfe leisten. Sie glauben, dass die

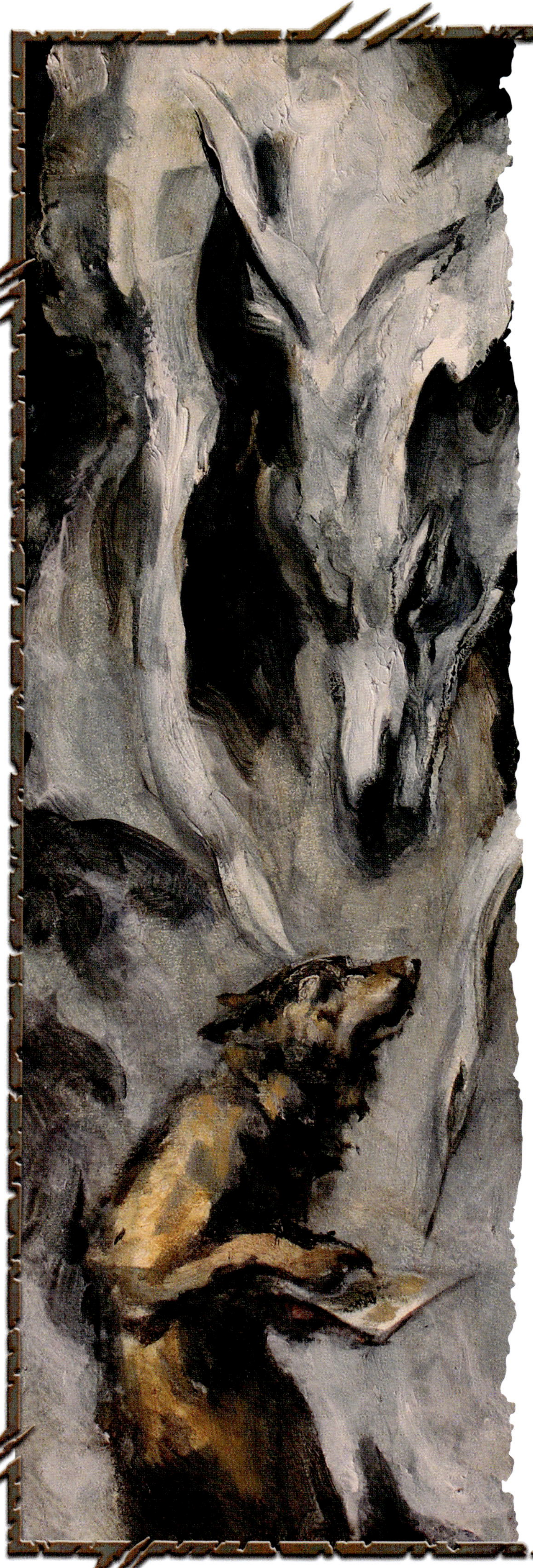

anderen Stämme ihnen Unterstützung schulden, wenn es darum geht, ihre verschollenen Verwandten aufzuspüren. Gleichermaßen halten sie sich selbst für rechenschaftspflichtig, wenn sie einen der Blutsgeschwister der anderen Stämme aufspüren. Die Uktena widmen der Suche nach unerfahrenen Familien der ethnischen Gruppen ihrer jüngeren Mitglieder ebenso große Sorgfalt wie sie es für die ursprünglichen Uktena-Blutsgeschwister tun, die vom Wege abgekommen sind.

• **Wendigo:** Wie die Nachfahren des Fenris und ein paar andere Stämme schwanken auch die Wendigo zwischen der überstürzten Antwort auf den Ruf einer verschollenen unerfahrenen Familie und der Entscheidung, dass eine Familie, die ihre Verbindung zu Gaias Kriegern verloren hat, nicht die nötige Stärke besitzt, um in Ihrem Namen zu kämpfen. Im Großen und Ganzen hoffen die Wendigo allerdings, dass sie ihre geringe Anzahl durch das Auffinden und manchmal auch durch die „Adoption" unerfahrener Blutsgeschwister stärken können.

Die andere Seite

Was passiert mit einer Familie, die Generation für Generation weitergelebt hat in der Überzeugung, dass sie „normale" Leute seien, wenn sie urplötzlich feststellen, dass sie das Blut von Werwölfen (oder anderen Gestaltwandlern) in sich tragen? Wie reagieren unerfahrene Blutsgeschwister auf ihre Verwandlung in wissende Familien?

Da unerfahrene Familien Blutsgeschwister sind, verfallen sie nicht in das Delirium, wenn ein Garou sich in seine Kriegsform verwandelt. Für manche unerfahrenen Familien ist diese sichtbare Bestätigung dafür, dass das Übernatürliche existiert und dass sie ein Teil davon sind, eine willkommene Überraschung. In vielen Fällen beantwortet diese Entdeckung Fragen, die die unerfahrene Familie schon lange verfolgt haben, wie zum Beispiel, warum Träume von Gestaltwandel sie vielleicht nicht erschrecken, oder warum sie eine unerklärliche Abneigung gegen Silber verspüren.

Manchmal benötigen unerfahrene Familien ein wenig Überzeugung, bevor sie akzeptieren können, dass ihr Leben nie wieder dasselbe sein wird. Insbesondere die Kinder Gaias haben Berater, die den Übergang erleichtern sollen, und sie stellen sie auch anderen Stämmen zur Verfügung, sollte sich dies als notwendig erweisen.

Manche unerfahrenen Familien akzeptieren allerdings niemals ihren neuen Status, insbesondere, wenn ein Mitglied der Familie ungewollt Zeuge der Verwandlung eines Garou wurde, weil es zur falschen Zeit am falschen Ort war. Unerfahrene Blutsgeschwister verfallen zwar nicht ins Delirium, aber es kommt nicht zur Akzeptanz der Garou und ihres eigenen Erbes. Eine Familie aus unerfahrenen Blutsgeschwistern weigerte sich nicht nur, zu akzeptieren, was sie war, sondern sie beschloss sogar, dass sie den „Ruf" empfangen hatte, um selbst zu Jägern übernatürlicher Kreaturen zu werden. Ihre Immunität gegen das Delirium macht sie besonders gefährlich für die Garou.

Die Quintessenz

Die Garou wissen, dass sie tagtäglich in einen Kampf gegen die Kräfte verwickelt sind, die Gaia und Ihren Schöpfungen Schaden zufügen möchten. Zu diesem Zweck tun die meisten Garou, was auch immer in ihrer Macht steht, um unerfahrene Blutsgeschwister wieder den ihnen bestimmten Stämmen zuzuführen. Sie sind sich nur allzu deutlich darüber im Klaren, dass die Tänzer der Schwarzen Spirale sämtliche „ungebundenen" Blutsgeschwister an sich reißen, die sie finden, und dass noch nicht einmal Blutsgeschwister mit schwerwiegenden Problemen es verdienen, zu Sklaven der Tänzer zu werden.

Während manche Garou abwarten, bis ein Blutspürer sie plötzlich auf die Geburt eines Garou in einer Familie aufmerksam macht, die lange Zeit verschollen war, folgen die meisten von ihnen entweder jedem glaubwürdigen Bericht, der zum Wiederauffinden einer unerfahrenen

DAS TERRAIN SONDIEREN

Alle Garou-Stämme wissen von der Existenz unerfahrener Blutsgeschwister. Die Gabe Geruch der wahren Gestalt und andere spirituelle Hilfen können zwar Blutsgeschwister als solche identifizieren, aber nicht jedes Garou-Rudel hat ein Mitglied, das über diese Gabe verfügt oder Zugang zu anderen „die Wahrheit sehenden“ Geheimnissen hat. Abgesehen von einer solchen Gabe, einem Fetisch oder Ähnlichem ist der zuverlässigste verfügbare Test, um festzustellen, ob eine Person oder eine Familie zu den Blutsgeschwistern gehört, sie einem Garou in seiner Crinos-Form gegenüberzustellen. Blutsgeschwister, selbst wenn sie unerfahren sind, verfallen nicht ins Delirium. Dies könnte allerdings Probleme mit sich bringen. Eine Familie, die nicht zu den Blutsgeschwistern gehört, wird durchaus dem Wahnsinn anheimfallen, der damit einhergeht, einen Garou in Crinos-Form zu sehen, und könnte einander Schaden zufügen oder flüchten und zur Polizei, den Medien oder dem örtlichen Seelenklempner gehen. Die Garou müssen irgendwie eine Möglichkeit finden, die ihnen hilft, sicherzustellen, dass die Familie keine langfristigen Erinnerungen an diese Erfahrung zurückbehält.

Um die Probleme so gering wie möglich zu halten, werden sich die meisten Garou anderer Möglichkeiten bedienen, um vorherzusagen, ob der letzte Test das gewünschte Ergebnis bringen wird: die Entdeckung einer lange verschollenen Familie von Blutsgeschwistern.

Einige dieser Methoden beinhalten ausgiebige Gespräche mit Familienmitgliedern, um eine Vorstellung von ihren hypothetischen Reaktionen zu erhalten, falls sie einen Werwolf sehen sollten. Man verwickelt sie in das verbale „Was wäre, wenn“-Spiel und stellt ihnen Fragen über ihre Familiengeschichte und ob es darin übernatürliche Geschehnisse gegeben hat. Man testet sie auf eine Allergie gegen Silber oder beschwört Geister, die überprüfen sollen, ob Gnosis vorhanden ist oder ob die Fähigkeit besteht, Scharlatanerie zu wirken. Oder man setzt sie tatsächlich irgendeiner anderen Art von übernatürlicher Kreatur aus, wie zum Beispiel Geistern, um ihre Reaktionen abzuwägen.

Ein Garou kann versuchen, Geister zu dieser Angelegenheit zu befragen, indem er den Ritus der Entdeckung wirkt (siehe unten).

Falls sämtliche Anzeichen vielversprechend sind, beinhaltet es der letzte Schritt, die Familie, sei es einzeln oder gemeinsam, Zeuge werden zu lassen, wenn ein Garou sich in seine Crinos-Form verwandelt.

RITUS DER ENTDECKUNG

Stufe Eins

Dieser Ritus ermöglicht es dem Garou, einen Geist zu befragen, der in der Lage sein könnte, eine unerfahrene Familie als potenzielle Blutsgeschwister zu identifizieren. Ist der Geist der Geist eines Vorfahren, könnte der Garou ihn beispielsweise dazu befragen, ob die unerfahrene Familie irgendwelche Erinnerungen an eine Zeit erkennen lässt, in der ihre Vorfahren als Blutsgeschwister anerkannt waren. (Der Geist muss dazu in der Lage sein, die vermeintlichen Blutsgeschwister, auf die sich die Frage bezieht, beobachten zu können, oder muss Zugang zu Fotografien und/oder einem oder zwei ihrer sehr persönlichen Besitztümer haben.)

Alternativ kann der Garou Geister befragen, die sich in dem Gebiet aufhalten, in dem die Familie lebt, um herauszufinden, ob sie irgendwelche Anzeichen bemerkt haben, die einen Hinweis darauf geben könnten, ob die entsprechende Familie zu den Blutsgeschwistern gehören könnte oder nicht.

System: Der Garou wendet einen Punkt Gnosis auf und beginnt damit, den passenden Geist (der zunächst mit anderen Mitteln angetroffen oder beschworen werden muss) zu befragen. Nachdem er ihm die richtige Chiminage dargeboten hat, um die Gunst des Geistes zu gewinnen, stellt der Garou dem Geist eine Reihe von Fragen, die darauf abzielen, die wahre Natur der fraglichen Familie herauszufinden. Bitte bedenken Sie, dass der Garou für diesen Ritus nicht die Geistersprache verstehen muss – sein Zweck ist es, nahezu jedem Garou die Möglichkeit einzuräumen, Antworten auf die Frage zur möglichen Identität einer bestimmten unerfahrenen Familie zu finden. Der Geist wird durch sichtbare Hilfsmittel entweder mit „Ja“ oder mit „Nein“ antworten. Seine Antwort ist nicht endgültig – sie bedeutet lediglich, dass der Ahnengeist die Familie entweder kennt oder nicht oder dass der örtliche Geist glaubt, sie sind merkwürdig genug, um in irgendeiner Form mit den Garou in Verbindung zu stehen, oder eben nicht.

Familie führen könnte, oder sie suchen aktiv nach Hinweisen auf eine derartige Existenz. Die Silberfänge rühmen sich mindestens eines ihrer Blutsgeschwister, der eine private Detektei führt, die sich auf „vermisste Personen“ spezialisiert hat. Andere Garou wenden sich an bestehende Gruppierungen, wie zum Beispiel die Schwarzen Adler (siehe S. 34), damit sie eine Rückführungs-Operation durchführen.

Irgendwann einmal trafen sich einige Philodox, Theurgen und Galliard der Garou, um zu erörtern, warum die Rückführung von unerfahrenen Blutsgeschwistern kein Bestandteil der Litanei sei. Nach einer langen Suche nach Antworten, die auch die Befragung von Geistern und die Durchführung von Ritualen beinhaltete, um Antworten zu enthüllen, kamen sie zu einer Übereinkunft, die, wenn sie auch nicht vollständig befriedigend war, so doch eine Begründung für dieses gravierende Versehen lieferte, die sie akzeptieren konnten. Als die Garou die Litanei empfingen, war die Welt noch ein kleinerer Ort und die meisten Leute kannten ihren Platz im Gefüge aller Dinge, selbst wenn sie nicht glücklich damit waren. Unerfahrene Familien existierten in den Anfängen noch nicht. Als der Krieg zu den Gestaltwandlern kam, trugen die Familien aller Arten von Gestaltwandlern die Wunden davon. Die Wunde, die die unerfahrenen Blutsgeschwister repräsentieren, existiert bis zum heutigen Tag.

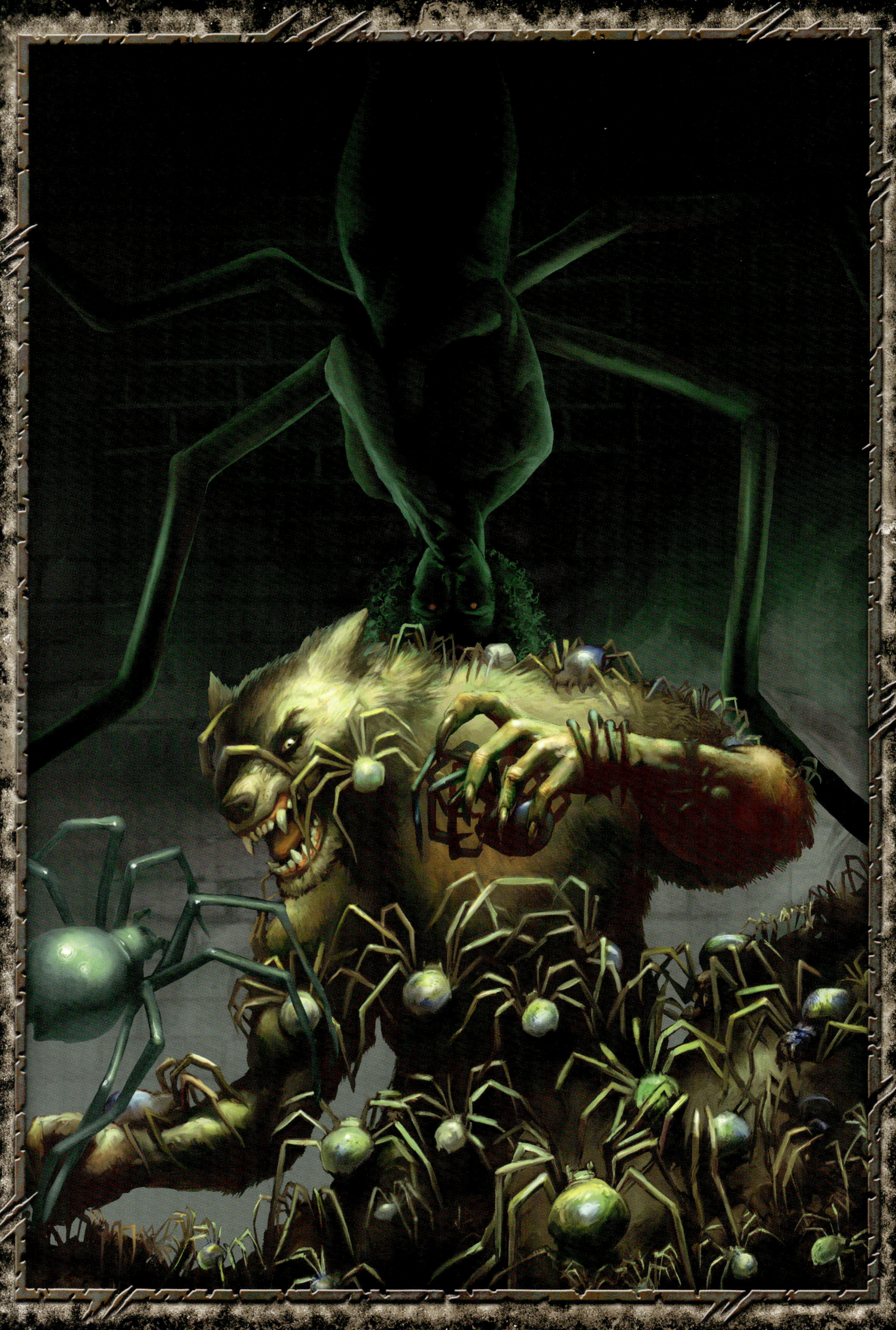

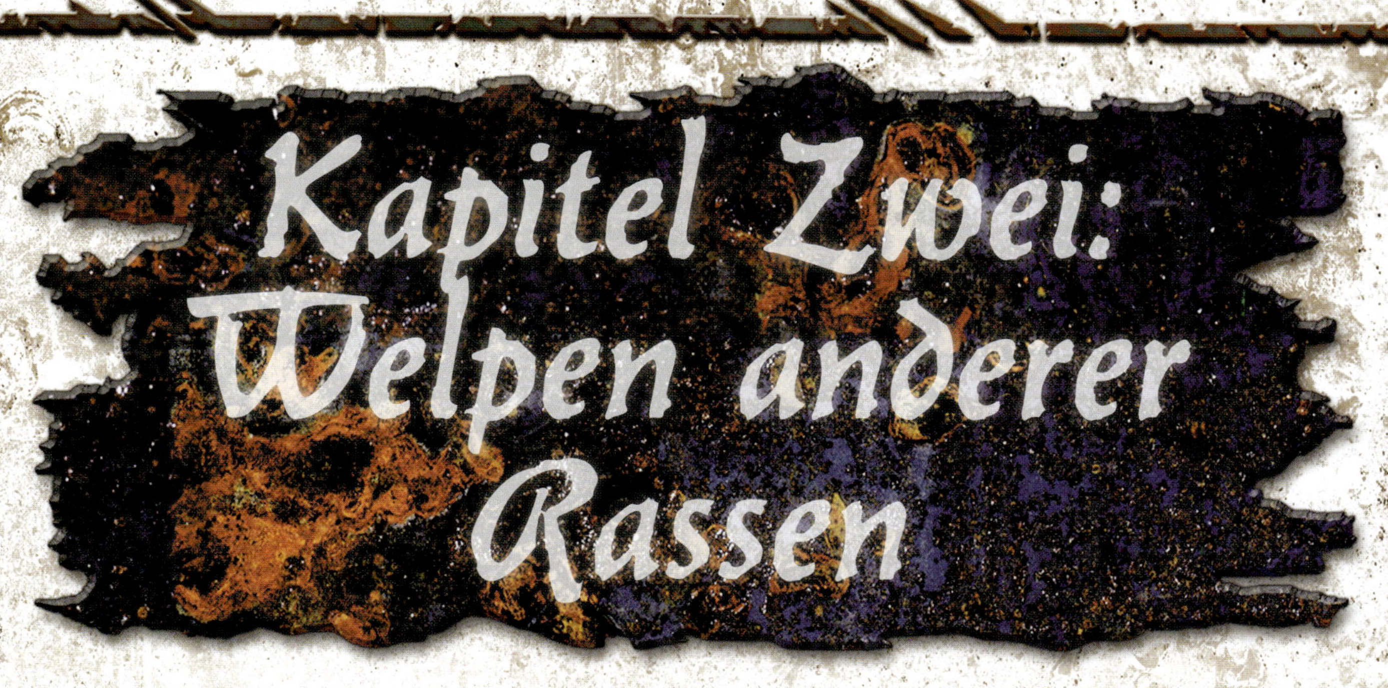

Fera Blutsgeschwister

Ajaba

Historisch betrachtet hatten die Ajaba starke verwandtschaftliche Beziehungen zu ihren Blutsgeschwistern, sowohl bei den Hyänen als auch bei den Menschen. Ganz gleich, ob sie in Rudeln oder in Stammesstrukturen lebten, familiäre Bindungen und die Gruppenidentität waren ein wesentlicher Bestandteil der Kultur der Ajaba. Die große Mehrheit ihrer Blutsgeschwister war wissend und stellte sich gemeinsam mit ihren gestaltwandelnden Verwandten in vollem Umfang den weltlichen und übernatürlichen Herausforderungen, denen sich ihre Familien gegenübersahen. Starke Blutsgeschwister standen in ebenso hohem Ansehen wie die Ajaba selbst, als Jäger und Versorger, Weise und Geschichtenerzähler, Berater, Diplomaten und Heiler. Die Zugehörigkeit zu einem Stamm oder einer Familie war wichtiger als die Frage, ob eine spezielle Person sich verwandeln konnte oder nicht. Ein Ajaba hätte sich den Blutsgeschwistern aus seiner Erblinie definitiv ähnlicher und enger verbunden gefühlt, seien sie nun Hyänen oder Menschen, als irgendeiner Werhyäne aus einem anderen Dorf oder Rudel.

Das alles änderte sich mit der Beinahe-Ausrottung der Ajaba und ihrer Blutsgeschwister durch Schwarzzahn und den Endlosen Sturm. Nachdem nahezu jeder körperlich gesunde Ajaba getötet worden war und die wenigen Überlebenden aus ihren Territorien vertrieben worden waren, gingen jahrhundertealte Traditionen und Bräuche in einer einzigen Nacht verloren. Die Ajaba, die überlebten, sind seither gezwungen, Partner zu wählen und Kinder (oder Welpen) zu zeugen, wo auch immer sie können, in dem verzweifelten Versuch, zu verhindern, dass sie vollständig ausgerottet werden.

Diese neue Generation von Partner ist zum größten Teil unerfahren. Sie wurden von verzweifelten Überlebenden ausgewählt, die jede Gelegenheit ergriffen, um ihr genetisches Erbe weiterzugeben. Deshalb haben viele Mitglieder dieses neuen Zuchtbestandes absolut keine Ahnung davon, dass die übernatürliche Welt existiert. Die Chancen, dass sich ein Ajaba wahrhaft fortpflanzt und durch die Vereinigung mit einem der Nicht-Blutsgeschwister einen Gestaltwandler hervorbringt, sind gering. Da sie sich dessen bewusst sind, bemühen sie sich einfach bestmöglich darum, sich so oft wie möglich fortzupflanzen, in der Hoffnung, die erste aus einer Generation von Blutsgeschwistern hervorzubringen, die den Ajaba-Gefährten in der Zukunft als fruchtbarere Partner dienen könnten.

Verzweifelte Zeiten haben zu verzweifelten Maßnahmen geführt. Einst pflegten Ajaba mündliche Überlieferungen ihrer Erblinie mit großer Sorgfalt, sortierten die Schwachen aus und bildeten sich viel auf die Stärke ihrer Familienzweige ein. Heute wird jeder Tropfen Ajaba-Blut, ob es nun in einem Gestaltwandler oder in Blutsgeschwistern fließt, als ein kostbares Gut betrachtet und ihre Jungen, Kranken, Lahmen oder geistig Instabilen werden geschützt und genährt in der Hoffnung, dass sie der beinahe vernichteten Art etwas beisteuern können, was auch immer es sei. Einige Ajaba haben sich an weniger traditionelle und unbedachte Maßnahmen gewagt, um ihre Zahl aufzustocken, und sie haben Gefährten aus den Blutsgeschwistern der anderen Gestaltwandlerrassen gewählt, in der Hoffnung, dass ihre Nachkommen mit einer höheren Wahrscheinlichkeit wahre Bruten werden könnten als durch die Zucht mit Nicht-Blutsgeschwistern. Wie man sich unschwer denken kann, hat ihnen dies nicht gerade die übermäßige Gunst der anderen Gestaltwandlerrassen eingebracht.

Was die Blutsgeschwister betrifft, die nach dem Massaker des Schwarzzahns zurückgelassen wurden, so war ihr Leben ebenso hart wie das ihrer gestaltwandelnden Verwandten. Viele flohen aus ihrem angestammten Heimatland und hofften, sich irgendwann wieder mit ihren verstreuten Familien vereinen zu können. Andere hatten Erfolg damit, sich ihre eigenen Familien zu suchen oder andere vertriebene Ajaba und Blutsgeschwister ausfindig zu machen, die mehr als glücklich darüber waren, frühere Rivalitäten beiseitezulegen und sich der verzweifelten Hoffnung hinzugeben, dadurch irgendetwas von ihrer zerstörten Kultur retten zu können.

Andere klammerten sich verzweifelt an die Dörfer und Jagdgründe ihrer Stämme und Rudel und hielten an der unwirklichen Hoffnung fest, dass ihre Verwandten nicht unter jenen gewesen sein mochten, die in jener unglückseligen Nacht von den Bastet niedergemetzelt worden waren. Unglücklicherweise waren Schwarzzahn und seine Anhänger gnadenlos in ihrer Hingabe an ihre Aufgabe und ließen auf die eigentliche Schlacht sorgfältige Säuberungsarbeiten folgen, die nahezu jeden Dorfbewohner aus den Reihen der Blutsgeschwister auslöschte, die übrig geblieben waren.

Ananasi

Keine Gestaltwandlerrasse ist so vollkommen emotionslos wie die Ananasi, und so mag es wenig überraschen, dass die Beziehungen der Werspinnen zu ihren Blutsgeschwistern auf anderen Einflüssen basieren. Das bedeutet allerdings nicht, dass diese Beziehungen schwächer oder gar weniger vorteilhaft für ihre Blutsgeschwister sind als es bei ihren gestaltwandlerischen Vettern der Fall ist. Die Gestaltwandler von Großmutter Spinne können zwar möglicherweise keine romantische Liebe empfinden und auch keine familiäre Zuneigung für ihre Blutsgeschwister, aber genauso wenig sind sie anfällig für den egoistischen Stolz oder die von Zorn getriebene Wut, unter der die Beziehungen vieler Gestaltwandler zu ihren Blutsgeschwistern leiden. Innerhalb der kalten und logischen Pflicht der Ananasi gibt es wenig Raum oder Grund für Grausamkeit oder Missbrauch und das ist in vielerlei Hinsicht mehr als andere Gestaltwandlerrassen von sich behaupten können.

Keine anderen tierischen Blutsgeschwister sind so fruchtbar oder omnipräsent wie die der Ananasi. Es gibt mehr als fünfzigtausend Spinnenarten und die Arachniden sind den Menschen zahlenmäßig um einen Faktor von mehreren Tausend überlegen. Sie sind auf jedem Kontinent mit Ausnahme von der Antarktis zu Hause und teilen sich mit der Menschheit überall dort das Territorium, wo sie vertreten ist. Ihre Fähigkeit, sich in ihrer Tierform unbemerkt und ungehindert durch menschliches Territorium zu bewegen, ohne auch nur Verdacht zu erregen, ist einzigartig. Selbst ein Rabe oder eine Hauskatze, die in einem Geschäftsgebäude angetroffen werden, werden wahrscheinlich mehr Aufsehen erregen als eine einzelne Spinne (mal abgesehen von Arachnophobikern natürlich).

Eine Blutsgeschwister-Spinne verfügt zwar nicht über einen echten Intellekt, sie hat aber auch keine echte Willenskraft. Werden sie einmal in eine Richtung gesandt, werden sie ihre Aufgabe erledigen, oder bei dem Versuch sterben ohne einen Großteil des Selbsterhaltungstriebes, der bei höher entwickelten Tieren so schwer zu überwinden ist. Die Kombination aus diesen beiden Faktoren macht Spinnen-Blutsgeschwister für die Ananasi unschätzbar wertvoll. Allein ihre Anzahl und ihre Überlebensfähigkeit stellen sicher, dass, selbst wenn die menschlichen Ananasi ausgelöscht werden sollten, die Art auch weiterhin den Absichten von Großmutter Spinne dienen würde. Darüber hinaus fungiert keine andere Tierart auch nur annähernd so unsichtbar als Spion, Eindringling und Dieb wie es die Arachniden für ihre Ananasi-Verwandten tun.

Was ihre menschlichen Blutsgeschwister betrifft, so ziehen die Ananasi auch aus ihnen effizienten Nutzen. Obwohl die Gefühle der Gestaltwandlerrassen vor ihrer ersten Verwandlung zurückgelassen werden, was bedeutet, dass es nur wenig Liebe zwischen den Ananasi und ihren Partnern oder Kindern aus den Reihen der Blutsgeschwister gibt, so erkennen sie doch den inhärenten Wert an, den ihre menschlichen Blutsgeschwister für sie haben. Die Arbeit von Großmutter Spinne ist viel zu wichtig, um zuzulassen, dass ihre Rasse aussterben könnte, und deshalb müssen zukünftige Generationen sichergestellt werden.

Außerdem bevorzugen viele Ananasi zwar von Natur aus ein abgeschiedenes Leben, aber sie brauchen trotzdem andere Menschen, und sei es nur aus dem einzigen Grund, um die Illusion zu erzeugen, dass sie selbst ebenfalls noch Menschen sind. Und doch stellt ihr arachnoides Wesen sie vor einige Herausforderungen, wenn es darum geht, weltliche Gefolgsleute nahe genug bei sich zu behalten, um eine angemessene Fassade aufrechtzuerhalten. Wenn die Ananasi jemandem Zutritt zu ihrem sprichwörtlichen Wohnzimmer gewähren müssen, ist die Wahrscheinlichkeit groß, dass wissende Blutsgeschwister ihren blutigen Geschmack deutlich weniger hinterfragen als selbst der am besten bezahlte Angestellte.

Bastet

Aufgrund ihres unabhängigen Wesens sind die Beziehungen der Bastet zu ihren Blutsgeschwistern tendenziell ebenfalls eher individueller Natur als durch ihre Rasse oder ihren Stamm definiert. Das soll nicht heißen, dass sie kein wesentlicher Bestandteil der Existenz der Bastet darstellen würden – ganz im Gegenteil. Da sie nicht über eine septenartige Struktur verfügen, stellen Blutsgeschwister einen Großteil der tiefen sozialen Verbindungen und der Unterstützung für die Bastet dar, und die Bande zwischen einem einzelnen Bastet und seinen Familienzweigen mag durchaus die wichtigste Verbindung sein, über die er verfügt.

Bagheera

Unter den Bastet sind die Bagheera diejenigen, die im täglichen Leben die engste Verbindung zu ihren Blutsgeschwistern und zueinander pflegen. Sie kommunizieren regelmäßig mit ihrer eigenen Art und mit ihren Blutsgeschwistern und sie waren einst weltweite Entdecker, die die Welt als Einzelpersonen oder in kleinen Familiengruppen bereisten, um die Wahrheit zu finden, wo auch immer sie sich zeigen mochte.

In den jüngeren Generationen sind die Heimatgebiete der Bagheera und sowohl ihre menschlichen als auch ihre katzenartigen Blutsgeschwister der Ausbeutung durch industrielle Übergriffe zum Opfer gefallen, die die Werleoparden dazu getrieben haben, sich in ihr Heimatland zurückzuziehen und sich dort darauf zu konzentrieren, es zu heilen und wieder zurückzufordern. Diese Bereitschaft, ihre persönlichen Beweggründe für das höhere Wohl ihres Volkes zu opfern, ist charakteristisch für die Verbindung zwischen den Bagheera und ihren Blutsgeschwistern. Die Bagheera schätzen und respektieren ihre Blutsgeschwister, ob Menschen oder Katzen, beschützen sie, wo immer sie können und behandeln sie als Teil einer gesamtheitlichen Gemeinschaft. Für sie sind sie nicht abgetrennt und weniger wert als ihre gestaltwandelnden Verwandten.

Bagheera schätzen Weisheit und Gerechtigkeit sehr hoch. Die wichtigsten Blutsgeschwister sind für sie diejenigen, die Rat geben können – ganz gleich, ob es sich um spirituelle oder praktische Weisheit handelt – um sicherzustellen, dass die Bagheera rechtmäßig handeln und weise Entscheidungen treffen. Im Namen der gerechten Sache sind sie allerdings auch zu enormer Gewalttätigkeit in der Lage. Blutsgeschwister, ob sie nun auf zwei oder auf vier Beinen umherlaufen mögen, die erbittert kämpfen, wenn es erforderlich ist, werden ebenfalls sehr hochgeschätzt.

Balam

Die Dschungelgebiete und Tiefen Zentralamerikas sind eine raue Umgebung, um darin zu überleben. Gefahr lauert an jeder Ecke, sowohl in natürlicher als auch in künstlicher Gestalt. Jahrhundertelang haben die üppigen Ressourcen der Heimatgebiete der Balam diejenigen angelockt, die sich für ihren eigenen Vorteil bis aufs Hemd ausziehen würden und dabei jeden – oder alles – zerstören würden, das sich ihnen in den Weg stellt.

Die Balam haben diesen Verstoß nicht gerade gut aufgenommen. Gemeinsam mit ihren Blutsgeschwistern kämpfen sie erbittert darum, die voranschreitende Invasionslinie zu verlangsamen, die sich immer weiter über ihr unberührtes Land ausbreitet. Im Hinblick auf die Schlacht ist Wildheit der entscheidende Faktor, nicht die Fähigkeit zum Gestaltwandeln, und Balam sind stolz darauf, an der Seite ihrer Blutsgeschwister-Familienmitglieder zu kämpfen.

Den Balam reicht es allerdings nicht aus, einfach nur zu überleben. Sie fühlen sich getrieben, das zurückzuerlangen, das ihnen durch die Plünderungen der Vergangenheit verloren gegangen ist. Auf der Suche nach Geheimnissen sind viele Augen – und viele Wege, die sie gegangen sind – besser als wenige. Aus diesem Grund pflegen die Balam aktiv die Verbindungen zu ihren menschlichen Blutsgeschwistern und bilden sie darin aus, die Arten von Hinweisen zu erkennen, die zur Entdeckung verschollenen oder gestohlenen Wissens führen könnten.

Trotz ihrer Wildheit lieben die Balam ebenso begierig wie sie hassen. Wenn ein Balam ein Blutsgeschwister als Partner nimmt, werden es und ihre Nachfahren beschützt und wie ein Schatz gehütet als Zentrum des Lebens der Werjaguare. Ein Balam wird nicht zögern, einen anderen seiner Art zu bekämpfen und zu töten, wenn er den Versuch eines Übergriffes auf sein Territorium unternimmt und nichts außer dem Tod kann einen Werjaguar befriedigen, dessen Partner oder Kinder verletzt oder gestohlen wurden.

Bubasti

Nicht einmal die Silberfänge können es mit dem akribischen und zwanghaften Fokus aufnehmen, den die Bubasti auf die Aufrechterhaltung ihrer Erblinie legen. Die khepur-Ältesten ihres Stammes pflegen vollständige Aufzeichnungen über sämtliche Blutsgeschwister, die den Bubasti geboren werden (seien sie Katzen oder Menschen), bis in die Zeiten der großen Dynastien zurück. Mit großer Sorgfalt arrangieren sie passende Vereinigungen, mit denen sie sicherstellen wollen, dass der begrenzte Zuchtpool so rein wie möglich bleibt, damit weder Stärke noch Lebensfähigkeit geopfert werden müssen.

Da die Kyphur-Katzen aus der ursprünglichen Erblinie der Bubasti nicht mehr länger als Zuchtbestand zur Verfügung stehen (siehe Kyphur-Katzen und Kainskinder, S. 54), haben sich die Ältesten einigermaßen erfolgreich darum bemüht, ähnliche Spezies einzuführen, um einen katzenartigen Ersatz als Blutsgeschwister für ihren Stamm zu schaffen. Diese Servale, Goldkatzen und Karakale werden sorgfältig gepflegt und nach ausgewählten Kriterien gezüchtet in dem Versuch, die Pracht der früheren Kyphur wiederherzustellen. Als Blutsgeschwister werden sie gegenüber den ursprünglichen Kyphur als minderwertig angesehen, aber dennoch der Möglichkeit vorgezogen, dass der Katzenzweig der Bubasti vollständig aussterben könnte.

Die reinsten unter den menschlichen Blutsgeschwistern werden wie Adel behandelt, verhätschelt und beschützt. Entfernter verwandte Blutsgeschwister arbeiten hart dafür, ihre Verwandten (seien sie Gestaltwandler oder nicht) mit all den Notwendigkeiten und Luxusgütern zu versorgen, die von Beinahe-Göttern erwartet werden, so wie es schon seit Jahrhunderten gewesen ist. Die Entwicklungen der heutigen Zeit beginnen, diese Hingabe leicht zu untergraben, aber die Khepur nutzen jedes ihnen zur Verfügung stehende Mittel – ob weltlich oder übernatürlich – um den Status Quo aufrechtzuerhalten, der ihrem Stamm Generationen über Generationen hinweg gute Dienste geleistet hat.

Ceilican

Die schelmischen Feen-Katzen sind ein Rätsel, sogar für sie selbst. Zwar mögen alle Bastet mit Schwierigkeiten zu kämpfen haben, wenn es darum geht, ihre Blutsgeschwister im Auge zu behalten, weil sie dazu neigen, lieber allein als in Rudeln zu leben, aber die Veränderung der Person, die Ceilican jedes Jahr wieder durchlaufen, macht diese Herausforderung zu einer nahezu unlösbaren Aufgabe.

Gerüchten zufolge gibt es katzenartige Blutsgeschwister der Ceilican, die unter den schottischen Wildkatzen zu finden sind, wobei die Anzahl der Katzen so gering ist, dass sie als Zuchtbestand nahezu untragbar sind. Manche Ceilican behaupten, dass ihre katzenartigen Blutsgeschwister tatsächlich alle schon seit langer Zeit ausgestorben sind und dass alle Ceilican und ihre noch vorhandenen Blutsgeschwister von Menschen geboren sind, aber wie sehr kann man dem Wort einer Kreatur vertrauen, die ihre Identität jedes Jahr verändert?

In der heutigen Zeit sind die meisten Ceilican-Blutsgeschwister unerfahren. Die Wahrheit darüber, was sie in Wirklichkeit sind, übersteigt die Grenzen des Vorstellbaren selbst für diejenigen, die durch ihr Blut an die Feenkatzen gebunden sind. Die wenigen Ceilican-Blutsgeschwister, die wissend sind, hüten sich, tatsächlich zu erwarten, dass ihre launenhaften Geliebten einen festen Platz in ihrem Leben einnehmen könnten. Bestenfalls taucht der leidenschaftliche Wirbelwind, in den sie sich in ihrer Jugend verlieben, im Laufe eines Lebens immer mal wieder in unterschiedlichen Persönlichkeiten auf. Aber das Herz weiß mehr als das Auge sehen kann und die Person, von der sie das Gefühl haben, sie schon seit einer Ewigkeit zu kennen, obwohl sie sie gerade erst kennengelernt haben, könnte durchaus ihr Ceilican-Partner aus einer vergangenen Zeit sein.

Ein Großteil der Kontaktaufnahme und der Paarfindung findet beim Samhain statt, bei ihrer jährlichen Feierlichkeit in den Mooren, wo ein geflüstertes Wort oder ein geschickt gestreutes Gerücht über ein Ceilican-Blutsgeschwister, das Gesellschaft braucht, durchaus auf ein wohlwollendes Ohr treffen kann.

Khan

Starke Blutsgeschwister sind unter den Khan etwas, worauf man stolz ist, und starke Beziehungen zu ihren Blutsgeschwistern sind ebenso wichtig. Von Khan-Blutsgeschwistern, ganz gleich, ob Katzen oder Menschen, wird erwartet, dass sie körperlich widerstandsfähig und ästhetisch ansprechend sind, starke Persönlichkeiten haben und ihren Platz kennen, sowohl im Verhältnis zu ihren gestaltwandelnden Verwandten als auch innerhalb der Hackordnung anderer Blutsgeschwister.

Katzenartige Khan-Blutsgeschwister haben ihre eigenen Territorien und interagieren mit Khan und miteinander überwiegend nur zur Fortpflanzung. Manchmal allerdings, falls eine Jagdbeute zu groß ist, als dass der Jäger sie allein verbrauchen könnte, wird es in der Nähe lebenden Verwandten gestattet, sich daran zu beteiligen, solange sie dem Individuum, das sie mit Nahrung versorgt hat, den gebührenden Respekt erweisen. Für die Khan gibt es Anlass zum Stolz, wenn ihr Blutsgeschwister derjenige ist, der seine Fähigkeiten unter Beweis gestellt hat, indem er in der Lage war, eine solches Festessen zur Verfügung zu stellen.

Vergleichbare Traditionen zeigen sich auch in den Beziehungen, die die Khan zu ihren menschlichen Blutsgeschwistern pflegen. Obwohl die Aufmerksamkeit der Khan wahrscheinlich die meiste Zeit anderen Dingen gilt, sind sie leidenschaftlich, intensiv und aufrichtig, wenn sie auf bestimmte Blutsgeschwister konzentriert sind.

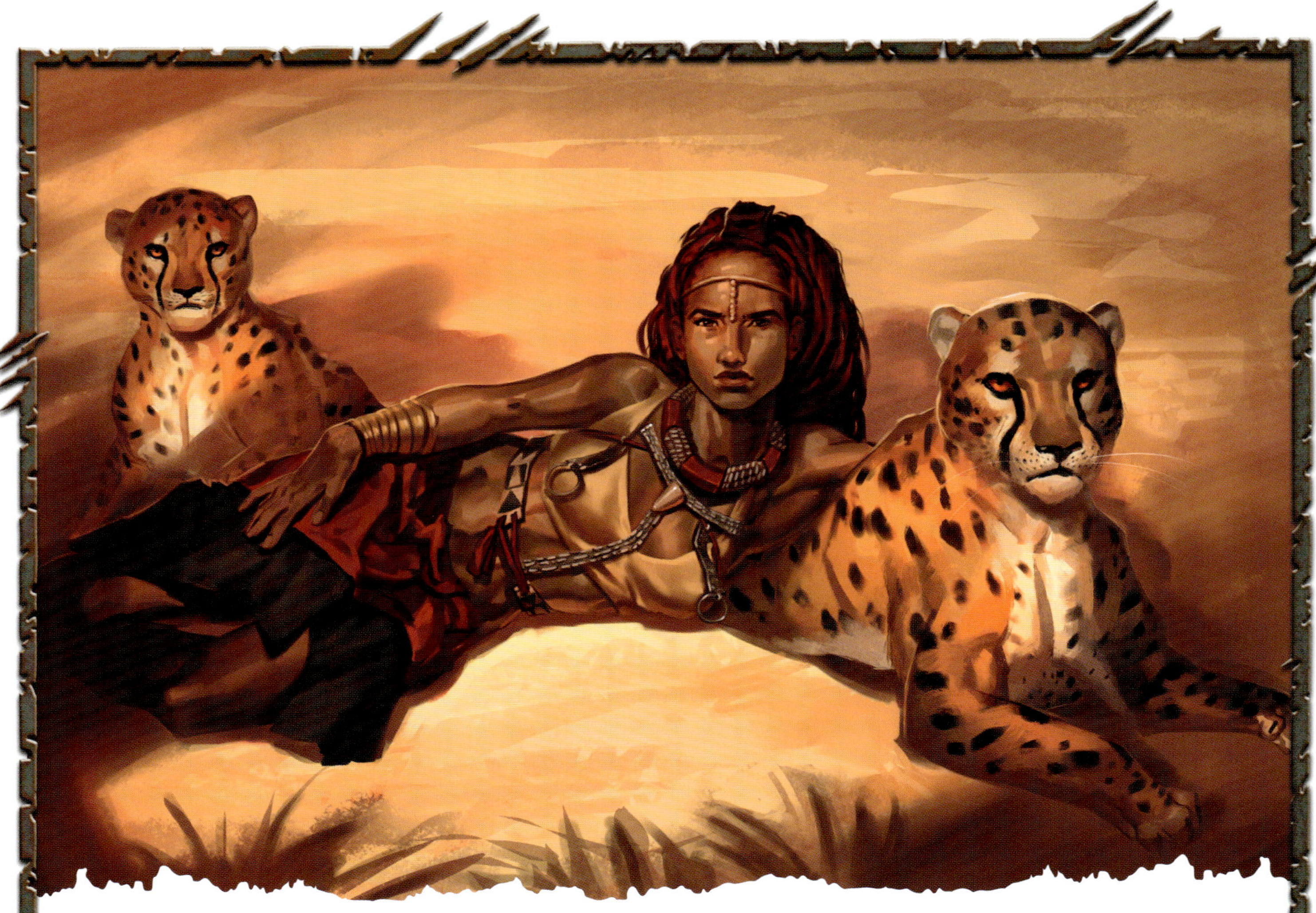

Khan sind stolz darauf, wenn sie die Früchte ihres Erfolges mit ihren Verwandten teilen können und es erfüllt sie sogar mit noch mehr Stolz, wenn ihre Blutsgeschwister so erfolgreich werden, dass sie in der Lage sind, diese Großzügigkeit aus eigener Kraft zurückzugeben.

Pumonca

Die einzelgängerischsten unter den Bastet sind die Pumonca. Sie pflegen kaum Kontakt oder gar Beziehungen zu anderen Werpumas, ganz zu schweigen von größeren Interaktionen mit ihren Blutsgeschwistern im Allgemeinen. Aus diesem Grund wählen sie mit großer Wahrscheinlichkeit ihre Partner aus Nicht-Blutsgeschwistern aus, ganz einfach, weil es statistisch gesehen unwahrscheinlich ist, dass sie andere Pumonca oder deren Familienzweige kennen, um sich daraus einen Partner zu erwählen.

Das soll allerdings nicht heißen, dass es keine Pumonca-Blutsgeschwister gibt. Ein einzelner Menschling-Pumonca kann durchaus einen Partner haben, dem er zugetan ist. Jemanden, der mit ihrem einfachen und abgeschiedenen Lebensstil Schritt halten kann, und er kann sogar Kinder mit diesem Partner haben. Aber selbst, wenn es sich dabei um eine Partnerschaft fürs Leben handelt, ist es unwahrscheinlich, dass ihre Nachkommen aufwachsen und dabei anderen Pumonca begegnen. Da sie die freie Natur lieben und das Bedürfnis haben, ihre Streifzüge allein zu machen, wie es ihnen ihre Pumonca-Eltern vorgelebt haben, ist es deutlich wahrscheinlicher, dass ein Pumonca-Blutsgeschwister eines Tages dabei einen Pumonca-Partner findet, als mithilfe des sozialen Netzwerks und der Hilfe bei der Partnersuche, die bei anderen Rassen üblich ist.

Unter den katzenartigen Pumonca ist die Wahrscheinlichkeit, dass sie Blutsgeschwister innerhalb der einheimischen Puma-Population finden, allerdings ziemlich hoch. Ein begrenzter Zuchtbestand, ihre nomadische Natur und die Erkenntnis, dass eine kontinuierliche Fortpflanzung erforderlich ist, in Kombination mit einem Mangel an langfristig angelegten Familieneinheiten führt dazu, dass viele der heute noch lebenden Pumas irgendwo in den ihnen vorangegangenen Generationen einen Pumonca-Vorfahren vorweisen können. Die Herausforderung liegt für diese Werkatzen lediglich darin, Partner zu finden, aufgrund ihrer großen Territorien, der schwindenden Population und der einsiedlerischen Natur der Katzen selbst. Nachdem der Florida-Panther für ausgestorben erklärt worden war, waren diejenigen, deren traditionelle Partner aus der Population des im Osten lebenden Panthers stammten, dazu gezwungen, andere Territorien zu suchen (oder sich einer potentiell erfolglosen Suche nach den wenigen Blutsgeschwistern zu verschreiben, die noch immer ohne das Wissen der Menschen existieren.)

Qualmi

Qualmi sind ein Kuriosum, sogar innerhalb der Bastet. Wie ihre Pumonca-Vettern sind sie von Natur aus einsiedlerische Nomaden, dabei allerdings deutlich sozialer. Aber obwohl sie große Freude daran haben, mit anderen zu interagieren (zumindest in kleinem Umfang), machen es ihre Wanderungen und ihre Gebräuche äußerst schwierig, mit ihren Blutsgeschwistern Beziehungen im klassischen Sinne aufzubauen. Katzenartige Qualmi verbringen einen Großteil ihrer Zeit damit, einfach die Wildnis zu durchstreifen und nach potenziellen Partnern Ausschau zu halten, insbesondere in der traditionellen Paarungszeit im Spätwinter. Nach der Empfängnis kehren sie allerdings zu ihrem einsiedlerischem Leben zurück, wobei Weibchen bis zu einem Jahr bei ihren Jungen bleiben, um sie zu schützen und so weit aufzuziehen, dass sie in der Wildnis überleben können.

Menschling-Qualmi neigen zu, Ex-und-Hopp-Beziehungen mit ihren Blutsgeschwistern einzugehen. Ihr Umherziehen führt dazu, dass ein Großteil ihrer Nachkommen von Verwandten großgezogen wird oder mit häufig abwesenden Eltern zurechtkommen muss, aber die Werluchse haben auch einen abenteuerlich-romantischen

Charme, der sie immer wieder mit diesem Verhalten durchkommen lässt und dafür sorgt, dass sie immer noch für einen „tollen Kerl" oder ein „klasse Mädchen" gehalten werden. Wenn sie dann zurückkehren, um nach ihren Blutsgeschwistern zu sehen, werden sie für gewöhnlich mit offenen Armen empfangen und können an ihre „lass uns da weitermachen, wo wir aufgehört haben" Beziehung anknüpfen. Dabei ist es ganz egal, ob es ein paar Monate oder sogar viele Jahre her ist, dass sie ihre Verwandten zum letzten Mal gesehen haben.

Simba

Simba sind unter den Bastet absolut einzigartig, weil sie gemeinsam mit anderen ihres Stammes in echten sozialen Gruppierungen leben. Im Gegensatz zu vielen „Rudeln" der Gestaltwandler beinhalten diese „Rudel" allerdings von Natur aus Blutsgeschwister, da sie sowohl kooperierende Arbeits- und Jagd-Gemeinschaften darstellen als *auch* Zucht- und Familienbestände.

Die Struktur dieser Rudel kann unglaublich komplex sein, aber für gewöhnlich besteht sie aus einem bis drei Simba, ihren jeweiligen Partnern und sehr jungen Nachkommen. Für Menschlinge könnte so ein kleines Dorf aufgebaut sein oder eine erweiterte Familieneinheit, während diese Gruppierung für katzenhafte Rudel von außen betrachtet lediglich ein erfolgreiches und effizientes Löwenrudel darstellen mag.

Für die Simba sind sowohl Tradition als auch Stolz auf die eigene Kultur sehr wichtig. Aus diesem Grund werden innerhalb des Rudels in den meisten Fällen traditionelle Geschlechterrollen aufrechterhalten, selbst wenn dies bedeutet, dass der Simba scheinbar eine Rolle einnimmt, die gegenüber denen ihrer Blutsgeschwister „geringer" erscheinen mag. Es ist möglich, dass eine weibliche katzenartige Simba ihr Rudel anführt, weil sie ihren überragenden Intellekt und ihr Empfindungsvermögen einsetzt, um ihr Überleben zu sichern, aber es ist trotzdem wahrscheinlich, dass sie an der Seite ihrer weiblichen Blutsgeschwister-Gefährten auf die Jagd geht, um die Männchen zu versorgen (auch die Blutsgeschwister). Gleichermaßen gilt, dass, falls eine Stammesstruktur in einem menschlichen Dorf traditionellerweise weibliche Anführer oder Beraterinnen hat, ein männlicher menschlicher Simba wahrscheinlich innerhalb dieser Struktur agieren wird, auch wenn dies bedeutet, den Stamm auf eine Weise zu unterstützen, die für Außenstehende dieser Kultur möglicherweise unterwürfig wirken mag.

Aber wehe denen, die diese Achtung alter Traditionen vielleicht fälschlicherweise für Schwäche halten. Kein Simba oder Blutsgeschwister nimmt eine Beleidigung auf die leichte Schulter. Wer einen Simba schlecht behandelt, weil er die traditionelle Rollenverteilung im Zusammenspiel mit seinen Blutsgeschwistern achtet, wird schnell merken, dass es keine Tradition gibt, die Außenstehende vor dem Zorn eines Werlöwen schützt.

Swara

Die Pumonca und Qualmi sind zwar zu einem nicht geringen Teil einsiedlerisch aufgrund ihres nomadischen Wesens, aber wenn sie zu Blutsgeschwistern eine Bindung aufbauen, pflegen sie tiefe und intime Beziehungen. Die Swara fassen nur langsam Vertrauen und sind von Natur aus äußerst zurückhaltend, sogar bis zu einem Grad, der an Fremdenfeindlichkeit gegenüber Außenstehenden grenzt. Diese Charakterzüge schlagen sich unmittelbar in ihren Beziehungen zu ihren Blutsgeschwistern nieder, sowohl zu den menschlichen als auch zu den katzenartigen, die sehr tiefgehend sein können aber immer auch eine starke Tradition im Hinblick auf persönlichen Freiraum beinhalten, der sowohl wörtlich als auch metaphorisch zu verstehen ist.

Weibliche katzenartige Swara, seien sie Blutsgeschwister oder Gestaltwandler, neigen dazu, lieber allein zu leben in Revieren, die sich manchmal mit denen anderer weiblicher Geparde überschneiden. Außerhalb der Paarungszeit und ein paar Monaten nach der Geburt, in denen sie ihre Nachkommenschaft erziehen und beschützen, ziehen sie ein Leben in Abgeschiedenheit vor. Männliche katzenartige Swara wiederum bilden öfter kleine Rudel, zu denen auch gleichgestellte Blutsgeschwister gehören können. Ganz gleich, ob sie allein leben oder in Gemeinschaften mit anderen, ihr Revier überschneidet sich häufig mit denen einiger Weibchen, was es ihnen ermöglicht, mit einer Vielzahl von passenden Partner Beziehungen einzugehen und sich fortzupflanzen.

Auf Außenstehende mag die Aufteilung in separate Reviere und das getrennte Leben zwar distanziert und kalt wirken, aber die Swara und ihre Blutsgeschwister bleiben Jahr für Jahr in demselben Revier und kehren häufig zu denselben Partnern zurück, um einen neuen Wurf zu zeugen. Die Beziehungen, die sie aufbauen, sind dauerhaft und lebensnotwendig für die Swara und die Distanz und die Einsamkeit, die damit einhergehen, stellen sicher, dass das Bedürfnis der Einzelnen nach Zurückgezogenheit zu einem anerkannten Bestandteil in der Gestaltung ihrer Beziehungen werden.

Menschling-Swara stellen häufig fest, dass ihrem Wesen ähnliche Grenzen innerhalb ihrer Beziehungen gesetzt sind. Ein Swara kann mehrere verbindliche Partner haben und dabei doch seinen eigenen Wohnsitz behalten oder in einer erweiterten Familie leben, in der jedes Mitglied seinen eigenen Schlaf- und Wohnbereich hat. Ganz gleich, welche Einzelheiten einem Familienverband zugrunde liegen, es ist sehr wahrscheinlich, dass sie mit den inneren Strukturen ihres Familienlebens äußerst diskret umgehen, insbesondere, wenn Außenstehende ins Spiel kommen.

Corax

Für viele der Gestaltwandler-Rassen sind Blutsgeschwister nicht nur sich nicht verwandelnde Verwandte. Sie sind potenzielle Gestaltwandler, die auf irgendwelche willkürlichen Umstände warten, durch die sich ihr wahres Wesen enthüllen könnte, und gleichzeitig sind sie die Verbindung, über die sich das übernatürliche Erbe eines Gestaltwandlers mit der größten Wahrscheinlichkeit zeigen könnte. Diese beiden Aspekte bestimmen darüber, wie die Gestaltwandler-Rassen ihre Blutsgeschwister sehen und wie sie mit ihnen umgehen, und in manchen Fällen definieren sie sogar das eigentliche Wesen einer Beziehung zwischen den Blutsgeschwistern und den Gestaltwandlern.

Alle Garou-Blutsgeschwister tragen in sich das Potenzial, um ihre Erste Verwandlung zu durchleben. Die meisten, die diese Erfahrung machen, tun dies zwar während ihrer Pubertät (oder was auch immer dem in ihrer Spezies entsprechen mag), aber auch für ältere Blutsgeschwister besteht noch die Chance, dass sie zu irgendeinem Zeitpunkt ihres Lebens zu einem vollwertigen Garou werden, und dasselbe gilt auch für Bastet, Gurahl und dergleichen. Diese Bruten bemühen sich sehr darum, den genauen Überblick über jedes Mitglied ihrer Abstammungslinie zu erhalten, indem sie Blutspürer und weltliche Überwachungsmöglichkeiten einsetzen, um sicherzustellen, dass diese potenziellen Gestaltwandler nicht verloren gehen. Außerdem besteht eine große Wahrscheinlichkeit, dass sie ihre Blutsgeschwister darin unterweisen, welcher Art die Verwandlung ist, die sie möglicherweise einmal durchlaufen könnten, und so eine Kultur aus wissenden Blutsgeschwister erschaffen, die sich ihrer übernatürlichen Verbindungen bewusst sind.

Wenn Gestaltwandler sich zufällig aus einer kleinen Prozentzahl eines begrenzten Bestandes von Blutsgeschwistern entwickeln, kann die Anzahl der echten Gestaltwandler außerdem nur durch eine produktive und selektive Fortpflanzung unter Berücksichtigung bestimmter Faktoren erhöht werden. Dies ist die Grundlage für den kulturellen Wert, der jenen Blutsgeschwistern zugeschrieben wird, die sich als eher dazu geeignet erweisen, gestaltwandelnde Nachkommen zu „werfen", schränkt aber gleichzeitig auch den vermeintlichen Wert von Blutsgeschwistern im Allgemeinen auf Zuchtbestand ein. Wenn die Zeugung von gestaltwandelnden Nachkommen sowohl wünschenswert *als auch* zufällig ist, besteht die beste Möglichkeit, um die Chancen zu erhöhen, in der Belohnung von reichhaltiger und erfolgreicher Zeugung von Nachkommen, und von da aus ist es nur noch ein kleiner Schritt bis zur Annahme, dass Fortpflanzung als Kernkomponente – wenn nicht sogar als der einzig relevante Faktor – im persönlichen Wert einer Person angesehen werden kann.

Das gilt allerdings nicht für die Corax. Ohne die Durchführung des Ritus des Fetisch-Eis entwickelt sich kein Corax-Blutsgeschwister in einen vollwertigen Werraben, was dazu führt, dass Blutsgeschwister nicht von Natur aus als schlummernde Corax angesehen werden und dass die Kluft zwischen Blutsgeschwistern und Corax ohne dieses zufällige Potenzial größer ist.

Darüber hinaus können die Chancen, dass ein Gestaltwandler in eine bestimmte genetische Erblinie hineingeboren wird, nicht durch Fortpflanzungsfähigkeit, Fruchtbarkeit oder die spirituelle Zeugungskraft ihrer Vorfahren erhöht werden. Dadurch wird aus dem kulturellen Paradigma der Aspekt getilgt, dass Blutsgeschwister gezielt für den Zuchtbestand ausgewählt werden aufgrund der Chancen, dass sie einen Gestaltwandler „werfen" könnten.

Aufgrund dieser beiden Faktoren hat der Wert von Blutsgeschwistern nichts damit zu tun, wie wahrscheinlich es ist, dass sie Corax-Nachfahren hervorbringen oder selbst spontan zu einem Corax werden, sondern hängt voll und ganz von ihren persönlichen Eigenschaften, Fähigkeiten, ihrem Engagement und ihrem Potenzial ab. Es ist wenig wahrscheinlich, dass Corax sich aufgrund der Tatsache überlegen fühlen, wie viele Werraben zur Erblinie ihrer Familie gehören. Viel wahrscheinlicher ist es, dass sie stolz auf die individuellen Werte derer sind, mit denen sie verwandt sind. Die Bereitschaft der Blutsgeschwister selbst, die Corax zu unterstützen, geht ebenfalls auf andere Beweggründe zurück. Wenn der einzige Weg, um seine Flügel zu „verdienen", der ist, sich als weise und würdig zu erweisen, ist es wahrscheinlicher, dass Blutsgeschwister sich mit Hingabe ihrer Pflicht widmen, als wenn ihre „Beförderung" lediglich ein rein zufälliges Mysterium ist.

In vielerlei Hinsicht sorgt der Ritus des Fetisch-Eis dafür, dass der Druck verschwindet, den die meisten Bruten ihren Blutsgeschwister-Partnern und deren Nachkommen auferlegen. Kein Ehepartner oder Kind eines Corax wird der übernatürliche Nachkomme dieses Werraben sein, was bedeutet, dass die Corax als Kultur gegenüber ihren Blutsgeschwistern nicht die Einstellung entwickelt haben, dass sie lediglich eine Erweiterung ihrer eigenen spirituellen Zeugungskraft sind. Da die Macht, Blutsgeschwister in einen Corax zu verwandeln, von Natur aus ihren eigenen Verwandten nicht zugänglich ist, mag ein Corax zwar stolz darauf sein, dass seine Verwandten für den Ritus ausgewählt werden, aber sie neigen nicht dazu, die Würdigkeit ihrer Blutsgeschwister auf dieselbe Art und Weise zu „besitzen", die viele andere Rassen entwickeln. Dies hat es den Werraben ermöglicht, ein anderes Paradigma im Hinblick auf ihre Blutsgeschwister zu entwickeln als andere Gestaltwandler-Rassen, und viele Corax glauben, dass ihre Beziehungen zu Blutsgeschwistern deshalb von Natur aus aufrichtiger sind. Da sich das Problem mit der Nachkommenschaft für sie nicht stellt, sind sie in der Lage, echte Beziehungen zu ihren Partnern und Kindern aufzubauen, die auf Gefühlen und Zuneigung basieren und nicht auf Pflichtgefühl und Verantwortlichkeiten aufgebaut sind.

Wann sind Blutsgeschwister keine Blutsgeschwister

Es ist zwar unüblich, aber durchaus möglich, den Ritus des Fetisch-Eis auf jemanden anzuwenden, der nicht zu den Blutsgeschwistern der Corax gehört. Technisch ist lediglich eine freiwillige Zielperson erforderlich, ein kompetenter Gönner (ein Corvid-Corax für Menschen oder ein Menschling für Raben) mit dem Ritus und die Fähigkeit, das Ziel mit ins Umbra zu nehmen.

Manche glauben, dass dies die höchste Ehre ist, die ein Corax jemandem zuteilwerden lassen kann, der nicht genetisch mit den Werraben verwandt ist. Andere glauben, dass es Blasphemie sei, so etwas zu tun, ein Akt unverzeihlicher Beleidigung gegenüber Helios.

Allgemein gilt allerdings die Meinung, dass es ein absolutes Tabu ist, einen solchen Akt an jemandem zu vollziehen, der kein vollwertiger Rabe oder Mensch ist. Die warnenden Geschichten darüber, was geschehen könnte, falls solch ein Ritual bei den Blutsgeschwistern anderer Rassen oder anderen übernatürlichen Kreaturen erprobt werden sollte, reichen aus, um selbst die neugierigsten Corax davon abzubringen.

Rassismus

Um ein Corax sein zu können, muss ein Corax aus der der Blutsgeschwister entgegengesetzten Brut sie der Ehre für würdig erklären, ein Fetisch-Ei zu tragen. Menschling-Corax, die hoffen, dass ihren Nachkommen die Ehre des Ritus zuteilwird, werden mit großer Wahrscheinlichkeit eine gute Beziehung zu ihren rabengeborenen Brüdern pflegen, und umgekehrt.

Im Laufe der Jahrhunderte hat dies eine Kultur geschaffen, in der es weniger Rassismus gibt als ihn die meisten Gestaltwandler-Rassen entwickelt haben. Es gibt nur wenig Raum für eine auf Menschen oder Raben zentrierte Sichtweise, wenn solche Merkmale die Tendenz haben, aus der im Wandel begriffenen Bevölkerung grundsätzlich herausgezüchtet zu werden.

Gurahl

Nachdem der Krieg des Zorns geendet hatte, bestand die Gurahl-Gesellschaft auf der Erde jahrhundertelang ausschließlich aus ihren Blutsgeschwistern und einem einzigen Vertreter der Werbären. In dieser Zeit dünnte ein Großteil des Blutes der Blutsgeschwister aus und damit einhergehend verwandelten sich von einer Generation zur nächsten die Geschichten von der Rolle der Blutsgeschwister als geschätzte Helfer, geliebte Gefährten und weise Berater für die Gurahl langsam von lehrreichen Lektionen zu Legenden und Mythen. Als die Gurahl zurückkehrten, um ihre noch verbliebenen Verwandten vor dem Sturmfresser zu beschützen, war dies ein Weckruf für Gestaltwandler und Blutsgeschwister gleichermaßen. Wie Liebende, die lange voneinander getrennt gewesen waren, mussten Blutsgeschwister und Gurahl einander wieder neu kennenlernen und ihre Beziehung neugestalten, damit sie wieder zu dem passte, was aus beiden Seiten geworden war während der langen Zeit der Trennung.

Zum Glück für sie, und für die Welt im Allgemeinen, war das Band zwischen den Gurahl und ihren Blutsgeschwistern stärker und tiefer als die Kluft, die sie für eine so lange Zeit getrennt hatte.

Bären-Blutsgeschwistern fiel die Wiedereingliederung am leichtesten. Anders als bei den menschlichen Blutsgeschwistern waren ihre tierischen Instinkte niemals durch den Glauben verunreinigt worden, dass Gurahl nichts als Mythen und Legenden seien. Ihr tierischer Verstand hatte sich keine Begründung für das Verschwinden der Gurahl zurechtgelegt und deshalb war ihre Rückkehr für sie lediglich eine Rückkehr zum natürlichen Lauf der Dinge.

Die Gurahl allerdings waren bestürzt darüber, mit welcher Grausamkeit ihre tierischen Verwandten während ihrer Abwesenheit behandelt worden waren und sie mussten die Ausrottung ihrer Verwandten in Kalifornien, Mexiko, Afrika und auch einiger Spezies in Alaska betrauern. Von denen, die noch übrig waren, gab es so wenige und die Gurahl waren wütend auf die Welt, die die Zahl ihrer Blutsgeschwister so dramatisch ausgedünnt hatte. Viele von ihnen verspürten Scham, weil die Zeit ihres Winterschlafs ihre tierischen Verwandten den Raubzügen der Menschen so schutzlos überlassen hatte, und sie verschrieben sich ihrer Erhaltung und ihrem Schutz, auch wenn sie selbst von Menschen geboren worden waren.

Die Wiedervereinigung mit ihren menschlichen Verwandten stellte sich für die Gurahl als schwierigere Angelegenheit heraus. Anders als bei ihren Bären-Vettern hatten einige Jahrhunderte unter dem Einfluss Europas auf Nordamerika die ursprünglichen Blutsgeschwister der Gurahl in alle vier Winde verstreut. Manche waren in den ursprünglichen Heimatländern ihrer Stämme geblieben, auch wenn ihre Lebensweise für die zurückgekehrten Bärengestaltwandler nicht mehr wiederzuerkennen war. Andere hatten sich vollständig in die europäische Gesellschaft integriert, ihren traditionellen Gebräuchen entsagt und der Wahrheit über ihre Rolle als Blutsgeschwister den Rücken gekehrt. Die Gurahl taten alles, was in ihrer Macht stand, diejenigen wieder auf den alten Weg zu führen, die sich als fähig und willens erwiesen, zu begreifen, dass die Erzählungen, die zu Kindergeschichten geworden waren oder nur noch in volkstümlichen Büchern zu finden waren, nicht nur fantasievolle Unterhaltung waren, sondern ein feierliches Zeugnis der Pflicht gegenüber einer Macht, die so viel größer war als die Blutsgeschwister oder gar die Gurahl selbst.

Und dort, wo die Gurahl keine Blutsgeschwister mehr finden konnten – wo von der Regierung angeordnete Umsiedlungen, aus Europa eingeschleppte Krankheiten, Krieg, Hungersnöte oder das Eingreifen des Wyrms das Volk der Gurahl ausgelöscht hatten –, begannen die Bären von vorne. Sie wählten all jene aus, ungeachtet ihrer Herkunft, deren Herz und Geist im Gleichklang mit den traditionellen Wegen der Gurahl und ihrer verlorenen Blutsgeschwister arbeiteten. Sie lehrten die traditionellen Geschichten und beobachteten genau, wessen Augen vor Interesse zu funkeln begannen, wer von ihnen sich danach sehnte, den Wandel der Jahreszeiten zu sehen, wer aus der neuen Generation das Potenzial in sich tragen mochte, die nächste Generation von Blutsgeschwistern hervorzubringen. Sie verbrachten Zeit in ihren alten Heimatländern, sprachen vom Bewahren und von Genesung, davon, die jahrhundertealten Methoden zu respektieren, um mit dem Land zu arbeiten und nicht dagegen. Und sie beobachteten, wer ihnen wirklich zuhörte, wer aktiv wurde, wer mehr wollte.

Mit der Zeit erwählten sie sich neue Partner aus diesem Kreis – den Träumern, den Beschützern, den Machern. Sie wussten sie zu schätzen, denn sie wussten nur zu gut, wie es gewesen war, so lange Zeit ohne ihre Blutsgeschwister auskommen zu müssen. Sie hatten gemeinsame Kinder und zogen die neue Generation in Achtsamkeit gegenüber den alten Sitten auf, in dem Wissen über neue Wege und sie stellten sie vor die Herausforderung, beides miteinander zu verbinden, um den Schaden wiedergutzumachen, den die Abwesenheit der Gurahl verursacht hatte.

Kitsune

Keine Liebe ist so bittersüß wie die eines Kitsune für seine Blutsgeschwister – außer vielleicht der von Blutsgeschwistern für ihren Kitsune. Kitsune sind durch und durch erfüllt von dem schmerzlichen (und komplizierten) romantischen Ritualismus der asiatischen Kultur, aus der sie sich entwickelt haben. Ihr Werben ist ein anmutiger Tanz aus Charme und Esprit, halb verborgen zwischen gesenkten Augenlidern und flatternden Fächern. Allerdings birgt all seine Schönheit auch einen Schmerz mit sich, der diesen Paarungen von Natur aus innewohnt. Die Kitsune und ihre Blutsgeschwister sind dazu verflucht, zu leiden, wenn sie gemeinsam ein Kind erschaffen. Die Schmerzen, die mit der Geburt eines Kitsune-Blutsgeschwisters einhergehen, sind so gewaltig, dass sie beide Elternteile gleichermaßen treffen und auch der Vater windet sich in ebenso qualvollen Krämpfen und zerreißenden Zuckungen wie die Mutter.

Sollte die Frucht ihrer Vereinigung ein echter Kitsune sein (und kein Blutsgeschwister), ist das Erlebnis sogar noch schmerzhafter. Wenn ein Kitsune geboren wird, *muss* jemand sterben. Häufig sind es die Blutsgeschwister, die den Preis zahlen, weil ihr Körper und ihr Geist weniger widerstandsfähig sind als der ihres Werfuchs-Partners. Falls Kitsune und Blutsgeschwister überleben, was nur selten vorkommt, trifft der Fluch ein anderes Familienmitglied oder einen Freund (die oft selbst Blutsgeschwister sind) – der Preis muss bezahlt werden.

Bei manchen Bruten würde das Wissen, dass ihre Partner mit großer Wahrscheinlichkeit bei der Geburt ihres Kindes sterben könnten, dafür sorgen, dass sie sich von ihren Blutsgeschwistern distanzieren. Bei manchen würde es dazu führen, dass der Gestaltwandler sich davor hütet, Zuneigung zu seinem Partner zu entwickeln, weil er weiß, dass ein hohes Risiko besteht, ihn auf diese Weise zu verlieren.

Für ihre gestaltwandelnden Fuchsverwandten werden die Blutsgeschwister durch diesen Schmerz und den potenziellen Verlust allerdings noch kostbarer. Die Idee des „Wabi-Sabi" – Schönheit, die von Imperfektion und Vergänglichkeit bestimmt ist – ist der Schlüssel zu vielen menschlichen Kulturen, die mit den Kitsune in Zusammenhang stehen, und wird auch von den Kitsune selbst anerkannt. Als kunstvolle Zerstörer der Silbernen Dame wissen sie, dass nichts für die Ewigkeit bestimmt ist – oder bestimmt sein sollte. Alles Kostbare wird eines Tages vergehen und die kurze Dauer seiner Schönheit verstärkt seinen Wert nur anstatt ihn zu schmälern.

Natürlich sind nicht alle Blutsgeschwister Geliebte und Partner der Kitsune. Wie in allen Bruten sind Blutsgeschwister auch hier Lehrer und Berater, Leibwächter und Handwerker, Spione und Diener der Gestaltwandlerrasse. Jede dieser Rollen birgt ihren eigenen Respekt und Wert, ihren eigenen Platz in der sorgfältig arrangierten Struktur, die der Kitsune-Kultur innewohnt. Die Kitsune sind sich immer ihres feierlichen Gelübdes gegenüber Gaia bewusst (und des Lohns, der ihnen am Ende dieses Zeitalters versprochen ist, sollten sie es getreu erfüllen). Deshalb ist ihr Handeln von äußerster Hingabe geprägt und sie erwarten nichts weniger von ihren Blutsgeschwistern. Wenn sie ihre Aufgaben ordnungsgemäß erfüllen und ohne Probleme auf ihre Ziele hinarbeiten, tun die Kitsune alles, was in ihrer Macht steht, um ihren Blutsgeschwistern zu helfen und sie bei all ihren Bemühungen zu unterstützen. Sollte eines der Blutsgeschwister allerdings nachlässig mit seinen Pflichten umgehen, sich als nicht vertrauenswürdig erweisen oder, was noch schlimmer ist, den Kitsune anlügen, so lernt es schnell, warum die Silberne Dame ihre gerissenen, schlauen, gnadenlosen kleinen Werfüchse sogar damit betraut hat, ganze Königreiche zu Fall zu bringen.

Mokolé

Im Gegensatz zu anderen Gestaltwandlerrassen können sich die Mokolé an eine Zeit erinnern, bevor sie menschliche Blutsgeschwister hatten. In den Tagen des Echsenkönigs, auf dem Höhepunkt der Herrschaft der Mokolé, waren Menschen kaum mehr als eine Vorform der Affen. Viele Mokolé glauben, dass es die Aufmerksamkeiten des Echsenkönigs waren (andere würden Begriffe wie Versklavung und Vergewaltigung bemühen), die diesen frühen Ur-Menschen den Anstoß gaben, den sie benötigten, um letztendlich selbst ein echtes Empfindungsvermögen zu entwickeln.

Ganz gleich, ob diese Erinnerungen (denen die neuzeitliche wissenschaftliche Forschung entgegenspricht), korrekt sind oder nicht, für die Mokolé sind sie immer noch die Wahrheit. Die Werechsen sehen in der Menschheit (auch in ihren eigenen Blutsgeschwistern) immer noch wenig mehr als Kinder, die ein Spiel spielen, in dem sie über eine Domäne herrschen, die sie gar nicht wirklich begreifen können. Die Mokolé *erinnern* sich daran, was es bedeutet, wirklich zu herrschen, wenn die Erde unter jedem seiner Schritte erzittert und man die Menschen dazu bringt, sich beim Klang des eigenen Gebrülls vor Angst zu besudeln. Sie erinnern sich daran und sie grollen.

Es waren die Blutsgeschwister, die überlebten, sowohl Echsen als auch Ur-Menschen. Sie entwickelten sich über Millionen von Jahre weiter, nachdem das Wunderwerk jeden einzelnen der Echsenkönige vernichtet hatte. Und diese schwer greifbare übernatürliche genetische Kette war es, über die den Blutsgeschwistern der erste der neuen Mokolé geboren wurde, nachdem über Jahrtausende hinweg kein echter Mokolé mehr über die Erde gewandelt war. Aber alte Vorurteile lassen sich nur schwer überwinden, insbesondere für diejenigen, die sich viel weiter zurückerinnern können als ihr eigenes Leben andauert.

Menschliche Blutsgeschwister sind von ihren Mokolé-Verwandten niemals als Gleichberechtigte angesehen worden. Sie sind notwendig und eher zu tolerieren als andere Teile der Menschheit, weil es häufig möglich ist, sie zu lehren, wo ihr rechtmäßiger Platz im großen Plan aller Dinge ist. Außerdem erlauben es die von ihnen geleisteten Dienste und ihre Unterstützung den Mokolé, das zu tun, was sie am besten können — sich erinnern und warten. Partner und Nachkommen sind ebenfalls Notwendigkeiten. Jede nachfolgende Generation eröffnet die Möglichkeit, dass sich mehr Mnesis offenbart, mehr Träume in Erinnerung gerufen werden und weitere Bruchstücke und Teile der Vergangenheit wiedergefunden werden können.

Die Werechsen empfinden mehr Respekt gegenüber ihren tierischen Blutsgeschwistern. Vielleicht sind sie ihnen einfach vertrauter. Die Reptilien haben sich nur wenig verändert seit den Zeiten, in denen die Echsenkönige herrschten und ihr Aussehen ist eine tröstliche Erinnerung an das Zeitalter der Könige. Die Menschheit wiederum ist vom Proto-Menschenaffen zum Homo Sapiens übergegangen, von nützlichen, unterwürfigen (wenn auch hässlichen und schwachen) Lakaien zu hochnäsigen, gerissenen Individuen, die sich selbst für die Herren der Welt um sie herum halten. Es mag kaum verwundern, dass die meisten Mokolé, selbst diejenigen, die von menschlichen Eltern abstammen, sich mit ihren tierischen Blutsgeschwistern wohler fühlen.

Nagah

Blutsgeschwister sind zwar für jede Gestaltwandlerrasse wichtig, aber die Nagah bedienen sich ihrer Verwandten auf einzigartige Weise. Für viele Gestaltwandler-Schlangen sind ihre Blutsgeschwister die einzigen Individuen, die wissen, dass es sie tatsächlich gibt. Nachdem sie während des Kriegs des Zorns ihre eigene Ausrottung fingiert hatten, brachen die Nagah sämtliche Verbindungen zum Rest der Gestaltwandlerrassen und ihrer früheren Geisterverbündeten ab. (Eine Ausnahme bilden diejenigen, die sich den Tierhöfen im Osten angeschlossen haben, weitere Details hierzu finden Sie unter Nagah auf S. 52). Sie haben auch sämtliche Verbindungen zu all ihren weltlichen Verbündeten und Partnern gekappt und Generationen allein und nur mit ihrer eigenen Art im Umbra verbracht.

Als sie wieder hervorkamen, gingen sie bei ihrer Wiedereingliederung in die diesseitige Welt mit äußerster Vorsicht zu Werke. Blutsgeschwister wurden mithilfe von arkanen Ritualen und geheimen Nachforschungen ausfindig gemacht. Dies legte den Grundstein zu etwas, das einmal zu einem der in mühevollster Kleinarbeit zusammengetragenen und am besten gepflegten Archive über Erblinien von Blutsgeschwistern werden sollte, die es gibt. Diese Nachforschungen dienten einem doppelten Zweck. Zum einen erlaubten sie es den Nagah, über jeden der Ihren Buch zu führen, der sich seiner Ersten Verwandlung zu nähern schien, um so zu verhindern, dass das Geheimnis ihrer Existenz durch irgendeine unglücklich vollzogene Verwandlung vor Zeugen auffliegen könnte. Doch ebenso wichtig war es, dass sie auf diese Weise ihre Blutsgeschwister sorgfältig durchleuchten konnten, bevor sie auch nur die allervorsichtigste Verbindung mit ihnen eingingen. Denjenigen, die sie schon nach gelegentlicher Beobachtung für ungeeignet halten, um in das große Geheimnis eingeweiht zu werden, begegnen sie nur aus der Entfernung heraus, beobachten und beschützen sie, wobei ihnen wahrscheinlich nicht bewusstwird, woher dieser Schutz kommt. Es kann vorkommen, dass Vorkehrungen getroffen werden, damit sie in die Dienste der Nagah treten oder zu kurzen Affären mit Nagah verführt werden (oder zumindest mit einer der verfügbaren öffentlichen Identitäten der Nagah), um den Fortbestand zukünftiger Generationen sicherzustellen. Während der ganzen Zeit sind sie sich dabei aber der Dienste nicht bewusst, die sie ihren Werschlangen-Verwandten leisten.

Denjenigen, die es durch die ersten Auswahlverfahren schaffen, nähert man sich in der Absicht, sie für den örtlichen Kult der Blutsgeschwister zu gewinnen. Der Köder wird sorgfältig platziert, in Gestalt von Stellenangeboten, zwanglosen sozialen Kontakten mit interessanten und attraktiven Personen, Unterstützung bei schwierigen Aufgaben, denen sich die unerfahrenen Blutsgeschwister möglicherweise gegenübersehen und dergleichen. Ganz langsam werden unerfahrene Blutsgeschwister in die Gesellschaft hineingesogen, ihnen wird absolute Geheimhaltung auferlegt und man vertraut ihnen kleine Leckerbissen an Informationen über das Wesen der Welt um sie herum und ihren Platz darin an. Wenn sich die Blutsgeschwister schließlich das volle Vertrauen ihrer Verwandten verdient haben, wird ihnen deren Existenz enthüllt, oder zumindest die halb fiktionalisierte Version, die die Nagah ihre Blutsgeschwister gerne glauben machen möchten. Jungen Blutsgeschwistern wird beigebracht, dass ihre gestaltwandelnden Verwandten heilige Wesen sind, deren Auftrag es ist, Übeltäter zur Strecke zu bringen, und dass das Geheimnis, das sie umgibt, ein heiliger Auftrag ist. Nachdem sie vollständig indoktriniert wurden, dienen die Blutsgeschwister den Nagah auf vielfältige Weise. Sie beschützen die jungen Werschlangen, bis sie in der Lage sind, auf sich selbst aufzupassen. Sie erschaffen eine Fassade, die es den Nagah erlaubt, vor der menschlichen (und der übernatürlichen) Gesellschaft verborgen zu bleiben, indem sie alltägliche Aufgaben erfüllen, wie zum Beispiel Chauffeurdienste, Buchhaltung, Einkäufe und dergleichen, deren Erledigung schwierig werden könnte für jemanden, von dem die Welt glaubt, dass er nicht existiert.

Und natürlich sind sie die Ehepartner, Geliebten, Eltern und Kinder der Nagah, die ihnen das geben, was so nah an echte Beziehungen oder Bindungen herankommt, wie es für die Nagah jemals möglich sein wird. Aber selbst zwischen den am engsten verbundenen Gefährten wird keines der Blutsgeschwister den Nagah jemals wirklich kennen, mit dem es zu tun hat. Zu ihrer eigenen Sicherheit und um das Geheiligte Geheimnis um die Existenz der Nagah zu hüten, bietet der Nagah ihnen nur die Informationen an, von denen er glaubt, dass sie sie wirklich verstehen und bewahren können, das Wissen, das sie benötigen, um den Nagah zu dienen und mit ihnen zu interagieren und die Kenntnisse, die den Nagah dabei helfen werden, ihre heiligen und geheimen Pflichten zu erfüllen.

Nuwisha

In mancherlei Hinsicht sind die Nuwisha den Garou so ähnlich, dass man schon gehört hat, dass sie tatsächlich unter den Gestaltwandler-Wölfen selbst als Garou durchgegangen sind. In anderer Hinsicht sind sie Welten davon entfernt und einer der Aspekte, in dem sie sich von ihnen unterscheiden, ist ihre Beziehung zu ihren Blutsgeschwistern.

Garou und ihre Blutsgeschwister verfügen über ein vergleichsweise eng gestricktes Netzwerk. In vielerlei Hinsicht funktioniert es ähnlich wie eine riesige Familienzusammenführung. Es mögen sich vielleicht nicht alle untereinander kennen (und so mancher hat vielleicht noch nicht einmal eine Ahnung, warum er dort ist), aber ganz gleich, auf welche Weise die Familienzweige miteinander verknüpft sind oder wie sehr manche von ihnen sich einfach nur kurz blicken lassen und dann in ihr normales Leben zurückkehren möchten, so sind sie doch alle eine große (manchmal jämmerliche und häufig gestörte) miteinander verbundene Familie.

Wenn man allerdings zu den Blutsgeschwistern der Nuwisha gehört, ist das eher wie die Beziehung zu einer Lieblings-Großtante oder diesem verrückten (aber magischen) Geliebten, den man im College hatte. Sie werden nicht immer da sein, was in Anbetracht ihrer Verschrobenheit und des chaotischen Einflusses, zu dem sie neigen, wenn sie da sind, durchaus eine gute Sache sein könnte. Tatsächlich können Jahre zwischen einzelnen Treffen liegen, in denen man kein Wort von ihnen hört. Aber dann tauchen sie plötzlich auf und es besteht sofort eine Verbindung, die mit keiner anderen Beziehung zu vergleichen ist. Sie sind die 80-jährige Frau, die monatelang verschwindet und bei ihrer Rückkehr Geschichten über ihre Abenteuer auf der Chinesischen Mauer mitbringt. Der Motorrad fahrende Vetter, der mitten in der Woche aus dem Nichts auftaucht und weiß, wo gerade die beste Party abgeht – und zwar zwei Staaten entfernt. Der College-Kumpel, der nach einem halben Semester abgebrochen hat, aber einem mehr beigebracht hat als alle Professoren an der Universität zusammen. Unregelmäßig. Chaotisch. Intensiv. Selbst unerfahrene Blutsgeschwister wissen, dass es einfach bestimmte Leute in ihrem Leben gibt, zu denen sie eine Verbindung haben, die nicht mit banalen Erklärungen zu erfassen ist.

Und es ist auch eine sehr gute Sache, dass die Beziehungen zwischen Nuwisha und Blutsgeschwistern so intensiv sind, denn es fehlt ihnen an der Infrastruktur, die Werwölfe normalerweise ihren nicht gestaltwandelnden Verwandten bieten können. Die Nuwisha-Gesellschaft (falls man davon sprechen kann, dass so etwas existiert) verfügt einfach nicht über dieselbe Art von unterstützender Struktur, die es in der Gesellschaft der Garou gibt. Wercoyoten sind in erster Linie Einzelgänger, während Garou – sei es in Rudeln, Septen oder auf Stammesebene – soziale Wesen sind. Außerdem sind Nuwisha-Blutsgeschwister deutlich seltener als Garou-Blutsgeschwister. Da nur 100 Nuwisha gleichzeitig auf der Erde erlaubt sind (und es gibt so viel Schabernack zu treiben, solange sie dort sind), hatten die Nuwisha einfach weniger Zeit und Gelegenheit, um sich mit Coyoten oder Menschen fortzupflanzen, als ihre Pendants von den Garou. Von daher neigen die Nuwisha-Blutsgeschwister dazu, deutlich weniger miteinander oder mit ihren gestaltwandelnden Verwandten als Gruppe in Verbindung zu stehen.

Rattenkinder

Wie bei den Corax verwandeln sich auch die Rattenkinder-Blutsgeschwister nicht von selbst in einen vollwertigen Gestaltwandler. Bei den Werratten gibt es keine „unabsichtlichen" Ersten Verwandlungen. Alle Blutsgeschwister, die zu Rattenkindern werden, tun dies aufgrund einer spezifischen Handlung. Während die Werraben ihren Ritus der Verwandlung als eine Ehre zuteilwerden lassen, ist es für die Rattenkinder eine reine Notwendigkeit. Sie wissen, wenn sie auch nur die geringste Hoffnung darauf haben möchten, den gegenwärtigen Krieg zu überleben, muss ihre Anzahl weiterhin exponentiell wachsen. Die Erschaffung eines gewaltigen Zuchtbestandes an Blutsgeschwistern (und dann so viele von ihnen wie möglich in Gestaltwandler umzuwandeln) ist der Grundstein ihres Plans, sowohl die Vernichtung des Wyrms als auch der Weberin herbeizuführen, und es der Wyldnis zu ermöglichen, frei über die Realität zu herrschen.

Aus diesem Grund wurden in den letzten Jahrzehnten beinahe sämtliche Blutsgeschwister der Rattenkinder mit der Geburtsseuche infiziert, sobald sie alt genug sind, um ein paar Würfe gezeugt oder geworfen zu haben und sobald sie stark genug sind, um das Potenzial zu haben, die körperlichen und geistigen Verheerungen der Seuche zu überleben. Im Vergleich zu anderen Gestaltwandlerrassen, in denen Blutsgeschwister ihren gestaltwandelnden Verwandten im Hinblick auf die Größenordnung überlegen sind, bedeutet dies, dass die Anzahl der Rattenkinder sich der Zahl ihrer Blutsgeschwister rasch annähert, und diese Größenverhältnis verschiebt sich mit jedem Jahr, das vergeht, sogar noch mehr.

Daraus entsteht eine einzigartige Kultur unter den Werratten, in der man dazu übergegangen ist, die Blutsgeschwister als ein Larvenstadium der Gestaltwandler zu betrachten und nicht als irgendetwas Unabhängiges oder Geringeres als ihre Rattenkinder-Verwandten. Nagetier-Blutsgeschwister können die sexuelle Reife bereits im Alter von fünf Wochen erreichen. Die Schwangerschaften der Weibchen dauern weniger als einen Monat und können mehr als ein Dutzend Welpen oder mehr pro Wurf hervorbringen. Außerdem können sie innerhalb von wenigen Tagen nach der Geburt wieder rollig werden. In den meisten Fällen werden sie dazu angeregt, ein paar Würfe zu gebären, bevor sie gebissen und mit der Geburtsseuche infiziert werden, während Männchen häufig gebissen werden, sobald sich vermuten lässt, dass sie die Härte der Seuche überleben können. Durch diese Vorgehensweise ist die Nagetier-Population in den letzten Jahrzehnten durch die Decke gegangen. Es ist wahrscheinlich, dass es heute mehr von Nagetieren geborene Rattenkinder und Blutsgeschwister auf der Welt gibt als alle Gestaltwandler und ihre Blutsgeschwister zusammen.

Anders als andere Gestaltwandlerrassen messen die Rattenkinder ihren Blutsgeschwistern allerdings nahezu keinen Wert bei. Im Vergleich zu Ratten haben Menschen langsam verlaufende Schwangerschaften, kleine „Würfe“, wachsen im Schneckentempo heran – ein Paar von Nagetieren und ihre Nachkommen könnten mehr als zwanzigtausend Ratten in derselben Zeit zeugen, die ein Mensch benötigt, um die sexuelle Reife zu erlangen. Außerdem sind Menschen in den Augen von Rattenkindern – und das trifft sogar auf ihre eigenen Blutsgeschwister zu – viel zu sehr von der Weberin und ihren Werkzeugen abhängig, um überleben zu können. Von daher sind sie nicht nur schmerzlich ineffizient, sondern auch von Natur aus verdorben und werden bestenfalls als Kanonenfutter und fleischliche Schilde betrachtet im Krieg der Rattenkinder gegen Weberin und Wyrm.

Menschliche Rattenkinder besetzen die niedrigsten Ränge innerhalb ihrer Kultur und werden von der übrigen Rattenkinder-Gesellschaft kaum höher angesiedelt als die anderen Gestaltwandlerrassen oder die Menschheit im Allgemeinen. Häufig vermeiden sie den Kontakt mit größeren Gruppen von Rattenkindern, was zu einem nicht geringen Teil auf den Argwohn zurückzuführen ist, mit dem ihre Rasse von Nagetieren und sogar von Metis-Rattenkindern betrachtet wird. Für gewöhnlich sind sie aber auch für die menschliche Gesellschaft ungeeignet, weil sie unter einer Kombination aus Paranoia, Schizophrenie, Wahnvorstellungen von Verschwörungen und gefährlich gewalttätigen Stimmungsschwankungen leiden. Menschen, die ihre Gegenwart ertragen können, sind meist genauso gestört und die Realitäten, mit denen sie es zu tun haben, sind in ihrer Natur zumindest an der Grenze zu wahnhaft. Aus diesem Grund sind die meisten menschlichen Rattenkinder-Blutsgeschwister unerfahren – selbst wenn man sie über ihr Wesen aufklärt, sind sie häufig nicht in der Lage, die Unterweisungen oder deren Auswirkungen wirklich zu verstehen, zumindest bis sie zwangsweise mit der Geburtsseuche infiziert werden.

Rokea

Außer vielleicht dem Garou-Stamm der Roten Klauen gibt es keine Gestaltwandlerrasse, die die Menschheit mit so unerbittlicher Inbrunst und Leidenschaft hasst wie die Rokea. Die Rattenkinder halten die menschliche Rasse vielleicht für verdorben, aber die Rokea machen aktiv Jagd auf sie und töten nicht nur Menschen, sondern auch ihre eigenen menschlichen Blutsgeschwister und Menschling-Bruten sowie sämtliche Rokea, die verrückt, verdorben und schlecht genug sind, um sich mit einem Menschen zu paaren. Aus diesem Grund gibt es Schätzungen zufolge außerhalb der Same-Bito (S. 53) weniger als 100 lebende menschliche Rokea-Blutsgeschwister und keine bekannten Menschling-Werhaie.

Das bedeutet, dass die überwältigende Mehrheit der Rokea von Haien geboren wurde. Es gibt keine Blutsgeschwister-Haie. Ein Rokea, der sich mit einem Hai paart, bringt einen einzelnen Rokea-Nachkommen hervor. In demselben Wurf können weitere Hai-Junge geboren werden, aber sie tragen nicht das Gen der Blutsgeschwister-Erblinie in sich. Sie sind normale Haie. Haie ziehen ihre Jungtiere nicht auf. Ganz gleich, ob sie in Eiersäcken oder lebend geboren werden, die Hai-Eltern haben nichts mehr mit ihrem Jungtier zu tun, nachdem es den Körper seiner Mutter verlassen hat. Von diesem Zeitpunkt an bis ungefähr zum Alter von zwei oder drei Jahren ist das Leben eines noch nicht verwandelten schuppenartigen Rokea mit großer Wahrscheinlichkeit identisch mit dem seines gewöhnlichen Gegenstücks und er nimmt die Welt um sich herum mit den Sinnen

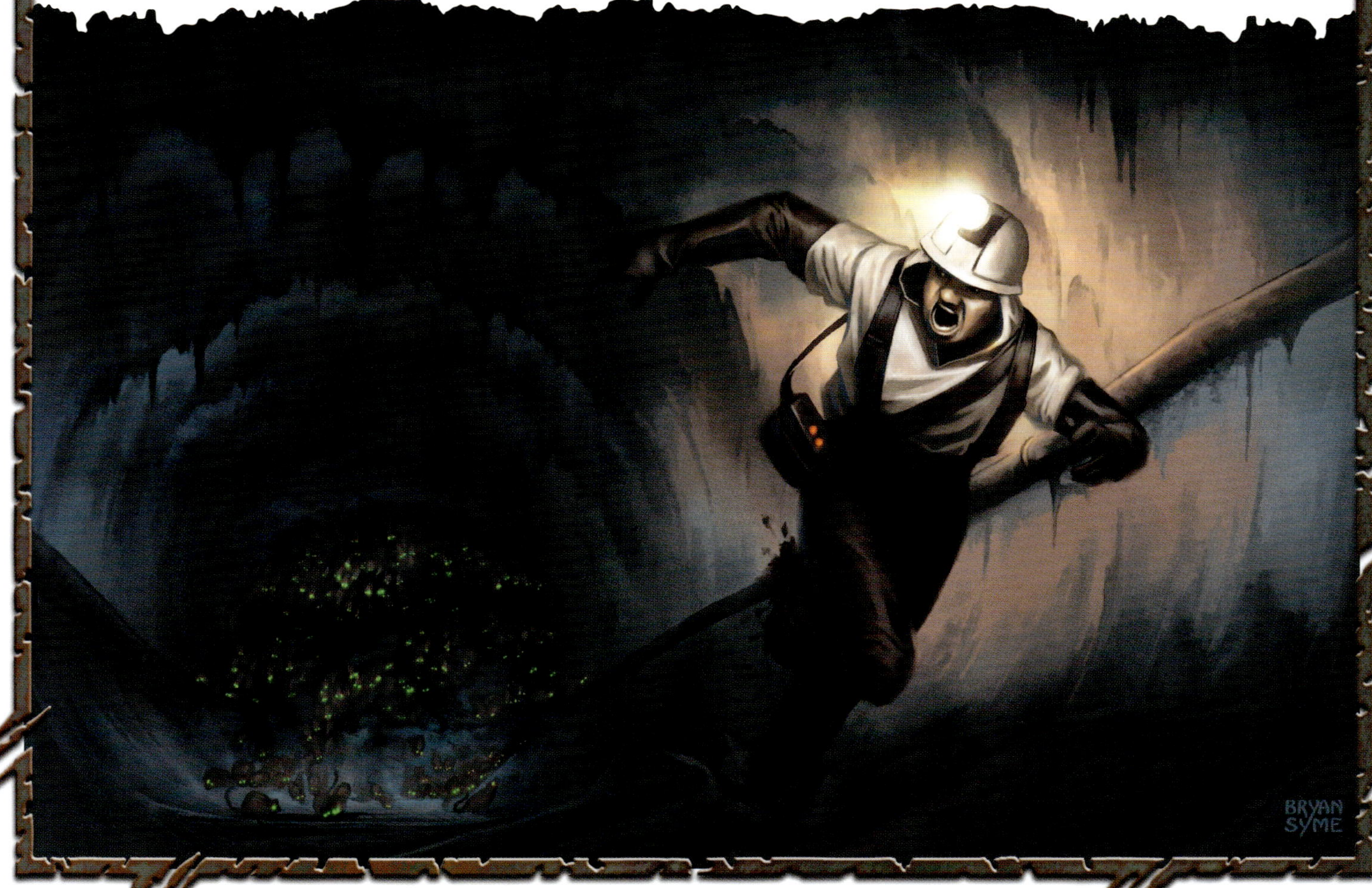

eines Tieres wahr. Wenn sie die Verwandlung durchlaufen – die im Vergleich zur traumatischen Esten Verwandlung eines Garou langsam verläuft – erleben die Rokea auch eine Erweiterung ihrer Wahrnehmung, einen höher entwickelten Verstand und letztlich die Fähigkeit, das Senden zu verstehen und zu verwenden (eine Form von Kommunikation, die auf elektrischem Pulsar beruht), um mit anderen Rokea zu kommunizieren. Bevor sie das Erwachsenenalter erreichen, kann es vorkommen, dass andere Rokea sie beschützen, aber diese Vormundschaft ist eher eine grundsätzliche Pflege der Meere und ihrer Gesundheit als ein tatsächlich existierender Beschützerinstinkt gegenüber irgendeinem bestimmten schuppenartigen Nachkommen, der auf familiärer Zuneigung basieren würde.

Menschliche Blutsgeschwister, die wenigen, die es gibt, sind eine ganz andere Sache. Mit Ausnahme der Rokea-Familien, die an den Smaragd-Höfen leben (siehe Same-Bito, S. 53), sind menschliche Blutsgeschwister der Rokea nicht mehr als zwei oder drei Generationen von ihren direkten Rokea-Vorfahren entfernt. Die Verwandten, die wissend sind, können ihre Erblinie als Blutsgeschwister bis auf eine Person zu einem Zwischengänger-Rokea zurückverfolgen, der zu irgendeinem Zeitpunkt nach 1955 in das Unmeer gegangen ist, als die nukleare Katastrophe in Turna'a sämtliche großen Rokea-Ältesten vernichtete, einen Großteil der Dunkelwasser-Schutzherrschaft und mehr als 75 Prozent der Rokea-Population, die es zu diesem Zeitpunkt gab. Die meisten von ihnen sind *kadugo*, die direkten Nachkommen eines Zwischengängers und eines Menschen, mit dem sie – entgegen allen Erwartungen – eine Beziehung eingingen, die die menschenverachtende Einstellung der Rokea und ihr einsiedlerisches Wesen übersteig. *Kadugo-Macher* ist gleichzeitig die unverschämteste Beleidigung, die ein Rokea einem anderen gegenüber verwenden kann, denn in ihr schwingt nicht nur der Vorwurf der Unreinheit und des Verrats mit, sondern auch die Andeutung, dass jemand so abartig ist, dass es schon an eine Geistesstörung grenzt, was eine ziemlich genaue Vorstellung davon vermittelt, wie die Rokea ihren Menschling-Blutsgeschwistern im Allgemeinen gegenüberstehen.

Die wenigen *kadugo*, die es tatsächlich gibt, stehen häufig unter dem direkten Schutz ihrer Rokea-Eltern, ob sie nun unerfahrene oder wissende Blutsgeschwister sind. Die Erfahrung, etwas für ein anderes Individuum zu empfinden, so wie die Menschen Zuneigung für einen Partner oder ein Kind empfinden, ist den Rokea fremd, und jene Zwischengänger, die jenes empfinden, sind häufig geradezu fanatisch in ihrer Hingabe für ihre Familienmitglieder. Wenn es schließlich etwas gibt, das stark genug ist, um die Einsamkeit und die Aversion zu überwinden, die die eigene Art über Jahrtausende hinweg geprägt haben, ist das wahrlich eine Kraft, der man Beachtung schenken sollte.

Hengeyokai

Beziehungen zwischen den Gestaltwandlerrassen und ihren Blutsgeschwistern werden zu einem nicht unwesentlichen Teil von den jeweiligen Kulturen beeinflusst, in die sie geboren werden. In jeder Kultur gibt es zahllose unterschiedliche Wiederholungen, aber auch über eine große Bandbreite von bestimmten Abweichungen hinweg lassen sich allgemeingültige Regeln ableiten.

Beziehungen zwischen Hengeyokai und ihren tierischen Blutsgeschwistern sind im Großen und Ganzen nicht deutlich anderes als die westlicher Gestaltwandler und ihrer tierischen Verwandten – Tiere scheren sich kein bisschen um Grenzen oder die bedeutungslosen Formalitäten, die den zwischenmenschlichen Gebräuchen der Menschen anhaften. Mit Ausnahme der Hakken, die verzweifelt darum bemüht sind, ihre wölfischen Blutsgeschwister vor dem endgültigen Aussterben in Japan zu bewahren, ist die Rolle, die tierische Blutsgeschwister im Leben ihrer Verwandten spielen, ziemlich einfach und gleichbleibend.

Was menschliche Blutsgeschwister angeht gibt es allerdings einige wesentliche Unterschiede zwischen den Beziehungen zu östlichen und westlichen Blutsgeschwistern. Manche beschränken sich auf einzelne Rassen, wie im Folgenden beschrieben. Andere können den Hengeyokai allgemeiner zugeschrieben werden.

Als Kultur bringen die Hengeyokai den Älteren mehr Respekt entgegen als ihre westlichen Pendants. Vorfahren werden verehrt und Alter und Weisheit werden mit Respekt behandelt im Vergleich zu dem im Westen vorherrschenden Fokus auf Jugend und Lebenskraft. Auch wird Ritualen und Kontrolle ein höherer Stellenwert beigemessen als Brutalität und Kampf. Die Hengeyokai können zwar herausragende Kämpfer sein, aber sie tendieren im Vergleich zu ihren westlichen Pendants eher dazu, eine elegante Alternative zum totalen Krieg zu suchen. Da es unwahrscheinlich ist, dass Blutsgeschwister sich im Hinblick auf ihre körperlichen Fähigkeiten mit ihren gestaltwandelnden Verwandten messen können, ihnen an Erfahrung, Weisheit, Verstand oder anderen Fähigkeiten nicht körperlicher Form aber durchaus überlegen sein können, führt dies zu einer ausgewogeneren Beziehung zwischen den Hengeyokai und ihren Blutsgeschwistern als man sie häufig unter den westlichen Gestaltwandlerrassen findet.

Der wahrscheinlich frappierendste Unterschied zwischen den Blutsgeschwistern der Hengeyokai und den Blutsgeschwistern der westlichen Welt ist die Wahrscheinlichkeit, dass sie Kontakte mit Gestaltwandlern jenseits des Kreises ihrer eigenen Verwandten pflegen. Da die Sentai der Tierhöfe aus so vielen unterschiedlichen Gestaltwandlerrassen zusammengesetzt sind und die Höfe selbst viel mehr rassenübergreifende Interaktionen pflegen als es unter den westlichen Gestaltwandlern vorkommt, ist es zum Beispiel für Blutsgeschwister der Same-Bito viel wahrscheinlicher, dass sie auf Kumo oder Hakken treffen als es vorkommt, dass Hai-Blutsgeschwister auf ihre westlichen Pendants treffen.

Obwohl dies eine kooperative und reichere Gemeinschaft der Gestaltwandlerrassen erschaffen kann, ist es nicht immer eine gute Sache. Ehrenduelle und erbitterte Kriege zwischen den Sentai finden ihren Ursprung in den unglücklichen Umständen, die sich ergeben, wenn ein Khan zum Beispiel (absichtlich oder unabsichtlich) von einem Tengu-Blutsgeschwister beleidigt wird, oder ein Hakken fest entschlossen ist, die Hand der Schwester seines Zhong-Lung Sentai-Gefährten zu gewinnen. Im besten Falle können rassenübergreifende Verbindungen einen Tierhof stärken, aber wenn die Beziehungen untereinander schwierig werden, sind die Auswirkungen deutlich weitreichender als Streitereien unter Liebenden oder Auseinandersetzungen zwischen einem Hengeyokai und seinen eigenen Blutsgeschwistern.

Hakken

Die meisten Hakken leben in Japan, wo die Wölfe heute ausgestorben sind. Aus der Notwendigkeit heraus pflegen die wölfischen Blutsgeschwister der Hakken eine schwierige Beziehung zu ihren gestaltwandelnden Verwandten. Sie sind mit Geist und Seele wilde Kreaturen, aber zu wertvoll für den Fortbestand der wölfischen Erblinien der Hakken, um ihnen vollständige Autonomie zu gewähren und damit das Risiko einzugehen, dass sie dasselbe Schicksal ereilt wie den Rest der japanischen Wölfe. Aus diesem Grund ist ihre Beziehung zu ihren gestaltwandelnden Vettern eine unglückliche

Mischung aus zu beschützendem Eigentum, zu bemitleidenden Gefangenen und geliebten Verwandten.

Menschliche Beziehungen unterscheiden sich geringfügig, je nachdem, ob die Hakken den Tierhöfen angehören oder nicht. Außerhalb der Tierhöfe spiegelt die Hakken-Kultur das Septensystem der Garou in hohem Maße wider. Der Großteil der Hakken fällt in diese Kategorie, weil sie ihre eigenen inbegriffenen Kulturen über die Verpflichtung gegenüber den Tierhöfen stellen, was bedeutet, dass die meisten wissenden Hakken-Blutsgeschwister eine Rolle erfüllen, die mit denen ihrer westlichen Pendants vergleichbar ist, wobei Geschlechterrollen, familiäre Verantwortlichkeit und eine angemessene Außenwirkung für die Hakken und ihre Blutsgeschwister sogar noch wichtiger sind als für die anderen Garou und ihre Verwandten.

Die Hakken, die sich den Tierhöfen anschließen, sind mit hoher Wahrscheinlichkeit offener und toleranter gegenüber anderen Gestaltwandlerrassen, und das spiegelt sich auch in ihren Blutsgeschwistern wider.

Khan

Auch wenn sie in Japan zahlreicher sind als Wölfe, sind die katzenartigen Blutsgeschwister der Khan in ganz Asien vom Aussterben bedroht. Viele Tiger-Blutsgeschwister der Khan leben in Tiger-Reservaten in ganz Asien, eine Schmach, die die Khan nur deshalb tolerieren, weil die Alternative – das Aussterben ihrer Blutsgeschwister zu riskieren – unvorstellbar ist. Beschützerische Khan tun alles, was in ihrer Macht steht, um diese Reservate zu unterstützen und zu verteidigen, was sich von Patrouillen entlang der Grenzen zum Schutz vor Wilderern bis hin zur Einforderung von Gefallen erstreckt, um sie aus einer bürokratischen Perspektive heraus politisch und ökonomisch zu unterstützen.

Khan verspüren auch einen starken Beschützerinstinkt gegenüber ihren menschlichen Blutsgeschwistern, wobei ihr hitziges Gemüt und ihre überschwänglichen Persönlichkeiten häufig Respekt erzeugen, der von mehr als nur ein wenig Angst vor ihren menschlichen Verwandten gezeichnet ist.

Kitsune

Anders als der Rest der Kinder Gaias betrachten alle Kitsune sich als Hengeyokai, obwohl nur ein kleiner Anteil den Tierhöfen direkt dient. Da diese Dienstzeiten tendenziell nur von kurzer Dauer sind, verändern sie die Beziehungen der Werfüchse zu ihren Blutsgeschwistern nicht merklich, obwohl das Jonglieren mit den Gesetzen des Himmels und dem Pfad der Smaragdwerte und den Mandaten vorübergehend die Art und Weise verändern kann, in der diese schlauen Werfüchse mit ihren Verwandten interagieren.

Kumo

Während westliche Werspinnen eine leidenschaftslose und berechnende Rasse sind, sind ihre östlichen Pendants von ihrem Wesen her wahrhaft böse. Die meisten von ihnen treffen die bewusste (und gewissenlose) Entscheidung, sich den Diensten des Wyrms zu verschreiben, und jede von ihnen, die dies nicht tut, wird von ihrer eigenen Art zur Strecke gebracht und an den Tierhöfen, an denen sie Zuflucht suchen, mit unnachgiebigem Argwohn betrachtet. Es ist unvermeidlich, dass sich diese Verderbtheit auch in ihrer Beziehung zu ihren Blutsgeschwistern widerspiegelt.

Es kommt häufig vor, dass Spinnen-Blutsgeschwister von ihren gestaltwandelnden Verwandten als Gefangene gehalten, misshandelt oder gequält werden, aber ihr primitiver Verstand und ihr Mangel an Empfindungsvermögen machen sie zu unbefriedigenden Zielen für echten Sadismus. Diese Bemühungen spart man sich für gewöhnlich für die menschlichen Blutsgeschwister der Kumo auf, die häufig nicht in der Lage sind, sich aus Beziehungen mit ihren gestaltwandelnden Verwandten zu befreien, die von geistigem und körperlichem Missbrauch geprägt sind. Die Tiefen, in die ein Kumo zu seinem eigenen Vergnügen und zur Erbauung des Zerstörers sinken kann, sind nahezu unermesslich, aber es ist sogar noch verstörender, wenn die Verderbtheit, die die Kumo über ihre Verwandten bringen, so allumfassend ist, dass ihre Opfer nicht nur beginnen, ihre Fürsorge zu tolerieren und zu genießen, sondern sie auch für echte Zuneigung zu halten.

Nagah

Die Nagah der östlichen Welt sind zwar nicht so isoliert wie die im Westen, aber auch sie ziehen es vor, so weit wie möglich unter dem sprichwörtlichen Radar hindurch zu rutschen, was bedeutet, dass auch sie sich in großem Umfang ihrer Blutsgeschwister bedienen, sowohl im Hinblick auf praktische Unterstützung als auch auf den Gemeinschaftssinn. Die meisten von ihnen leben gemeinsam mit ihren Blutsgeschwistern in kleinen Ansiedlungen und pflegen vor allem Kontakt mit ihrer eigenen Art und ihren direkten Verwandten. Andere haben sich den Tierhöfen verpflichtet und leben innerhalb des Einzugsgebietes eines Drachennestes, wobei sie sogar dann enge und persönliche Bindungen zu ihren menschlichen und schlangenartigen Blutsgeschwistern pflegen.

Der größte Unterschied in der Art und Weise, wie östliche und westliche Nagah mit ihren Blutsgeschwistern umgehen, ist die Tatsache, dass es in Asien beinahe keine Blutsgeschwister-Kulte gibt. Man trägt zwar Sorge dafür, dass die Nagah-Blutsgeschwister der Hengeyokai sich darüber im Klaren sind, wie schwer die Bürde des Geheimnisses ist, die sie tragen, aber ihre Interaktion mit ihren gestaltwandelnden Verwandten ist weniger von der Aufrechterhaltung einer Fassade geprägt. Die asiatischen Blutsgeschwister der Schlangen-Gestaltwandler benötigen zum großen Teil keine fiktive Vorstellung von einer umständlich erschaffenen falschen Religion, um ein Gefühl tiefer Hingabe und eingeschworener Gefolgschaft gegenüber ihren Nagah-Verwandten zu entwickeln. Eine derart tiefe Hingabe lässt sich viel müheloser aus anderen Aspekten ihrer ursprünglichen Kultur ableiten.

Nezumi

In guter wie in schlechter Hinsicht sind die Nezumi ihren westlichen Verwandten ähnlicher als alle anderen Hengeyokai. Sie verachten die Menschheit, darunter auch ihre eigenen menschlichen Blutsgeschwister und verehren ihre Nagetier-Verwandten als den Schlüssel zum Überleben und dem Erfolg in ihrem Krieg gegen die Kräfte des Stillstandes und der Zerstörung. Sie betrachten andere Gestaltwandlerrassen, auch die an den Tierhöfen, als hoffnungslos verdorben durch den Einfluss der Menschheit und hoffnungslos geschwächt durch ihre Abhängigkeit von der menschlichen Gesellschaft für ihre Überleben (insbesondere die Hakken und Khan, deren tierische Blutsgeschwister nahezu ausgestorben sind). Und, was vielleicht das am wenigsten Verzeihliche in den Augen der übrigen Hengeyokai ist – sie unterhalten Beziehungen zu ihren westlichen Pendants, mit denen sie auch interagieren, sowohl mit den Rattenkindern als auch mit deren Blutsgeschwistern.

Für die Nezumi ist dies eine Frage des gesunden Menschenverstandes. Wenn jemand eine erfolgversprechende Strategie hat, um einen Krieg zu gewinnen, in dem ihm die Vernichtung droht, ist der beste Verbündete jemand, der dieselbe Strategie verfolgte. Westliche Blutsgeschwister sind ebenso würdig – oder, im Falle

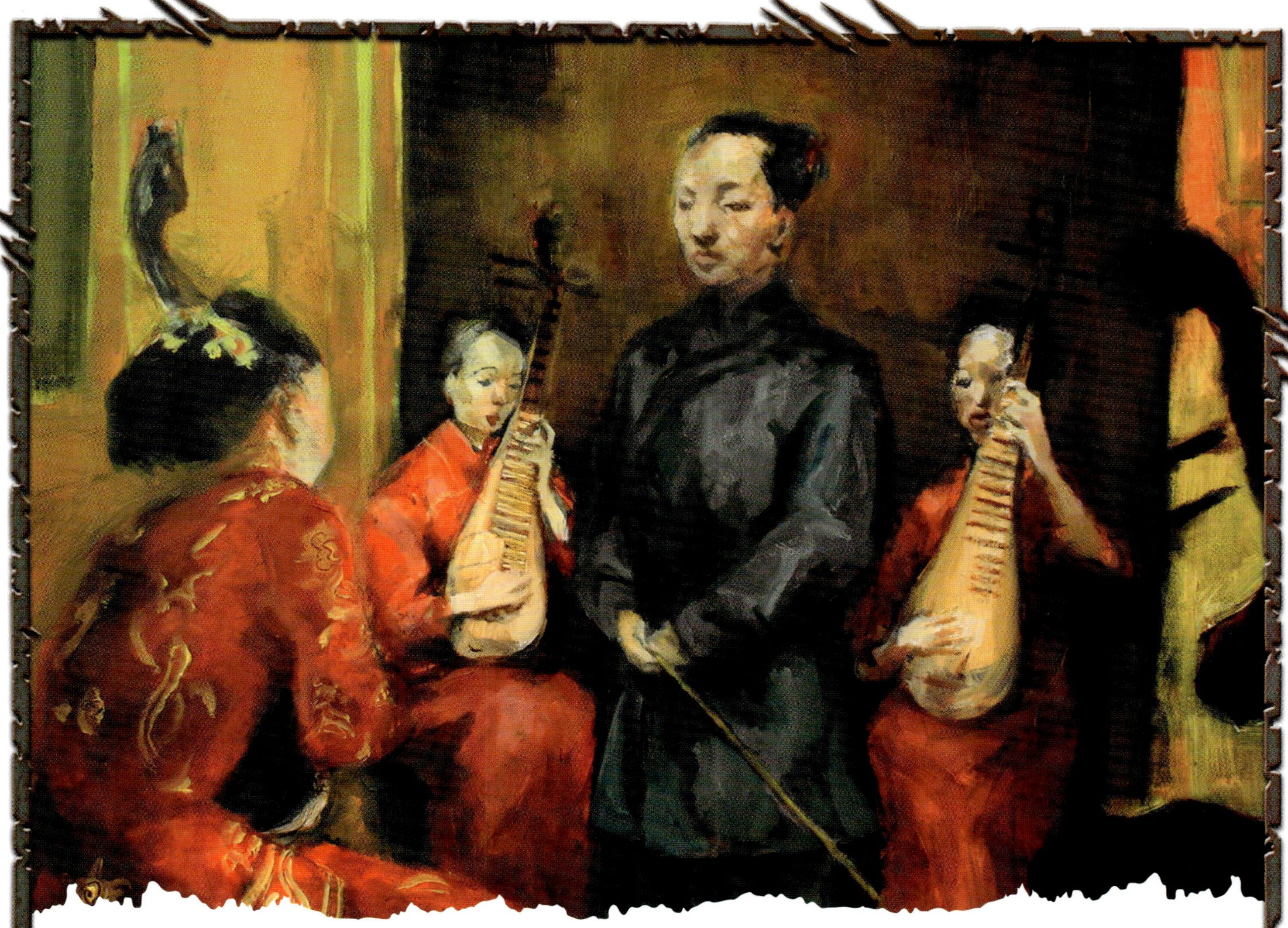

von menschlichen Blutsgeschwistern, verzichtbar – wie diejenigen, die vor Ort geboren wurden. Es macht kaum einen Unterschied für die Nezumi, ob die Ratten, mit denen sie sich fortpflanzen, in einer finsteren Seitenstraße in Hong Kong geboren wurden oder in einem Abwasserkanal in Seattle. Wenn sie die Geburtsseuche überleben, sind sie offensichtlich dazu geeignet, um die Bestrebungen der Nezumi zu unterstützen.

Same-Bito

Es gibt zwar offensichtliche kulturelle Unterscheidungen zwischen den Hengeyokai und den Gestaltwandlerrassen der restlichen Welt, aber keine davon ist so einschneidend wie die zwischen den östlichen Werhaien und den westlichen. Während viele Hengeyokai sich selbst ihren westlichen Pendants gegenüber überlegen fühlen, betrachten die Same-Bito die übrigen Rokea so, wie Menschen etwa einen Neandertaler betrachten mögen – als einen barbarischen Prototyp und keinen Gleichgestellten.

Insbesondere die Einstellung der Rokea gegenüber Zwischengängern und den menschlichen Blutsgeschwistern ihrer Bruten ist den Same-Bito zuwider. Während die meisten Same-Bito den überwiegenden Teil ihrer Zeit im Wasser verbringen, ist ungefähr ein Viertel der Hengeyokai-Werhaie menschlich. Menschliche Same-Bito werden von ihren schuppenartigen Brüdern nicht mit Verachtung gestraft und beide Bruten halten ihre menschlichen Blutsgeschwister in ebenso hohen Ehren und beschützen sie mit ebenso großer Sorgfalt wie die, die im Meer geboren wurden.

Darüber hinaus haben die Rokea wenig Interesse daran, mit anderen Gestaltwandlerrassen in Kontakt zu treten, während die Same-Bito sich häufig den Tierhöfen anschließen und mit anderen Hengeyokai und ihren Blutsgeschwistern in gemeinschaftlichen Aktionen interagieren, die sich sowohl an Land als auch im Meer erstrecken. Sie hegen großen Respekt für die Zhong Lung (und ihre Blutsgeschwister) und bedienen sich der gelassenen Weisheit der östlichen Werechsen und ihrer geheiligten Blutsgeschwister, um damit das angeborene brutale Wesen der Same-Bito auszugleichen.

Tengu

Von allen Hengeyokai sind es die Tengu, die mit größter Wahrscheinlichkeit nicht nur mit ihren eigenen Blutsgeschwistern Kontakte pflegen, sondern auch mit den Verwandten aller anderen Bruten. Ihr neugieriges Wesen und die Hingabe, mit der sie Geheimnissen nachspüren, spornen sie dazu an, ihren Schnabel in alle Ecken und Winkel zu graben und es kommt nicht selten vor, dass es ein Tengu ist, der als erster auf die verschollenen Blutsgeschwister einer anderen Brut stößt oder der eine Gefahr für entfernte Verwandte bemerkt.

Allerdings leidet die Sorgfalt, mit der sich Tengu um die Dinge kümmern, unter ihren weit gestreuten Interessen. Genau wie die Tengu selbst wird auch von den Blutsgeschwistern der Werraben erwartet, dass sie eigenständige und gewitzte Überlebenskünstler sind, die in der Lage sind, ihre Pflichten in Angriff zu nehmen, ohne so sehr zu verweichlichen, dass sie in großem Umfang die Unterstützung ihrer gestaltwandelnden Verwandten in Anspruch nehmen müssen.

Das soll nicht heißen, dass die Tengu kein Interesse an ihren Blutsgeschwistern haben. Ganz gleich, ob Raben oder Menschen, die Blutsgeschwister der Tengu sind ein wesentlicher Bestandteil des Informationsnetzwerkes und der Spionageketten, die es den Tengu erlauben, ihre Arbeit zu machen, und viele Tengu haben ihnen nahestehende Personen, die als eine Art von Prüfstein fungieren, zu dem sie zurückkehren können, wenn ihre Pflichten sie von einem Ende Asiens zum anderen flattern lassen. Ihre Interaktionen hängen allerdings schlicht und ergreifend nicht so sehr von regelmäßigem Kontakt oder einer beständigen Beziehung ab wie von gegenseitigem Respekt und unbeugsamer Loyalität.

Zhong Lung

Die Zhong Lung sind wahrscheinlich diejenigen unter den Hengeyokai, die sich am wenigsten in die Angelegenheiten ihrer Blutsgeschwister einmischen. Sie sind zwar jederzeit zur Stelle, wenn irgendetwas sie selbst oder ihre engen Verbündeten bedroht, doch verbringen sie den Großteil ihrer Zeit in dem diffusen Halbbewusstsein der Mnesis. Das soziale Konstrukt, das sie mit ihren Blutsgeschwistern verbindet, ist äußerst ritualisiert und förmlich und untersteht einer weiblichen Ältesten, die sich darauf spezialisiert, Verbindungen zu arrangieren und zu überwachen, aus denen für gewöhnlich lebenslange, wenn auch nicht immer monogame, Partnerschaften erwachsen.

Männliche Zhong Lung führen ein einsiedlerisches Dasein und interagieren nur selten mit anderen, mit Ausnahme kurzer Zeitspannen, in denen sie sich paaren, Rat geben, sich mit direkten wechselseitigen Bedrohungen auseinandersetzen oder ihren Pflichten an den Höfen nachkommen. Frauen dagegen bilden kleine Gruppen und pflegen intensivere Kontakte, sowohl zu anderen Zhong Lung als auch zu ihren Blutsgeschwistern. Menschliche Zhong Lung Tanten überwachen die Gesundheit und die Geschehnisse unter den vor Ort angesiedelten Blutsgeschwistern, häufig über ältere Frauen, die innerhalb der Gemeinschaft leben. Über ihre menschlichen Pendants stellen sie ihr Wissen im Bereich der Heilung, des Kochens, der Landwirtschaft und anderen häuslichen Bereichen zur Verfügung. Darüber hinaus geben sie zwischenmenschlichen Rat, um die Beziehungen unter ihren Blutsgeschwistern zu unterstützen und zu stärken. Dies dient nicht nur der Förderung und des Erhalts der Gemeinschaft der Blutsgeschwister, sondern versorgt sie auch mit wichtigen Informationen, die sie für die Paarbildung zwischen den Zhong Lung und ihren menschlichen Blutsgeschwistern benötigen.

KYPHUR-KATZEN UND KAINSKNDER

Vor langer Zeit wurden die letzten noch verbliebenen katzenartigen Blutsgeschwister der Bubasti von einem Zirkel von Vampiren entführt, die im Dienste des Dunklen Gottes Set standen, und man gab ihnen Blut zu trinken, um sie in eine unheilige Knechtschaft zu binden. Sie taten dies als eine Gotteslästerung gegenüber der Rolle der Katzen in den uralten Dynastien der Menschen. Ihrer Verbindung zu den Werkatzen waren sie sich nicht bewusst. Diese Katzen, die durch das Blut von Sets vampirischen Dienern verrückt geworden sind, haben bis zum heutigen Tag überlebt, irgendwo in der Finsternis unter der Wüste Ägyptens.

Die Bubasti sprechen gegenüber Außenstehenden nicht über das Schicksal, das ihre verlorenen Blutsgeschwister ereilt hat. Sie ziehen es vor, sie in dem Glauben zu lassen, dass die Erblinie vollständig ausgestorben ist. Unter ihnen gibt es allerdings solche, die es zu ihrem Lebenszweck auserkoren haben, sich darum zu bemühen, den Standort ihrer geghulten Blutsgeschwister ausfindig zu machen und sie ein für allemal zur Ruhe zu betten.

Übernatürliche Blutsgeschwister

Kainskinder und Ghule

Für einen Vampir sind Blutsgeschwister (ganz gleich, ob von den Garou oder von einer anderen Gestaltwandlerrasse) nichts weiter als ein zusätzlicher Blutbeutel. Ihre übernatürliche Verbindung zu ihren gestaltwandelnden Verwandten ist mit magischen Mitteln nicht wahrzunehmen und ihre Aura unterscheidet sich nicht von der irgendeines anderen Menschen oder Tiers. Was allerdings anders ist, ist die zu erwartende Reaktion ihrer Wer-Verwandten, falls sie feststellensollten, dass ein „Blutsauger" es gewagt hat, von einem ihrer Blutsgeschwister zu trinken, ganz zu schweigen davon, dass er ihnen ein Blutsband verpasst oder sie verwandelt hat. Da die meisten Gestaltwandlerrassen Vampire als Diener des Wyrms betrachten, würden sie diese Beleidigung niemals auf die leichte Schulter nehmen, und alle Blutsgeschwister, die das Pech haben, geghult zu werden oder den Kuss zu empfangen, würde man mit ziemlicher Sicherheit aus dieser misslichen Lage erlösen und ihnen nicht gestatten, ein derart verderbtes Dasein zu fristen.

Die Ausnahme dieser Regel stellen die Kumo und die Tänzer der Schwarzen Spirale dar. Beide sind dafür bekannt, dass sie ihre Blutsgeschwister bereitwillig dem unheiligen Kuss durch die blutsaugenden Untoten ausgesetzt haben. Damit opfern sie zwar die Fruchtbarkeit und Menschlichkeit ihrer Blutsgeschwister, aber manche von ihnen glauben, dass die Kräfte, die sie dadurch potenziell erlangen, ein guter Tausch sind. Solche Blutsgeschwister bleiben allerdings nur selten lange in den Diensten ihrer gestaltwandelnden Verwandten. Nach dem Kuss unterscheidet sich ein Blutsgeschwister-Vampir durch nichts von irgendeinem anderen übernatürlichen Apex-Raubtier und die Wahrscheinlichkeit, dass sie die Diener eines Sterblichen bleiben – selbst eines Sterblichen mit übernatürlichen Fähigkeiten – ist gering.

Es ist vorauszuschicken, dass die meisten Gestaltwandlerrassen bei der Geburt zwar vielleicht fälschlicherweise für Blutsgeschwister gehalten werden, dabei aber von ihrer Anlage her entweder Wandler sind oder eben nicht. Von daher reagiert ein noch nicht verwandelter Garou, der den Kuss empfängt, wie ein Garou, nicht wie ein Blutsgeschwister, um festzulegen, ob sie eher sterben oder zu einer Abscheulichkeit zu werden als zu einem echten Vampir. (Gehen Sie davon aus, dass seine Gnosis der eines Anfangscharakters dieser Rasse entspricht.) Zwei Arten von Blutsgeschwistern der Gestaltwandlerrassen – die Corax und die Rattenkinder – werden allerdings mittels von außen wirkender Kräfte verwandelt und bleiben Blutsgeschwister bis zu dem Zeitpunkt, an dem der Ritus des Fetisch-Eis oder die Geburtsseuche durchgeführt wird.

Sobald die Geburtsseuche damit begonnen hat, sich auf die Rattenkinder-Blutsgeschwister auszuwirken, reagieren sie wie ein vollwertiges Rattenkind und sterben oder werden zu einer Abscheulichkeit, ganz so, wie es das Schicksal für sie vorgesehen hat.

Kein Corax würde wissentlich den heiligen Ritus auf einen Blutsgeschwister anwenden, der zum Vampir geworden ist. Die Konsequenzen, falls so etwas mit Gewalt oder unter Zwang durchgeführt werden sollte, würden im Tod der Zielperson bestehen, da die Verbindung von Helios zu den Corax die verderbten Blutsgeschwister auf tödliche Weise mit Feuer reinigen würde.

Erweckte Seelen

Es kommt zwar selten vor, aber es ist möglich, dass die Seele eines Blutsgeschwisters erweckt wird. In den seltenen Fällen, in denen dies vorgekommen ist, bleibt der neu erschaffene Magus ein Blutsgeschwister der Familie seiner Gestaltwandlerrasse. Diese Bande, die auf übernatürliche Weise geschmiedet wurden, werden durch die Erweckung des Blutsgeschwisters nicht gebrochen, obwohl sie durchaus feststellen können, dass sich die Paradigmen ihrer Beziehung deutlich verändern, sobald sie selbst im Besitz übernatürlicher Kräfte sind.

Auch für erweckte Blutsgeschwister ist es noch möglich (wenngleich nicht wahrscheinlicher als bei anderen Blutsgeschwistern), dass sie ein gestaltwandelndes Kind zur Welt bringen. Die Chancen dafür stehen allerdings nicht besser als vor dem Zeitpunkt, zu dem das Blutsgeschwister zum Magus wurde. Es kommt immer noch deutlich häufiger vor, dass ihre Nachkommen einfach Blutsgeschwister sind (oder einfach Menschen, falls sie sich eher mit Nicht-Blutsgeschwister-Menschen vermehren).

Es ist allerdings anzumerken, dass selbst ein erwecktes Blutsgeschwister nicht mithilfe von Magie ein Blutsgeschwister oder einen Garou mit einem gewöhnlichen Menschen zeugen kann. Dieses Geheimnis liegt jenseits der Kenntnisse sterblicher Magie, ganz gleich, wie Ehrfurcht gebietend oder weitreichend sie auch sein mag.

Todesalben

Tierische Blutsgeschwister werden nicht zu Todesalben. Ihre Seelen kehren wieder in den Kreislauf zurück und bleiben nach ihrem Dahinscheiden von weiteren Qualen verschont.

Auch die meisten menschlichen Blutsgeschwister werden nicht zu Todesalben, genauso wenig wie die meisten Menschen. Aber manchmal kommt es vor, insbesondere im Fall von wissenden Blutsgeschwistern, dass die Lektionen der Pflicht und die von ihnen geleisteten Dienste zu schwerwiegend sind, um es dem Blutsgeschwister zu erlauben, den Mühsalen des irdischen Daseins vollständig zu entsagen. Es kommt vor, dass sie jene heimsuchen, die sie missbraucht haben, oder dass sie versuchen, jene zu beschützen, die ihnen am Herzen liegen, aber ganz gleich, ob sie Gutes oder Schlechtes im Sinn haben, ist die Wahrscheinlichkeit vor allem bei jenen groß, die sich in Todesalben verwandeln, dass sie ihren Fokus nach ihrem Tod auf die Welt der Lebenden richten und nicht ausschließlich mit den bereits Verstorbenen in Kontakt treten. Ihre starken Bindungen zu ihren gestaltwandelnden Verwandten sorgen oft dafür, dass diejenigen, die mit einem Dasein nach dem Tod verflucht wurden, wie Handpuppen oder Trugbilder und andere auf Sterbliche fokussierte Arcanoi dahindümpeln, ohne sich um die Konsequenzen zu kümmern, die daraus entstehen.

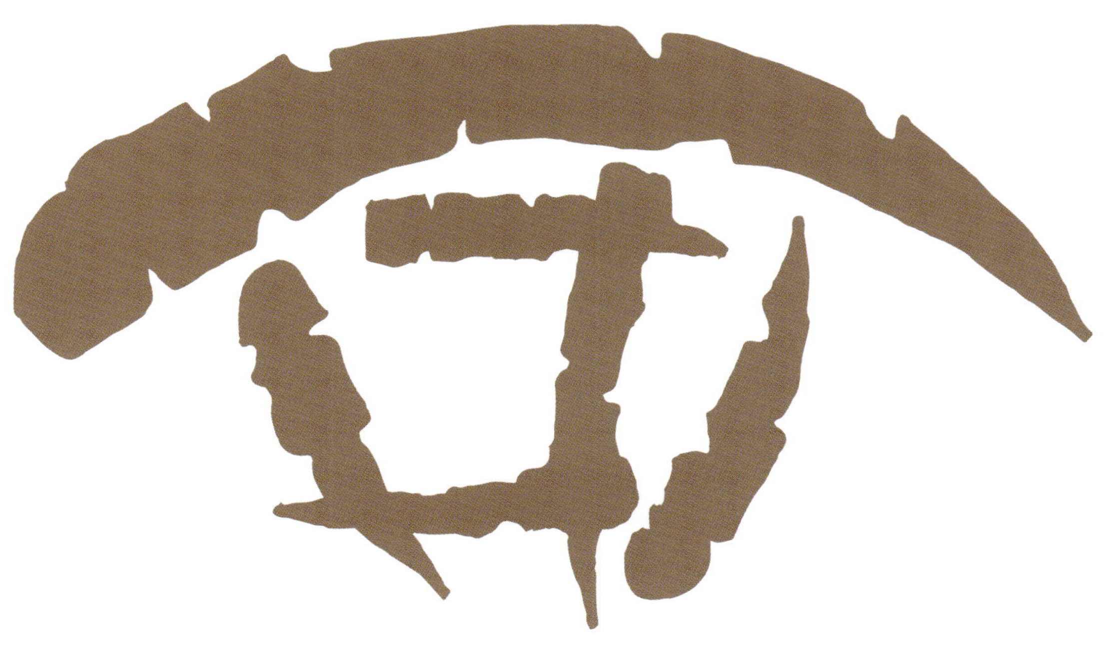

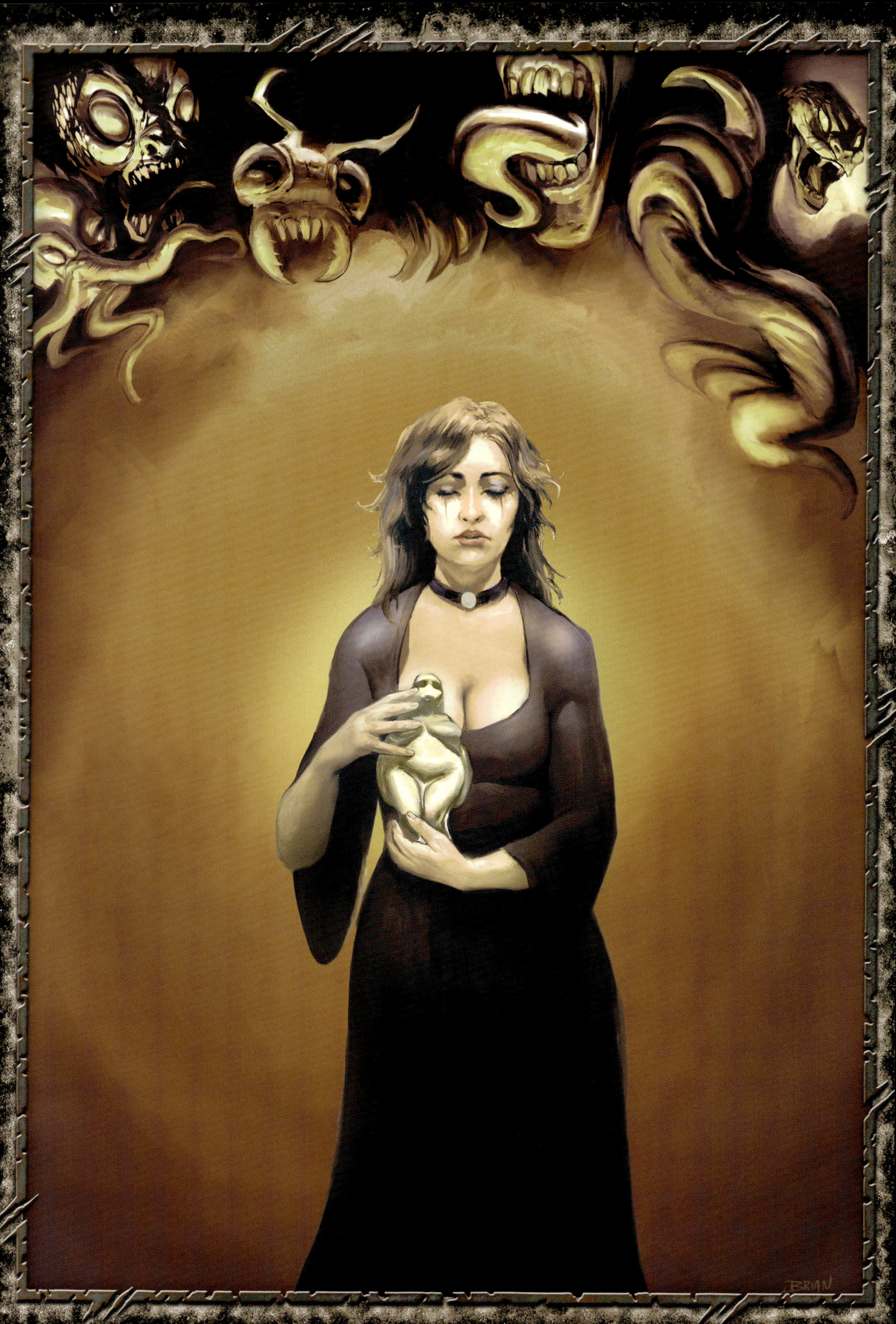

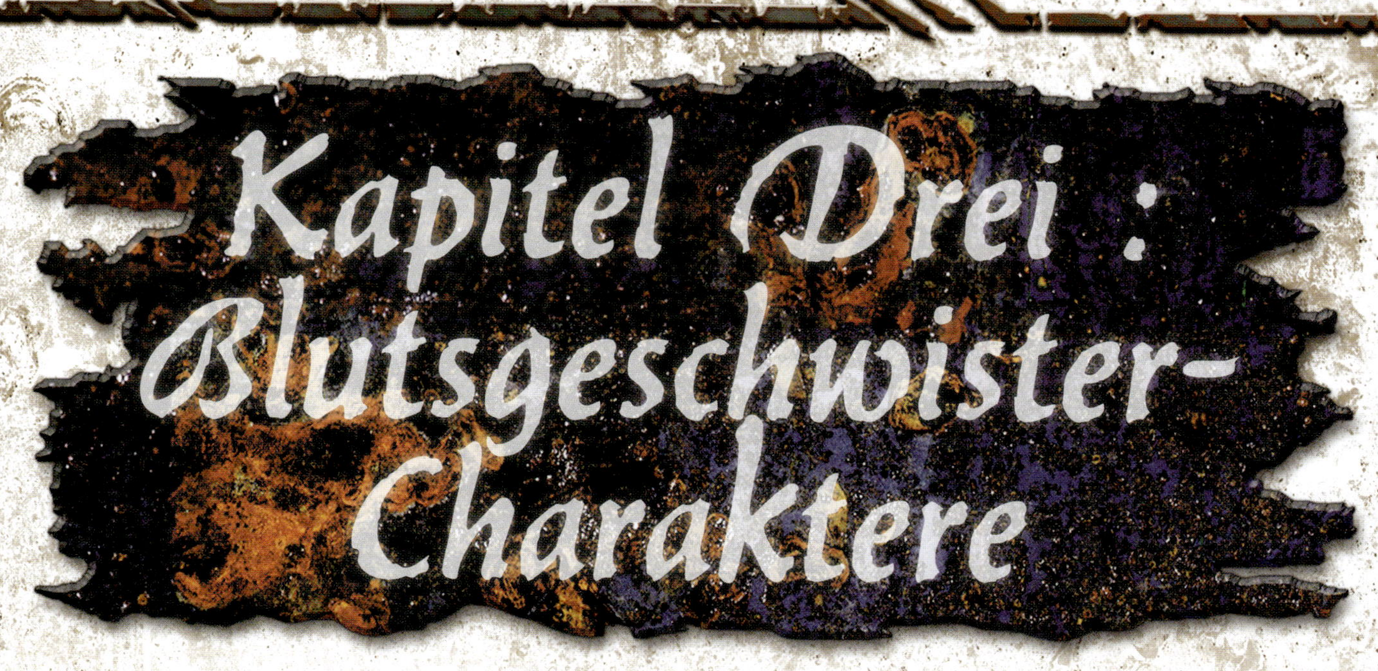

Kapitel Drei: Blutsgeschwister-Charaktere

Geh hinaus in den Wald. Geh hinaus.
Wenn du nicht in den Wald hinaus gehst, wird niemals etwas passieren und dein Leben wird niemals beginnen.
– Clarissa Pinkola Estés,
Frauen, die mit den Wölfen laufen: Mythen und Geschichten um den Archetyp der Wilden Frau

Warum sollte man Blutsgeschwister spielen

Blutsgeschwister dienen einem essenziellen Zweck, auch unabhängig davon, dass sie die zukünftigen Generationen von Garou hervorbringen. Die Zahl der Garou schwindet, ganz gleich, wie beharrlich sie darum bemüht sind, sich fortzupflanzen. Gaias auserwählte Krieger müssen zwangsläufig auf ihre Blutsgeschwister zurückgreifen, die ihnen in vielen Bereichen dienlich sind: als Quartiermeister, die die Garou mit der Ausrüstung versorgen, die sie benötigen, um ihren Krieg gegen den Wyrm fortsetzen zu können, als Unterstützungstruppen, die sich um die geringeren Krieger des Wyrms kümmern, als Grenzwachen für Caerns und andere geweihte Stätten, als Kundschafter oder Spione, die sich unter die Lakaien der Weberin und des Wyrms mischen, wenn das Wesen und das Temperament der Garou diese Aufgabe schwierig gestalten.

Da immer mehr Garou feststellen, dass auch sie längst direkt in den Kampf um die Aufrechterhaltung des Gleichgewichts verwickelt sind, während sie gleichzeitig die ständig wachsenden Streitkräfte des Wyrms vernichten wollen, werden Blutsgeschwister in immer wichtigere Bereiche des Garou-Lebens verwickelt – selbst, wenn sie vielleicht nicht immer genau über das Bescheid wissen, was sie da tun.

Dieses Kapitel erläutert die Regeln und Varianten für menschliche Blutsgeschwister-Charaktere. Sie können sie in Blutsgeschwister-Kampagnen verwenden, in gemischten Kampagnen für Garou und Blutsgeschwister oder als NSC, um die Hintergrundgeschichten der Garou-Spielercharaktere zu bereichern.

Werwolf: Die Apokalypse, W20 Jubiläumsausgabe stellt umfangreiche Anweisungen vor, um Blutsgeschwister zu erschaffen. (Siehe S. 375-384) In diesem Kapitel werden einige neue Eigenschaften und Gaben eingeführt. Andere Werwolf-Ergänzungen haben zusätzliche Informationen bereitgestellt oder werden dies noch tun, aber auch auf diesen Seiten sollten Sie bereits genug Material finden, das es Ihnen erlaubt, einen vielschichtigen Blutsgeschwister-Charakter zu erstellen.

Bitte beachten Sie, dass wir hier davon ausgehen, dass sich Blutsgeschwister-Chroniken mit menschlichen Blutsgeschwistern beschäftigen. Auch wenn es sicherlich möglich ist, ein Spiel mit wölfischen Blutsgeschwistern zu bestreiten, da sie sich im Verhalten und im Hinblick auf ihre Intelligenz nicht von Wölfen unterscheiden, wäre dies eine ziemlich begrenzte (wenn auch möglicherweise erhellende) Erfahrung, vielleicht vergleichbar mit Jack Londons Roman *Ruf der Wildnis*. Wir überlassen es den Erzählern und ihren Spielern, zu entscheiden, ob sie es mit einem solchen Spielprinzip versuchen möchten.

Bevor Sie etwas zu Papier bringen, nehmen Sie sich ein paar Minuten Zeit, um sich Ihren Blutsgeschwister-Charakter genau vorzustellen. Erschaffen Sie in Ihrem Kopf ein Bild von ihm. Wie sieht er aus? Spiegelt sein äußeres Erscheinungsbild irgendein spezielles ethnisches Erbe wider, vielleicht angelehnt an seinen Garou-Stamm? Welcher Stamm ist die Grundlage des Garou-Teils seines Hintergrundes? Ist er ein Mensch oder ein Wolf? Finden andere ihn attraktiv und, was vielleicht sogar noch wichtiger ist, findet er andere attraktiver als seine Garou-Verwandten?

BESONDERHEITEN DER CHARAKTERERSTELLUNG

Konzept: Mögliche Konzepte für Blutsgeschwister könnten sein: Architekt, Archäologe, Anthropologe, Biologe, Kopfgeldjäger, Ökologe, Förster, Computerspezialist, Naturführer, Schriftsteller, der sich mit Outdoor-Themen befasst, ausgestoßener Wolf, Polizeibeamter, im Zoo geborener Wolf. Er könnte auch in einem Tierheim angestellt sein oder als Tierretter arbeiten, ein Mitglied von Ärzte ohne Grenzen sein, ein Wanderprediger / ein reisender Erweckungsprediger, ein freiberuflicher Schriftsteller oder Journalist, ein Handwerker, ein Naturfotograf, ein aufstrebender Politiker, ein Tierarzt oder nahezu alles andere, das man sich vorstellen kann.

NUMINA

Numina für Blutsgeschwister werden hier in drei Kategorien unterteilt: Psychische Phänomene (wie zum Beispiel Telepathie oder Hellseherei), Scharlatanerie (volkstümliche Zauberei), und Wahrer Glaube (die Macht des spirituellen Glaubens). Die Kosten an Erfahrungspunkten, um Numina zu steigern, betragen den aktuellen Wert x7.

Eigenschaft	Kosten
Erstes Numen	7 Freie Zusatzpunkte pro Punkt
Zweites Numen	4 Punkte pro Punkt

Sobald Sie eine Vorstellung von dem äußeren Erscheinungsbild Ihres Blutsgeschwister-Charakters entwickelt haben und von der Art der Reaktionen, die er bei anderen während eines oberflächlichen Treffens auslösen könnte, können Sie tiefer in die Gestaltung Ihres Charakters einsteigen. Weiß er, dass er ein Blutsgeschwister ist? Die meisten Blutsgeschwister-Charaktere sind wissende Blutsgeschwister. Falls es so ist, wie steht er zu seinen Garou-Verwandten? Ist er stolz darauf, mit den Garou in Verbindung zu stehen? Ist er glücklich darüber, eine unterstützende Rolle zu spielen, vielleicht sogar die Mutter der Kinder zu sein, die ihre Erste Verwandlung durchlaufen könnten? Oder ärgert er sich vielleicht darüber, dass er nur eine untergeordnete Rolle spielt, die aber trotzdem all seine zukünftigen Lebensentscheidungen erschweren könnte? Hasst er den Gedanken, dass die Garou in ihm nichts weiter sehen als eine Zuchtstute oder einen besseren Diener? Falls dies seine Gefühle treffend beschreibt, unterdrückt er sie und gibt vor, mit allem einverstanden zu sein, während er seine Rache plant? Oder gelingt es ihm nicht, etwas vorzutäuschen, sodass er seiner Familie und sogar den Garou seine Gefühle offenbart und sich mit den Konsequenzen auseinandersetzt, die daraus folgen könnten?

Welche Rolle spielt er in der menschlichen Welt? Ist er noch Schüler, zum Beispiel auf der weiterführenden Schule, an der Hochschule oder im Aufbaustudium? Hat er einen Nine-to-five-Job, vielleicht als Sekretärin, als Verkäufer oder als Fabrikarbeiter? Verfolgt er eine berufliche Karriere, zum Beispiel als Arzt, Tierarzt oder Rettungssanitäter? Oder ist er ein Künstler oder Selbstständiger, eine berufliche Karriere, die ihm frei einteilbare Zeit in größerem Umfang zur Verfügung stellt, in der er seinen Verpflichtungen als Blutsgeschwister nachkommen kann?

Sobald Sie all diese Faktoren bedacht haben, sind Sie bereit, um Punkte zu verteilen und Eigenschaften auszuwählen, um Ihren Blutsgeschwister-Charakter mit spielerischem Leben zu erfüllen.

Neues Talent

Intuition

Von Zeit zu Zeit haben Sie gute Ahnungen. Sie haben gelernt, ihnen zu vertrauen. Manchmal kommt es vor, dass Sie vielleicht einfach nicht erklären können, warum Sie plötzlich bestimmte Dinge wissen, oder wie sie überraschende Schlüsse ziehen aufgrund einer Reihe verwirrender und rätselhafter Fakten. Ihre Instinkte neigen dazu, Ihnen gute Dienste zu leisten, wenn es nicht gerade anders kommt. Intuition spiegelt Ihre Fähigkeit wider, richtige Vermutungen anzustellen und sich auf Ihr richtiges Gefühl zu verlassen. Dabei handelt es sich nicht um eine psychische Fähigkeit. Es ist vielmehr ein angeborener „sechster Sinn", der es dem Charakter ermöglicht, es zu spüren, wenn jemand lügt oder ob ein bestimmter Einwand auf die entsprechende Person eine stärkere Überzeugungskraft ausübt oder nicht. Ein Charakter mit Intuition ist möglicherweise dazu in der Lage, winzige oder aus anderen Gründen übersehene Hinweise miteinander zu verknüpfen, was zu dem starken Gefühl führt, dass „wir jetzt in dieses Lagerhaus gehen müssen"! oder „Mr. X die Person ist, die dahinter steckt". Erzähler können die Intuition eines Charakters nutzen, um dem Spieler Informationen zukommen zu lassen oder als ein praktisches Werkzeug, um einen ins Stocken geratenen Plot wieder in Gang zu bringen, wenn alles andere fehlschlägt.

• **Anfänger:** Ihre Instinkte helfen Ihnen dabei, die richtige Spur zu finden.

•• **Erfahren:** Sie folgen automatisch Ihrer ersten Eingebung anstatt weiter herumzuraten.

••• **Kompetent:** Sie wissen immer, wann etwas den Bach runter geht.

•••• **Experte:** Sie wissen nicht nur, was faul ist, sondern auch, wer dahintersteckt.

••••• **Meister:** Ihre Einblicke und Ahnungen machen Ihnen manchmal Angst!

Verfügbar für: Blutsgeschwister, Berater, Mütter, umherreisende Experten, Lehrer, intuitive Diagnostiker, Privatdetektive

Spezialitäten: Zwischen den Zeilen Lesen, Subtext, Dynamiken Aufspüren, Meditation

Neue Kenntnis

Bürokratie

Sie verstehen die Welt der menschlichen Organisationen und haben gelernt, sich Ihren Weg durch die Adern der Verwaltungsbürokratie zu schlängeln, die die meisten staatlichen Stellen und die private oder öffentliche Geschäftswelt durchziehen. Diese Fähigkeit erlaubt es Ihnen, den schnellsten Weg zu finden, um etwas über die herkömmlichen Kanäle zu regeln, rasche Antworten zu bekommen und viele der Hürden zu überwinden, die nur darauf warten, die Unvorsichtigen zu Fall zu bringen. Sie schneiden durch bürokratischen Papierkram als wären es nur Papierstreifen. Sie wissen, mit wem Sie sprechen müssen und welche Strippen Sie ziehen müssen, um zu bekommen, was Sie (oder Ihre Garou-Verwandten) brauchen. Für Sie ist es eher ein Spiel als eine lästige Pflicht. In Kombination mit dem Hintergrund Kontakte können Sie eine Menge Wege ebnen, die es Ihnen ermöglichen, sowohl Blutsgeschwistern als auch Werwölfen zu helfen. Ganz gleich, ob die Garou Ihre Bemühungen zu schätzen wissen, oder nicht, Sie sind effizient und sind stolz auf Ihren Sachverstand.

- • **Schüler:** Auch wenn Sie sich gerade erst auf den Weg gemacht haben, um den Dschungel der Bürokratie zu durchdringen, sind Sie in der Lage, gut zu planen und Sie können örtliche Regierungsbüros ausfindig machen, indem Sie entweder das Internet oder ein altmodisches Telefonbuch nutzen.
- • • **College:** Ihre Sachkenntnis wächst und Sie sind ein vollendeter Amateur. In schwierigen Zeiten wissen Sie, wen man am besten kontaktieren sollte.
- • • • **Meister:** Sie haben Ihre organisatorischen Fähigkeiten auf ein ausgezeichnetes Niveau gebracht. Einige Glaswandler könnten Sie um Ihre Beherrschung des „Systems" und Ihr Informationsnetzwerk beneiden. Vielleicht haben Sie sogar einen Abschluss im Bereich Verwaltung, Betriebswirtschaft oder Marketing.
- • • • • **Doktor:** Selbstbewusst bahnen Sie sich Ihren Weg durch fast alle höheren Ebenen der Bürokratie. Die Bürokratie löst sich auf, wenn Sie erscheinen. Nur die obersten Regierungsbeamten legen Sie in die Warteschleife. Schattenlords werden auf Ihre Kompetenz aufmerksam. Wenn Sie wollten, könnten Sie Vorlesungen über das Thema Bürokratie halten.
- • • • • • **Gelehrter:** Sie können ein Treffen mit beinahe jedem arrangieren. Sie besitzen die Fähigkeiten, um ein multinationales Unternehmen zu führen, inklusive Tochtergesellschaften. Andere Bürokraten, die von Ihnen gehört haben, bitten Sie um Rat.

Verfügbar für: Blutsgeschwister, Politiker, Lobbyisten, Regierungsangestellte, Politische Wahlkampfakteure, Bürokraten

Spezialitäten: Begünstigung, Schlupflöcher, Schutz von Rechten (zivile, Tiere, Kinder, etc.), Bürokratieabbau

Kräuterkunde

Sie haben sich mit Pflanzen beschäftigt und dabei Ihr Hauptaugenmerk auf die Verwendung zu Heilzwecken und beim Kochen gelegt. Sie glauben, dass Pflanzen um so vieles besser sind als Pharmazeutika, weil sie reiner sind und die Wahrscheinlichkeit kleiner ist, dass daran herumgepfuscht wurde. Tatsächlich neigen Sie dazu, allem zu misstrauen, das den großen Pharmakonzernen entsprungen ist. Das geht sogar so weit, dass Sie sich Ihr ganz eigenes Aspirin herstellen, wann immer dies möglich ist. Sie lieben es ebenfalls, Speisen mit Pflanzen zuzubereiten und Sie sind bekannt für Ihre äußerst schmackhaften Gerichte. Vielleicht „würzen" Sie sogar Ihre Soufflés und Schmorbraten mit speziellen Kräutern, die zusätzliche Nährstoffe liefern oder das Immunsystem stärken. Sie wissen, wie man Kräuter zieht, erntet und vorbereitet und vielleicht verfügen Sie sogar über Ihr eigenes Kräutergeschäft. Sie wissen, wie man Seifen herstellt, Farbstoffe, Lotionen und andere Produkte, die aus natürlichen Inhaltsstoffen bestehen.

Nach welchem System der Einsatz von Kräutern gehandhabt wird, liegt im Ermessen des Erzählers. Hier ein paar Vorschläge: leicht verkürzte Regenerationszeiten (durch regelmäßige Verabreichung von Wickeln und/oder Tees und Elixieren), Beruhigung und Linderung, anregende Wirkung etc. Kräuter können, wenn sie richtig angewendet werden, die Heilung von Wunden und Krankheiten fördern und Symptome lindern, ohne die ungünstigen Nebenwirkungen und Abhängigkeiten, die häufig mit der Verwendung moderner Pharmazeutika einhergehen. Blutsgeschwister, die weit weg von städtischen Gebieten leben und keine Krankenversicherung haben, betrachten Kräuterkunde als ein lebenswichtiges Mittel, um die Gesundheit in ihrer Gemeinschaft zu gewährleisten.

- • **Schüler:** Sie sind in der Lage, einige grundlegende Kräutermischungen herzustellen und können die meisten gängigen Kräuter bestimmen.
- • • **College:** Sie können nahezu jede Art von Kräutern bestimmen, anpflanzen, ziehen und ernten, mit Ausnahme äußerst exotischer oder seltener Kräuter. Sie können die meisten Kräutertränke brauen und einige Wunden und Krankheiten behandeln.
- • • • **Meister:** Sie sind ein Kräuterarzt. Sie haben vielleicht einen höheren Abschluss in Botanik oder in Kräuterkunde, vielleicht haben Sie Ihr Wissen aber auch durch eine Lehre und jahrelanges Studium erworben. Sie können viele Arten von Krankheiten diagnostizieren und pflanzliche Heilmittel dagegen verordnen, und Sie können die meisten Wunden mit Kräuterumschlägen und dergleichen behandeln.
- • • • • **Doktor:** Sie besitzen vielleicht einen Doktorgrad in Botanik, Pflanzenheilkunde oder irgendeinem anderen höheren Studienfach, das mit Pflanzen zu tun hat, oder Sie haben Ihren eigenen Lehrmeister überflügelt und geben Ihr Wissen jetzt an Schüler weiter. Sie können komplizierte Kräuterarzeneien herstellen und viele Wunden sicher behandeln. Außerdem kochen Sie ein köstliches Ratatouille!
- • • • • • **Gelehrter:** Sie könnten Ihr Wissen über Kräuter in einem Buch niederschreiben. Vielleicht haben Sie dies auch bereits getan. Wenn Sie wollten, könnten Sie an einer Universität unterrichten. Vielleicht haben Sie bereits Vorlesungen über Pflanzen gehalten oder waren bereits als Berater für einige medizinische Ausschüsse oder Institutionen im Bereich der Pflanzenkunde tätig. „Herb" könnte sogar Ihr Vorname sein.

Verfügbar für: Blutsgeschwister, Kinder Gaias, ganzheitliche Heiler, Kräuterkundige, Großmütter

Spezialitäten: Heilpflanzen, Wachstum und Konservierung, Pflanzenheilkunde, Heiltränke, Haushaltsprodukte, Gifte

Tiermedizin

Ihr Interesse an der Medizin hat sie nicht an die humanmedizinische Fakultät geführt, sondern an die Hochschule für Tiermedizin. Sie empfinden es nicht nur als befriedigend, sondern auch als nützlich und wichtig, sich um die Gesundheit von Gaias nicht sprechenden Kreaturen zu kümmern. Sie sind stolz auf ihre Fähigkeit, auch bei Patienten eine Diagnose stellen zu können, die ihre Beschwerden nicht in Worte fassen können. Außerdem hat es sich für Sie auch als nützlich erweisen, wenn es darum ging, wölfische Blutsgeschwister und Lupus Garou zu behandeln und nicht auf menschliche Medizin zurückzugreifen, um sie zu versorgen. Bei anderen Blutsgeschwistern und den Garou sind sie gleichermaßen angesehen.

- • **Student:** Sie sind immer noch dabei, zu lernen, wie man Tiere medizinisch versorgt, aber Sie können bereits eine große Bandbreite an Erster Hilfe und Notfallbehandlungen bei Tieren und Garou durchführen.
- • • **College:** Sie verfügen über grundlegende Kenntnisse in der Veterinärmedizin, aber Sie müssen noch Erfahrung in diesem Bereich sammeln, um in der täglichen

gesundheitlichen Versorgung von Tieren und Ihren Garou-Verwandten sicherer zu werden.

- ••• **Meister:** Sie dürfen den Titel „Dr." vor Ihrem Namen tragen. Sie wissen, wie man alles und jeden behandelt, von der Rennmaus bis zum Elefanten. Es gibt möglicherweise immer noch ein paar spezielle Tierarten, die Sie noch nicht gemeistert haben, aber das sind nicht viele. Die Garou empfinden Sie als nützlich im Hinblick auf medizinische Gebrechen, die sie nicht mit Gaben behandeln können.
- •••• **Doktor:** Sie haben sich einen fundierten Ruf in der gesamten Gemeinschaft der Tiermediziner erworben und ebenso bei Blutsgeschwistern und Garou. Sie können alles tun, von der Versorgung leichterer Verletzungen bis zur Durchführung einer großen Operation unter schwierigen Bedingungen. Sie sind sich sicher, dass Sie sich auch um die meisten Fera kümmern könnten, sollte dies erforderlich sein.
- ••••• **Gelehrter:** Sie haben Aufsätze und Bücher zu Bereichen der Tiermedizin veröffentlicht und Sie sind dazu qualifiziert, überregional an Hochschulen für Tiermedizin zu unterrichten. Sie haben nicht notwendigerweise eine öffentliche Praxis, aber Sie könnten sich in einer solchen niederlassen, sollten Sie dies wünschen. Die Garou und Blutsgeschwister beschäftigen Sie ausreichend mit ihren Problemen und schätzen sich glücklich, Sie zu haben.

Verfügbar für: Tiermediziner, Naturwissenschaftler, Forscher, Tierschützer, Blutsgeschwister

Spezialitäten: Ganzheitliche Medizin, Chirurgie, Exotische Tiere, Kleintiere, Wilde Tiere, Wölfe

Rituale

Garou erlernen diese Kenntnis, um am spirituellen Leben der Septe, des Stammes und des Garou-Daseins im Allgemeinen teilhaben zu können. Blutsgeschwister haben ihre eigene Version von Ritualen, die sie ebenfalls dazu befähigt, ihrem Dasein als Blutsverwandte der Garou eine spirituelle und gemeinschaftliche Ebene hinzuzufügen. Diese Kenntnis vermittelt gewisse allgemeine Kenntnisse der Rituale und Mysterien der Garou (wie zum Beispiel die Namen und Zwecke der meisten Garou-Rituale und eine vereinfachte Version der Garou-Traditionen). Darüber hinaus können Blutsgeschwister, die diese Kenntnis besitzen, an Ritualen teilnehmen, die speziell für Blutsgeschwister erschaffen wurden. Gleichzeitig beinhalten viele Rituale der Blutsgeschwister das formalisierte Gebaren, das den meisten zeremoniellen Anlässen innewohnt, und dienen dazu, das Band zwischen Blutsgeschwistern zu stärken, oder auch das Band zwischen Blutsgeschwistern und ihren Garou-Verwandten. Andere Rituale gewähren begrenzten Zugang zur Geisterwelt, wobei jegliche Macht, die aus solchen Ritualen gewonnen wird, keinesfalls so stark ist, dass sie es mit der Wirkungskraft der Garou-Rituale aufnehmen kann. Ein Charakter kann keine Rituale erlernen, die eine höhere Stufe haben als sein Ritualwert.

- • **Student:** Sie haben genau zugesehen, während andere Blutsgeschwister Rituale durchgeführt haben.
- •• **College:** Sie haben erfolgreich an Ritualen teilgenommen, die von anderen durchgeführt wurden.
- ••• **Meister:** Sie unterweisen andere Blutsgeschwister in den Ritualen.
- •••• **Doktorgrad:** Garou sehen Ihnen zu, um etwas von Ihnen zu lernen.
- ••••• **Gelehrter:** Sie können Ihre eigenen Rituale erschaffen und könnten ein Buch zu dem Thema verfassen.

Verfügbar für: Garou-Blutsgeschwister, Fera-Blutsgeschwister, einige Scharlatanerier

Spezialitäten: Individuelle Rituale, Gruppenrituale, Einklang, Mystisch, Jahreszeitliche, Kleinere

Hintergründe

Viele der Hintergründe, die in diesem Abschnitt aufgeführt werden, sind vergleichbar mit denen, die in **Werwolf: Die Apokalypse, W20 Jubiläumsausgabe** vermerkt sind. Diese Hintergründe heben allerdings ihre Bedeutung für Blutsgeschwister-Charaktere hervor. Andere Hintergründe sind neu und gelten ausschließlich für Blutsgeschwister (oder so ausschließlich, wie ein Erzähler es für richtig hält). Erzähler sollten ihren Spieler dabei helfen, Hintergründe auszuwählen, die zur Chronik passen. Die Hintergründe Verbündete, Kontakte und Mentor sind für Blutsgeschwister dieselben. Das Grundregelwerk deckt diese ab. Blutsgeschwister können weder Blutsgeschwister noch Vergangenes Leben, Riten, Totem oder Fetisch kaufen. Stattdessen können Blutsgeschwister den neuen Hintergrund Blutsgeschwister-Riten kaufen, um spezielle Riten nur für sie zu erlernen. Sie können Fetisch als Blutsgeschwister-Vorzug erwerben.

Ausrüstung

Entweder über Ihre Garou-Familie, eine Gemeinschaft (siehe S. 27-31), irgendeine andere Verbindung oder dank Ihrer eigenen Gerissenheit haben Sie Zugang zu hoch spezialisierter Ausrüstung, die nicht über die herkömmlichen Kanäle zu bekommen ist. Diese Ausrüstung kann zwischen verhältnismäßig einfach (Silberkugeln) und selten und schwer zu bekommen (die „Strahlenkanone" eines Magus) variieren. Sie starten mit dieser Ausrüstung ins Spiel, aber wenn sie einmal weg ist, sei es aufgebraucht, verloren, gestohlen oder zerstört, können Sie sie nicht wieder ersetzen, außer durch gutes Rollenspiel. (Anregungen oder Beispiele hierzu finden Sie weiter unten oder im Grundregelwerk.)

- • **Ein geringerer Gegenstand:** Die Ausrüstung kann Silberkugeln, hochwertige Kevlarwesten, Straßendrogen etc. enthalten.
- •• **Zwei geringere Gegenstände:** Dazu können laserbasierte Einschießhilfen, Heilkräuter, Gasmasken oder die Polizeivariante von Pfefferspray zählen.
- ••• **Ein größerer Gegenstand:** Dazu zählen explosive Munition, Wanzen, Arzneimittel, chirurgische Feldausrüstung, Störsender, ein kleines Privatflugzeug und andere Gegenstände von ähnlicher Qualität. Falls Sie über den Vorzug Gnosis (5 Pkt.) verfügen, könnten sie ein geringeres Talen auf dieser Stufe haben.
- •••• **Zwei größere Gegenstände:** Noch größere Gegenstände umfassen Spezialfahrzeuge, Schusswaffen von militärischer Qualität, Elektronenmikroskope etc. Falls Sie über den Vorzug Gnosis (6 Pkt.) verfügen, könnten Sie ein größeres Talen dieser Stufe haben.
- ••••• **Ein einzigartiger Gegenstand:** Experimentelle High-Tech-Schusswaffen, magische Kristallkugeln und nicht ausfindig zu machende Gifte, die für Garou tödlich sind, wären möglich. Falls Sie über den Vorzug Gnosis (7 Pkt.) verfügen, können Sie sich stattdessen dafür entscheiden, einen mächtigen Talen zu besitzen. Auf dieser Stufe sollte der Erzähler dem Spieler bei der Wahl des Gegenstandes

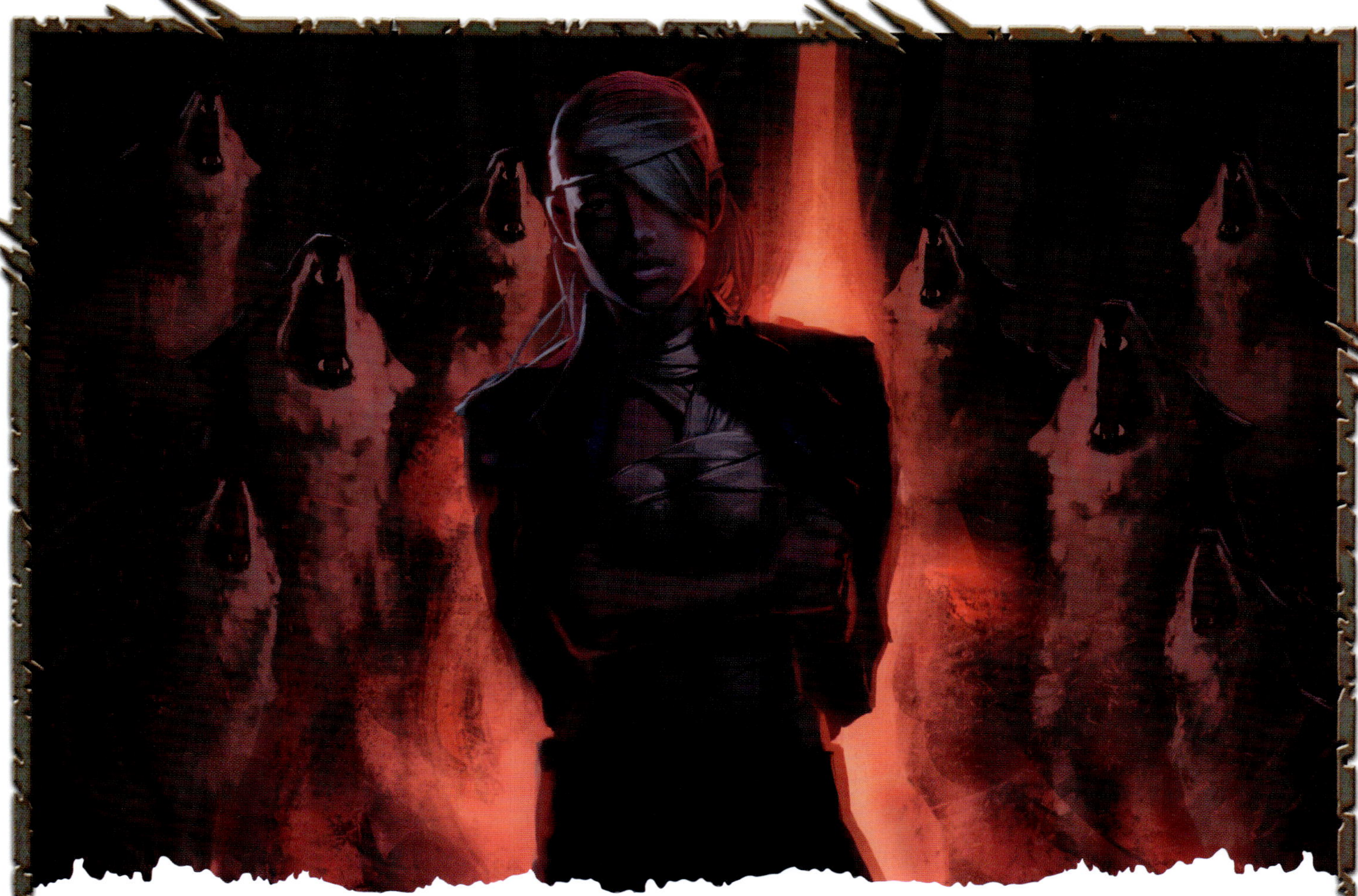

behilflich sein, damit er die Geschichte nicht aus dem Gleichgewicht bringen kann.

Gefallen des Garou

Sie haben sich auf irgendeine Weise den Gefallen eines Garou erworben. Vielleicht haben Sie einen oder mehrere seiner Blutsgeschwister gerettet oder ihm selbst das Leben gerettet. Sie könnten irgendetwas getan haben, das die Zerstörung eines Caerns oder eines anderen für Gaia heiligen Ortes verhindert hat. Das bedeutet, dass Sie von dem Garou, der in Ihrer Schuld steht, einen Gefallen einfordern können. Die Art des Gefallens liegt in Ihrem Ermessen und in dem Ihres Erzählers. Es könnte sich um eine „Sie kommen aus dem Gefängnis frei"-Karte, handeln, die Ihnen freies Geleit aus einer riskanten oder potenziell verhängnisvollen Situation gewährt. Sie können entweder durch einen Garou eine Gunst erhalten oder einen negativen Effekt vermeiden. Es könnte sich dabei um ein Geldgeschenk handeln, ein besonderes Ausrüstungsstück, sogar ein Schlag gegen jemanden, der Sie oder Ihre Familie bedroht. Wie auch beim Hintergrund Ausrüstung ist dieser Gefallen hinfällig, sobald er einmal eingelöst wurde. Sie können jederzeit versuchen, im Verlauf des Spiels durch gutes Rollenspiel einen weiteren zu erhalten. Erklären Sie dem Erzähler die Umstände, die dazu führten, dass Sie diesen Gefallen erworben haben.

- • Ein Gefallen von einem Garou niederen Ranges (0-1).
- •• Ein Gefallen von einem Garou mittleren Ranges (2).
- ••• Ein Gefallen von einem Garou höheren Ranges (3-4).
- •••• Ein Gefallen von einem Garou des höchsten Ranges (5).
- ••••• Ein Gefallen von einem Stammesanführer.

Ruf

Nur sehr wenige Blutsgeschwister gelangen in den Augen eines Garou jemals zu Ruf. Gelegentlich gelingt einem der Blutsgeschwister eine Tat, von der der Garou der Ansicht sind, dass sie es wert sei, mit Ruf belohnt zu werden. Dieser Hintergrund erlaubt es Ihrem Charakter, mit einem gewissen temporären Ruf in das Spiel zu starten. Sie entscheiden, ob Sie die Punkte auf Ehre, Weisheit oder Ruhm verteilen oder ob Sie eine Kombination aus allen dreien erhalten. Sie sollten gemeinsam mit ihrem Erzähler die Umstände festlegen, unter denen Ihr Charakter den Ruf erhält. (Weiterführende Informationen und Vorschläge finden Sie in der Ruf-Tabelle.) Ein Blutsgeschwister, das Ruf besitzt, kann trotzdem niemals den Rang eines Garou erreichen. Nichtsdestotrotz erkennen Garou Blutsgeschwister mit Ruf an und achten sie, ähnlich wie im Falle von Reine Blutlinie, aber sie erwarten von ihnen gleichzeitig auch mehr Arbeit und Diensteifer.

- • Ein temporärer Punkt Ruf.
- •• Zwei temporäre Punkte Ruf.
- ••• Drei temporäre Punkte Ruf.
- •••• Vier temporäre Punkte Ruf.
- ••••• Fünf temporäre Punkte Ruf.

Ressourcen

Wie auch bei den Garou spiegelt dieser Hintergrund Ihr materielles und persönliches Vermögen wider, Ihr Eigentum und Ihren Zugang zu finanziellen Mitteln. Bei Blutsgeschwistern spiegelt Ressourcen auch wider, wie sehr Sie in der Lage sind, Ihren Garou-Verwandten zu helfen. Werwölfe verlassen sich häufig darauf, dass Blutsgeschwister die finanziellen Mittel zu Verfügung stellen, um heiliges Land zu kaufen, Ausrüstung anzuschaffen und Angriffe gegen Pentex und andere vom Wyrm verunreinigte menschliche Organisationen und Unternehmen zu finanzieren, neben allem anderen, das möglicherweise mehr Geld und Ausrüstung kostet, als ein Garou selbst beschaffen kann. Es gibt zwar ein paar Garou, die tatsächlich über ein unabhängiges Vermögen verfügen oder sich als fähig erweisen, mit der außenstehenden Welt gut genug zurechtzukommen, um ihre

Blutsgeschwister Ruf

Die nachfolgende Tabelle veranschaulicht beispielhafte Belohnungen im Zusammenhang mit Blutsgeschwister Ruf. Sie können eigene Beispiele hinzufügen oder sie als Basis nutzen, um eine eigene Tabelle zu erstellen, die zu Ihrer Chronik passt. Bedenken Sie, dass jede positive Zuerkennung immer das Potenzial für eine noch größere negative birgt. Falls Sie die Ruf-Tabelle in **Werwolf: Die Apokalypse, W20 Jubiläumsausgabe** (S. 244-248) verwenden möchten, bedenken Sie, dass die Belohnungen für Blutsgeschwister nicht in genauso vielen Punkten ausgedrückt werden. Als Faustregel können Sie einen Punkt Blutsgeschwister-Rufvergeben pro vier Punkte Garou-Ruf. Verwenden Sie Ruf nur, wenn Sie der Meinung sind, dass er Ihre Chronik nicht aus dem Gleichgewicht bringt und die Aufmerksamkeit nicht von ihrem eigenen Fokus ablenkt.

Aktivität	Ruhm	Ehre	Weisheit
KAMPF UND BEGEGNUNGEN			
Herausragende Tapferkeit im Angesicht des Todes	1	–	–
Eine Wunde der Stufe Außer Gefecht überleben	1	–	–
MYSTISCHE EREIGNISSE			
Entlarvung von Blutsgeschwistern, die der Wyrm verdorben hat	1	–	–
Einen Garou als vom Wyrm verdorben entlarven	–	–	4
Eine prophetische Vision haben und ihr folgen	–	–	2
Entdeckung von Fetischen, Talens, lange verlorenem Wissen	–	1 bis 3	1 to 3
Einladung, an einer Versammlung oder einem Ritus teilzunehmen	–	1	2
CAERN-AKTIVITÄTEN			
Aufforderung, bei der Bewachung eines Caerns zu helfen	1	–	–
Bei der Verteidigung eines Caerns sterben	3	3	–
Ablehnen, zur Verteidigung eines Caerns zu kämpfen	-3	-1	–
BEZIEHUNGEN ZU GAROU UND BLUTSGESCHWISTERN			
Seinem Stamm getreulich dienen (fünf Jahre)	–	1	1
Gute Beziehungen zu anderen Blutsgeschwistern pflegen	–	–	1
Garou-Nachkommen austragen	–	1	1
Ablehnen, sich fortzupflanzen*	–	-4	–
BENEHMEN UND VERHALTEN			
Einer Bitte um weisen Rat nachkommen	–	–	1
Garou beschützen, die nicht dem eigenen Stamm angehören	-1	–	–
Unhöflichkeit	–	-1	-1
Schlecht über Garou sprechen	–	–	-3
Unehrenhaft handeln	–	-1 bis -5	–

* Wird nur erhoben, wenn das Blutsgeschwister nicht mehr länger in der Lage ist, Kinder zu zeugen oder auszutragen, und dann auch nur, falls er/sie sich die ganze Zeit über bewusst geweigert hat, dies zu tun (Fehlgeburten oder Unfruchtbarkeit zählen nicht, solange das Blutsgeschwister versucht hat, ein Kind zu bekommen).

eigenen materiellen Güter und Finanzmittel zusammenzutragen, aber die meisten von ihnen halten es doch für sicherer (für sie selbst und für die Menschheit), wenn sie ihre menschlichen Blutsgeschwister mit der Gesellschaft in Kontakt treten lassen, insbesondere bei Angelegenheiten, die möglicherweise so brisant sind wie einen Job zu behalten oder dem Druck von Investitionen oder der Unternehmensführung standzuhalten. Insbesondere die Schattenlords und die Glaswandler achten darauf, welches Vermögen ihre Blutsgeschwister möglicherweise anhäufen. Andere Stämme, wie zum Beispiel die Roten Klauen und die Sternenträumer, interessieren sich vielleicht nicht so viel für materielle Besitztümer oder Geld. Die meisten Stämme liegen irgendwo dazwischen. Selbst die Blutsgeschwister der Knochenbeißer können bis zu drei Punkte Ressourcen sammeln, damit sie dazu in der Lage sind, ihren Beitrag für ihre Garou-Verwandten zu leisten (diese Rubbellose haben sich bezahlt gemacht!).

- **Student:** Sie haben genug, um gerade so über die Runden zu kommen. Sie besitzen eine Einzimmerwohnung (gemietet), arbeiten in einem Job mit geringem Einkommen (oder in mehreren Jobs), besitzen ein Moped oder ein Fahrrad und jede Menge Dosensuppe und Ramen-Nudeln. Sie könnten einem Garou-Verwandten für ein paar Tage Unterkunft und Verpflegung anbieten.

• • **Mittelschicht:** Sie besitzen eine Wohnung oder ein kleines Haus und ein älteres Auto. Sie haben einen festen, aber oft langweiligen Job, der es Ihnen ermöglicht, monatlich eine kleinere Summe zurückzulegen, wenn Sie gut wirtschaften. Ihre Kleidung ist gut, aber selten elegant. Wenn Sie sorgfältig haushalten und günstige Fleischstücke kaufen, können Sie ein paar Garou drei Monate lang oder einen einzelnen Garou über einen längeren Zeitraum versorgen.

• • • **Oberschicht:** Sie arbeiten auf Profiebene und verdienen gut oder Sie sind selbstständig und dabei sehr erfolgreich. Sie besitzen ein nettes Haus oder eine Eigentumswohnung, fahren ein Auto, das nicht älter als fünf Jahre ist (und haben ein Auge auf ein „grünes" Fahrzeug geworfen) und Sie tragen schöne Kleidung von bekannten, umweltfreundlichen Labels. Sie könnten ein halbes Dutzend Garou ein ganzes Jahr lang durchbringen und trotzdem noch regelmäßig (wenn auch nicht täglich) Steak Tatar und blutiges Filet Mignon auf den Tisch bringen.

• • • • **Vermögend:** Das Familienanwesen gehört Ihnen, oder es wird einmal Ihnen gehören. Sie haben Zugang zu Land, einer kleinen Belegschaft von Bediensteten, einer Reihe schicker Autos (inklusive diesem SUV mit Biotreibstoff, den Sie schon immer haben wollten) und einem gut gefüllten Bankkonto. Ihre Investitionen sind solide und entwickeln sich gut. Sie könnten (und vielleicht tun Sie das auch) ein großes Rudel von Garou für unbestimmte Zeit unterhalten.

• • • • • **Stinkreich:** Geld? Kein Thema. Sie besitzen mehrere Häuser, mindestens eines für jede Saison, haben eine ganze Fahrzeugflotte und besitzen verschiedene Firmenanteile. Mit Ihrem Vermögen könnten Sie wahrscheinlich mindestens die gesamte Garou-Bevölkerung Nord-Amerikas für eine ganze Weile unterstützen.

Riten

Genau wie ihre Garou-Verwandten empfinden es auch Blutsgeschwister als wichtig und bedeutungsvoll, Rituale durchzuführen, um zu feiern, wer sie sind, um bedeutende Meilensteine in ihrem Leben anzuerkennen und sich auf andere Weise von den Nicht-Blutsgeschwister-Menschen abzugrenzen. Dieser Hintergrund legt fest, wie viele Riten ein Charakter zu Beginn des Spiels kennt. Die Werte stellen Stufen der Riten dar, was bedeutet, dass ein Charakter mit vier Punkten auf Riten vielleicht einen Ritus Stufe Vier kennt, vier Riten Stufe Eins, zwei Riten Stufe Zwei oder einen Ritus Stufe Eins und einen auf Stufe Drei. Ein Charakter benötigt einen Wert auf Ritualkenntnis, der mindestens der Stufe des Ritus entspricht, den er gerne erlernen möchte, weshalb unser Charakter aus dem vorangegangenen Beispiel mindestens vier Punkte auf Rituale besitzen muss, um diesen Ritus Stufe Vier zu haben. Diese Stufen beziehen sich ausschließlich auf Riten der Blutsgeschwister. Falls ein Blutsgeschwister mit Ritualkenntnis einen Garou-Ritus erlernen möchte, muss er sich dazu mit seinen Garou-Verwandten einigen. Blutsgeschwister können Garou-Riten höchstens auf Stufe Zwei lernen. Höhere Stufen in Ritualkenntnis erlauben es einem Blutsgeschwister, mehrere Garou-Riten der Stufe Eins oder Zwei zu lernen. So darf ein Blutsgeschwister beispielsweise mit vier Punkten in Riten, und der entsprechenden Erlaubnis, vier Garou-Riten Stufe Eins lernen, oder zwei der Stufe Zwei, oder zwei der Stufe Eins und einen der Stufe Zwei. Außerdem können Blutsgeschwister geringere Blutsgeschwister-Riten erlernen für den Preis von zwei geringeren Riten pro Punkt. Dieser Hintergrund legt lediglich fest, wie viele Ritenstufen ein Blutsgeschwister kennt, nicht, ob es sich darum um Blutsgeschwister- oder Garou-Riten handelt. In der Lage zu sein, einen Ritus zu kennen, und ihn tatsächlich zu lernen, sind zwei sehr unterschiedliche Dinge.

• Sie kennen eine Ritenstufe.

• • Sie kennen zwei Ritenstufen.

• • • Sie kennen drei Ritenstufen.

• • • • Sie kennen vier Ritenstufen.

• • • • • Sie kennen fünf Ritenstufen.

Vorzüge und Schwächen

Vorzüge und Schwächen ergänzen die Möglichkeiten, um Ihr Blutsgeschwister zu individualisieren. Es handelt sich dabei um optionale Mittel und möglicherweise lässt sie nicht jeder Erzähler zu. Vorzüge können mit Freien Zusatzpunkten gekauft werden. Durch Schwächen kann eine Anzahl an Freien Zusatzpunkten erworben werden, bis zu einem Maximum von sieben. Ein Charakter mit mehr als sieben Punkte durch Schwächen erweist sich häufig als unspielbares Individuum. Alternativ kann Ihr Erzähler möglicherweise zulassen, dass Sie bis zu sieben Punkte in Vorzügen auswählen, um eine entsprechende Anzahl an Punkten für Schwächen auszugleichen. Zusätzlich zu den hier aufgeführten gibt es im **W20 Grundregelwerk** eine ganze Reihe von Vorzügen und Schwächen, die im Anhang (S. 470 ff.) aufgeführt sind. Manche davon eignen sich möglicherweise für Blutsgeschwister ebenso wie für Garou. In anderen Regelwerken finden sich möglicherweise zusätzliche Vorzüge und Schwächen, die sich für Blutsgeschwister eignen, vorausgesetzt, Ihr Erzähler stimmt ihrer Verwendung zu.

Erzähler möchten vielleicht auch einige ihrer Geschichten auf den Schwächen aufbauen, die ihre Spieler für ihre Charaktere auswählen. So könnten sich zum Beispiel Blutsgeschwister mit einem Fetisch-Vorzug oder einer Außenseiter-Schwäche in die Angelegenheiten der Septen verwickelt sehen, was sich als mehr oder weniger vorteilhaft erweisen kann.

Geistig

Dummkopf (1 Pkt. Schwäche)

Ihre persönlichen Belange sind so wichtig, dass Sie dazu neigen, von der realen Welt oder dem, was um Sie herum vorgeht, keine Ahnung zu haben. Dies kann Ihre Art sein, Problemen aus dem Weg zu gehen oder vor Ihren Ängsten zu flüchten. Wie dem auch sei, Sie nutzen Ihren Verstand nicht allzu häufig zu seinem Vorteil — oder zu irgendeinem Vorteil, wie es scheint. Diejenigen, die Sie kennen, beschreiben Sie als „irgendwie weggetreten" und ihre Geduld mit Ihnen ist meist nicht sehr ausgeprägt. In Gesprächen verlieren Sie immer wieder den Faden und driften geistig ab, werfen unlogische Schlussfolgerungen ein, oder Sie kapieren schlicht und ergreifend nicht, worum es geht. Die Garou und selbst Ihre eigenen Verwandten machen sich hinter Ihrem Rücken über Sie lustig.

Flashbacks (1 - 3 Pkt. Schwäche)

Sie mögen das Schlachtfeld hinter sich gelassen haben, aber die Erinnerung daran hat Sie nie verlassen. Alternativ können Sie auch eine traumatische Katastrophe in Ihrer Kindheit überlebt haben oder zu irgendeinem anderen Zeitpunkt in Ihrer Vergangenheit. Welchen Ursprung Ihre „Episoden" auch haben möchten, Sie durchleben den Schrecken dieser entsetzlichen Augenblicke immer wieder, als würden sie sich erneut um Sie herum abspielen. Bei einer 1 Punkt Schwäche haben Sie flüchtige Erinnerungsblitze an dieses Ereignis, die ausreichen, um Sie für eine einzelne Aktion oder für ein paar Minuten durcheinanderzubringen. Als 2 Punkte Schwäche kann der Flashback sogar eine ganze Szene andauern und es ist das Eingreifen erforderlich von jemandem, dem Sie vertrauen, um Sie wieder in die Gegenwart zurückzuholen. Es ist keine Würfelprobe erforderlich. Als 3 Punkte Schwäche durchleben Sie den ganzen Schrecken noch einmal und Sie kämpfen darum, ihm zu entkommen, genau wie Sie es damals getan haben. Jeder, der sich in Ihrer Nähe befindet, wird zum Bestandteil Ihres Schreckensszenarios. Ein Familienmitglied oder ein enger Freund kann es bis zu dreimal versuchen, Sie zurückzubringen, indem er eine Willenskraftprobe gegen Sie ablegt. Danach benötigen Sie professionelle Hilfe. Medikamente können die Schwierigkeit senken, Sie wieder ins Hier und Jetzt zurückzubringen, indem sie Ihre Willenskraft verringern, allerdings nur zu dem Zweck, Sie zu beruhigen.

Übernatürlich

Übernatürliche Blutsgeschwister (4-5 Pkt. Vorzug)

Dieser Vorzug ist nicht für sterbliche Blutsgeschwister gedacht. Falls Sie allerdings beabsichtigen, einen Vampir, Magus, Todesalben oder einen Wechselbalg zu spielen, der gleichzeitig Blutsgeschwister ist, *müssen* Sie diesen Vorzug kaufen. Ungeachtet Ihres übernatürlichen Zustandes werden Sie innerhalb Ihres Garou-Stammes (oder bei einer anderen Gestaltwanderrasse) als Blutsgeschwister akzeptiert. Sie sind vielleicht nicht gerade glücklich darüber, aber sie verleugnen Sie nicht automatisch oder lehnen Sie ab. Personen außerhalb Ihrer Familie, darunter auch andere Garou, mögen Sie möglicherweise nicht. Andere Stämme akzeptieren Sie vielleicht nicht als Blutsgeschwister. Die meisten Garou betrachten Magi als Gnosis-Räuber. Vampire betrachten sie als Abkömmlinge des Wyrms, Todesalben als widernatürlich und Wechselbälger als nicht vertrauenswürdig. Tatsächlich befinden Sie sich möglicherweise in einem Konflikt, weil Sie sich auf einem schmalen Grat zwischen zwei übernatürlichen Welten bewegen. Nichtsdestotrotz erkennen Sie, dass es vorteilhaft ist, sich sowohl in Ihrem übernatürlichen Hintergrund als auch in der Welt der Blutsgeschwister auszukennen.

Übernatürliche Blutsgeschwister kostet vier Punkte für Magi, Wechselbälger und Todesalben. Vampir-Blutsgeschwister kosten 5 Punkte aufgrund der angeborenen Feindseligkeit zwischen den Garou und den Kainskindern. Manchmal werden sogar Familienbande an ihre Grenzen gebracht, wenn Sie versuchen, die Kluft zwischen beiden Gestalten zu überbrücken.

Blutsgeschwister-Charaktere, die nach den Standardregeln erschaffen wurden (z. B. jene, die weder tot noch Erweckt sind, den Kuss empfangen haben oder Kithain sind) können diesen Vorzug nicht haben. Er ist ausschließlich Charakteren vorbehalten, die als Todesalben, Vampire, Magi oder Wechselbälger angelegt sind und auf den entsprechenden Regeln dieser Spiele basieren.

Vom Wyrm befleckt (4 Pkt. Schwäche)

Ob aufgrund Ihrer eigenen unredlichen Aktionen im Dienste des Wyrms, einen unglücklichen angeborenen Makel oder durch reines übernatürliches Pech, sie stinken nach der Verderbnis des Wyrms. Da bestimmte Gaben es den Garou erlauben, Sie als vom Wyrm befleckt zu erkennen, versuchen die meisten Werwölfe, Sie sofort zu töten. Diese Schwäche sollte nicht leichtfertig angenommen werden. Sie sollten gemeinsam mit Ihrem Erzähler festlegen, wie Sie diesen Makel erworben haben, es sei denn, Sie möchten, dass dies auch für Ihren Charakter ein Geheimnis bleibt.

Körperlich

Geruchlos (1 Pkt. Schwäche)

Aus irgendeinem Grund besitzen Sie keinen erkennbaren Körpergeruch. Ihr Geruch ist so schwach, dass er von Tieren und Garou praktisch nicht wahrzunehmen ist. Dies kann sich für Sie als vorteilhaft erweisen, wenn Sie sich gerade vor Räubern verstecken, die von ihrem Geruchsinn geleitet werden (und viele Menschen bevorzugen Personen mit einem neutralen Geruch). Unter den Garou ist dieser Umstand allerdings eindeutig ein Nachteil. Es ist sehr wahrscheinlich, dass sie jedem, der keinen Geruch verströmt, instinktiv misstrauen, weil sie den Verdacht hegen, dass er oder sie übernatürliche Mittel einsetzt, um einen Makel des Wyrms zu verstecken. Keine Gabe, wie zum Beispiel Geruch der Wahren Gestalt, kann Sie als Blutsgeschwister offenbaren. Innerhalb einer Gruppe, die sich stark auf ihren Geruchssinn verlässt, haben Sie ein eindeutiges Gebrechen.

Gaben der Blutsgeschwister

Obwohl manche Blutsgeschwister Gaben erlernen und einsetzen können, finden Einschränkungen Anwendung. Blutsgeschwister-Charaktere können ein Spiel nicht mit Gaben beginnen (sie können zum Beispiel nicht bei der Charaktererschaffung über Freie Zusatzpunkte erworben werden). Sie müssen Gaben durch gutes Rollenspiel und Charakterentwicklung erwerben und diese Gaben müssen durch den Einsatz von Erfahrungspunkten im Spiel gesammelt werden, oder sie können vielleicht eine besondere Belohnung von den Garou oder den Geistern sein, denen die Blutsgeschwister geholfen haben. Außerdem sollte die Anzahl an Gaben, die ein Blutsgeschwister besitzen darf, niemals über das hinausgehen, was für einen Garou sinnvoll wäre. Ein Blutsgeschwister-Charakter mit mehr als zwei oder drei Gaben müsste einen besonders guten Grund vorweisen können, um so viele zu besitzen! Die meisten Blutsgeschwister, die Gaben einsetzen können, verfügen über eine. Gelegentlich können talentierte und von Gaia gesegnete Blutsgeschwister zwei Gaben besitzen. Unter ganz besonderen Umständen, und ausschließlich als Belohnung für außergewöhnlich gutes Rollenspiel, kann ein Blutsgeschwister, das etwas Einzigartiges und Episches vollbringt, drei Gaben erwerben.

Einsteigergaben für Blutsgeschwister

Blutsgeschwister können immer nur Gaben auf Stufe Eins lernen, niemals Stufe Zwei oder höher.

Wenn ein Spieler eine Gabe für seinen Blutsgeschwister-Charakter erwirbt, muss der Charakter die Gabe zuerst im Rahmen des Spiels erlernen, bevor er sie einsetzen kann. Solche Blutsgeschwister müssen zunächst jemanden finden, der sie in der Gabe unterweist. Da Geister die meisten Gaben lehren, müssen Blutsgeschwister einen Garou finden — üblicherweise einen Theurgen — damit er einen Geist beschwört, der als Lehrer dienen kann, wobei jeder Garou, der Geister beschwören kann, dafür ausreicht.

Gleichzeitig muss der Blutsgeschwister-Anwärter dem Theurgen einen Beweis dafür erbringen, dass es erforderlich für ihn ist, diese Gabe zu erlernen, seine Leistungen darlegen, die ihn dieses Privilegs würdig machen und aufzeigen, wie er seinem Stamm helfen kann, wenn er diese Gabe erlernt. Falls er über irgendeinen Ruf verfügt, kann es nicht schaden, die Taten vorzutragen, die dazu geführt haben, dass er ihn erworben hat.

Als nächstes muss der Theurg, sofern er dazu bereit ist, den Geist herbeirufen, der die Gabe lehren kann. Falls der Geist sich dazu entschließt, zu erscheinen, muss der Schüler mit ihm verhandeln, für gewöhnlich mithilfe eines Übersetzers, der die Geistersprache spricht. Sofern er nicht als Übersetzer tätig ist, mischt der Theurg selbst sich zu diesem Zeitpunkt nicht in den Verhandlungsprozess ein, es sei denn, es taucht eine Bedrohung für die Septe auf (oder falls der Geist eine intensive Abneigung gegen das Blutsgeschwister entwickelt). Während dieses Vorgangs sollte der Erzähler den Spieler dazu auffordern, die entsprechenden sozialen Würfelproben abzulegen.

Manchmal nehmen Geister von selbst Kontakt zu Blutsgeschwistern auf, ohne einen Theurgen als Vermittler einzusetzen. Falls ein Blutsgeschwister eine Tat vollbracht hat, die dem Geist gefallen hat, oder durch die es dem Geist oder einem seiner weltlichen Kinder einen wichtigen Dienst erwiesen hat, kann sich der Geist dazu entschließen, dem Blutsgeschwister als Belohnung eine Gabe beizubringen. Falls dies geschieht, kann ein Blutsgeschwister nicht frei wählen, welche Gabe ihm zum Erwerb angeboten wird. Man provoziert einen Geist nicht einfach, indem man seine Großzügigkeit durch Bedingungen beleidigt.

Blutsgeschwister können Gaben nicht so schnell lernen wie Garou, aber ein geduldiger Geist kann seine Gaben einem Blutsgeschwister innerhalb einiger Stunden vermitteln.

Ruf, Stamm und Brut

Ruf zu besitzen, kann es einem Blutsgeschwister erleichtern, eine Gabe zu erlernen. Es kann erforderlich werden, die erreichten Taten zu schildern, sei es als Bezahlung für den Unterricht oder um den Theurgen davon zu überzeugen, den Aufwand zu betreiben, einen Geist herbeizurufen. Ein Schüler, der sich respektvoll verhält und seine Garouverwandten auch auf andere Art und Weise durch sein Betragen beeindruckt, hat es unter Umständen leichter, wenn es darum geht, einen Garou davon zu überzeugen, dass er ihn beim Erlernen einer Gabe unterstützt. Blutsgeschwister haben keinen Rang. Stattdessen können sie bis zu einem bestimmten Punkt über dauerhaften Ruf verfügen. (Siehe Blutsgeschwister Ruf am Ende dieses Kapitel.)

Grundsätzlich können Blutsgeschwister keine Gabe erlernen, die nicht zu ihrer Brut oder ihrem Stamm gehört. Ein Blutsgeschwister der Knochenbeißer hat beispielsweise kaum eine oder sogar gar keine Chance, einen Lupus Glaswandler-Philodox davon zu überzeugen, einen Geist zu beschwören, damit er ihn eine Gabe lehrt, die normalerweise den Glaswandlern vorbehalten ist. Wie immer kann es Ausnahmen geben aufgrund besonderer Umstände, dringender Notwendigkeit oder zum Wohle einer ganzen Septe. Die anhaltenden Spannungen zwischen den Bruten und unter den Stämmen haben zu einem gewissen Besitzdenken geführt, was ihre Gaben angeht.

Blutsgeschwister haben mehr Glück, wenn sie sich innerhalb ihres eigenen Stammes und ihrer eigenen Brut bewegen, wenn sie eine Gabe erlernen möchten. Falls Blutsgeschwister ihrer Septe besonders nahestehen und häufig und beständig im Dienste der Garou tätig sind, haben sie eine deutlich bessere Chance, die Zustimmung zum Erlernen einer Gabe zu erhalten. Garou können es als eine weitere Möglichkeit betrachten, um einen Soldaten gegen den Wyrm zu bewaffnen, wenn sie einem besonders vertrauenswürdigen Blutsgeschwister die Möglichkeit einräumen, eine Gabe zu erlernen.

GABEN SND NICHT UMSONST

Nach langen Sitzungen, in denen der Charakter mit Garou und Geistern verhandelt hat, nach Stunden (oder manchmal Monaten) des Übens, angemessener Geschenke, Chiminage für Geister und vielleicht sogar nachdem Aufträge und Aufgaben erfüllt wurden, muss der Spieler Erfahrungspunkte aufwenden, um die hart erarbeitete Gabe zu erwerben. Die Kosten, die Anwendung finden, wenn ein Blutsgeschwister eine Gabe erlernen möchte, sind:

Lehrstoff	Kosten
Die Gabe gehört zur Brut oder zum Stamm des Blutsgeschwisters	15 Punkte
Die Gabe gehört nicht zur Brut oder zum Stamm des Blutsgeschwisters	+5 Punkte
Die Gabe wird von einem Garou gelehrt und nicht von einem Geist	+5 Punkte

Bitte bedenken Sie, so selten es auch sein mag, dass menschliche Blutsgeschwister eine Gabe erlernen, so ist es doch noch seltener, dass wölfische Blutsgeschwister sie erwerben. Der Wolf kann in einem solchen Fall eigentlich keine Gabe *erlernen*. Stattdessen *flößt* ihm der Geist die Gabe *ein*. Infolgedessen können wölfische Blutsgeschwister nur Gaben kennen und einsetzen, die passiv funktionieren oder instinktiv aktiviert werden können.

Gnosis

Sofern ein Blutsgeschwister nicht den Vorzug: Gnosis gewählt hat, kann es nur Gaben erlernen, die nicht die Aufwendung von Gnosis erfordern. Dies schränkt die Gaben stark ein, die einem Blutsgeschwister zur Verfügung stehen. Gaben wie zum Beispiel Verschwimmen vor dem Trüben Auge (**W20 Grundregelwerk**, S. 161), Fällende Berührung (S. 170) oder Züngelnde Flamme (S. 190f.) benötigen keine Gnosis, um gewirkt zu werden. Deshalb sind sie die am häufigsten gewählten Gaben, die Blutsgeschwister lernen können.

Blutsgeschwister, die über Gnosis verfügen, haben eine weitaus größere Auswahl. Theoretisch können Sie jede Gabe der Stufe Eins lernen, mit Ausnahme derer, die es erfordern, dass der Nutzer Zorn aufwendet oder für die eine Zornprobe erforderlich ist. Da Blutsgeschwister unter keinen Umständen über Zorn verfügen, bleiben diese Gaben außerhalb ihrer Kenntnis.

Ursprüngliche Gaben für Blutsgeschwister

Die Kinder Gaias waren die Ersten, die erkannten, welche Vorteile es für sie haben konnte, wenn ihre Blutsgeschwister die Fähigkeit hatten, Gaben einzusetzen. Begabte Blutsgeschwister stärkten nicht nur den Stamm, indem sie ihm eine weitere Möglichkeit einräumten, ihren Garou-Verwandten zu helfen, die Kenntnis der Gaben bedeutete manchmal auch, dass Blutsgeschwister sich selbst in Situationen zu helfen wussten, in denen sie anderenfalls die Hilfe der Garou

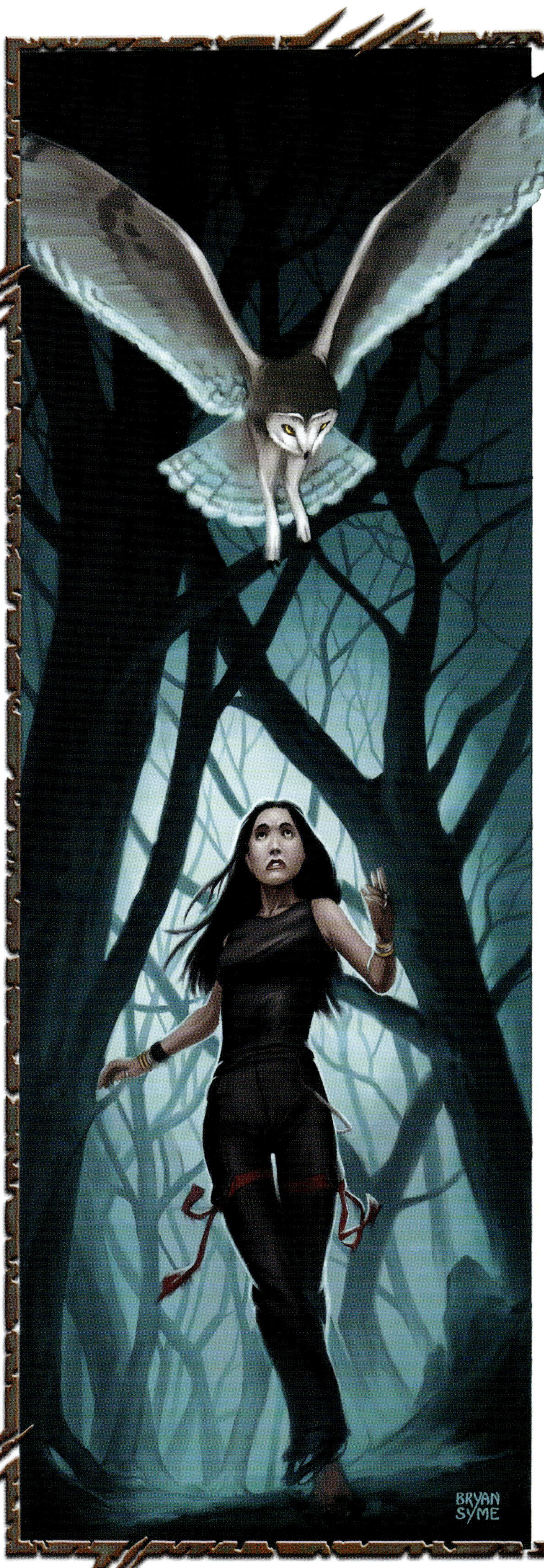

hätten in Anspruch nehmen müssen. Aus diesem Grund unterstützten die Kinder Gaias ihre Blutsgeschwister darin, ihre eigenen einzigartigen Blutsgeschwister-Gaben zu entwickeln. Diese Gaben stehen auch den Garou offen, aber da sie tendenziell weniger mächtig sind als selbst die Garou-Gaben der Stufe 1, verzichten die meisten Werwölfe darauf und bleiben lieber bei ihren eigenen, mächtigeren Gaben.

Wenn der Erzähler einverstanden ist, können Spieler einzigartige spezialisierte Gaben für ihre Charaktere entwickeln und die unten aufgeführte Liste damit ergänzen. Solche Gaben werden im Hinblick auf die Erfahrungspunktekosten so gehandhabt, als wären sie für jede Brut und jeden Stamm der Blutsgeschwister verfügbar.

Manche Gaben unterscheiden sich von Garou-Gaben mit derselben Bezeichnung im Hinblick auf die Dauer, die Anzahl an Einsatzmöglichkeiten pro Tag oder die Stärke des Vorteils.

Stammesgaben

Die Gaben, die hier vorgestellt werden, sind in den meisten Fällen leicht abgewandelte Versionen der Garou-Gaben mit derselben Bezeichnung. Die Varianten der Blutsgeschwister haben vielleicht eine kürzere Wirkungsdauer, erfordern die Aufwendung von Gnosis oder Willenskraft oder es sind zusätzliche Anstrengungen erforderlich, um einen Effekt permanent zu machen. Diese Liste umfasst nicht alle möglichen Gaben, sondern ist vielmehr eine beispielhafte Darstellung davon, welche Gaben möglich sind. Der Erzähler und die Spieler können diese Liste ergänzen oder kürzen oder eigene Gaben entwickeln.

Es ist möglich, Gaben von anderen Stämmen zu lernen, aber nur unter bestimmten Bedingungen.

Glaswandler

• **Einfache Maschine kontrollieren (Stufe Eins)** — Vergleichbar mit der Garou-Gabe der Glaswandler erlaubt es diese Gabe den Blutsgeschwistern, die Geister einfacher Maschinen zu kontrollieren, dafür zu sorgen, dass sich Schalter umlegen, Hebel betätigen, Knöpfe drücken, etc. Ein technologischer Geist lehrt diese Gabe.

System: Der Spieler wendet einen Punkt Willenskraft auf und legt eine Probe auf Manipulation + Handwerk (Schwierigkeit 7) ab. Die Gabe hält eine Szene lang an.

• **Diagnose (Stufe Eins)** — Genau wie bei der Garou-Gabe der Glaswandler ermöglicht es diese Gabe Blutsgeschwistern, nur durch einen einfachen Blick zu bestimmen, was mit einer Maschine nicht in Ordnung ist. Außerdem ist es dadurch möglich, den Geist der Maschine heranzuziehen, damit er bei der Reparatur hilft. Jeder technologische Geist lehrt diese Gabe.

System: Der Spieler muss einen Punkt Willenskraft aufwenden, um es dem Blutsgeschwister-Charakter zu ermöglichen, das Problem korrekt zu diagnostizieren. Indem sie einen Punkt Gnosis (oder zwei Punkte Willenskraft) aufwenden, können Blutsgeschwister den Geist dazu überreden, beim Reparaturvorgang zu helfen. Der Spieler legt eine Probe auf Geschick + Reparieren (Schwierigkeit 6) ab. Die Reparaturzeit wird halbiert, ebenso wie die Anzahl an Erfolgen, die für eine erfolgreiche Reparatur notwendig sind.

• **Gut geölter Betrieb (Stufe Eins)** — Diese Gabe ermöglicht es Blutsgeschwistern, ihre Kampfausrüstung im bestmöglichen Zustand zu erhalten, frei von Staub, Feuchtigkeit und anderen Umweltfaktoren. Diese Gabe lehrt ein Staub-, Kriegs- oder Wassergeist.

System: Der Spieler wendet einen Punkt Willenskraft auf und legt eine Probe auf Widerstandsfähigkeit + Handwerk (Schwierigkeit

7) ab. Jeder Erfolg erlaubt es Blutsgeschwistern, ein Maschinenteil für einen Tag vor Schäden durch Umwelteinflüsse zu schützen. Direkte Treffer oder physische Angriffe haben trotzdem noch Auswirkungen darauf.

Kinder Gaias

• **Steuern des Wassers (Stufe Eins)** – Ein Blutsgeschwister der Kinder Gaias kann diese Gabe wirken, um jedes mit Ausnahme der verschmutztesten Gewässer zu reinigen, indem es seine Hand in das Wasser hält oder mit seiner Stirn die Oberfläche berührt. Ein Avatar des Einhorns lehrt dies Gabe, nachdem das Blutsgeschwister dem Einhorn einen angemessenen Dienst erwiesen hat.

System: Der Spieler wendet einen Punkt Gnosis (oder Willenskraft) auf und legt eine Probe auf Wahrnehmung + Intuition ab. Wasser, das durch Fäkalien oder Parasiten verunreinigt ist, hat eine Schwierigkeit von 6. Wasser, das durch chemische Abfälle oder andere von Menschen gemachte Gifte verschmutzt wurde, hat eine Schwierigkeit von 8. Wyrm-Makel können nur durch Garou beseitigt werden, die diese Gabe besitzen. Jeder Erfolg reinigt genügend Wasser für eine Person für einen Tag.

Knochenbeißer

• **Kettenkommunikation (Stufe Eins)** Diese Gabe ermöglicht es einem menschlichen Blutsgeschwister, für eine kurze Zeit an der Bellenden Kette der Knochenbeißer teilzunehmen. Da sie nicht ihre Gestalt verändern können, verfügen Blutsgeschwister nicht über die Fähigkeit, wölfische Laute zu bilden. Für die Wirkungsdauer dieser Gabe kann die normale menschliche Stimme des Blutsgeschwisters die eines Wolfes nachahmen. Der Mensch spricht normal, aber die Laute, die er erzeugt, ahmen die Sprache der Bellenden Kette nach.

System: Blutsgeschwister wenden entweder einen Punkt Gnosis oder Willenskraft auf, um die Gabe zu wirken. Mit Willenskraft hält die Gabe für die Dauer einer Reihe von Konversationen an (üblicherweise eine Szene). Blutsgeschwister, die über den Vorzug Gnosis verfügen, können Gnosis statt Willenskraft aufwenden, um die Wirkungsdauer auf 24 Stunden auszudehnen. Ein Wolfs- oder Hundegeist lehrt diese Gabe.

• **Müllhund (Stufe Eins)** – Diese Gabe ist vergleichbar mit der Stufe Eins Gabe Kochen der Knochenbeißer, außer dass auch Blutsgeschwister ohne Gnosis sie erlernen können. Ein Blutsgeschwister verwendet einen speziellen Kochtopf, wie zum Beispiel eine Gusspfanne, einen Schmortopf oder andere Universalgefäße und füllt sie mit irgendeiner Art von Flüssigkeit und irgendwelcher Nahrung oder nahrungsänlichen Gegenständen, die gerade zufällig in der Nähe sind. Die Nahrung muss immer noch essbar sein. Die Gegenstände können zum Beispiel Verpackungen von Fastfood Läden oder von der Feinkosttheke sein, Deckel von Müsliverpackungen, Kaffeefilter und ähnliche tolle Dinge. Das Ergebnis ist ein fleischhaltiger Eintopf, eine herzhafte Schmorpfanne, Makkaroni mit Käse oder Spaghetti mit Fleischbällchen – genug, um eine ganze Familie bei einer Hauptmahlzeit satt zu machen.

System: Das Blutsgeschwister kombiniert die Zutaten und konzentriert sich dabei auf das gewünschte Gericht, wendet einen Punkt Willenskraft auf und wartet 15 Minuten. Am Ende dieser Zeitspanne ist das Essen kochend heiß und zum Verzehr bereit. Die Mahlzeit muss vor dem nächsten Morgen verspeist werden oder sie verschwindet. Falls ein Blutsgeschwister über Gnosis verfügt, kann ein Punkt Gnosis statt Willenskraft aufgewendet werden, um zusätzlich Müdigkeit verfliegen zu lassen und allen Mitessenden eine Nacht erholsamen Schlaf zu ermöglichen. Ein Feuergeist lehrt diese Gabe.

Nachfahren des Fenris

• **Sicherer Hafen (Stufe Eins)** – Diese Gabe erlaubt es einem Blutsgeschwistern der Fenrir, sein Haus oder sein Revier mit einer übernatürlichen Überwachung zu versehen, um es sofort zu erfahren, wenn jemand, den der Wyrm befleckt hat, dort eindringt. Blutsgeschwister, die innerhalb des Schutzkreises einer Septe leben, empfinden diese Gabe als äußerst nützlich. Ein Eulengeist lehrt diese Gabe.

System: Der Spieler wendet einen Punkt Gnosis (oder zwei Punkte Willenskraft) auf, um diese Gabe zu aktivieren. Anschließend kann sie durch einen Punkt Willenskraft (oder Gnosis) pro Tag aufrechterhalten werden. Falls irgendjemand, der den Makel des Wyrms trägt, in das festgelegte Gebiet eindringt, darf der Spieler eine Probe auf Wahrnehmung + Okkultismus (Schwierigkeit 7) ablegen, um das Eindringen zu bemerken. Zusätzliche Erfolge ermöglichen es dem Charakter, die Art und die Stärke des Eindringlings zu bestimmen. Blutsgeschwister dürfen nur ein Gebiet beschützen, das sie auch für sich beanspruchen dürfen, sei es innerhalb des Schutzkreises (ausgenommen den eigentlichen Caern) oder in der Welt außerhalb.

Rote Klauen

• **Geheul für das Rudel (Stufe Eins)** – Diese Gabe ermöglicht es wölfischen Blutsgeschwistern, ihre Stimme in einem Geheul zu erheben, das jedes Mitglied ihres Rudels hören kann, ganz gleich, wie groß die Entfernung ist. Garou, die mit ihrem Rudel verbunden sind, können dieses Geheul ebenfalls hören und darauf antworten. Diese Gabe wird von einem Wolfsgeist eingeflößt.

System: Der Spieler wendet einen Punkt Willenskraft auf, um diese Gabe zu aktivieren, und lässt ein Geheul los.

• **Fleisch reinigen (Stufe Eins)** – Diese Gabe ermöglicht es wölfischen Blutsgeschwistern, verdorbenes Fleisch von Gift, Chemikalien und anderen giftigen Substanzen, die nicht natürlich hergestellt wurden, zu reinigen. Nahrungsmittel, die für Wölfe und andere Tiere giftig sind, sind nicht betroffen. Der Wolf muss erspüren (normalerweise über den Geruch, eine Berührung oder den Geschmack), dass das Fleisch verdorben ist. Diese Gabe kann 50 Pfund verdorbenes Fleisch reinigen. Wölfische Blutsgeschwister müssen mindestens einen Punkt Gnosis besitzen, um die Gabe zu erlernen, die von einem Wassergeist gelehrt wird.

System: Der Spieler wendet einen Punkt Gnosis auf. Der Charakter muss das Fleisch berühren, um die Gabe zu aktivieren.

Schattenlords

• **Aura der Zuversicht (Stufe Eins)** – Diese Gabe ermöglicht es einzelnen Blutsgeschwistern, eine Aura der Überlegenheit gegenüber anderen Menschen aufzubauen, was jeden daran hindert, ihre Schwächen aufzudecken oder ihre Aura zu lesen. Ein Ahnengeist lehrt diese Gabe.

System: Blutsgeschwister müssen einen Punkt Willenskraft aufwenden, um die Gabe zu aktivieren, die eine Wirkungsdauer von einer Woche hat.

• **Geflüster einfangen (Stufe Eins)** – Diese Gabe erlaubt es Blutsgeschwistern, auf übernatürliche Art und Weise Unterhaltungen zu belauschen und dadurch die Chance zu erhalten, zu jeder potenziellen Verschwörung gegen die Garou oder ihre Blutsgeschwister eine Vorwarnung zu erhaschen. Ein Krähengeist lehrt diese Gabe.

System: Der Spieler wendet einen Punkt Willenskraft auf und kann geflüsterte Unterhaltungen in Hörweite wahrnehmen, als würden die Sprecher direkt neben ihm stehen. Falls Hindernisse oder die Entfernung eine gewöhnliche Unterhaltung behindern könnten, ist es eventuell erforderlich, dass der Spieler eine Probe auf Wahrnehmung ablegt, um einen Erfolg zu erzielen.

Schwarze Furien

• **Eulensprache (Stufe Eins)** — Schwarze Furien und ihre Blutsgeschwister können sich mithilfe dieser Gabe der Verbindung bedienen, die zwischen Athena und ihren heiligen Eulen besteht. Diese Gabe kombiniert die Effekte der Galliard-Gabe Tiersprache und der Philodox-Gabe König der Tiere, wobei sie allerdings nur auf Eulen wirkt. Die Mondtöchter teilen diese Gabe häufig mit ihren Blutsgeschwistern, insbesondere mit jenen, die über Gnosis verfügen.

System: Wenn ein Blutsgeschwister über Gnosis verfügt, ist diese Gabe permanent und kann jederzeit eingesetzt werden. Verfügt ein Blutsgeschwister nicht über Gnosis, kann es diese Gabe trotzdem erlernen, muss aber jedes Mal einen Punkt Willenskraft aufwenden, wenn sie gewirkt werden soll. Sie hält 8 Stunden an.

Silberfänge

• **Auge des Fischadlers (Stufe Eins)** — Diese Gabe ermöglicht es Blutsgeschwistern, ein Objekt oder eine Person durch das Wasser hindurch auszumachen und dabei jegliche Verzerrung oder den Farbverlust durch das Wasser zu ignorieren, die anderenfalls die Sicht behindern könnten. Dies erlaubt es dem Nutzer der Gabe, jemanden unter Wasser ebenso klar und deutlich zu erkennen als befände er sich auf dem trockenen Land. Ein Fischadler- oder Lachsgeist lehrt diese Gabe.

System: Der Spieler wendet einen Punkt Gnosis (oder zwei Punkte Willenskraft) auf. Die Gabe hält eine Szene lang an und kann anschließend für die nächsten 12 Stunden nicht noch einmal angewendet werden. Wenn sich der Anwender unter Wasser befindet, wird die Schwierigkeit für Proben auf Wahrnehmung um 2 erleichtert, um Objekte oder Personen unter Wasser sehen zu können.

Sternenträumer

• **Gleichgewicht (Stufe Eins)** — Ein Blutsgeschwister erwirbt ein nahezu perfektes Gleichgewicht und kann über jedes Sims, jedes Seil und jede andere Engstelle gehen, egal wie rutschig oder beweglich die Oberfläche ist. Ein Windgeist lehrt diese Gabe.

System: Der Spieler wendet einen Punkt Gnosis oder zwei Punkte Willenskraft auf und konzentriert sich auf die Aufgabe. Kletterschwierigkeiten werden um 3 gesenkt und das Gleichgewicht wird automatisch gehalten. Während diese Gabe für Garou permanent ist, sobald sie einmal ausgeführt wurde, müssen Blutsgeschwister diese Gabe einmal pro Tag ausführen oder nach Bedarf.

• **Eiserne Entschlossenheit (Stufe Eins)** — Ein Blutsgeschwister nutzt seine Entschlossenheit, um große Taten allein durch Willenskraft zu vollbringen. Ein Ahnengeist lehrt diese Gabe.

System: Blutsgeschwister wenden einen Punkt Willenskraft auf, um 2 automatische Erfolge an Stelle von einem zu erhalten. Blutsgeschwister können diese Fähigkeit nicht öfter als dreimal pro Tag einsetzen.

Stille Wanderer

• **Orientierung am Himmel (Stufe Eins)** — Blutsgeschwister mit dieser Gabe sind immer in der Lage, ihren Weg zu finden, wenn die Sterne sichtbar am Himmel stehen. Diese Gabe wird von einem Dienergeist des Polarsterns gelehrt.

System: Blutsgeschwister müssen einen Punkt Gnosis aufwenden, um die Gabe zu lernen, anschließend wirkt sie aber immer von der Abenddämmerung bis zum Morgengrauen. Wer die Gabe anwendet, verirrt sich niemals, solange er auch nur einen einzigen Stern sehen kann. Er weiß immer, wo Norden ist und welchen Weg er genommen hat, um zu seinem aktuellen Standort zu gelangen.

• **Stille (Stufe Eins)** — Blutsgeschwister können jedes Geräusch dämpfen, das sie verursachen. Diese Gabe ermöglicht es Blutsgeschwistern, ihren Wanderer-Verwandten zu Hilfe zu kommen, falls es notwendig ist. Diese Gabe wird von einem Eulengeist gelehrt.

System: Der Spieler wendet einen Punkt Willenskraft auf und erhält 2 zusätzliche Würfel auf alle Proben auf Geschick + Heimlichkeit. Diese Gabe hält eine Szene lang an.

Uktena

• **Magiegespür (Stufe Eins)** — Ein Blutsgeschwister kann das Pulsieren von Magie und mystischen Energien erkennen, seien es die spirituellen Gaben der Garou oder die unverfrorene Macht von Zauberern oder die wohlklingendere Magie von Heilern, Schamanen und anderen Magiewirkenden der Stämme. Sie können auch die dunkleren Energien erspüren, die von Vampiren ausgehen oder von jenen, die teuflische Magie wirken. Ein Geisterdiener Uktenas lehrt diese Gabe.

System: Der Spieler legt eine Probe auf Wahrnehmung + Enigmas ab gegen eine Schwierigkeit, die gemäß dem Wesen und der Stärke der Magie variiert, die erspürt werden soll. Ein oder zwei Erfolge lassen nur vermuten, dass irgendeine Form spiritueller Energie anwesend ist. Drei oder mehr Erfolge liefern zusätzliche Informationen. So kann der Spieler beispielsweise ausmachen, ob die Magie mit dem Traumweben, der Kräutermagie, der Blutmagie oder dem Dämonenhandwerk in Verbindung steht. Der Wirkungsradius beträgt 6 Meter pro Erfolg.

Wendigo

• **Brise rufen (Stufe Eins)** — Ein Blutsgeschwister beschwört eine starke (20 m/h) kalte Brise, die jeden abkühlt, der nicht darauf vorbereitet ist. Der Wind kann Dunstschwaden oder durch die Luft übertragene Giftstoffe wie zum Beispiel Tränengas umlenken oder auseinandertreiben. Er kann auch Insektenschwärme vertreiben. Ein Luftelementar lehrt diese Gabe.

System: Ein Blutsgeschwister wendet einen Punkt Gnosis (oder zwei Punkte Willenskraft) auf und flüstert oder summt, um den Wind zu beschwören. Er kann ihn mittels seiner Gedanken lenken. Jeder, der darin gefangen ist, verliert einen Würfel aus seinem Pool für Wahrnehmungsproben, solange der Wind anhält, und er erleidet einen Abzug von 1 auf alle Aktionen nach einer Minute im Wind, es sei denn, er ist für einen solchen Wind angemessen gekleidet.

Riten

Viele Garou-Stämme lassen Blutsgeschwister an einigen ihrer Riten teilhaben. Diese Riten dienen für gewöhnlich dazu, Gaia zu ehren, einen Übergang der Jahreszeiten zu kennzeichnen oder Meilensteine im Leben einer Einzelperson oder einer Familie zu thematisieren. Manche Riten stehen natürlich nur den Garou offen. In gleicher Weise haben auch Blutsgeschwister ihre eigenen Riten entwickelt, um sie einander als Blutsgeschwister näherzubringen oder um Zusammenkünfte von Blutsgeschwistern aus einer Reihe unterschiedlicher Stämme zu kennzeichnen. Auch wenn die meisten dieser Riten keine Gnosis erfordern und nicht auf mystische Kräfte zurückgreifen, dienen sie doch dem Zweck, die Verbindungen der Blutsgeschwister zu ihren Stämmen, zu Gaia und zueinander zu erneuern.

Für gewöhnlich fungiert ein Ältester der Blutsgeschwister als Ritenmeister, der den Ritus durchführt. Falls ein Garou anwesend ist, wird er häufig darum gebeten, den Ritus zu leiten oder daran teilzunehmen, als Zeichen der Höflichkeit oder des Respekts. Es steht den Garou frei, die Bitte abzulehnen, den Ritus anzuleiten, ohne dass ihnen daraus negative Konsequenzen erwachsen, da diese Riten ordnungsgemäß von Blutsgeschwistern geleitet werden. Falls ein Garou es ablehnt, an einem Ritus teilzunehmen, wenn er darum gebeten wird, kann dies als eine Form von Kritik verstanden werden. Aus diesem Grunde werden solche Ersuche niemals leichtfertig ausgesprochen.

Viele dieser Riten sind Abwandlung von Garou-Riten, die denselben Namen tragen, aber manche von ihnen sind auch nur bei den Blutsgeschwistern bekannt oder bei Blutsgeschwistern bestimmter Stämme. Blutsgeschwister fassen ihre einzigartigen Riten der Einfachheit halber in denselben Kategorien zusammen, die auch die Garou verwenden. Die nachfolgend dargestellte Liste der Blutsgeschwister-Riten enthält Beispiele für Zeremonien und erhebt nicht den Anspruch, vollständig zu sein. Spieler und Erzähler sollten keine Hemmungen haben, ihre eigenen Riten für Blutsgeschwister-Chroniken zu entwickeln.

Ein Ritus, den viele wissende Blutsgeschwister gemeinsam haben, ist die Feuertaufe (S. 210, **W20 Grundregelwerk**), durch die eine Blutsgeschwister-Familie einem ihrer Nachkommen einen Blutspürer zuweisen kann. Auch wenn der Blutsgeschwister-Ritenmeister den Geist nicht beschwören kann, kann ein Blutspürer, der bereits bei der Familie ist, dafür verwendet werden. Ein solcher Geist kann sich dem Ritenmeister zu erkennen geben und sich ihm offenbaren. Weitere Hintergrundinformationen zu Blutspürern finden Sie auf den S. 99-104.

Riten des Einklangs

Riten des Einklangs für Blutsgeschwister sind dazu gedacht, die Harmonie innerhalb einer Blutsgeschwisterfamilie oder einer Gruppe wiederherzustellen oder zu schaffen. Diesen Riten wohnt für gewöhnlich ein Element der symbolischen Wiedergeburt oder eines Neuanfanges inne. Sie beinhalten keine übernatürliche Macht, es sei denn, ein Blutsgeschwister, das als Ritenmeister fungiert, verfügt über Gnosis und entschließt sich dazu, sie aufzuwenden, um einen Beitrag zu dem Ritus zu leisten. Sie sind üblicherweise in psychologischer und spiritueller Hinsicht äußerst effektiv für die Blutsgeschwister, die sie durchführen.

Ritus der Entschuldigung

Stufe Eins

Wenn Mitglieder einer Blutsgeschwisterfamilie eine ernsthafte Meinungsverschiedenheit haben und alles wiedergutmachen und ihre Animositäten hinter sich lassen möchten, können sie den Ritus der Entschuldigung durchführen. Die betroffenen Personen stellen sich einander zugewandt auf und schwören sämtlichen Gefühlen der Wut oder der Schuld ab und erklären, dass keine Unstimmigkeit, wer auch immer dafür verantwortlich sein möge, eine Feindschaft zwischen Blutsgeschwistern wert ist. Jede Person konzentriert sich darauf, ihren Ärger oder Schuld oder negativen Gefühle auf ein einzelnes Blatt guten Schreibpapiers zu übertragen. Sobald dies geschehen ist, tauschen alle Personen, die an dem Ritus teilnehmen, ihre Papiere aus, damit jede Person jedes Stück Papier berühren kann. Die Papiere werden zusammengelegt und jede Person reißt der Reihe nach das Papier in zwei Hälften. Mit jedem Durchreißen wird der Ärger zerstreut. Das zerrissene Papier wird verbrannt und weggeworfen, zusammen mit dem bösen Blut.

System: Es muss nichts auf das Papier geschrieben werden, aber die Blutsgeschwister müssen einen Punkt Willenskraft aufwenden, um ihr Gefühl darauf zu übertragen. Es ist nicht erforderlich, eine Würfelprobe abzulegen, aber der Punkt Willenskraft kann innerhalb der nächsten 24 Stunden nicht regeneriert werden. Der Effekt ist für diesen Streit permanent.

Tabelle der Blutsgeschwisterriten

Typ	Probe	Schwierigkeit
Einklang	Charisma + Rituale	7
Heimstätte	variiert	7
Meilensteine	Charisma + Rituale	7
Strafe	Charisma + Rituale	7
Ruf	Charisma + Rituale	6
Jahreszeit	Widerstandsfähigkeit + Rituale	variiert
(Jahreszeitenwechsel)	none	none
Kleinere	Keine	Keine

Ist Gnosis erforderlich, wird der Einsatz und die damit einhergehende Schwierigkeit in der Beschreibung des Ritus aufgeführt.

Ritus der Einheit des Ziels

Stufe Zwei

Dieser Ritus wird bei einer von zwei Gelegenheiten durchgeführt. Entweder handelt es sich um einen größeren Streit, der eine Blutsgeschwisterfamilie entzweit hat und nun geschlichtet werden muss, oder eine Familie steht kurz davor, gemeinsam als Gruppe ein größeres Projekt in Angriff zu nehmen. Dazu kann der Umzug von einem Ort zu einem anderen gehören oder die Teilnahme an einem Kampf als Familieneinheit.

Die Hand des Zornes schütteln

Stufe Zwei

Dieser Garou-Ritus schützt verwandte Blutsgeschwister vor dem Zorn eines Garou. Der Ritenmeister bewegt einen Trickser-Schutzgeist dazu, sich an ein Blutsgeschwister zu binden. Wenn der ausersehene Garou (der mit dem Blutsgeschwister durch das Blut oder den Stamm verwandt sein muss) die Kontrolle verliert und versucht, ein Blutsgeschwister anzugreifen oder es bedroht (oder wenn das Blutsgeschwister sich bedroht fühlt), erwacht der Geist und bringt den Garou dazu, andere Ziele anzugreifen. Sobald dies geschehen ist, ist der Geist frei. Der Ritus muss jedes Mal wiederholt werden, um den Schutz des Blutsgeschwisters zu gewährleisten.

System: Der Ritenmeister macht einen Haushalts- oder Tricksergeist ausfindig (normalerweise mit der Hilfe eines Garou, eines

Fetisches oder über eine persönliche Begegnung) und bewegt ihn mithilfe von Geschenken oder Überzeugungskraft dazu, sich an das Blutsgeschwister zu binden, das Teil des Ritus ist. Der Ritenmeister wendet einen Punkt Gnosis auf und legt eine Probe auf Charisma + Rituale ab (Schwierigkeit entspricht der Willenskraft des Geistes).

Riten der Meilensteine

Diese Riten bedienen sich keiner mystischen Kräfte und erfordern nicht die Aufwendung von Gnosis. Willenskraft trägt dazu bei, den Eindruck zu verstärken, den der Ritus auf seine Teilnehmer hinterlässt, aber sie ist nicht absolut notwendig. Blutsgeschwister verwenden diese Riten, um vielfältige Phasen ihres Lebens zu markieren, um ihre Identitäten als Blutsgeschwister und als Individuen anzuerkennen und zu bestätigen. Die Variationen einzelner Stämme können die Riten von denen der Garou-Stämme unterscheiden, aber die Umsetzung der einzelnen Riten variiert von Haushalt zu Haushalt. Manche Blutsgeschwister sehen die Notwendigkeit dieser Riten nicht, während sie anderen sehr am Herzen liegen.

Ritus des Willkommens (Geburt)

Stufe Eins

Die Geburt eines neuen Blutsgeschwisters ist ein Anlass zur Freude. Dieser Ritus findet statt, sobald Mutter und Kind aus dem Krankenhaus nach Hause kommen (falls das Kind dort geboren wurde) oder, falls das Kind zu Hause geboren wurde, sobald Mutter und Kind sich ausgeruht haben und bei Bewusstsein sind.

Die Familie versammelt sich in einem Raum des Hauses. Einer der Ältesten der Blutsgeschwister, für gewöhnlich der Vater, manchmal aber auch ein Großelternteil, eine Tante oder ein Onkel, nimmt das Kind von der Mutter entgegen und hält es in die Höhe, damit jeder es sehen kann. Der Ritenmeister stellt das Kind mit seinem Namen vor, als erstes Gaia, dann dem Stammestotem und schließlich den übrigen Familienmitgliedern mit Namen und verwandtschaftlicher Beziehung.

Falls Nicht-Familienangehörige anwesend sind, weil sie eingeladen wurden und erwarten, eine verwandtschaftliche Beziehung zu dem Kind einzugehen in Form eines Paten oder Beschützers etc., wird diese Person dem Kind ebenfalls mit Namen und verwandtschaftlicher Beziehung vorgestellt. Anschließend wird das Kind wieder in die Arme seiner Mutter übergeben und der Ritus wird für gewöhnlich mit einem zeremoniellen Mahl oder einem Trinkspruch beendet, sofern keine anderen stammestypischen Aspekte Berücksichtigung finden. Blutsgeschwister der Fianna veranstalten für gewöhnlich eine Party, während Silberfänge normalerweise noch einige Zeit darauf verwenden, über die Erblinie des Kindes zu sprechen oder einen individuellen Familienstammbaum zu zeichnen. Andere Familien der Silberfänge ergänzen den Familienstammbaum an der Wand durch Zeichnung eines stilisierten Blattes mit dem Namen und Geburtsdatum des Kindes darauf. Knochenbeißer verehren dem Kind manchmal irgendeine Art von Schmuckstück, damit es niemals ganz ohne Mittel dasteht, während Blutsgeschwister der Stillen Wanderer das Kind zu seinem ersten offiziellen „Ausflug" mitnehmen, auch wenn es nur einmal durch den Hof ist.

(Dieser Ritus unterscheidet sich gänzlich von dem Garou-Ritus, der einem Kind einen Fetisch zuweist.)

System: Der Ritenmeister führt den Ritus durch und bedient sich dabei der jeweiligen Schritte und formellen Gebräuche, die der Familie oder dem Stamm eigen sind. Ein Punkt Willenskraft kann eingesetzt werden, um die Zeremonie stärker in der Erinnerung der Teilnehmer einzuprägen, inklusive der des Kindes.

Gelübde der Partnerschaft (Paarung)

Stufe Eins

Viele Blutsgeschwister unterziehen sich typischen Hochzeitsritualen, je nachdem, welchem religiösen Glauben sie angehören, sowie der erforderlichen staatlichen Zeremonie. Manche möchten ihre Verbindung aber zusätzlich feierlich vor den Augen Gaias beschwören. Das Gelübde der Partnerschaft belegt die Art und die Dauer der Beziehung zwischen zwei Blutsgeschwistern oder zwischen einem Blutsgeschwister und einem Garou.

Die Zeremonie findet für gewöhnlich im Zuhause oder auf dem Grundstück eines der Blutsgeschwister statt. Manchmal wird eine Örtlichkeit außerhalb des Zuhauses gewählt, wie zum Beispiel ein Nationalpark oder ein Stadtpark, ein Gemeindezentrum oder eine Baumschule. Manchmal wird auch ein Platz in der Wildnis als Veranstaltungsort für diesen Ritus ausgewählt. Liegt der Standort außerhalb des Hauses eines Blutsgeschwisters oder innerhalb eines Gebietes, das von einem Garou beansprucht wird (z. B. der Caern oder sein Schutzkreis), sollte zunächst jemand, der in der Lage ist, den Ritus der Reinigung durchzuführen, dies tun, um sicherzustellen, dass der Ort frei vom Makel des Wyrms ist.

Sobald der Veranstaltungsort bereit ist, versammeln sich Familie und Freunde um das Paar und werden Zeuge ihrer Gelübde füreinander. Die Zusage kann eine lebenslange Bindung umfassen oder eine bestimmte zeitliche Komponente oder eine Bedingung beinhalten, wie zum Beispiel „bis wir ein Kind haben" oder „für ein Jahr und einen Tag."

Nachdem die Gelübde vorgetragen wurden, erklärt der Ritenmeister das Paar als miteinander verbunden in den Augen Gaias, der Garou und der Blutsgeschwister. Auch hier kann es wieder in jedem Stamm eine Variante geben, die der Zeremonie hinzugefügt wird. Der Ritus gilt als abgeschlossen, wenn der Ritenmeister das Paar den Anwesenden vorstellt.

System: Würfelproben sind nicht erforderlich. Das Paar kann jeweils einen Punkt Willenskraft aufwenden, um das Gelübde zu besiegeln.

Totenwache für die Verstorbenen (Tod)

Stufe Eins

Dieser Ritus, der ein Blutsgeschwister oder einen Garou ehrt, der kürzlich verstorben ist, wird durchgeführt, nachdem alle offiziellen Beerdigungsrituale stattgefunden haben, wie eine Bestattung oder eine Begräbniszeremonie. Welche Form dieser Ritus annimmt variiert von Stamm zu Stamm und von Familie zu Familie. Blutsgeschwister der Fianna halten normalerweise eine Totenwache ab, die mehrere Tage andauern kann, mit Musik, Tanz, Geschichten, Liedern und sehr viel Alkohol. Stille Wanderer unternehmen eine Pilgerreise und besuchen die Lieblingsplätze des Verstorbenen oder Orte, die große Bedeutung für ihn hatten. Die Silberfänge halten eine tristere Form der Totenwache ab, bei der der Stammbaum des Verstorbenen vorgetragen und *ad infinitum* besprochen wird. Ähnlich ist es auch bei den Nachfahren des Fenris, die ein Nachtmahl zu Ehren des Verstorbenen abhalten, bei dem sie die erinnerungswürdigsten Taten und Referenzen des Geehrten umfangreich anpreisen, während sie feierlich ihre Gläser erheben. Glaswandler feiern ihre Toten in Online-Zusammenkünften. Wendigo halten für gewöhnlich ein Potlatch zu Ehren des Verschiedenen ab, bei dem die Familie viele Besitztümer ihres Verwandten an jene weitergeben, die ihn kannten und schätzten. Blutsgeschwister der Kinder Gaias richten möglicherweise ein Stipendium ein oder leisten eine

Spende für eine Wohltätigkeitsorganisation oder ein Anliegen, das dem Verstorbenen am Herzen lag, während einzelne Personen sich dazu verpflichten, im Namen des Verstorbenen eine ehrenamtliche Tätigkeit zu übernehmen.

System: Es sind keine Würfelproben erforderlich.

Riten der Heimstätte

Diese Riten drehen sich um die Orte, an denen Blutsgeschwister leben und dienen dazu, ihre Heimstätten Gaia zu weihen, sich selbst zu einem Haushalt der Blutsgeschwister zu erklären und als Bitte um Schutz von den Geistern. Wann immer es möglich ist, sollte ein Ritenmeister diese Riten durchführen, der über Gnosis verfügt. Anderenfalls kann auch Willenskraft in ausreichender Menge als Ersatz dienen.

Ritus der Weihe der Heimstätte

Stufe Zwei

Jedes Mal, wenn Blutsgeschwister einen neuen Wohnsitz bauen, kaufen oder anderweitig annehmen, weiht dieser Ritus das Gebäude und das umgebende Gebiet dem Dienste Gaias, ähnlich wie der Garou-Ritus des Caernbaus, wenngleich weniger mächtig. Dieser Ritus kann gegebenenfalls mehrfach durchgeführt werden: wenn ein Grundstück gekauft oder erworben wird, wenn die Bauphase beginnt, wenn ein Fertighaus platziert wird, wenn das Gebäude fertiggestellt wird, bevor die Familie einzieht und am ersten Abend im neuen Zuhause.

Die Einzelheiten können je nach Zustand des Gebäudes variieren, aber für gewöhnlich gehört es zum Ritus, einen Kreis um die Grundstücksgrenze zu ziehen und um das Haus selbst, während Gaia und der Totemgeist des Stammes (und jeder andere Geist, der sich vielleicht an die Blutsgeschwister-Familie gebunden hat) angerufen werden, damit sie das Haus im Umbra annehmen und es mit Wohlwollen betrachten.

Ein Talisman, der alle Familienmitglieder repräsentiert, und Baumaterial, das entweder vom Haus oder dem Garten stammt, werden in der Nähe der Haustür vergraben. Am Ende der abschließenden Zeremonie betritt die Familie das Haus und sagt Gaia Dank für ihr Zuhause.

System: Es muss ein Punkt Gnosis (oder zwei Punkte Willenskraft) aufgewendet werden. Der Spieler legt eine Probe auf Charisma + Rituale ab, Schwierigkeit 7. Es ist ein Erfolg erforderlich.

Ritus des Schutzes

Stufe Zwei

Wenn das Zuhause oder Familie von Blutsgeschwistern bedroht werden, sei es von menschlicher Seite oder aus der übernatürlichen Gemeinschaft, kann dieser Ritus dem Haus und dem Besitz einer Blutsgeschwister-Familie einen gewissen vorübergehenden Schutz bieten, bis ihre Garou-Verwandten bessere Schutzmaßnahmen ergreifen können oder bis die Familie an einen sicheren Ort gelangen kann. Wenn genügend Zeit zur Vorbereitung bleibt, nimmt der Ritenmeister einen Talisman oder Beutel, der Symbole von jeder Person enthält, die beschützt werden soll und etwas aus dem Haushalt (auch Haustiere!) und bittet den Geist des Stammestotems oder einen Schutzgeist, jeden, der der Familie Schaden zufügen möchte, davon abzuhalten, das Haus und das Grundstück zu betreten. Der Ritenmeister macht eine Paste aus seinem eigenen Blut und dem „Blut" des Landes, das das Haus umgibt (z. B. Blut und Erde) und beschmiert den Talisman mit der Paste, während er die Hilfe des Geistes erbittet. Ist der Ritus erfolgreich, verschwindet der Talisman, weil der von dem Geist ins Umbra mitgenommen wurde.

System: Der Ritenmeister muss über Gnosis verfügen oder einen Gegenstand besitzen, der es ihm erlaubt, Gnosis zu verwenden. Er muss einen feierlichen Gesang anstimmen, der komponiert wurde, als er den Ritus erlernte, während er die Paste herstellt, einen weiteren Gesang, während er die Paste auf den Talisman aufträgt und einen dritten Gesang, während er einen Punkt Gnosis aufwendet und ein Probe auf Charisma + Rituale (Schwierigkeit 7) ablegt. Es ist nur ein Erfolg notwendig, aber mehrere Erfolge bieten besseren Schutz.

Die Auswirkungen liegen weitgehend im Ermessen des Erzählers, beinhalten aber für gewöhnlich eine höhere Schwierigkeit auf alle Würfelproben von Personen, die Schaden anrichten möchten. Versuche, ein geschütztes Haus in Brand zu stecken, scheitern vielleicht daran, dass die Streichhölzer nicht zünden wollen oder dass der Wind die Flammen ausbläst. Wer sich in ein geschütztes Haus schleichen möchte, rutscht vielleicht auf der Treppe aus oder zerbricht versehentlich ein Fenster und warnt damit die Personen im Inneren.

Der Ritus hält 24 Stunden pro Erfolg an und kann bei Bedarf wiederholt werden, solange ausreichend Gnosis vorhanden ist. Da die Durchführung des Ritus außerdem den am nächsten lebenden Garou-Verwandten über die Gefahr für seine Blutsgeschwister benachrichtigt, muss der Ritus für gewöhnlich nicht öfter als ein- oder zweimal durchgeführt werden.

Ritus des wahren Sehens

Stufe Zwei

Dieser Ritus muss von einem Garou für die passende Person durchgeführt werden. Er erlaubt es einem Nicht-Blutsgeschwister, das gerade durch Heirat oder Partnerschaft in eine Garou-Familie eingetreten ist, vorübergehende Immunität gegenüber dem Delirium zu erhalten. Um den Ritus durchzuführen, muss der Garou mit der Zielperson des Ritus zusammenarbeiten, um einen Talisman aus einigen Haarsträhnen dieser Person und ein paar Haarsträhnen des Garou in seiner Crinos-Form herzustellen. Der Ritenmeister erklärt der Zielperson, dass sie den Talisman verbrennen muss, während der Ritenmeister den Talisman mit Macht füllt. Das Ergebnis gewährt der Person sieben Tage lang Immunität gegen das Delirium. Nach dieser Zeit muss der Ritus entweder wiederholt werden oder es muss eine dauerhaftere Lösung gefunden werden.

System: Nachdem der Talisman hergestellt wurde, wendet der Ritenmeister einen Punkt Gnosis auf und legt eine Probe auf Charisma + Rituale ab (Schwierigkeit 7). Es ist nur ein Erfolg erforderlich.

Strafriten

Wie in den meisten Familien erfolgt die Bestrafung normalerweise in dem Moment, in dem es zum Verstoß gekommen ist und für gewöhnlich geht es dabei nur um schlechtes Betragen oder kleinere Verfehlungen durch die Kinder. Abhängig vom Charakter der Eltern und ihrer Einstellung zur Kindererziehung, den äußeren Gepflogenheiten, die von Schulen und der Gesellschaft gelebt werden und den grundsätzlichen Veranlagungen des Stammes variieren die Bestrafungsformen, die Kindern zugemessen werden, von ausgedehnten Vorträgen (mit oder ohne eine ordentliche Dosis moralischer Schuldzuweisungen – Kinder Gaias, Knochenbeißer, Sternenträumer, Uktena), der Aufhebung von Privilegien oder einer Erlaubnis (Silberfänge, Schattenlords, Glaswandler) bis hin zu körperlicheren Bestrafungsmethoden (Nachfahren des Fenris, Fianna, Wendigo). Die Kinder von Blutsgeschwistern wachsen bereits in gewisser Weise mit der Last der Verantwortung auf, die

Blutsgeschwister tragen, deshalb ist Bestrafung nur ein weiteres normales Vorkommnis in einem Leben, das die meisten Eltern so normal wie möglich anmuten lassen möchten.

Wenn ein Erwachsener oder ein älterer Teenager der Blutsgeschwister ein ernsthafteres oder wiederkehrendes Fehlverhalten an den Tag legt, das die Fähigkeit der Familie bedroht, als Blutsgeschwister zu dienen, kann einer dieser Riten eingesetzt werden, dem fehlgeleiteten Blutsgeschwister die Notwendigkeit einzuschärfen, dass er sein Verhalten ändern muss. Um das noch einmal klarzustellen, diese Riten werden nicht einfach mir nichts, dir nichts durchgeführt. Die meisten Familienprobleme sind eben einfach genau das – Familienprobleme.

Ritus der Verbannung

Stufe Drei

Wenn sich ein Mitglied einer Blutsgeschwisterfamilie als so aufrührerisch erwiesen hat, dass es die Familieneinheit zerstört oder ihre Pflichten gegenüber dem Stamm und gegenüber Gaia behindert, kann das Familienoberhaupt sich dazu entschließen, diesen Ritus durchzuführen, um das fehlgeleitete Mitglied fortzuschicken, normalerweise für einen festgelegten Zeitraum. Damit dies geschehen kann, muss jedes Mitglied des Blutsgeschwister-Haushaltes, das mindestens 12 Jahre alt ist (oder zwei Jahre, falls ein Lupus-Garou zum Haushalt gehört) zustimmen, dass es keine andere Möglichkeit mehr gibt, um das schlechte Benehmen des Blutsgeschwisters zu verändern.

Wenn ein Haushalt diese Entscheidung getroffen hat, ruft der Ritenmeister das fehlgeleitete Blutsgeschwister zu sich, um ihm noch eine letzte Chance zu geben, sich zu ändern. Er liest das Fehlverhalten vor oder listet es auf, für gewöhnlich Dinge wie schweren Drogen- oder Alkoholmissbrauch ohne die Absicht, sich bessern zu wollen, körperliche Misshandlung von Familienmitgliedern, unentschuldbares kriminelles Verhalten, der Verkehr mit infernalen Wesen oder Wyrmbrut und dergleichen. Die Zielperson des Ritus erhält dann die Chance, sich zu verteidigen, indem sie entweder ihr Verhalten erklärt oder unter Eid verspricht, sich zu ändern. Während der Ritus durchgeführt wird, haben die Worte der Zielperson entweder den Klang der Wahrheit oder sie erscheinen leer und blechern, was auf Lügen oder Unsicherheit hindeutet.

Ist ein Blutsgeschwister in der Lage, zufriedenstellend zu erklären, warum es die Familie brüskiert hat („Ich wurde von einem Vampir verzaubert", oder „Hätte ich nicht getan, was sie verlangen, hätten sie euch etwas angetan", oder zumindest „Ich habe wirklich Mist gebaut, weil ich dachte, dass ich allen egal bin, und ich verspreche, dass das nie mehr vorkommen wird", erklärt der Ritenmeister den Ritus für beendet, ohne dass er abgeschlossen wurde, und sucht gemeinsam mit dem Rest der Familie nach Möglichkeiten, um dem Blutsgeschwister zu helfen.

Falls das Blutsgeschwister allerdings keinerlei Reue zeigt, führt der Ritenmeister den Ritus fort und erklärt die Zielperson des Ritus für verbannt aus der Familie für einen bestimmten Zeitraum – normalerweise mindestens ein Jahr und einen Tag und manchmal sogar fünf Jahre oder mehr. Zu diesem Zeitpunkt werden auch die Bedingungen für eine Wiederaufnahme in der Familie festgelegt. „Du musst beweisen, dass du kein krankhafter Trinker mehr bist" zum Beispiel. Der Ritus endet damit, dass die Zielperson physisch ihr Zuhause verlässt. Normalerweise gestattet es die Familie der verbannten Person, zumindest so lange nach Hause zurückzukehren, um ein paar Taschen und einen Schlafsack zusammenzupacken. Manchmal werden diese Dinge schon vor dem Ritus vorbereitet, damit die Zielperson, wenn sie das Haus verlassen hat, nicht mehr zurückkehren kann, bis die Zeit ihrer Verbannung vorüber ist. Sollte sie es trotzdem versuchen, wird sie

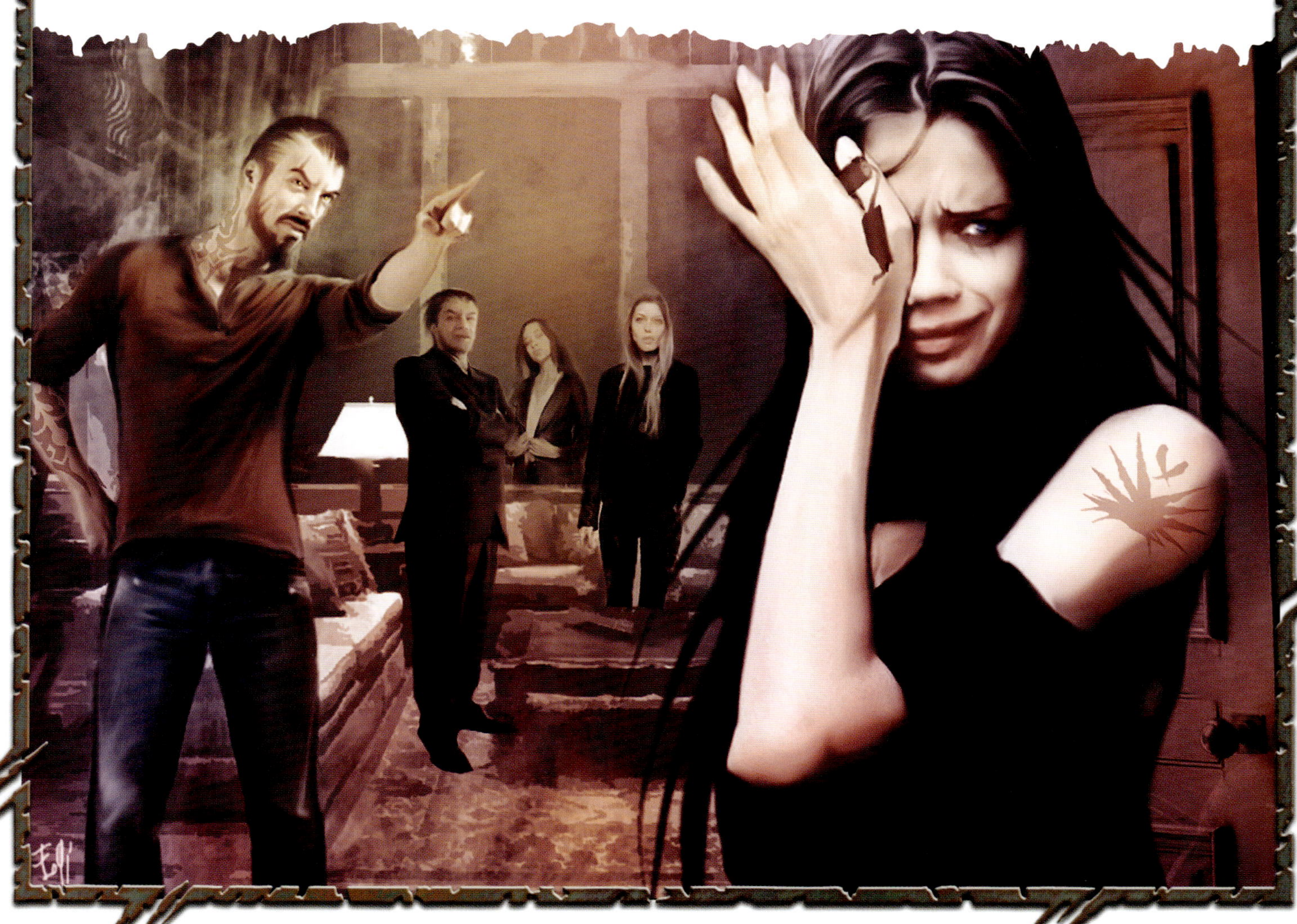

von krampfartiger Übelkeit, lähmender Angst und generellem Unglück heimgesucht, bis sie einen anderen Weg eingeschlagen hat.

System: Dieser Ritus erfordert einige Vorbereitung. Der Ritenmeister bereitet eine Kerze vor, die symbolisch für die Person steht, die verbannt werden soll. Er graviert den Namen des Blutsgeschwisters in die Kerze und platziert sie in einem Halter in dem Raum, in dem er den Ritus abhalten wird. Wenn der Ritus beginnt, wendet der Ritenmeister einen Punkt Gnosis auf und entzündet die Kerze, die während der gesamten Zeremonie brennt. Der Ritenmeister legt eine Probe auf Charisma + Rituale ab (Schwierigkeit 7). Erfolge lassen die Kerze so lange weiter brennen, wie es erforderlich ist und sie erschaffen die Aura der Wahrhaftigkeit, in der die Worte der Verurteilung und der Verteidigung gesprochen werden. Falls der Ritus endet, ohne abgeschlossen worden zu sein, entnimmt der Ritenmeister die Kerze vorsichtig, damit sie von selbst ausbrennen kann. Falls der Ritenmeister den Ritus abschließt, bläst er die Kerze nachdrücklich aus und zerbricht sie. Die Geste weist dem Blutsgeschwister physisch die Tür und, ausgenommen in Fällen, in denen ihm eine Gnadenfrist gewährt wird, um seine Besitztümer zusammenzupacken, fungiert als Grenze, die verhindert, dass der Verbannte sich dem Haushalt auf einen Radius von einer Meile nähern kann, bis der Zeitraum der Verbannung endet.

Ritus der Vermittlung

Stufe Eins

Eine Blutsgeschwisterfamilie kann diesen Ritus durchführen, wenn einer aus ihrer Familie sich einer Wahrheit stellen muss, die ihn selbst betrifft, oder einen Weg einschlagen muss, den er normalerweise ablehnen würde. Dier Ritus ist Vermittlungen in der Außenwelt nicht unähnlich, unterscheidet sich aber in der Hinsicht davon, dass er durch Gnosis unterstützt wird. Zu den Situationen, die einen Ritus der Vermittlung rechtfertigen könnten, könnte es zum Beispiel gehören, dass ein Familienmitglied davon überzeugt werden muss, die Verantwortung für eine chronische Erkrankung oder ein Gebrechen zu übernehmen und sich Hilfe zu suchen, um damit umzugehen, dass einem Familienmitglied dazu zu raten ist, eine Therapie wegen Depressionen oder irgendeiner anderen geistigen oder emotionalen Störung in Anspruch zu nehmen, dass chronisch zerstrittene Familienmitglieder (Zwillinge oder Ehemann und Ehefrau etc.) an einen Tisch gebracht werden müssen, um eine Lösung für ihre Differenzen zu finden, und andere Situationen, die sich beilegen lassen.

System: Die Familie sorgt dafür, dass die Zielperson oder Zielpersonen anwesend sind, und stellt sie zur Rede. Der Ritenmeister kündigt an, dass er mit dem Ritus der Vermittlung beginnt. Es wird von jedem Familienmitglied erwartet, dass es sich an der Diskussion beteiligt und seine Sorge um die Zielperson des Ritus zum Ausdruck bringt. Der Ritenmeister wendet einen Punkt Gnosis oder zwei Punkte Willenskraft auf und legt ein Probe auf Charisma + Rituale ab. Je mehr Erfolge er erzielt, desto überzeugender ist die Vermittlung, wobei ein Erfolg bereits ausreicht, um den Ritus zu vollenden.

Riten des Rufs

Diese Rituale heben heldenhafte oder mutige Taten zur Verteidigung der Familie oder des Stammes oder irgendeines anderen von Gaias Kindern hervor. Sie verleihen zwar keinen Ruf unter den Garou, es sei denn, der Garou hat der Zuerkennung von temporärem Ruf zugestimmt, aber diese Riten haben große Bedeutung unter den Blutsgeschwistern.

Ritus der Herausforderung

Im Rahmen einer Familienzusammenkunft oder einer Versammlung von Blutsgeschwistern kann ein Blutsgeschwister einen anderen vor einen Ritus der Herausforderung stellen. Die Herausforderung kann sehr einfach sein: Ich fordere dich zu einem Rennen heraus, um zu sehen, wer von uns der Schnellere ist, oder komplex: Ich fordere dich dazu heraus, in die Höhle am Fuß des Slickback-Gebirges zu gehen, die Nacht dort zu verbringen und mir einen Beweis zu bringen, dass du in der Höhle gewesen bist.

Falls die herausgeforderte Person die Herausforderung annimmt, vereinbaren der Herausforderer und der Herausgeforderte die Einzelheiten der Herausforderung, wer darüber urteilen soll und wie ein Erfolg oder ein Misserfolg festgelegt werden sollen. Beide Blutsgeschwister wenden einen Punkt Willenskraft auf, um die Herausforderung zu besiegeln.

Wenn die Tat vollbracht ist, beginnt der zweite Teil des Ritus. In Anwesenheit desselben Blutsgeschwisters, das Zeuge der Herausforderung war, beansprucht die herausgeforderte Person ihren Erfolg oder gesteht ihr Scheitern ein. War sie erfolgreich, erhält sie den aufgewendeten Willenskraftpunkt zurück. Ist sie gescheitert, erhält der Herausforderer den von ihm aufgewendeten Punkt zurück.

System: In beiden Teilen des Ritus wird Willenskraft aufgewendet. Es sind keine Würfelproben erforderlich.

Jahreszeitliche Riten

Die Garou ehren den Jahresverlauf zu jeder Sommersonnenwende und jeder Tagundnachtgleiche. In den meisten Fällen können Blutsgeschwister an allen oder nur an einigen Riten im Rahmen der Jahreszeitenfeierlichkeiten teilnehmen. Eine Beschreibung dieser Riten finden Sie im **W20 Grundregelwerk** (S. 207-209).

Kleinere Riten (Individuelle Riten)

Kleinere Riten werden über den ganzen Tag verteilt im Leben von Blutsgeschwistern durchgeführt, die ihre Hingabe an Gaia, den Stamm und die Familie stärken möchten. Es ist nur die Hälfte der Zeit erforderlich, um diese Riten zu erlernen, und sie kosten nur die Hälfte. Normalerweise erfordern sie keinen Einsatz von Gnosis oder Willenskraft und müssen nicht im Verborgenen abgehalten werden.

Ritus des Morgengesangs

Ein Blutsgeschwister steht vor Sonnenaufgang auf und bereitet sich darauf vor, die ersten Strahlen der Morgensonne zu begrüßen. Mit den ersten echten Sonnenstrahlen (nicht nur mit dem ersten Licht am Himmel) bringt das Blutsgeschwister Helios seine Ehrerbietung dar. Es kann singen (Worte sind optional), ein Gedicht vorlesen oder aufsagen, Silben intonieren und singen oder seinen Gruß auf andere Weise zu Gehör bringen. Erfolgt dies bei neun Sonnenaufgängen in Folge, wie beim Sonnengruß-Ritus der Garou, erhält das Blutsgeschwister die Fähigkeit Wyrmgespür für den restlichen Verlauf des Tages, als würde es über diese Gabe der Garou verfügen. Wird auch nur ein Morgen ausgelassen, muss der Ritus von vorne begonnen werden, damit der Effekt sich entfaltet.

Ritus des Abendgesangs

Dieser Ritus erfordert es, dass ein Blutsgeschwister Lunas Lobpreisungen während einer vollständigen Mondphase singt. Lieder, Gedichte, Geschichten und andere Verbalisierungen müssen mindestens 15 Minuten lang vorgetragen werden. Nachdem das Blutsgeschwister die Anforderungen erfüllt hat, erhält es einen zusätzlichen Würfel auf alle sozialen Interaktionen mit Garou, die unter demselben Vorzeichen des Mondes geboren wurden wie die Mondphase, in der der Ritus durchgeführt wurde. Dieser Ritus wird manchmal auch mit anderen Blutsgeschwistern durchgeführt, das Ergebnis ist aber bei jedem Blutsgeschwister verschieden. Dieser Effekt bleibt bestehen, bis dieselbe Mondphase wieder auftritt (sei es zunehmend oder abnehmend).

Ausrüstung

Blutsgeschwister können viele Arten von spezieller Ausrüstung besitzen oder erwerben. Manche davon, insbesondere Fetische und Talen, sind außergewöhnliche Gegenstände, die nur wenige Blutsgeschwister besitzen, und dann auch nur aufgrund von einzigartigen Umständen. Spieler und der Erzähler sollten eine Geschichte entwickeln, die erklärt, warum ein Blutsgeschwister-Charakter den jeweiligen Fetisch oder Talen besitzt, den er angibt.

Nicht übernatürliche Ausrüstung kann ebenfalls schwer zu bekommen sein, sei es durch die unerschwinglichen Preise, eine begrenzte Verfügbarkeit oder die Art der Ausrüstung. Der Besitz bestimmter Gegenstände kann auch die Aufmerksamkeit der Regierungsbehörden auf den Besitzer lenken. Erzähler sollten eine Auflistung darüber bereithalten, welcher Charakter Gegenstände besitzt, die ihn in den Fokus der Strafverfolgung oder der Regierungsbehörden bringen könnten.

Fetische

Fetische erfordern die Einstimmung durch eine Gnosisprobe (die Schwierigkeit entspricht der Gnosisstufe des Fetisches und es ist nur ein Erfolg erforderlich). Sobald die Einstimmung erfolgt ist, muss ein Blutsgeschwister jedes Mal eine Gnosisprobe ablegen oder einen Punkt Gnosis anwenden, wenn er sich der Kraft des Fetisches bedienen möchte, je nachdem, welche speziellen Anforderungen der Fetisch hat. Ein paar Fetische können von Blutsgeschwistern ohne Gnosis verwendet werden. Diese seltenen Gegenstände erfordern stattdessen Willenskraftproben oder die Aufwendung von Willenskraft an Stelle von Gnosispunkten, um sich darauf einzustimmen und sie zu verwenden. Die Schwierigkeit entspricht weiterhin der Gnosisstufe des Fetisches. Normalerweise muss ein Theurg ein besonders gutes Wort bei dem Geist einlegen, der in dem Fetisch wohnt, damit ein Blutsgeschwister ihn verwenden darf. Einige der möglichen Fetische sind unten aufgeführt.

Klinge des Blutsbruders

Stufe Drei, Gnosis 7

Dieses Jagdmesser ist mit Bildsymbolen der Garou graviert oder bemalt, die Verwandtschaft und/oder Ehre darstellen. Bei der Fertigung des Messers schneiden sich Garou und Blutsgeschwister selbst mit der Klinge und vereinen dann ihr Blut in der traditionellen Zeremonie „Blutsbrüder für immer“ (jedes Geschlecht kann dies tun). Diese beiden sind dann auf mystische Weise über die Klinge miteinander verbunden. Dieses Band kann den Tod des Blutsgeschwisters überdauern und dann auf die Kinder seiner oder ihrer Blutlinie übergehen, aber sobald der Garou dahinscheidet, wird der Geist, der in dem Fetisch lebt, befreit.

Das gebundene Blutsgeschwister kann den Fetisch später aktivieren (durch den Einsatz von Willenskraft oder Gnosis), indem er sich mit der Klinge schneidet (ein kleiner Schnitt in den Daumen reicht aus). Dies setzt den gebundenen Garou darüber in Kenntnis, dass sein Blutsverwandter ihn braucht. Es gibt keinen übernatürlichen Zwang, dem Blutsgeschwister zur Hilfe zu eilen, aber da Garou diese Fetische nicht leichtfertig vergeben, geht man davon aus, dass der Garou alles in seiner Macht stehende tun wird, um sofort herbeizueilen.

Alternativ kann ein Blutsgeschwister die Klinge auch aktivieren, indem er einen Feind damit schneidet, bis Blut fließt (oder Wundsekret, was auch immer passend sein mag). Der gebundene Garou kennt dann den Geruch des Feindes und ist dazu in der Lage, ihn überall wiederzuerkennen und ihn zu verfolgen, sobald er ihm einmal begegnet ist.

Dieser Fetisch wird hergestellt, indem ein Ahnengeist gebunden wird, der entweder mit dem Garou oder dem Blutsgeschwister verwandt ist, die an dieser Zeremonie teilnehmen.

Schnauze des Bluthundes

Stufe Eins, Gnosis 5

Dabei handelt es sich um die Leine eines Hundes, die, wenn sie von einem Blutsgeschwister aktiviert wird (der eine Probe auf Willenskraft oder Gnosis ablegen kann, um dies zu tun), ihren Besitzer an der Spur der Fährte eines bestimmten Zieles entlangführt. Das Blutsgeschwister muss eine Probe dieses Geruchs besitzen, zum Beispiel von einem Halstuch, einem Handschuh oder auch einer Wasserflasche, aus der das Ziel getrunken hat und er hält diesen Gegenstand an die Leine, während er den Fetisch aktiviert. Das funktioniert in jeder Hinsicht wie ein normaler, lebendiger Hund, der die Fährte verfolgt. Der Fetisch kann durch all die Dinge in die Irre geführt werden, die auch einen Hund täuschen können, wie zum Beispiel, dass das Ziel einen Wasserlauf durchquert oder sich in Tierkot wälzt, um seinen eigenen Geruch zu überdecken, usw. Wenn sie aktiviert ist, zieht die Leine ihren Halter buchstäblich hinter sich her und bewegt sich über den Boden, als befände sich dort tatsächlich ein Hund am Ende der Leine. Jede Aktivierungsphase hält an, bis das Ziel aufgespürt wurde oder bis ein ganzer Tag vergangen ist, je nachdem, was zuerst eintritt.

Der Fetisch ist an den Geist eines Haushundes gebunden. Es ist leichter, diesen Fetisch herzustellen, wenn das Blutsgeschwister, das als Empfänger gedacht ist, ein erfahrener und liebevoller Hundebesitzer ist. Wenn das Blutsgeschwister jemals einen Hund misshandelt hat, kann es diesen Fetisch nicht verwenden. Der Geist wird sich weigern, mit ihm zusammenzuarbeiten.

Schutzhaut des Herdfeuers

Stufe Vier, Gnosis 7

Dies sind die Überreste der Fruchtblase eines Blutsgeschwisters, ein Stück der Membran, die es bei seiner Geburt schützte. Geburten in intakter Fruchtblase sind sehr selten und viele volkstümliche Mythen haben sich um den magischen Gebrauch der Fruchtblase eines Babys entwickelt. Sollte ein Blutsgeschwister das Glück haben, in eine Familie geboren zu werden, die solche Traditionen pflegt, kann die gesamte Familie davon profitieren. Die Membran muss aufbewahrt und durch spezielle Kräuter konserviert werden (Die Fähigkeit Kräuterkunde kann dabei helfen, diese Kräuter bereits weit im Voraus zu finden und zu sammeln) und wird dann in einer speziellen Kiste aufbewahrt, die irgendwo im Inneren des Herdfeuers der Familie versteckt wird. Falls die Familie nicht über eine Feuerstelle verfügt, müssen sie einen Platz für den Herd bestimmen, an der sie diese Kiste außer Sichtweite verstecken können.

Solange die Familie die Membran aufbewahrt, erfreuen sich ihre Mitglieder (direkte Familienangehörige und die erweiterte Familie bis hin zu Onkeln, Tanten und Cousins und Cousinen ersten Grades) großen Reichtums. Dabei handelt es sich nicht um wundersames Glück, wie zum Beispiel einen Lottogewinn, sondern eher um Schutz und Versorgung, Synchronitäten, die auf den ersten Blick wie ein Unglück erscheinen mögen, sich später aber als Fügung herausstellen: eine Jahrhundertflut, die die Behausungen der Nachbarn wegspülen und nur das Haus der Blutsgeschwister unversehrt lassen oder eine Reifenpanne, die verhindert, dass eines der Familienmitglieder über eine Brücke fahren kann, bevor sie zusammenstürzt.

Sollte ein Nicht-Familienmitglied die Membran zu Gesicht bekommen, verliert sie ihre Wirkungskraft, bis sie von einem Familienmitglied wieder aktiviert werden kann, das Willenskraft oder Gnosis aufwendet. Die Schwierigkeit ist um eins erleichtert, wenn der Vorgang von dem Familienmitglied durchgeführt wird, das als Matriarchin anerkannt wird. Sollte ein Nicht-Familienmitglied (mit Ausnahme eines Garou) die Membran berühren, ist sie ruiniert. Der gebundene Geist verlässt den Fetisch.

Der Geist, der in dem Fetisch lebt, ist ein Ahnengeist der Blutsgeschwister oder ihres verwandten Garou-Stammes.

Stab des Singvogels

Stufe Zwei, Gnosis 6

In diesen Eichenstab sind stilisierte Abbildungen von Vögeln aller Art graviert, von Zaunkönigen und Vireos bis hin zu Krähen – aber nicht von Raubvögeln und Aasvögeln wie Falken und Adlern. Wenn ein Blutsgeschwister ihn aktiviert (durch den Einsatz von Willenskraft oder Gnosis), gibt er leise Vogelgeräusche von sich, Zwitschern, Krächzen oder auch Schimpfen. Der Nutzer kann einfache Botschaften aus seiner unmittelbaren Umgebung heraushören, wie zum Beispiel, ob sich Personen oder Raubtiere in der Nähe befinden, ob das Wetter umschlagen wird (ob es beispielsweise regnen oder schneien wird), oder ob eine Gefahr droht (ein Waldbrand oder ein bevorstehendes Erdbeben). Der Nutzer kann den Stab befragen, um genauere Informationen zu erhalten, indem er selbst Vogellaute produziert – sie müssen sich nur so ähnlich anhören wie Vögel und müssen nicht perfekt sein – und wird daraufhin sehr einfache Antworten erhalten: die Menschengruppe hinter dem Hügelkamm ist bewaffnet, sie sind zu dritt, oder die ölige Substanz im Wasser hat ihren Ursprung fünf Meilen weiter den Fluss hinauf. Grundsätzlich kann der Stab Informationen übermitteln, die der örtlichen Vogelpopulation bekannt sind (auch wenn sie nicht analytisch darüber nachdenken können).

Dieser Fetisch erfordert einen Vogelgeist, vorzugsweise einen Singvogel oder einen gesprächigen Vogel, wie eine Krähe oder einen Raben. Es darf kein Vogel sein, der Jagd auf andere Vögel macht.

Talens

Talens unterscheiden sich von Fetischen durch die Tatsache, dass sie nur einmal verwendet werden können. Es ist keine Einstimmung erforderlich. Der Nutzer muss eine Gnosisprobe ablegen oder einen Punkt Gnosis aufwenden, um den Talen zu aktivieren. In manchen Fällen kann Willenskraft die Gnosis ersetzen, insbesondere wenn es um Talens geht, die zur Verwendung durch Blutsgeschwister bestimmt sind.

Beißende Kugel

Gnosis 7

Es handelt sich um eine Kugel oder Schrotpatrone. Ein Blutsgeschwister (oder Garou), der sie zwischen seine Zähne nimmt und zubeißt, kann die Kugel auf ein Ziel abschießen, das ihm gegenübersteht, als würde er mit einer Waffe darauf zielen. Er legt eine Probe auf Geschick + Schusswaffen oder Sportlichkeit ab, um zu treffen. Der Schaden, den die Kugel zufügt, hängt von ihrem Kaliber ab. Behandeln Sie den Treffer wie einen echten Schuss. Unglücklicherweise erleidet der Beißer selbst eine Stufe Schlagschaden durch die Explosion in seinem Mund.

Dieser Talen enthält einen Feuergeist.

Wer es findet, darf es behalten

Gnosis 5

Es gibt einen alten Witz über einen Betrunkenen, der seine Schlüssel im Park verliert, aber in der Nähe der Straßenlaterne nach ihnen sucht, weil dort das Licht ist. Mit diesem Talen benötigt ein Betrunkener – oder jeder andere, der ihn verwendet – keine Straßenlaterne mehr und noch nicht einmal den Park. Dieser Talen ist ein einfaches Streichholz, das sich zusammen mit vier anderen seiner Art in einer Kiste oder Streichholzschachtel befindet. Wenn es angezündet wird, enthüllt es seinem Nutzer eine Vision von etwas, das er verloren hat oder das ihm gestohlen wurde. Hat er seine Schlüssel unter die Couch fallen lassen, sieht er dort ein Bild von den Schlüsseln. Falls seine Brieftasche gestohlen wurde, sieht er ein Bild von dem Ort, an dem sie sich jetzt befindet, zum Beispiel von der Tasche des Gauners, der sie gestohlen hat. Wenn er das Streichholz anzündet, muss er den Namen des Gegenstandes sagen, nach dem er sucht: „Meine Schlüssel", „meine Brieftasche", usw. Bitte beachten Sie, dass das Bild nicht notwendigerweise den genauen Standort des Gegenstandes enthüllt, aber es kann Hinweise enthalten – der Name eines chinesischen Schnellrestaurants, der über die Schulter des Gauners hinweg zu lesen ist, der die Brieftasche gestohlen hat. Das Bild verschwindet, wenn das Streichholz ausgebrannt ist.

Dieser Talen enthält den Geist eines Habichts oder Falken.

Stolpergummi

Gnosis 6

Diese Packung mit fünf Stangen Kaugummi hat schon vielen Blutsgeschwistern (meistens Blutsgeschwistern der Knochenbeißer) aus der Patsche geholfen. Das Blutsgeschwister aktiviert ihn, indem er ein paarmal auf einer Stange kaut. Dann wirft er sie auf den Boden. Sie wickelt sich dann um den Fuß von jedem, der das Blutsgeschwister verfolgt oder ihm nachgeht, auch wenn er nicht direkt darauf getreten ist. Der Verfolger muss eine erfolgreiche Probe auf Wahrnehmung + Aufmerksamkeit ablegen, um zu bemerken, dass ein Kaugummi an seinem Fuß klebt. Solange der Kaugummi an ihm haftet, wird es schwieriger für ihn, mit seiner Beute mitzuhalten. Passanten versperren ihm unabsichtlich den Weg und verzögern so sein Vorankommen, Polizisten halten ihn an, um ihn zu befragen, der Verkehr hindert ihn daran, die Straße rechtzeitig zu überqueren. Falls er offensichtlich versucht, dem Blutsgeschwister hinterherzurennen, muss er eine Probe auf Geschick + Sportlichkeit ablegen, um nicht zu stolpern und hinzufallen. Falls die Probe gelingt, verliert der Kaugummi seine Wirkung. Misslingt die Probe, bleibt die Wirkung des Kaugummis aktiv.

Dieser Talen wird erschaffen, indem der Geist einer Ratte oder einer Kakerlake gebunden wird.

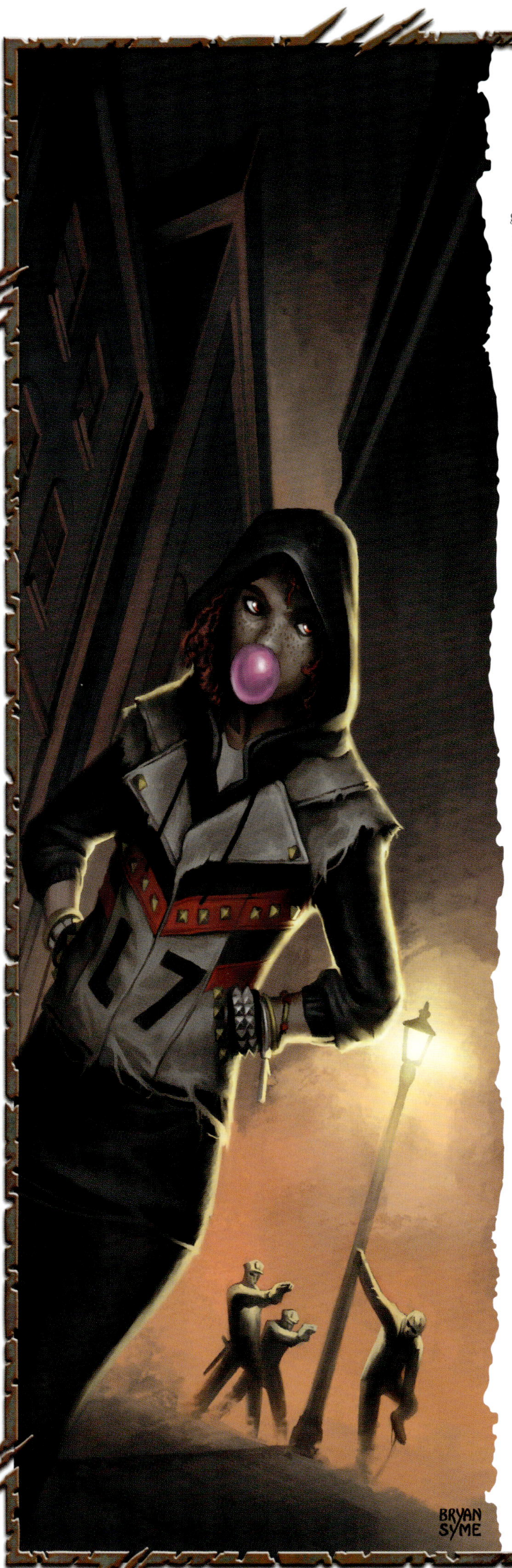

Grashalm

Gnosis 4

Dabei handelt es sich um ein Baumblatt mit breitem Halm (entgegen seiner Bezeichnung), das, wenn es über die Augen eines Blutsgeschwisters gelegt wird, ihm die Worte eines noch unveröffentlichten Gedichtes preisgibt. Das ist alles – ein Gedicht. Aber es ist ein sehr gutes Gedicht, und wenn er es vortragen oder veröffentlichen sollte, würde er dafür große Anerkennung erhalten. Ein Galliard wäre neidisch.

Der Talen enthält einen Elementargeist.

Geisterschild

Gnosis 7

Dieser Talen gleicht einem kleinen Schild, der ungefähr die Größe eines Schmuckanhängers hat und um den Hals getragen werden kann. Der Nutzer führt den Talen an seine Lippen, um ihn zu aktivieren, und wendet einen Punkt Gnosis auf. Von dem Talen geht ein schwaches Leuchten aus. Diese sanfte Aura breitet sich aus, bis sie den Träger ganz umringt, sodass auch er ein fahles, unheimliches Licht verströmt. Alle feindlichen Nicht-Garou verspüren Furcht, wenn sie die Aura wahrnehmen, und nähern sich dem Träger nicht. Gegen Garou-Angreifer hat der Talen einen von zwei Effekten. Um den Träger angreifen zu können, muss der Garou eine Probe auf Geistesschärfe + Enigmas ablegen (die Schwierigkeit entspricht der Gnosisstufe des Talens). Gelingt die Probe des Garou, darf er den Träger angreifen, aber der Talen absorbiert bis zu 20 Stufen Schaden, bevor er sich auflöst. Falls die Probe des Garou misslingt, geht der Angriff daneben, ganz gleich, wie viele Erfolge die Angriffsprobe erzielt. Der Talen verschwindet, wenn er sämtlichen Schaden absorbiert hat, der möglich ist, oder wenn der Kampf beendet ist, je nachdem, was zuerst eintritt.

Dieser Talen kann nur von Blutsgeschwistern verwendet werden, da einer der Ahnengeister der Blutsgeschwister darin gebunden ist, der nur einen seiner Nicht-Garou-Nachkommen beschützt. Manche Garou lassen einige davon für ihre Blutsgeschwister anfertigen, falls sie einen möglichen Angriff erwarten. Blutsgeschwister können einen Garou-Verwandten auch um diese Talens bitten, wenn sie wissen, dass sie gegen einen Garou kämpfen müssen. Dieser Talen bietet keinen Schutz gegen die Angriffe von Fomori oder anderen Kreaturen des Wyrms.

Weitere Ausrüstung

Die Gegenstände, die weiter unten beschrieben werden, tauchen nicht auf den üblichen Waffenlisten oder bei herkömmlicher Überlebensausrüstung auf. Neu erschaffene Blutsgeschwister-Charaktere müssen mindestens einen Punkt im Hintergrund Ausrüstung kaufen, um das Spiel mit einem oder mehreren dieser Gegenstände beginnen zu können. Manche davon werden möglicherweise im Laufe des Spiels durch Rollenspiel verfügbar, wenn das Spiel begonnen hat. Andere damit zusammenhängende Hintergründe oder Fähigkeiten, wie zum Beispiel das Talent Szenekenntnis oder der Hintergrund Kontakte, können ebenfalls wichtige Grundvoraussetzungen für den Charakter sein, wenn er versuchen möchte, diese Ausrüstung zu kaufen oder zu erwerben.

Silberkugeln

Silberkugeln verursachen schwer heilbaren und nicht absorbierbaren Schaden bei Garou, je nachdem, welcher Brut der Werwolf angehört und in welcher Form er sich befindet, wenn er den Schaden erleidet. Da Silber ziemlich billig und leicht zu verarbeiten ist, können Blutsgeschwister mit der passenden Ausrüstung und Erfahrung zu Hause oder in ihrer eigenen Werkstatt ihre eigenen Silberkugeln fertigen.

Da sie hervorragende Waffen gegen Tänzer der Schwarzen Spirale darstellen, aber auch Garou-Verwandte verletzen können, täte jedes Blutsgeschwister, das Silberkugeln bei sich trägt, gut daran, gegenüber jedem freundlich gesinnten Garou eine gute Erklärung dafür bereitzuhalten, warum er Silberkugeln besitzt.

Pflanzliche Medikamente

Garou und viele Blutsgeschwister erkennen pflanzliche und volkstümliche Heilmethoden grundsätzlich an und respektieren sie. Ein Bündel Heilkräuter von einem versierten Kräuterheilkundigen oder pflanzlichen Pharmakologen wäre eine nützliche Ergänzung in jeder Startausrüstung eines Blutsgeschwisters. Erzähler und Spieler sollten sich über den Inhalt jedes „pflanzlichen Verbandskastens" einigen, der als Startausrüstung eines Charakters ausgewählt und durch den Hintergrund Ausrüstung gekauft wird. Kräuter können in vielfältiger Form mitgeführt werden: als Pulver, Tee, Sirup, Wickel usw.

Eisenhut, oder Wolfswurz, ist ein tödliches Gift. Schon kleine Mengen können tödlich sein. Garou sind empfindlich dagegen – daher der Name. Wenn ein Charakter mit dieser giftigen Pflanze ins Spiel starten möchte, sollte er mindestens vier Punkte auf den Hintergrund Ausrüstung gelegt haben. Erzähler und Spieler müssen sich auf die Umstände einigen, unter denen der Charakter diese Substanz erhalten hat und warum es notwendig war, sie zu bekommen.

Wanzen

Wanzen sind Abhör- oder Observierungsvorrichtungen. Sie können zwar grundsätzlich jede Form oder Größe annehmen, sind aber normalerweise ziemlich klein und leicht zu verbergen. Die meisten von ihnen müssen sich in unmittelbarer Nähe einer Unterhaltung befinden (z. B. im selben Raum), es sei denn, sie sind stark genug, um durch Wände hören zu können. Auch eine Person kann eine Wanze oder eine Verkabelung tragen, damit andere ihre Unterhaltung mitanhören können. Manchmal verfügen die Abhörgeräte auch über Kameras, mit denen eine visuelle Observation möglich ist. Manche sind auch mit einer Aufzeichnungsfunktion ausgestattet. Je komplexer und leistungsfähiger eine Vorrichtung ist, desto höher ist die Anzahl an erforderlichen Punkten, die für den Hintergrund Ausrüstung benötigt werden.

Störsender

Diese Vorrichtungen können entweder sehr einfache Geräte sein, die ein Geräusch ähnlich einem starken Ventilator produzieren, oder äußerst komplexe Gegenstände, die mit einer ganzen Reihe von Wellenlängen arbeiten, um gegen das Abhören aus der Nähe und aus der Ferne zu schützen. Werwölfe in Lupus-Form, normale Wölfe und speziell ausgebildete Hunde können bestimmte Arten von Störsendern hören und können sie bis zu ihrem Ursprung zurückverfolgen.

Nicht tödliche Waffen

Waffen müssen keinen tödlichen Schaden verursachen, um sich wirkungsvoll gegen Garou einsetzen zu lassen. Elektroschocker, die als Waffen zur Selbstverteidigung ebenso an Beliebtheit gewonnen haben wie als Grundausrüstung für Polizeikräfte, verpassen dem Ziel eine starke, aber normalerweise nicht tödliche elektrische Ladung. Auch Pfefferspray (bei dem „Mace" eine Variante ist) kann die Sinne eines Garou ernsthaft durcheinanderbringen, ohne ihm dauerhaften physischen Schaden zuzufügen.

Elektroschocker gibt es in zwei Ausführungen. Eine Version mit direktem Körperkontakt macht es erforderlich, dass der Nutzer die beiden Zacken des Elektroschockers direkt mit dem Angreifer in Kontakt bringt. Ein Elektroschocker mit Reichweite schießt ein Paar zackiger Drähte ab, die dem Ziel einen Schock versetzen. Da die Drähte sich tatsächlich ins Fleisch bohren und echten Schaden verursachen, sind sie für gewöhnlich nur für Polizeieinsatzkräfte und andere Regierungsbehörden erhältlich (oder für Blutsgeschwister, die Zugang zu solchen Quellen haben). Kosten, Spannung und Ausführung können zwar variieren, aber im Endeffekt sind Elektroschocker ein wirkungsvolles Abschreckungsmittel gegen alle bis auf die entschlossensten Angreifer.

Pfefferspray, das in vielen Varianten erhältlich ist, ist zu einem der beliebtesten Mittel zur Selbstverteidigung für Frauen geworden, die nachts oder in zweifelhaften Gegenden allein unterwegs sind. Während das beißende, brennende Gefühl, das das Pfefferspray auslöst, die meisten Angreifer davon abhält, sich weiter in der Nähe des Nutzers aufzuhalten, kann das Ergebnis für Garou sogar vorübergehend katastrophal sein. Da Garou, insbesondere in ihrer Lupus-Form, sehr stark von ihrem Geruchssinn abhängig sind, setzt das starke Pfeffergas die olfaktorische Wahrnehmung eines Garou manchmal für Stunden außer Gefecht – ganz zu schweigen von den anderen körperlichen Auswirkungen: wässrige Augen, Halsschmerzen und ein rauer, kratzender Husten. Pfefferspray, das im Inneren einer Höhle oder im Haus eines Blutsgeschwisters freigesetzt wird, kann den Ort unbewohnbar machen, bis das Gas verflogen ist, was Stunden oder sogar Tage dauern kann.

Draht verschiedenster Art, wie zum Beispiel auch Stacheldraht oder Stolperdraht, kann ebenfalls zur Abschreckung dienen, insbesondere wenn er versilbert oder mit Silberspray eingesprüht wurde. Aus diesem Grund kann eine Sprühfarbe, die mit Silber versetzt wurde, eine ernstzunehmende Abschreckung darstellen und sogar tödlichen Schaden verursachen, sollte sie über einen offenen Schnitt oder eine Wunde in den Blutkreislauf eines Garou gelangen.

Wie immer müssen Spieler die Zustimmung des Erzählers einholen, um irgendeine Art von nicht typischen Spezialwaffen mit sich zu führen.

Schalldämpfer

Schalldämpfer sind eine praktische Ergänzung für viele Arten von Waffen, auch wenn sie eine Waffe nicht vollständig verstummen lassen. Sie dämpfen das Geräusch eines Schusses und verlangsamen geringfügig die Fluggeschwindigkeit der Kugel, und zwar gerade unterhalb der Geschwindigkeit, die ein Durchbrechen der Schallmauer verursachen würde (mit dem daraus resultierenden „Bumm!"). Schalldämpfer funktionieren nicht sehr gut bei Revolvern, wenn überhaupt. Der Aufbau des Revolvers macht es unmöglich, die Lücke zwischen dem Lauf der Waffe und den Gas freisetzenden Zylindern zu schließen. Das Abfeuern zahlreicher Schüsse nutzt die Wirkung des Schalldämpfers außerdem ab, der am besten auf der Einzelschusswaffe eines Scharfschützen oder eines Scharfrichters funktioniert. Ein äußerst talentierter Waffenschmied könnte eine nahezu geräuschlose Waffe herstellen, aber das Ergebnis wäre eine dauerhaft modifizierte und äußerst illegale Waffe.

Grundlegende Handbücher über Waffen und Munition, entweder in gedruckter Form oder im Internet, können Rollenspielern, die ansonsten nicht mit Schusswaffen vertraut sind, nützliche Informationen liefern.

High Tech Geräte

Beginnend mit Computern und dann die gesamte Reihe der Smartphones, Pads, Tablets, digitalen Notebooks und hoch entwickelten „Spionagekrams" entlang decken die Gegenstände dieser Kategorie

GIFTGEHALT TABELLEN

EPA (U.S.A.)

Stufe	Tödliche Dosis	Wirkung	Warnaufkleber
Toxizität Klasse I	<5 g	Äußerst giftig	Gefahr – Gift (normalerweise mit Totenkopf und gekreuzten Knochen)
Toxizität Klasse II	5-30 g	Mäßig giftig	Warnung (gefolgt von warnendem Satz)
Toxizität Klasse III	>30 g	Schwach giftig	Vorsicht (warnender Satz)
Toxizität Klasse IV	—	Kein Signalwort erforderlich	Nicht giftig

EUROPÄISCHE UNION

Stufe	Etikett	Warnaufkleber
Klasse I	Sehr giftig	Europäisches Symbol für Toxizität
Klasse II	Giftig	Europäisches Symbol für Toxizität
Klasse III	Gesundheitsschädlich	
Klasse IV	Reizend	
Klasse V	Ätzend	
Klasse VI	Reizend	
Klasse VII	Krebserregend	
Klasse VIII	Mutagen	

WHO (WELTGESUNDHEITSORGANISATION)

Stufe	Etikett
Klasse 1	extrem gefährlich
Klasse 2	höchst gefährlich
Klasse 3	mäßig gefährlich
Klasse 4	geringfügig gefährlich

das gesamte Spektrum von relativ leicht zu bekommenden (mal abgesehen vielleicht von Knochenbeißern und ihren Blutsgeschwistern) bis hin zu nur in experimentellen Technologielaboren (z. B. in der Welt der Glaswandler) erhältlichen ab. Ideen für diese Gegenstände können aus jeder Art neuerer Filme und TV-Serien kommen und es ist die Zustimmung des Erzählers erforderlich, bevor sie in eine Chronik eingeführt werden. Der Erzähler sollte entscheiden, welche Gegenstände den Hintergrund Ausrüstung erfordern und welche als Standardgegenstannd betrachtet werden. In vielen Fällen können Smartphones und/oder Tablets einfach angeschafft werden, wenn genügend Ressourcen zur Verfügung stehen, um sie zu bezahlen.

Gifte

Gifte gibt es in vielen Variationen. Manche davon, wie zum Beispiel Fingerhut, Nieswurz, Nachtschatten und Meskalbohne sind von Natur aus pflanzlich. Andere, wie zum Beispiel Bufotoxin (von der Bufo-Kröte), Conotoxin (von der Kegelschnecke) oder Tetrodotoxin (vom Kugelfisch) stammen aus dem Tierreich. Wieder andere, wie zum Beispiel Wasserstoffperoxid, Ethylenglycol (Frostschutz), Natriumcyanid und Strychnin kommen hauptsächlich in Form von veredelten Substanzen vor, auch wenn sie ursprünglich natürlichen Quellen entstammen. In manchen Fällen sind die Gegenmittel für Gifte selbst giftig, wenn sie nicht zusammen mit der Substanz eingenommen werden, die sie neutralisieren kann.

Für die meisten Gifte gibt es eine Einstufung ihrer Toxizität. Viele Gifte füllen die Regale von Baumärkten aufgrund ihrer Einsatzmöglichkeiten als Abbeizmittel, Mottenkugeln, Frostschutzmittel, Reinigungsmittel, Pestizide und andere Produkte für Haus und Garten. Andere, wie Schlangen- oder Froschgift, finden sich manchmal in Hinterhöfen und kommen eigentlich in natürlichen Umgebungen vor. Bei wieder anderen, wie zum Beispiel bei waffenfähigen Toxinen oder radioaktiven Giften ist der Besitz illegal (obwohl es nicht unmöglich ist, an sie heranzukommen). Spieler, die mit dem einen oder anderen der schwerer zu bekommenden Gifte ins Spiel starten möchten, müssen Punkte auf den Hintergrund Ausrüstung aufwenden und möglicherweise auch auf den Hintergrund Kontakte.

Numina

Die meisten mystischen Kräfte fallen in die Kategorie Gaben der Garou, Erweckte Magie, Feentricks, vampirische Disziplinen oder geisterhafte Arcanoi. Die Kategorie der Numina (Singular Numen) umfasst die übernatürlichen Fähigkeiten, die unter den Sterblichen vorkommen – Menschen, die keine Erste Verwandlung erlebt haben, keine Erweckung, keinen Kuss oder die gestorben sind und noch immer jenseits der Welt der Lebenden verweilen.

Auch wenn sie nicht so mächtig und effektiv sind wie die Kräfte, die den wahrhaft übernatürlichen Wesen zur Verfügung stehen, können Numina häufig eine Menge bewirken. Einige Sterbliche besitzen Numina von Natur aus und erhalten sie bei der Geburt. Für gewöhnlich stand irgendein Verwandter in dem Ruf, das „zweite Gesicht" zu haben oder eine „Hexe" oder ein „Medizinmann" zu sein. Andere erlernen sie, normalerweise im Verborgenen, nach Jahren der Ausbildung.

Numina werden in drei Kategorien unterteilt: Scharlatanerie, psychische Phänomene und Wahrer Glaube. Spieler setzen während der Charaktererschaffung freie Zusatzpunkte ein, um Numina zu kaufen. Später können sie diese Fähigkeiten durch Erfahrungspunkte verbessern oder, wenn der Erzähler zustimmt, weitere Numina erlernen. Es ist allerdings äußerst selten, dass ein Charakter über mehr als eine Art von Numina verfügt. Ein talentiertes Medium kann über Psychologie und Tierisches Psi verfügen, die beide in die Kategorie der psychischen Phänomene fallen, aber er wird kaum einen der Pfade der Scharlatanerie kennen.

Es ist sehr teuer, Numina zu erlernen, und sie funktionieren unter anderen und häufig einvernehmlich exklusiven Paradigmen. Das Erlernen zu vieler mystischer Kräfte aus verschiedenen Quellen strapaziert die geistige Gesundheit des Charakters. Die Kosten für den Erwerb von psychischen Phänomenen und Scharlatanerie mit freien Zusatzpunkten und für den Erwerb oder die Steigerung mit Erfahrungspunkten entnehmen Sie bitte der Tabelle auf S. 58. Wahrer Glaube kann nur durch Belohnungen gesteigert werden, die der Erzähler für gutes Rollenspiel gewährt.

Scharlatanerie umfasst verschiedene Aspekte mystischer Fähigkeiten, darunter auch Brauen (Tränke usw..), Verfluchen, Heilen und Beschwören. Jeder Pfad verfügt über fünf Fähigkeitsstufen und spezialisierte Rituale. Scharlatanerie unterscheidet sich von der Erweckten Magie, weil die Praktizierer keinen erweckten Avatar benötigen, nur irgendeine angeborene Fähigkeit, mit der sie ihren Willen einsetzen können, um die Realität mithilfe von Tränken, Ritualen und bestimmten Glaubenssystemen verändern zu können, wie zum Beispiel Totem-Magie, Gebirgs-Hoodoo und Kräutermagie. Scharlatanerie ist zwar zeitaufwendiger als Erweckte Magie, da sie komplizierter Zauberrituale und komplexer Vorbereitungen bedarf, aber sie kann äußerst mächtige Ergebnisse hervorbringen.

Der Pfad der Geisterjagd, der weiter unten beschrieben wird, hat besondere Bedeutung für Scharlatane unter den Blutsgeschwistern. Auch andere Pfade, die für Blutsgeschwister nützlich sind, werden in diesem Abschnitt aufgeführt, darunter auch ein Pfad der Heilung, der sich von der Heilform der psychischen Phänomene unterscheidet, die weiter unten beschrieben wird.

Psychische Phänomene beinhalten den Einsatz mentaler Kräfte. Personen, die über psychische Kräfte verfügen, stehen vielleicht in dem Ruf, „das zweite Gesicht" zu haben oder „prophetische Träume". Charaktere mit psychischen Fähigkeiten verfügen selten über mehr als eine Art, genau wie magisch begabte Personen selten mehr als eine Art von Numina besitzen. Für jedes Phänomen gibt es fünf Fähigkeitsstufen und jede Stufe erzeugt größere Wirkungen als die davor. Die psychischen Phänomene Empathische Heilung und Seelenraub werden weiter unten aufgeführt.

Wahrer Glaube spiegelt die Hingabe eines Charakters an ein spirituelles Glaubenssystem wider, wie zum Beispiel an das Christentum, den Hinduismus, den Islam, den Buddhismus, das Judentum, den Paganismus oder irgendeinen Glauben der Sterblichen, der eine überweltliche Gottheit oder Realität beinhaltet. Die Einstufung dieser Numina bewegt sich zwischen 1 – 10, wobei jede Stufe mächtigere Effekte hervorbringt, die dem Glauben des Charakters entspringen. Wahrer Glaube ist besonders mächtig gegen Untote, aber er verleiht auch Kräfte, die nützlich sein können, wenn man gegen Werwölfe, Magi oder Wechselbälger kämpft. Er kann auch Wunder erschaffen.

Pfade der Scharlatanerie

Die Kultur und das Glaubenssystem eines Mystikers helfen ihm dabei, seinen Gebrauch der Scharlatanerie zu lenken. Lebensweise, Moralkodex, bevorzugte Foki und Lehrmethoden legen die Erscheinungsform und die Art und Weise der Macht eines Scharlatans fest. Ein Anhänger der in den Appalachen praktizierten Hoodoo-Magie könnte völlig andere Gesten, Foki und spezielle Zutaten verwenden, um eine Heilmagie zu wirken, als ein Medizinmann oder eine Voodoo-Priesterin. Die Rituale dienen alle einer Heilung, aber das Aussehen, die Form, der Geruch und das Gefühl des eigentlichen Vorganges sind sehr unterschiedlich. Scharlatanerie hat einen Hang zu vorgefertigten Handlungsmustern oder Ritualen und hat nicht den Vorteil des flexiblen Wirkens, der der Erweckten Magie innewohnt, verändert aber trotzdem den Lauf der Dinge.

Scharlatanerie wird über Rituale gewirkt. Jede Stufe eines Weges der Scharlatanerie (auch Pfad genannt) beschreibt ein Spektrum an Kräften, die auf dieser Stufe verfügbar sind, aber der Scharlatan kann diese nicht einfach so wirken – er erlernt und wirkt *spezifische* Effekte durch *spezifische* Rituale und kann nur die Effekte nutzen, für die er das passende Ritual kennt. So ermöglichen es zum Beispiel zwei Punkte auf Beschwörung dem Scharlatan, Objekte zu bewegen oder sie über eine Entfernung hinweg zu teleportieren („beschwören"). Jede Art von Objekt erfordert ein eigenes Ritual. Ein Scharlatan, der Kaninchen aus einem Hut zaubern kann, kann nicht notwendigerweise eine Münze aus seiner Hand verschwinden und in jemandes Tasche wiederauftauchen lassen. Er benötigt mindestens zwei unterschiedliche Rituale für diesen Trick.

Jedes Mal, wenn ein Schüler eine neue Stufe erreicht, erhält er ein neues Ritual für diese Stufe. Daher kennt ein Charakter, der über zwei Punkte in einem Pfad verfügt, automatisch zwei Rituale. Erzähler und Spieler können gemeinsam neue Rituale ausarbeiten, die zu ihren Chroniken passen. Blutsgeschwister-Scharlatane kennen möglicherweise etwas andere Rituale als Nicht-Blutsgeschwister-Praktizierer.

Beschwörung

Der Pfad der Beschwörung ermöglichst es dem Scharlatan, Objekte von einem Ort zu einem anderen zu bewegen. Sie können Kaninchen aus Hüten zaubern (wirklich), Schwerter oder andere Waffen in ihre Hand befehlen und, auf der höchsten Stufe, Menschen oder menschengroße Objekte bewegen, ohne das Ziel physisch zu berühren. Solche Objekte müssen im Vorfeld mithilfe von Methoden vorbereitet werden, die vom Glaubenssystem des Zauberwirkenden vorgegeben werden. Dazu können Opferungen zählen, rituelle Inschriften, rituelle Reinigungen, Gebete oder irgendwelche anderen Möglichkeiten, die den Glauben des Zauberwirkenden widerspiegeln.

Beschwörung ist eine schwierige Form der Scharlatanerie. Der Wirkende kann nicht einfach jeden Gegenstand auswählen, sondern muss einen verwenden, der bereits rituell vorbereitet wurde (und den der Wirkende häufig bei sich tragen muss, bis er gebraucht wird). Für jedes Objekt und jeden Gegenstand existiert ein eigenes Ritual und der Scharlatan kann nicht irgendeinen

Gegenstand in einem Ritual gegen einen anderen austauschen. Für jede Stufe, die der Scharlatan über der erforderlichen Stufe liegt, die erforderlich ist, um ein bestimmtes Objekt zu bewegen, kann der Wirkende ein zusätzliches Objekt bewegen. So kann zum Beispiel ein Scharlatan, der zwei Stufen von Beschwörung erlernt hat, zwei Objekte von der Größe und Beschaffenheit bewegen, die in Stufe eins beschrieben werden.

Probe: Geschick + Okkultismus

Kosten: 1 Willenskraft

• Der Wirkende kann ein winziges Objekt (Münze, Karte, kleines Messer) aus einer Entfernung von 3 Metern oder weniger anstupsen, ohne es zu berühren. Der Vorgang überträgt keine echte Kraft und jeder, der den Gegenstand aufhebt, kann den Wirkenden davon abhalten, ihn zu bewegen.

• • Der Wirkende kann einen kleinen, einfachen Gegenstand, zum Beispiel ein Buch, ein Seil, einen Becher oder ähnliche Gegenstände bewegen oder es durch den zwischenliegenden Raum beschwören (d. h. teleportieren). Die Reichweite beträgt bis zu 5 Meter vom Zauberwirkenden. Um den Gegenstand aufzuhalten, muss eine Person eine Probe auf Körperkraft ablegen, Schwierigkeit 5, um ihn aufzuheben oder anderweitig davon abzuhalten, sich zu bewegen.

• • • Große, komplexe Gegenstände wie Schwerter, Ghettoblaster und Laptops oder einfache Lebensformen wie Schnecken, Insekten oder Goldfische können vom Zauberwirkenden beschworen oder bewegt werden. Der Zauberer kann das Ziel schweben lassen, es bewegen oder es aus dem Nichts ergreifen. Das Objekt darf nicht größer sein als ein Stuhl und muss sich innerhalb einer Reichweite von 10 Metern befinden. Es kann bis zu 90 Kilogramm wiegen. Jeder, der das Objekt aufhalten möchte, muss eine Probe auf Körperkraft ablegen, Schwierigkeit 7.

• • • • Jetzt kann der Zauberwirkende lebendige Säugetiere, Reptilien, Vögel oder andere komplexe Lebensformen bewegen und schweben lassen, deren Masse geringer ist als die eines erwachsenen Menschen. Jede Tierart erfordert ein eigenes Ritual. Leblose Objekte wie Überseekoffer oder kleine Klaviere können auf dieser Stufe ins Ziel genommen werden. Die maximale Reichweite beträgt 15 Meter.

• • • • • Der Wirkende kann Menschen oder menschengroße Tiere oder Objekte aus einer Entfernung von bis zu 20 Metern bewegen oder beschwören, vorausgesetzt das lebende Subjekt ist willens oder bewusstlos. Das funktioniert besonders gut mit einem langjährigen Partner, der durch die Orientierungslosigkeit, die damit einhergeht, nicht in Panik verfällt. Ein Patzer bei diesem Effekt kann sich katastrophal auswirken. Im besten Fall geht er einfach schief, aber bei einem besonders schlechten Ergebnis kann eine schwere Verletzung oder sogar der Tod die Folge sein.

Hellsehen

Die Zukunft voraussagen, Einblicke gewinnen in das, was noch kommen mag, oder Wahrsagerei – die Kunst des Hellsehens war lange Zeit das Markenzeichen der magisch oder psychisch begabten Personen. Vom Orakel von Delphi bis zu den modernen Tarotkartenlegern lösen Hellseher sowohl Erstaunen als auch Furcht aus. Die Leute möchten unbedingt wissen, was vor ihnen liegt, und fürchten sich doch gleichzeitig davor.

Wahrsager tauchen aus der Versenkung auf, schlagen ihre Zelte vor einem Laden im Stadtzentrum oder in den Vierteln der Mittelschicht auf oder präsentieren sich auf einer glitzernden Webseite. Die meisten von ihnen sind Fälscher, die gelegentlich mitten ins Schwarze treffen. Der Pfad des Hellsehens im Bereich der Scharlatanerie erlaubt es Blutsgeschwistern allerdings, den Schleier zwischen der Geisterwelt und materiellen Welt zu teilen, damit sie die Bedrohungen des Schicksals lesen und erkennen können, welche Folgen am wahrscheinlichsten sind. Diese Fähigkeit macht hellsehende Blutsgeschwister wertvoll für die Garou ihres Stammes und für ihre Familien.

Ein Hellseher kann nur ein Ritual pro Szene wirken und muss einen Punkt Willenskraft pro Wirkung aufwenden. Ein Blick in die Zukunft gewährt außerdem die Möglichkeit, sie zu verändern, falls der Hellseher klar erkennen kann, an welcher Stelle er die Bedrohungen des Schicksals anpassen muss. Selbstverständlich haben Erzähler das letzte Wort, wenn es darum geht, festzulegen, wie nützlich oder wie genau diese Fähigkeit sein kann.

Probe: Wahrnehmung + Okkultismus

Kosten: 1 Willenskraft

• Wahrsagerei: Diese Stufe repräsentiert die grundlegendste Form des Hellsehens und erlaubt es dem Anwender, ein grundsätzliches Gefühl für die Zukunft einer Person zu entwickeln, sei es gut oder schlecht. Die Ergebnisse gestalten sich meist in Form von symbolischen oder mysteriösen Antworten, die Raum für viele mögliche Interpretationen lassen. Zu den möglichen Ritualen gehören Lesungen über das Ouijabrett, einfache Tarotkartenlegungen, bei denen die Antworten ja oder nein lauten, Münzen werfen und ähnliche Methoden von positiv oder negativ. Die Schwierigkeit für die meisten Problem liegt bei 6.

• • Wünschelrutengehen: Diese Stufe erlaubt es dem Hellseher, verloren gegangene Objekte oder Personen zu finden. Der Hellseher sollte mit dem Objekt vertraut sein oder einen persönlichen Gegenstand der Person in Händen halten, die er sucht. Wünschelrutengehen über eine lange Entfernung hinweg erfordert meistens, dass der Fokus über eine Karte gehalten wird. Beim Wünschelrutengehen über kurze Entfernungen muss der Wirkende den Fokus in die Luft halten und ihm in Richtung des mutmaßlichen Ortes folgen, an den er ihn führt. Die Anzahl an Erfolgen legt fest, wie genau die Suche ist. Zu den rituellen Foki zählen üblicherweise Pendel und Wünschelruten. Rituale können es dem Wünschelrutengänger ermöglichen, Schätze wie zum Beispiel Goldvorkommen, vergrabene Juwelen oder andere Gegenstände ausfindig zu machen, Wasser zu finden (die bekannteste Form des Wünschelrutengehens) oder verschwundene Personen aufzuspüren, wie zum Beispiel entführte Kinder oder umherstreifende Erwachsene. Die Schwierigkeit dieser Art des Hellsehens variiert entsprechend der Komplexität einer Situation.

• • • Prophezeiung: Der Anwender kann die Folgen eines bestimmten in der Zukunft liegenden Ereignisses voraussehen, wie zum Beispiel Erfolg oder Scheitern eines unternehmerischen Vorhabens, welche Armee eine bestimmte Schlacht gewinnen wird oder welches Team die Meisterschaft gewinnen wird. Zu den Ritualen gehört

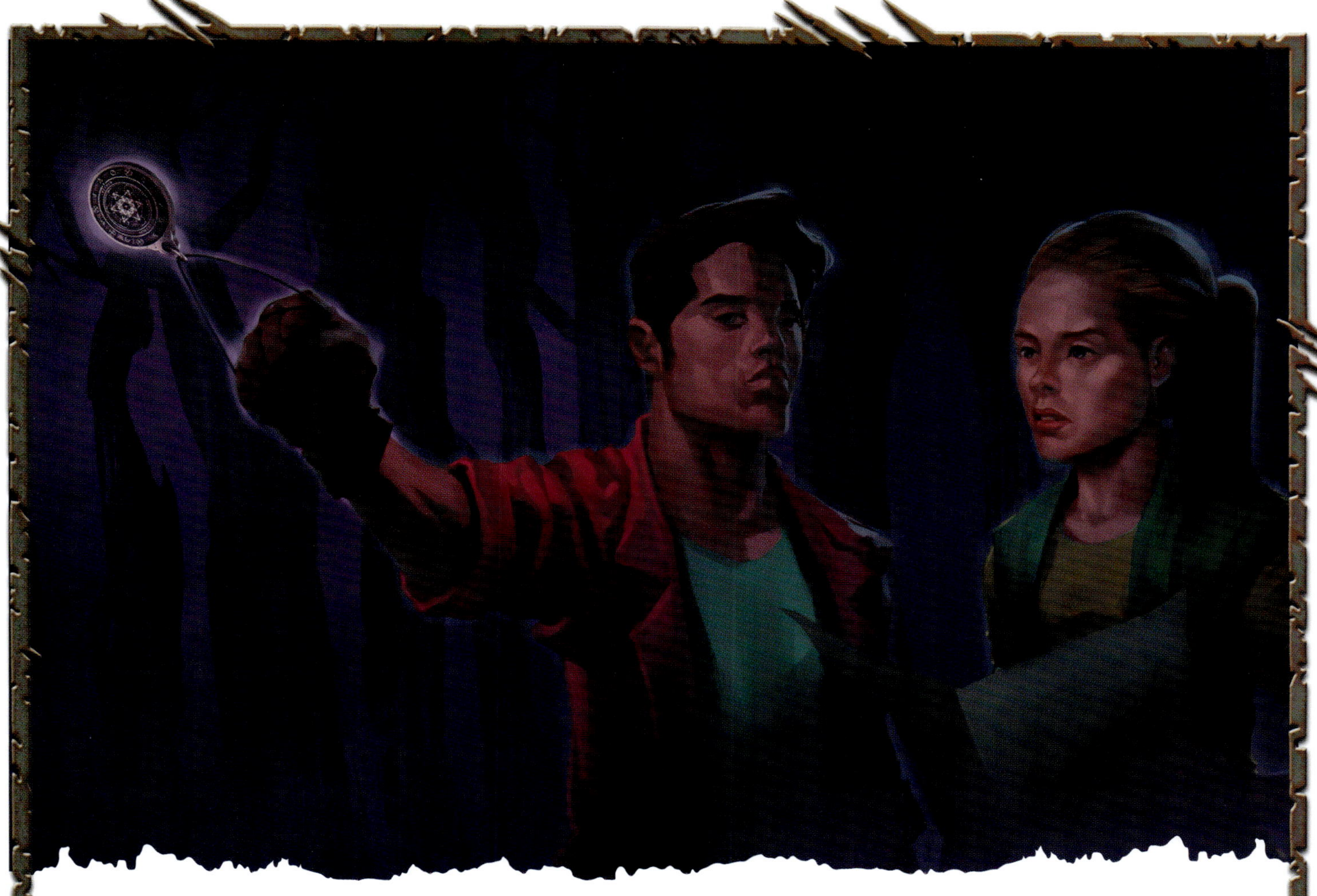

die Konsultation des *I Ging*, Chi-Lesungen, Lesen aus Knochen (oder Runensteinen), komplexe Tarotkartenlegungen oder auch das Lesen aus den Eingeweiden eines Tiers, wie es in bestimmten Religionen praktiziert wird. Die Schwierigkeit für eine Würfelprobe auf Prophezeiungen liegt bei 7.

•••• Vorahnungen: Auf dieser Stufe ist Hellsehen mit Intuition verknüpft. Der Wahrsager empfängt visionsartige Geistesblitze oder starke Gefühle, die auf ein mögliches Ereignis hindeuten, wie zum Beispiel das Gefühl, dass ein bestimmtes Flugzeug abstürzen wird oder dass jemand kommt, der nicht erwartet wird. Es gibt keine Rituale dafür, dennoch muss dem Spieler eine Würfelprobe gelingen. Der Erzähler legt die Schwierigkeit und die Art der Vorahnung fest.

••••• Visionssuche: Bei dieser fortgeschrittensten Form des Hellsehens geht es darum, eine ausführliche Vision von der Zukunft zu suchen und zu empfangen, die entweder den Hellseher betrifft oder irgendjemanden, auf den er sich konzentriert. Die Erfahrung zeigt sich möglicherweise nicht in geradliniger Form. Es kommt vor, dass einzelne Details der Vision nicht in der richtigen Reihenfolge auftauchen, was dazu führen kann, dass der Wirkende Teile der Vision falsch interpretiert. Die Anzahl der Erfolge bestimmt die Länge der Vision und die Anzahl an Details. Mögliche Rituale gestalten sich in Form von asketischen oder ekstatischen Praktiken, mit denen das Bewusstsein verändert werden soll, wie Fasten, Schwitzhütten, schamanische Visionsreisen oder auch so extremen Praktiken wie der Sonnentanz der Indianer. Als Foki kommen psychoaktive Substanzen, das Verbrennen von Salbei oder Weihrauch oder auch andere Objekte in Frage. Der Hellseher nimmt einen anderen Bewusstseinszustand an oder kann im Fall von Blutsgeschwistern sogar Visionen aus dem Umbra erhalten.

Heilung

Durch diesen Pfad kann ein Scharlatan viele Arten von Verletzungen und Erkrankungen heilen, Schmerzen vertreiben oder kontrollieren und grundsätzlich Krankheiten aller Art behandeln. Dieses Numen vollbringt keine Wunder (auch wenn es so erscheinen mag). Heilung braucht Zeit, ganz gleich, ob es sich um Verletzungen oder Krankheiten handelt. Heilung ist effizient, wenn es darum geht, Schmerzen zu lindern, solange der Heiler in Kontakt mit dem Leidenden bleibt. Der Heiler kann auch die Wahrscheinlichkeit einer Infektion verringern, wenn er es mit einer Wunde zu tun hat.

Praktizierer der Heilscharlatanerie benötigen normalerweise irgendeine Art von medizinischem Hintergrundwissen, sei es in Form von Punkten in der Fähigkeit Medizin oder in weniger traditionellen Bereichen, wie zum Beispiel in Akupunktur, Kräuterheilkunde, schamanischer Heilkunst, Meditation, Reiki oder irgendeiner anderen Form der Medizin. Blutsgeschwister, die sich in Tiermedizin auskennen, können Heilmagie einsetzen, um wölfische Blutsgeschwister zu behandeln. Der Einsatz dieses Pfades zehrt an der Energie des Heilers und kann bei mangelnder Vorsicht ein Burnout zur Folge haben oder bei dem Heiler psychologische Schäden verursachen. Heiler achten häufig darauf, sich ausreichend Ruhe zu gönnen, setzen Entspannungstechniken ein und nehmen im Bedarfsfall sogar psychologische Betreuung in Anspruch.

Dieses Numen kann keine schwer heilbaren Wunden heilen, aber es kann den Schmerz solcher Wunden lindern.

Probe: Manipulation + Intuition

Kosten: 1 Willenskraft pro Erkrankung

- • Diese Stufe erlaubt es einem Heiler, Kopfschmerzen, Rückenschmerzen oder vergleichbare Schmerzen zu lindern. Das Leiden verschwindet zwar nicht, aber der Schmerz nimmt für eine Weile ab. Die Anzahl der Erfolge legt die Dauer fest, für die die Schmerzlinderung anhält (als Richtlinie gilt eine Stunde pro Erfolg).
- • • Diese Stufe ermöglicht es dem Heiler, Verstauchungen zu behandeln, Erkältungen, Migräne, leichtere Infektionen und dergleichen. Mit mehreren Erfolgen kann der Wirkende die Heilungsdauer halbieren oder sogar noch mehr.
- • • • Auf dieser Stufe kann der Heiler gebrochene Knochen heilen und dafür sorgen, dass hässliche Wunden schneller und ohne Infektion heilen. Brüche wachsen nicht sofort wieder zusammen, aber die Heilung erfordert deutlich weniger Zeit. Linderung und Heilung des herkömmlichen Schnupfens ergeben sich auf dieser Stufe. Ein Heiler kann einem Außer Gefecht gesetzten Charakter dabei helfen, wieder auf die Beine zu kommen, damit er sich irgendwo in Sicherheit bringen kann, aber Wunden, die so schwer sind, kann er nicht vollständig heilen.
- • • • • Diese Stufe der Heilung kann komplizierte Brüche und schwere Traumata heilen, den Heilungsprozess beschleunigen und Infektionen verhindern. Solche Verletzungen heilen um 50% schneller. Die Berührung des Heilers vertreibt auch den Schmerz. Ein Heiler dieser Stufe kann auch chronische Erkrankungen wie Asthma, Arthritis, Diabetes etc. heilen. Die Zustände verschwinden nicht über Nacht, das erfordert Wochen. Die Heilung hält so lange an, wie die geheilten Personen angemessene Schritte unternehmen, um eine Wiedererkrankung zu vermeiden.
- • • • • • Wenn er sich große Mühe gibt, kann ein Heiler dieser Stufe die meisten ernsthaften Erkrankungen heilen, so auch AIDS, Krebs, Herzleiden und andere „hoffnungslose" Leiden. Schwere Verletzungstraumata und gebrochene Knochen verheilen in ein bis drei Wochen.

Kräuterheilkunde/Tränke brauen

Der Kräuterheilkundige, oder Naturheilkundler, hat lange Zeit einen festen Platz im Volkstum und in der Kultur von vortechnischen oder nicht-technischen Gesellschaften eingenommen. Im späteren Verlauf der Geschichte nutzten die Verkäufer von Schlangenöl das Vertrauen, das viele Leute einmal in nicht traditionelle Heiler gesetzt hatten, für ihre eigenen Zwecke aus.

Viele Kräuterheilkundige – und viele Kräuterquacksalber – bedienten sich ausschließlich der Rezepte, die über Generationen hinweg weitergereicht wurden oder zogen alles aus ihrer Fantasie, was sie benötigten, um Tränke, Salben, Tinkturen, Gebräue und andere pflanzliche Zubereitungen herzustellen. Diese Mixturen und Gebräue wirkten manchmal, wenn die Kräuter und anderen Zutaten wirkungsvolle Substanzen enthielten. Anderenfalls waren sie nichts weiter als „Schlangenöl."

Der Pfad der Scharlatanerie, der als „Kräuterheilkunde" oder „Tränke brauen" bekannt ist, ermöglicht es dem Praktizierer, natürliche Zutaten mit echter Kraft zu durchdringen, damit ihre natürliche Heilwirkung (oder Giftwirkung) bessere Ergebnisse erzielen. Auf der höchsten Wissensstufe erzeugen diese Substanzen Wirkungen, die an Wunder grenzen. Die Garou schätzen und schützen diese Blutsgeschwister, weil sie ihre Fähigkeit zu schätzen wissen, Heilung zu bringen, wenn herkömmliche Mittel versagen.

Blutsgeschwister, die dieses Numen der kräuterbasierten Magie studieren, müssen mindestens einen Punkt auf eine der folgenden Kenntnisse gelegt haben: Kräuterkunde, Medizin oder Naturwissenschaften (Botanik). Natürlich gilt, je mehr Punkte auf die jeweilige Kenntnis vergeben wurden, desto größer ist die Wahrscheinlichkeit eines Erfolges. Die Verwendung dieses Pfades erfordert Zeit und Mühe und der Praktizierer muss die passenden Kräuter, Blumen, Wurzeln oder Moose finden und sammeln oder ziehen. Außerdem muss viel Zeit auf Kochen, Einweichen, Zerkleinern oder sonstige Verarbeitung der Zutaten verwendet werden, um die Mischungen für die gewünschten Tränke oder andere pflanzliche Gebräue zuzubereiten.

Die Stärke und Wirkung der Mischung hängt von den Erfolgen des Kräuterheilkundigen ab (Intelligenz + Kräuterkunde). Ein Erfolg erzeugt etwas, das eine schwache Wirkung hat, aber vielleicht verdorben aussieht und bitter schmeckt oder sogar Schlimmeres. Mit vier oder mehr Erfolgen gelingt das Heilmittel nicht nur, es entwickelt auch die doppelte Wirkung – und schmeckt noch dazu köstlich!

Natürlich kann Kräuterheilkunde auch eingesetzt werden, um Gifte zusammenzumischen. Diejenigen, die solche Gifte oder Gemische mit schädlicher Wirkung zu sich nehmen, können eine Probe auf Widerstandsfähigkeit gegen die Anzahl der Erfolge des Kräuterheilkundigen versuchen, um der Wirkung zu widerstehen oder zu überleben.

Spieler und Erzähler sollten ihre eigenen Rituale für die Herstellung pflanzlicher Mixturen entwickeln in Anlehnung an den kulturellen Hintergrund des Charakters des Kräuterheilkundigen oder an die Anforderungen der Chronik.

Probe: Intelligenz + Kräuterkunde

Kosten: Keine

- • Die Wickel und Gebräue, die auf dieser Stufe hergestellt werden, können schwächere Schmerzen oder Ausschläge heilen, Schlaf anregen oder verhindern, Nahrung länger haltbar machen als sie es eigentlich wäre, Symptome nicht chronischer Erkrankungen lindern und andere Wirkungen erzeugen, die nicht in die Kategorie der „Magie" fallen.
- • • Auf dieser Stufe heilen Kräuterheilkundige rasch kleinere Krankheiten oder Schmerzen, verhüten oder ermöglichen Schwangerschaften (100% Sicherheit), verändern die Stimmung einer Person, locken Insekten oder Tiere an oder schrecken sie ab, heilen Rauschzustände und erzeugen andere Wirkungen, die wundersam erscheinen, aber nicht notwendigerweise übernatürlich.
- • • • Die Substanzen, die auf dieser Stufe hergestellt werden, können Menschen mit nur einer Prise in Schlaf versetzen, mittelschwere Schmerzen und Krankheiten heilen, die Heilungsdauer für offene Wunden und gebrochene Knochen halbieren (mehr für Garou), Teilnehmer in eine leichte Trance versetzen oder die Libido verbessern und andere Wirkungen erzeugen, die aufgrund ihrer Geschwindigkeit und Effektivität Stirnrunzeln hervorrufen können.
- • • • • Diese Stufe der Meisterschaft macht es möglich, dass die Mixturen des Kräuterheilkundigen eine Infektion innerhalb von Minuten abklingen lassen, lebensbedrohliche Krankheiten heilen, Gifte neutralisieren, vorübergehend die körperlichen Eigenschaften von jemanden verbessern (ein oder zwei Punkte auf Körperkraft, Geschick

oder Widerstandsfähigkeit für eine Szene) und andere entsprechende Wirkungen hervorrufen. Kulturelle Erwartungen und das Urteil des Erzählers spielen bei diesen Wirkungen eine Rolle, die weder plötzlich auftreten noch auffällig oder dauerhaft sind.

• • • • • Auf dieser Stufe stellt der Kräuterheilkundige wahrhaft spektakuläre Tränke, Gebräue, Salben und dergleichen her. Liebestränke, Schlafmittel, Heilsalben, tödliche Gifte, Flugöle und andere scheinbar unmögliche Mixturen ermöglichen es dem Nutzer, seine Realität zumindest für eine Weile zu verändern oder, im Falle von Giften und Heilmedizin, sogar dauerhaft. Wie weit das Ganze tatsächlich geht, sollte gemeinsam besprochen werden und immer auf einer plausiblen Erklärung beruhen. Extreme Auswirkungen, wie eine Veränderung der Gestalt, sollten nicht plötzlich auftauchen, sondern unauffällig oder mit der Zeit eingeführt werden.

Geisterjagd

Dieser Pfad erlaubt es einem Scharlatan, ein Band zwischen sich selbst und einer bestimmten Art von Pflanze oder Tier zu erschaffen. Diejenigen, die diesen Pfad praktizieren, glauben, nicht unähnlich den Garou, dass jedes lebende Wesen eine Seele oder einen belebenden Geist besitzt.

Ein Geisterjäger bedient sich dieses Bandes, um das von ihm auserwählte Tier oder die Pflanze zu beobachten und von ihnen zu lernen. Im Gegensatz zum Lernprozess bei Gaben existiert kein Handel zwischen Tier- oder Pflanzen-Lehrer und Schüler. Der Praktizierer beginnt damit, Kontakt mit dem Geist aufzunehmen und ihn einfach zu beobachten. Als nächstes stellt er dem Geist Fragen und versucht, seine natürlichen Fähigkeiten nachzuahmen. Anschließend entwickelt der Geisterjäger ein eigenes Ritual, in dem er den Geist eindringlich darum bittet, zu erscheinen. Wenn das passiert (und das kann ziemlich lange dauern), erklärt ihm der Geisterjäger, dass er gerne seine Gebräuche erlernen würde. Wenn ein Geisterjäger zum Beispiel einen Bärengeist ausgewählt hat, bittet er ihn darum, ihn die Gebräuche der Bären zu lehren. Es ist möglich, dass der Geist irgendeine Art von Beweis für die Aufrichtigkeit verlangt oder dem Geisterjäger eine Aufgabe auferlegt, mit der er seinen Wert unter Beweis stellen soll, aber wenn er zustimmt, erlaubt er es dem Geisterjäger, dass er die Grundlagen des Lebens seiner auserwählten Kreatur erlernt.

Die Lernprozesse des Scharlatans bestehen daraus, zu lernen, seine Sinne darauf zu fokussieren, zu sehen, was sein Tier sieht. Er kann sogar spezielle Aktivitäten erlernen, wie zum Beispiel die Fähigkeit eines Bären, Winterschlaf zu halten, oder die Fähigkeit eines Löwen, Klauen einzusetzen. Dieser Pfad ist für jeden Praktizierer einzigartig.

Bitte beachten Sie, dass dieses Numen nicht die Fähigkeit verleiht, Geister zu sehen, zu hören, zu berühren oder zu beschwören. Es eröffnet ein gewisses Maß an intuitiver Kommunikation mit einem ausgewählten Geistertyp in der Gestalt, dass Anfragen durch eine schwache Brise, das Zerbrechen eines Zweiges oder sogar das kurze Erscheinen einer Geisterform eines Tiers oder einer Pflanze beantwortet werden, und der Geisterjäger versteht intuitiv die Bedeutung solcher Antworten. Andere würden behaupten, dass sich das alles nur in der Fantasie des Geisterjägers abspielt, aber er weiß es besser. Auf höheren Bewusstseinsebenen ist es sogar möglich, dass ein Geist genug Sympathie für den Geisterjäger empfindet, um sich ab und zu vor ihm zu materialisieren oder andere Zauber zu verwenden, die ihm seine unmittelbare Anwesenheit signalisieren.

Probe: Manipulation + Okkultismus

Willenskraftkosten: 1 Punkt

• Ein Mystiker lernt, die Nahrung des auserwählten Geistes zu „essen“. Die passende Nahrung muss verfügbar sein (Wasser und Sonne für Pflanzen, Weideland für Pflanzenfresser wie Kühe oder Wild, Larven, Honig, Beeren usw. für Bären, rohes Fleisch für Wölfe oder andere Raubtiere). Er wird durch diese Nahrung vollständig ernährt als sei er selbst das auserwählte Tier. Rituale könnten zum Beispiel Wiederkäuen, Nahrung hamstern, um sie später zu essen, Essen vergraben und so weiter umfassen.

• • Der Geisterjäger kann seine eigenen Sinnesebenen an die des Tieres anpassen. So kann es ein Luchs dem Geisterjäger zum Beispiel ermöglichen, in der Dunkelheit zu sehen oder Raubtiere oder Beute zu erschnüffeln. Das Wittern von Menschen, eine Fährte erschnüffeln, Nahrung finden oder die Luft „lesen“ sind ein paar der möglichen Rituale, die diese Stufe begleiten könnten.

• • • Tiere und Pflanzen wissen, wie man überlebt und was zu tun ist, wenn man Heilung braucht. Pflanzen „heilen“ mithilfe von photosynthetischer Energie, während manche Tiere ihre Wunden lecken oder in eine Art Heilschlaf verfallen. Die Schwingungsrate des Schnurrens von Katzen scheint ebenfalls gewisse Heilfähigkeiten zu besitzen. Jedes Jahr halten manche Kreaturen für einen Teil des Winters Winterschlaf. Die Temperaturen sind kalt und die Nahrung ist knapp, deshalb ist der Winterschlaf eine Form des selbst auferlegten Komas, um das Überleben zu sichern. Auf dieser Stufe kann ein Geisterjäger in einen Heilschlaf fallen, der eine Gesundheitsstufe pro Erfolg heilt, den der Geisterjäger erzielt hat. Mit drei Erfolgen könnte der Geisterjäger nach 12 Stunden Schlaf drei Stufen Schaden heilen. Zu den Ritualen zählen Verstecken, Heilen, Säuberung und Reinigung bösartiger und giftiger Wunden und Geburt eines Kindes.

• • • • Auf dieser Stufe hat der Geisterjäger die innere Weisheit des auserwählten Tier- oder Pflanzengeistes empfangen. Basierend auf dem Grad an Erfolgen bei einer Probe, um diese Stufe der Macht einzusetzen, entscheidet der Erzähler, wieviel Information und welche Art dem Geisterjäger zur Verfügung steht. Ein Eichengeist könnte dem Geisterjäger Einblicke in ein Ereignis geben, das sich zugetragen hat, als die Eiche noch ein Setzling war. Ein Wolfsgeist könnte dem Wirkenden Hintergrundwissen über etwas offenbaren, das mit dem Überleben der Wölfe in einem bestimmten Teil der Welt zusammenhängt. Der Erzähler kann sich dieser Macht bedienen, um den Charakteren im Laufe der Geschichte neue Aufhänger zukommen zu lassen. Rituale könnten zum Beispiel die Suche nach Visionen, das Aufdecken von Lügen oder intuitive Sprünge sein.

• • • • • Die engagiertesten und hingebungsvollsten Geisterjäger können diese hochentwickelte Meisterstufe erreichen. Hier erhält der Geisterjäger die Fähigkeit, sich eines Aspektes zu bedienen, der für den an ihn gebundenen Tier- oder Pflanzengeist einzigartig ist. Falls er an ein Reh gebunden ist, könnte er zum Beispiel fähig sein, besonders schnell zu rennen oder hohe Zäune zu überspringen. Ein Praktizierer, der an einen Bär gebunden ist, könnte zum Beispiel über große Stärke verfügen. Einer, der an einen Löwen gebunden ist, könnte im Kampf Klauen entwickeln. Bestimmte Pflanzen könnten dem Wirkenden eine Haut gewähren, die bei Berührung giftig ist. Mindestens drei Erfolge sind notwendig, um diese Fähigkeit zu aktivieren, die die beste Chance eines Blutsgeschwisters ist, um die Fähigkeit des Gestaltwandels eines Garou selbst zu erleben. Mögliche Rituale könnten Abschirmung durch die Entwicklung einer dicken Haarschicht oder Baumrinde sein, offensive Kräfte wie die Entwicklung scharfer, stabiler Fingernägel, Hinaufklettern an einer vertikalen Oberfläche, wie es Spinnen können, und andere Fähigkeiten.

Übersinnliche Phänomene

Manche nennen es ASW oder Psi, andere sprechen von „Hexerei", „dem Blick" oder verwenden einfach den Begriff „komisch", um Leute zu beschreiben, die über diese paranormalen Fähigkeiten verfügen. Blutsgeschwister, die irgendeine dieser Fähigkeiten an den Tag legen, stoßen auf viele unterschiedliche Reaktionen von ihren Garou-Verwandten. Manche finden sie interessant, meinen, dass sie Respekt verdienen oder potenziell nützlich für den Stamm sein könnten. Andere trauen ihnen nicht, weil sie zu viel vom Handwerk eines Magiers oder von dunkler Magie darin sehen. Die meisten Theurgen, manche Fianna und die gesamten Stämme der Stillen Wanderer und Sternenträumer möchten mehr über Übersinnliche Phänomene im Allgemeinen lernen und wenden sich manchmal an Blutsgeschwister, die dafür bekannt sind, übersinnliche Fähigkeiten zu besitzen, um etwas über ihr Wissen zu erfahren.

Empathische Heilung

(Charisma + Empathie)

Diese Kraft fordert vom Praktizierer einen hohen Preis und ist eine der intimsten unter den Psi-Kräften. Um sie einsetzen zu können, verbindet der Heiler seinen Geist und seinen Körper mit dem der verletzten oder kranken Person. Der Heiler absorbiert dann die Wunde oder die Krankheit in seinen eigenen Körper und nimmt dabei dieselbe Anzahl an Gesundheitsstufen, die er heilt, als Schaden an seinem eigenen Körper. Empathische Heiler können mit dieser Methode schwer heilbare Wunden heilen, was sie für Garou und Blutsgeschwister gleichermaßen wertvoll macht. Der Nachteil liegt natürlich darin, dass es viele Monate dauern kann, bis der Heiler nach einer so extremen Heilprozedur selbst wieder genesen ist. In den meisten Fällen hat der Empathische Heiler einen Begleiter, der sich während seines eigenen Genesungsprozesses um ihn kümmert. Obwohl ein Heiler sich selbst durch die Überbeanspruchung dieser Fähigkeit zu viel zumuten kann, können Garou-Gaben wie Berührung der Mutter ihm dabei helfen, schneller wieder gesund zu werden.

Jede Stufe erfordert mindestens drei Erfolge bei einer Probe auf Charisma + Empathie, um ihre Wirkung zu entfalten. Erfolge können angesammelt werden, aber das setzt den Heiler einer zusätzlichen Belastung aus. Die Grundschwierigkeit liegt bei 6, steigt aber pro Stufe der Empathischen Heilung, die über die erste Stufe hinausgeht, um 1. Deshalb liegt die Schwierigkeit auf Stufe zwei bei 7, auf Stufe drei bei 8, auf Stufe vier bei 9 und auf Stufe fünf bei 10.

Probe: Charisma + Empathie

Kosten: Spezial

• **Den Geist besänftigen:** Der Heiler kann kleinere Schrammen, eine leichte Depression oder Trauer absorbieren. Er kann Schaden auf der Gesundheitsstufe Blaue Flecken heilen. Sein eigener Körper erholt sich innerhalb eines Tages. Schwierigkeit: 6.

• • **Fleisch flicken:** Der Heiler kann tiefe Schnitte heilen und den Blutsverlust stoppen. Die Gesundheitsstufen Verletzt und Schwer Verletzt heilen. Sein eigener Körper benötigt ungefähr eine Woche, um seine Körperkraft wiederzuerlangen, nachdem er diese Stufe eingesetzt hat. Schwierigkeit: 7.

• • • **Knochen heilen:** Der Heiler kann schwere Wunden oder ernste akute Krankheiten (kein Krebs) heilen. Die Zielperson kann Gesundheitsstufen auf Verwundet und Schwer Verwundet entfernen, während der Empath zerschmetterte Knoche und abgerissene Bänder, Sehnen und Muskeln heilt. Es kann mehrere Monate dauern, bis der Heiler wieder gesund ist, sofern er nicht die Hilfe von Gaben oder anderer Magie in Anspruch nehmen kann. Schwierigkeit: 8.

• • • • **Organheilung:** Der Heiler kann schwere innere Verletzungen heilen, innere Blutungen stillen und den Patienten sogar von der Schwelle des Todes zurückbringen. Die Gesundheitsstufen Verkrüppelt und Außer Gefecht fallen in den Fachbereich des Heilers. Es dauert mindestens ein Jahr, bis der Heiler auf natürlichem Wege wieder gesund wird. Schwierigkeit: 9.

• • • • • **Wahnsinn beschwichtigen:** Nur die Besten der Besten erreichen diese Stufe der Empathischen Heilung und nur jene, die sich ihrer Fähigkeiten absolut sicher sind, wagen es, die Kraft einzusetzen, die hier gewährt wird. Ein Heiler, der diese Kraft einsetzt, muss über absolute geistige Disziplin, Tapferkeit und die Kontrolle über seine eigenen Emotionen verfügen. Diese Fähigkeit erlaubt es dem Heiler, die schwersten Formen von geistigen Erkrankungen zu absorbieren, so auch Harano, wodurch er in denselben Zustand der Psychose verfällt, die er bei seinem Patienten gerade geheilt hat. Viele Monate der Ruhe und Therapie können den Empathischen Heiler letztendlich heilen, aber ein paar erholen sich nie mehr von diesem Martyrium. Schwierigkeit: 10.

Seelenraub

Diese verstörende Kraft erlaubt es dem Medium, gewaltsam in das Unterbewusstsein des Opfers einzudringen und Teile seiner Persönlichkeit zu zerstören. Letztendlich reduziert Seelenraub das Opfer zu einer Hülle seines früheren Selbst, ohne Willenskraft und jeder Gnosis beraubt, die er möglicherweise hatte. Seelenraub verursacht keine Geisteskrankheit, der Verstand des Opfers ist zu leer, um geisteskrank zu sein. Die meisten Praktizierer dieser Kraft gehören den Blutsgeschwistern der Tänzer der Schwarzen Spirale an, aber auch von ein paar anderen gefährlichen oder unglücklichen Blutsgeschwistern sagte man, dass sie über diese Kraft verfügen. Manche Blutsgeschwister der Schattenlords streben nach Wissen über diese Kraft, um damit ihre eigene Machtgrundlage innerhalb ihres Stammes zu schaffen. Blutsgeschwister, die im Seelenraub bewandert sind, behalten ihr Wissen grundsätzlich für sich und nutzen sie mit Bedacht, weil sie wissen, dass die Strafe für den Besitz dieses Numens äußerst streng ausfallen würde – wenn nicht sogar verhängnisvoll.

Um Seelenraub einzusetzen, legt das Medium eine Willenskraftprobe ab (die Schwierigkeit entspricht der Willenskraft des Opfers +2, bei einem Maximum von 10) und wendet einen Willenskraftpunkt auf. Das Opfer muss sich in der Sichtlinie des Mediums befinden.

Opfer erinnern sich normalerweise nicht an den Vorfall, es sei denn, der Erzähler gewährt ihnen eine Probe auf Wahrnehmung + Enigmas (die Schwierigkeit entspricht der Willenskraft des Mediums), um den Vorgang zu bemerken. Falls die Zielperson sich aktiv widersetzt, erhöht sich die Schwierigkeit von Seelenraub um 1 (bis zu einem Maximum von 10).

Ein Seelenräuber kann einmal pro Szene versuchen, diese Kraft auf irgendein lebendes Wesen anzuwenden. Die Sternenträumer besitzen Überlieferungen, die von Seelenräubern sprechen, die ihren Verstand verloren, nachdem sie den Versuch unternommen hatten, sich mit einem Vampir oder einem Todesalben anzulegen.

Probe: Willenskraft

Kosten: 1 Willenskraft

• **Eindringen in den Traum:** Das Medium dringt in die Träume des Opfers ein und interagiert mit dem Unterbewusstsein. Es kann keine Erinnerungen einpflanzen oder stehlen, aber es kann als „Akteur" an den Träumen teilnehmen und sich an das erinnern, was es sieht.

• • **Den Willen aussaugen:** Jeder Erfolg erlaubt es dem Medium, einen vorübergehenden Punkt Willenskraft auszusaugen und ihn auf sich selbst zu übertragen (bis zu seinem Maximum). Das Opfer regeneriert Willenskraft auf die übliche Weise.

• • • **Das Lebenselixier aussaugen:** Jeweils zwei Erfolge saugen dem Opfer zwei Gesundheitsstufen aus. Die Wunden sind kein Schlagschaden. Das Opfer erholt sich normal. Da der Schaden geistiger Natur ist und nicht physischer, erscheint das Opfer unversehrt.

• • • • **Leben verschieben:** Jeweils zwei Erfolge erlauben es dem Medium, eine der Gesundheitsstufen des Opfers auf seinen eigenen Körper zu übertragen und sich eine zusätzliche Stufe Blaue Flecken zu verleihen. Alternativ kann das Medium die gestohlenen Gesundheitsstufen verwenden, um eine seiner eigenen verlorenen Gesundheitsstufen zu heilen. Der Seelenräuber kann bis zum Doppelten der normalen Anzahl an Gesundheitsstufen hinzufügen (bis zu sieben).

• • • • • **Gnosisraub:** Jeweils zwei Erfolg erlauben es dem Medium, einen Punkt Gnosis zu stehlen und zu behalten. Er darf den Punkt behalten, bis er aufgebraucht ist. Selbst wenn das Medium nicht über den Vorzug: Gnosis verfügt, kann es die gestohlene Gnosis verwenden, um Gaben zu verstärken oder Fetische einzusetzen. Ist sie einmal aufgebraucht, kehrt sie nicht zurück. Der Seelenräuber muss mehr stehlen, wenn er sie will.

Wahrer Glaube

Manche Blutsgeschwister haben eine starke Bindung zu ihrem spirituellen Selbst. Sie erfreuen sich einer unerschütterlichen Liebe und Hingabe gegenüber dem Göttlichen, ob sie es nun Gaia, Gott oder irgendeine andere höhere Macht oder oberste Wesenheit nennen. Für sie existiert Fundament, auf dem alle Dinge ruhen und das sie von Zeit zu Zeit kraft ihres Glaubens berühren können. Sie verbinden sich mit dieser Kraft, insbesondere in Zeiten der Belastung oder eines dringenden Verlangens, und sie ziehen Kraft und, gelegentlich, auch greifbare Effekte aus dem Ausdruck ihres Glaubens.

Blutsgeschwister-Charaktere mit diesem Numen beginnen mit einem Punkt Wahrer Glaube, der zwischen 1 und 10 rangiert.

Wahrer Glaube wird in kritischen Situationen zu Willenskraftproben hinzugerechnet, indem sie dem Würfelvorrat für jeden Punkt Glauben +1 hinzuaddieren. Er wird nicht zu Proben hinzuaddiert, die für Riten, Gaben, Psychische Phänomene, Scharlatanerie oder ähnliche Fähigkeiten eingesetzt werden.

Der Erzähler legt je nach der aktuellen Situation die Auswirkungen von Wahrer Glaube fest. Wahrer Glaube kann Vampire oder Todesalben abwehren. Dem Spieler muss eine Probe auf Glaube gelingen gegen eine Schwierigkeit, die der Willenskraft des Gegners entspricht. Wahrer Glaube schützt vor den Kräften von Magi. Jeder Punkt wird wie ein Würfel auf Gegenzauber gewertet.

Blutsgeschwister, die Wahren Glauben in Gaia besitzen, können dazu in der Lage sein, Wyrmkreaturen und jene, die den Makel des Wyrms tragen, ebenso abzuwehren wie Vampire und Todesalben.

Blutsgeschwister können aufgrund ihrer Ergebenheit einen zusätzlichen Punkt vorübergehende Willenskraft für jeden Punkt Wahren Glauben erhalten. Auf höheren Stufen kann Wahrer Glaube Effekte haben, die für andere wundersam erscheinen: die Heilung einer Gesundheitsstufe, um jemanden vor dem Tod zu bewahren, die Chance, erneut zu versuchen, eine schwierige Aktion auszuführen, wenn der erste Versuch schrecklich scheitert, irgendeine Art von zufälligem Eingreifen erscheinen lassen, wenn alles verloren scheint, oder irgendein Effekt einer Stufe, die mit der Glaubenseinstufung des Blutsgeschwisters übereinstimmt.

Wahrer Glaube kann nicht durch die Aufwendung von Erfahrungspunkten erhöht werden. Der Erzähler muss zusätzliche Punkte auf Wahren Glauben gewähren, wenn die Handlungen des Charakters dies hergeben.

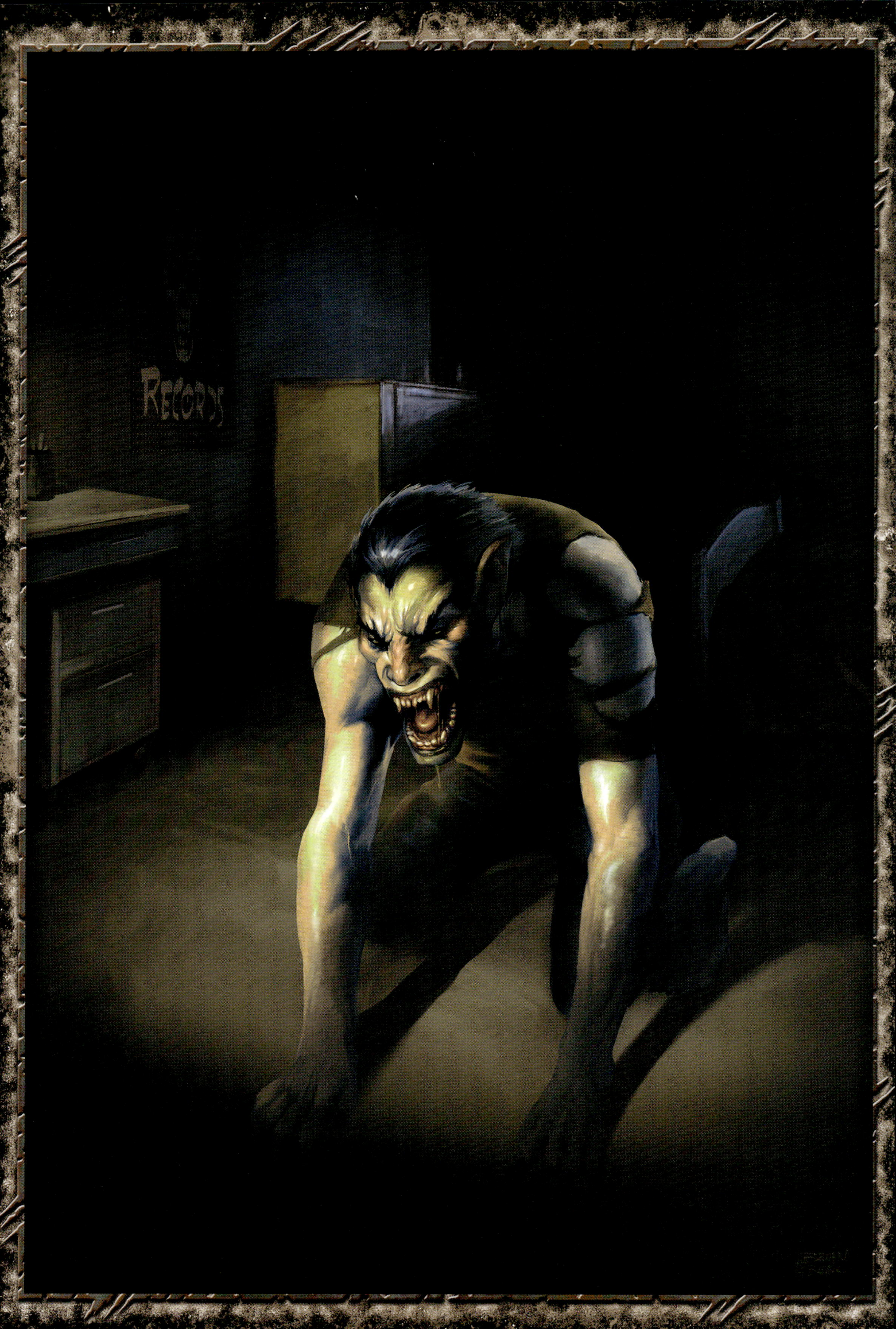
RECORDS

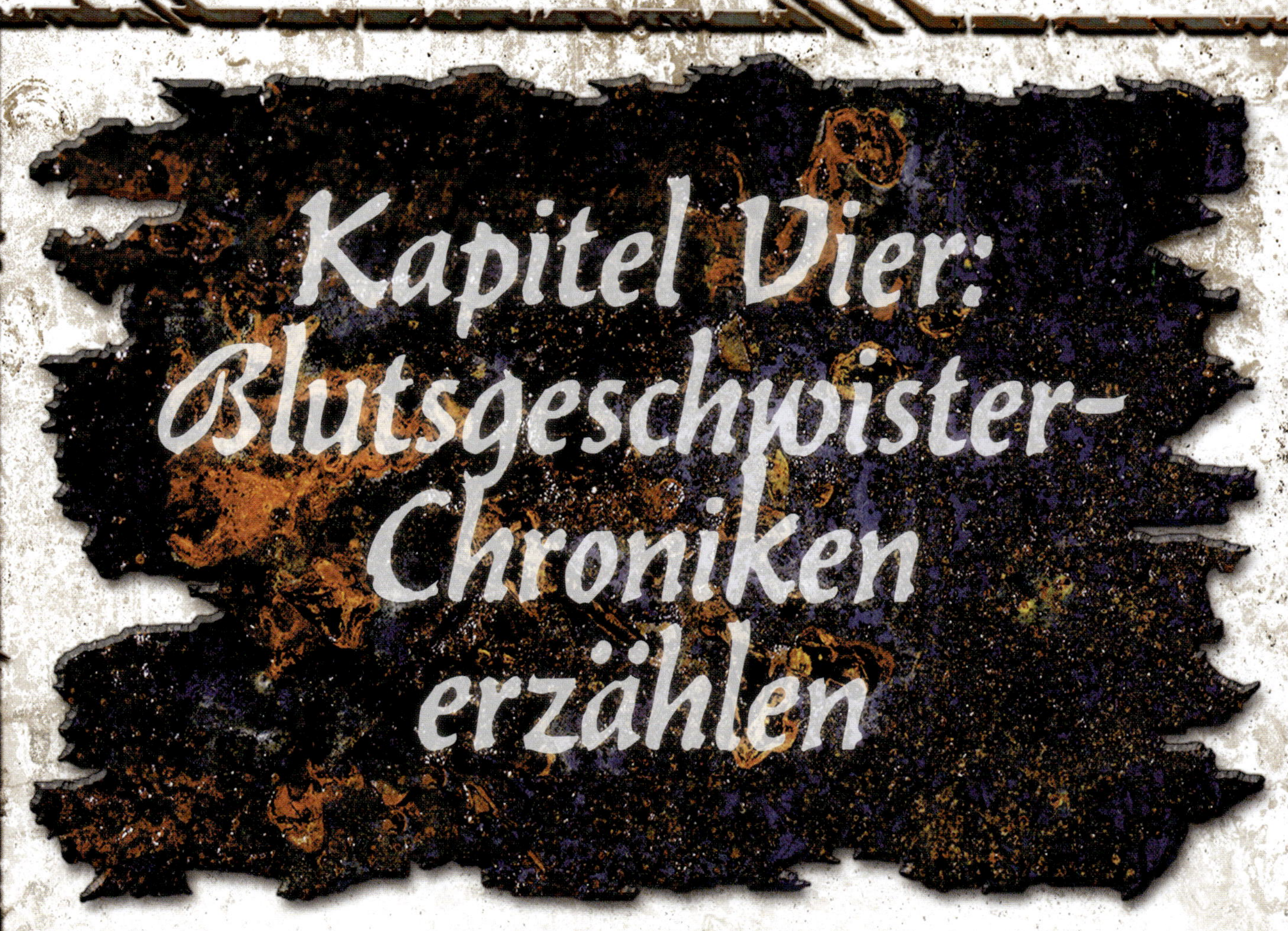

„WIR SIND KEINE DINGE“

Mad Max: Fury Road

Wir haben Geschichten über Familien erzählt, seit wir überhaupt Geschichten erzählt haben. Jeder versteht die Macht, die Geschichten über familiäre Bindungen haben, sei es durch das Blut, durch Adoption oder durch Heirat. Was geschieht, wenn man die Bindungen auf die Probe stellt, die durch Vernachlässigung schwach geworden sind? Was geschieht, wenn das Blut eine Kette ist, die Personen an andere fesselt, die sie verletzen? Wenn kindlicher Gehorsam gegen die romantische Liebe steht, wer gewinnt dann? Wenn zwei Familien gegeneinander in den Krieg ziehen, kann dann irgendjemand unbeschadet aus dieser Geschichte hervorgehen?

Wir schreiben zahllose Variationen dieser Geschichten. Shakespeare allein gibt uns einen schwankenden Patriarchen und seine Töchter, zwei Teenager, deren Familien sich in einem blutigen Krieg befinden, einen Mann, dessen blutiger Ehrgeiz von seiner Frau getrieben ist, einen Sohn, der den neuen Ehemann seiner Mutter verachtet – Akt um Akt und Szene um Szene voller Liebe und Schmerz und Schuld. Werfen Sie einen Blick in jedes beliebige Bücherregal und betrachten die Bennetts und Cratchits, die Karamazovs und Ingalls, Haus Baratheon und das Haus von Usher. Schalten Sie durch einen Streamingdienst und stellen fest, wie viele Filme und laufende TV-Serien sich um Familien drehen. Selbst wenn Sie die Sitcoms außen vorlassen, ist die Anzahl überwältigend. Ihnen könnte etwas Schlechteres einfallen, als eine Blutsgeschwisterfamilie den Corleones oder den Barksdales nachzuempfinden. Werfen Sie einen Blick auf die Geschichte: Tudor und York, Medici und Borgia, Oda und Takeda, Cao und Sima, Hatfield und McCoy.

Es gibt eine ganze Reihe von Herausforderungen, wenn Geschichten über Blutsgeschwister und ihre Beziehungen zu ihren blutrünstigen, bestialischen Garou-Liebhabern und Kindern und Eltern erzählt werden sollen. Glücklicherweise wird ein Mangel an Ideen niemals dazugehören.

Blutsgeschwister und Chroniken

Die Dynamik zwischen Garou und Blutsgeschwistern bringt frischen Wind in die traditionellen Beziehungen innerhalb von Familien. Blutsgeschwister sind Eltern, Ehepartner, Geschwister, Kinder, Cousins und Cousinen, Tanten und Onkel und noch vieles mehr – aber das Machtgefälle zwischen ihnen stellt eine ganze Reihe der traditionellen Rollen auf den Kopf. Sobald ein Junges sich verwandelt, erlangt es dadurch mehr Macht als jedes seiner Blutsgeschwister. Kinder beschützen letztendlich ihre eigenen Eltern. Wenn eine gesunde emotionale Verbindung besteht, wird dem Garou ein faszinierendes Maß an Verantwortung für seine gesamte Familie zuteil. Und wenn die emotionale Verbindung ungesünder oder missbräuchlich ist, können die Dinge sehr schnell erschreckend werden.

Der Trick besteht bei Blutsgeschwistern darin, genau diese emotionale Verbindung in den Spielern zu entfesseln. Die meisten Menschen haben ziemlich starke Ansichten im Hinblick auf ihre Familien, seien sie nun gut oder schlecht. Dasselbe sollte für Spielercharaktere gelten. Um wirklich eine bedeutende Rolle innerhalb einer Chronik spielen zu können, müssen Blutsgeschwister abwechselnd hilfreich und verletzbar sein, Charaktere mit eigenen Ambitionen, die ihre Bindungen zu den Garou nicht verleugnen können. Es ist mit Arbeit verbunden, sie zu mehr werden zu lassen als zu austauschbaren Speerträgern, aber diese Arbeit zahlt sich in höchstem Maße aus.

Thematiken

Es gibt eine Fülle an Themen, die in einer auf Blutsgeschwister ausgerichteten Chronik erforscht werden können. Manche werden vielleicht durch die involvierten Stammeskulturen vorgegeben, aber diese drei sollten allgemeingültig sein.

- **Blut ist dicker als Wasser:** Wenn man dazu aufgefordert wird, zwischen Familien und Freunden oder Geliebten zu wählen, besteht der Grundgedanke darin, dass die Familie an erster Stelle kommen sollte. In der Praxis funktioniert es nicht immer so, aber der kindliche Gehorsam ist für Blutsgeschwister sogar noch wichtiger. Sie unterstützen Kriegsanstrengungen. Wenn die Familie auseinanderbricht, ist jeder, der ihnen etwas bedeutet, in entsetzlicher Gefahr, sein Leben zu verlieren oder sogar noch Schlimmeres. Und außerdem empfinden Blutsgeschwister, die Werwolfblut in sich tragen (oder die, die mit anderen sozial starken Wandlern in Verbindung stehen) eine Extraportion an territorialer Verwandtschaft. Außenstehende neigen dazu, Blutsgeschwisterfamilien als einschüchternd zu empfinden: klüngelhaft, reizbar und jeder weiß, wenn man mit einem von ihnen einen Streit vom Zaun bricht, hat man sie gleich alle auf dem Hals.
- **Du kannst dir deine Familie nicht aussuchen:** Niemand hat je darum gebeten, mitten in einen Krieg um das Ende aller Zeiten hineingeboren zu werden. Auf Blutsgeschwister trifft das gleich in doppeltem Maße zu. Wer wäre schon gerne an ein Elternteil oder einen Geliebten gebunden, der von Zorn besessen ist? Eine wolfsblütige Familie ist aneinander gebunden, ganz gleich, wie übel es auch werden mag. Natürlich gibt es Ausreißer. Aber es gibt auch Geschichten über entsetzliche Dinge, die einzelnen Blutsgeschwistern zustoßen können, wenn sie keinen Clan haben, der sich um sie kümmert. Eine Menge dieser Geschichten ist auf traurige Weise wahr.
- **Sterbliches Vermächtnis:** Die Garou kennen eine Vielzahl von Wegen, um auch über ihren Tod hinaus noch fortbestehen zu können. Durch Ruf ist es möglich, dass man sich auch noch nach ewigen Zeitaltern an ihre Taten erinnert. Sie können mächtige Fetische herstellen oder neue Riten entwickeln. Sie können sogar in der Gestalt von Ahnengeistern zurückkehren. Aber Gestaltwandler können ebenso wenig wie Blutsgeschwister die nachfolgende Generation vergessen. Selbst am Ende aller Zeiten besteht noch die Hoffnung, dass es weitere Kinder und Kindeskinder geben wird, die eine Welt erben könnten, in der die Apokalypse der Vergangenheit angehört. Werwolf ist ein fatalistisches Spiel, aber die Geschichten der Blutsgeschwister stellen wirklich die Möglichkeit einer Zukunft an vorderste Front.

Stimmung

Die Stimmung in einer Chronik, die sich auf Blutsgeschwister konzentriert, hängt von der jeweiligen Familie ab. Manche können morbide sein, andere feierlich im Angesicht des Unterganges. Die meisten werden aber deutlich von Spannung und Verletzlichkeit angetrieben. Ein Blutsgeschwister erlebt all die Belastungen, die jede andere Familie erlebt, und noch ein paar mehr. Eltern machen sich Gedanken um die Zukunft ihrer Kinder, die auf entsetzliche Art und Weise ums Leben kommen könnten, einfach nur, weil sie so geboren worden sind, wie sie sind. Kinder erben die Ängste ihrer Eltern. Der Schleier wirft einen Vorhang der Entfremdung zwischen wissende Clans und gewöhnliche Menschen. Blutsgeschwister müssen zusammenhalten gegen eine Welt der Gefahren und ihre Garou-Verwandten werden nicht immer da sein, um das Kämpfen für sie zu übernehmen. Tatsächlich sind ihre Garou-Verwandten selbst eine der Gefahren. Es gibt selbstverständlich Lichtpunkte hier und dort, Augenblicke des Familienidylls und des Feierns. Aber die Spannung, die über einer Blutsgeschwisterfamilie schwebt, kann niemals ganz verschwinden, solange der Krieg nicht beendet ist. Was heißen soll, dass sie wahrscheinlich nicht enden wird, bis es die ganze Welt tut.

DIE PFLICHT DER FORTPFLANZUNG

Um ehrlich zu sein, sind viele der möglichen Betrachtungsweisen, die mit der Notwendigkeit der Garou, sich fortzupflanzen, zusammenhängen, abstoßend. Es ist sehr einfach, Geschichten zu ersinnen, in denen Blutsgeschwister nur sehr begrenzte oder sogar gar keine echten Freiheiten im Hinblick auf ihre Fortpflanzung haben. Letztendlich kann das so aussehen wie Die Geschichte der Dienerin, allerdings mit der zusätzlichen Möglichkeit, dass männliche Blutsgeschwister die Untergebenen sind und weibliche Garou die Machthaberinnen. (Nicht, dass diese Tatsache irgendetwas besser machen würde.) Das ist von Rechts wegen ein sensibles Thema. Respektieren Sie die Gefühle Ihrer Spieler in dieser Angelegenheit. Wenn sie kein Interesse daran haben, diese Materie auf die harte Tour durchzuspielen, bestehen Sie nicht darauf. Eine Geschichte über Blutsgeschwister ist nur stark, wenn die Spieler die Entstehung von Bindungen zu ihren Blutsgeschwistern ausspielen möchten. Sie können eine positivere und mitfühlendere Herangehensweise an die Beziehung der Garou mit ihren Verwandten wählen und trotzdem ein Spiel erhalten, das erkennbar Werwolf ist. Es ist gar nicht so ungewöhnlich, dass man seine Familie liebt, noch nicht einmal in der Welt der Finsternis.

Blutsgeschwister als Erzählercharaktere

Blutsgeschwister sind in vielerlei Hinsicht hervorragende Ergänzungen für eine Gruppenbesetzung. Die Gefahr ist gering, dass sie den Gestaltwandlern die Show stehlen. Sie werden als Familie sofort „akzeptiert". Sie bringen eine angenehme Mischung aus Kompetenz und Verletzlichkeit mit. Sie sind hervorragend dafür geeignet, um die Ecken einer Chronik auszufüllen. Während rivalisierende Rudel und ältere Garou die großen und dramatischen Pinselstriche darstellen, können Blutsgeschwister für die sanftere Detailarbeit eingesetzt werden, um die Leinwand auszugestalten.

Wenn Sie wissende Blutsgeschwister darstellen, bedenken Sie bitte, dass die meisten von ihnen in gewissem Maße hin- und hergerissen sind. Pflichttreue gegenüber den Familienkriegen in dem Wissen, dass sie alles riskieren, um ihren entsetzlichen Verwandten zur Seite zu stehen. Sie haben vielleicht ein bisschen Angst vor den Spielercharakteren, auch wenn sie sie lieben. So gehen sie mit dem Konflikt um, an dem sie gemessen werden. Lassen Sie die Spieler Hinweise auf diesen Konflikt entdecken. Möglicherweise wissen sie die Blutsgeschwister mehr zu schätzen und können mehr Verständnis für sie aufbringen, wenn sie sehen, dass es nicht einfach ist, diese Angst zu überwinden, aber dass ihre Verwandten es trotzdem tun.

Wie alle anderen Erzählercharaktere sind Blutsgeschwister verzichtbar. Setzen Sie nicht zu viele Hebel in Bewegung, um einen

Haustier-Charakter am Leben zu erhalten, nur weil es Ihnen wirklich großen Spaß macht, ihn zu spielen, oder weil Sie große Pläne für seine Zukunft haben. Blutsgeschwister können die Rolle von dramatischen Opfern ebenso gut spielen, wie es andere Mitwirkende tun können, die die Horrorstimmung unterstützen sollen. Gleichwohl ist das Sterbenlassen von geliebten Erzählercharakteren, nur um die Spieler damit zu schockieren, ein Schachzug, der nur begrenzt Einsatz finden sollte. Sie können das nur ab und zu machen, bevor sie abgestumpft sind oder Schlimmeres. Das Letzte, das Sie erreichen möchten, ist, dass Spieler sich weigern, irgendeine Beziehung mit Blutsgeschwistern aufzubauen, weil sie Angst davor haben, dass Sie genau diese Beziehung ausnutzen werden, um ihnen auf den Pelz zu rücken. Schwingen Sie Ihre Vollstreckeraxt mit Bedacht.

Lupus-Blutsgeschwister

Spieler, die den Hintergrund Blutsgeschwister gewählt haben, können einen Teil ihrer Blutsgeschwister als Wölfe definieren, und eine Septe kann ein oder zwei Blutsgeschwister-Wolfsrudel in der Nähe haben. Aber das bedeutet nicht, dass die Charaktere Zugang zu super intelligenten, loyalen Wölfen bekommen. Wolfs-Blutsgeschwister sind immer noch einfach Wölfe – Wölfe, bei denen die Chance höher ist, dass sie Garou-Nachkommen hervorbringen, und die besser auf Garou reagieren als andere Wölfe es womöglich tun, aber sie erwerben nicht die Fähigkeit des abstrakten Denkens oder der Sprache.

Wolf-Blutsgeschwister sind durchgängig unerfahren. Sie sind dazu in der Lage, einige Garou als Freunde wiederzuerkennen – genauer gesagt als Verwandte auf irgendeine unspezifische Art – aber sie wissen nicht mehr über den Wyrm oder das Umbra als jedes andere Tier wüsste. Bestenfalls können sie dazu ausgebildet werden, in speziellen Gebieten Zuflucht zu suchen, die unter dem Schutz der Garou stehen, oder ein spezifisches Heulen auszustoßen, wenn sie in Schwierigkeiten stecken. Sie sind nicht besonders *nützlich* im Vergleich zu Blutsgeschwister-Verbündeten, aber es ist charaktervoll und cool, wölfische Verwandte um sich zu haben. Das ist Grund genug.

Verbündete Blutsgeschwister

Wenn ein Spieler ein paar Hintergrundpunkte auf Blutsgeschwister legt, so möchte er dadurch ein paar Freunde und Verbündete gewinnen, die bereits in den geheimen Krieg gegen den Wyrm eingeweiht sind. Sie sind grundsätzlich nicht so leistungsfähig wie tatsächliche Verbündete und Kontakte, aber sie sind zahlreicher. Es kann sich als nützlich erweisen, einen ganzen Haufen an Leuten um sich zu haben, die einem dabei helfen, mitten in der Nacht ein paar Fomori-Leichen wegzuschleppen.

Manche Blutsgeschwister sind allerdings mehr als nur ein paar zusätzliche helfende Hände und Finger am Abzug. Ein besonders hilfreiches Blutsgeschwister kann über Verbündete oder Kontakte gekauft werden oder der Spitzenmann unter den 20 Freunden und Verwandten sein, die durch Blutsgeschwister •••• erworben werden. Und Spieler können Hilfe von qualifizierten und nützlichen Blutsgeschwistern erhalten, ohne irgendwelche Punkte auf Hintergrund zu legen. Der Hintergrund bedeutet lediglich, dass die Spieler sich verlässlich auf einen Kontakt berufen können. Nichts hält Sie davon ab, einen klugen Historiker unter den Blutsgeschwistern bereitzustellen, der eine Fülle an nützlichen Informationen zu bieten hat und die Tendenz hat, aufzutauchen, wenn er benötigt wird, und nicht, wenn er gerufen wird.

Die Archetypen der Verbündeten sind in großer Vielfalt vorhanden und ein bestimmter Charakter kann mehr als einen davon abbilden.

• **Der Lehrer:** Ein Blutsgeschwister, das Zugang zu Informationen hat, die dem Spielercharakter nicht zur Verfügung stehen. Es kann sich um einen vertrauenswürdigen Historiker handeln, einen Meister einer bestimmten Fähigkeit oder einen Ausbilder in gesellschaftlichen Umgangsformen. Manche Blutsgeschwister haben sich der Aufgabe verschrieben, Lupus-Garou beizubringen, wie sie als Menschen durchgehen, oder Metisjunge großzuziehen an Stelle der eigentlichen beschämten Eltern.

• **Die Unterstützung:** Dabei handelt es sich um eine Rolle für alle Gelegenheiten, die alles abdecken kann, von der Versorgung mit Transportmitteln bis hin zur Beschaffung illegaler Waren, mit denen ein Standort in Schutt und Asche gelegt werden kann. Meistens geht es um Handarbeit oder Sachgüter. Die Bandbreite umfasst alles, vom Chauffeur eines Glaswandlers bis zu einem fähigen Waffensilberschmied.

• **Der Aufräumer:** Diese Blutsgeschwister sind dazu bestimmt, den Schleier aufrechtzuerhalten. Sie verstecken Leichen und reinigen Tatorte, oder sie modifizieren Überwachungsbänder, tilgen Informationen aus dem Netz oder „verlieren" Polizeiakten.

• **Der Wachposten:** Wachposten-Blutsgeschwister erfüllen eine Aufgabe, die aufgrund der geringen Anzahl an Garou notwendig ist und bewachen potenzielle Problembereiche, die ihre Werwolf-Vettern nicht bewachen können. Sie können eine einfache Aufgabe haben, wie zum Beispiel die Beobachtung einer Straße, die zu einem Caern führt. Manche sind Wissenschaftler wie Seismologen, die die Augen nach allgemeinen Unruhen offenhalten. Die Uktena positionieren normalerweise Blutsgeschwister-Wachposten an Stellen, von denen sie wissen, dass dort gebundene Plagen im Schlaf liegen.

• **Der Informant:** Eine Spieler kann mit einer Probe auf Szenekenntnis oder Politik viel erfahren. Der Informant ist jemand, der sozusagen den Großteil seiner Zeit damit verbringt, Proben dieser Art abzulegen. Sie haben vielleicht ein Auge auf die Politik der Menschen oder auf das organisierte Verbrechen. Sie haben möglicherweise eine Pentex-Filiale infiltriert oder sie wissen vielleicht etwas über die ortsansässigen Vampire oder andere übernatürliche Wesen.

• **Der Kundschafter:** Die Garou verstehen sich normalerweise viel besser auf diese Rolle, aber ein fähiger Blutsgeschwister-Kundschafter kann manchmal an Orte gelangen, die einem Werwolf nicht zugänglich sind. Und außerdem sind sie entbehrlicher. Das gilt besonders in sozialen Situationen, wenn ein Blutsgeschwister sich in ein belastendes Umfeld wagen kann, ohne Gefahr zu laufen, in Raserei zu verfallen.

• **Der Liebesanwärter:** Potenzielle Liebesanwärter sind „nützlich" auf lange Sicht, wenn es darum geht, Kinder zu zeugen. Aber sie treiben Geschichten voran und die tatkräftigeren erfüllen gleichzeitig andere Rollen. Einen ausführlicheren Einblick in die Umsetzung romantischer Nebenhandlungen erhalten Sie in Liebe und Romantik auf S. 93-95.

Feindliche Blutsgeschwister

Blutsgeschwister geben gefährliche Feinde ab. Sie sind nicht so widerstandsfähig wie Tänzer der Schwarzen Spirale oder gar Fomori, aber sie haben einen Vorteil. Selbst unerfahrene Blutsgeschwister können gefährlich sein, wenn sie genug wissen, um Silber bei sich zu haben. Aber wissende Feinde wissen ganz genau, wie die Garou funktionieren, was sie in eine Falle locken könnte und wo ihre Verteidigungen am schwächsten sind.

Eine ganze Gruppe feindlicher Blutsgeschwister ist eher eine geistige oder soziale Herausforderung als eine körperliche. Nur die am besten ausgerüsteten und am besten ausgebildeten Blutsgeschwister können es mit einem Rudel aufnehmen. Und selbst dann benötigen sie unbedingt das Überraschungsmoment. Es ist ein bisschen wie in einer Batmangeschichte: Es steht außer Frage, dass Batman den Joker eigenhändig grün und blau schlagen kann, die Schwierigkeit liegt darin, die Pläne des Jokers aufzudecken und zu vereiteln, bevor sie vollendet werden können. Feindliche Blutsgeschwister wollen, dass die

Auseinandersetzung wie eine Jagd abläuft, wobei sie das Gelände zu ihrem Vorteil ausnutzen, die besten Waffen einsetzen, die sie bekommen können, und alles tun, was in ihrer Macht steht, um ihre Ziele abzuschießen, bevor die Biester ihnen zu nahe kommen. Garou, die gegen einen engagierten Blutsgeschwister-Feind vorgehen wollen, müssen sich auf falsche Fährten, Fallen, Ablenkungsmanöver, Blendgranaten und Tränengas gefasst machen, und natürlich auf jede Menge Silber.

Die besten Blutsgeschwister-Gegenspieler kommen von innen. Es wird einfach persönlicher, wenn eine Gruppe von Wolfjägern aus Mitgliedern der eigenen Blutlinien der Spielercharaktere besteht. Was noch besser ist, sie können sogar schon Einfluss auf die Chronik nehmen, bevor sie überhaupt eingeführt wurden. Die Mutter eines Charakters hat eine lange Narbe an ihrem Arm – und dann zieht sich ihr Bruder in die Stadt zurück. Ein Liebesanwärter ist vor kurzem zu der Septe gestoßen, auf der Flucht vor Problemen, die er zu Hause hatte – dann tauchen seine Eltern auf, verlangen, ihn wieder mit nach Hause zu nehmen und akzeptieren kein Nein als Antwort. Und wenn das Rudel sie schließlich fängt, lässt sich das Problem dann lösen, indem man sie in Stücke reißt, oder setzt man seine Lieben dann einfach einem neuen Trauma aus?

Die gefährlichsten Blutsgeschwister, die sich den Garou jemals entgegengestellt haben, sind die Hauttänzer. Diese missmutigen Blutsgeschwister, die zu Häutern und Hautwechslern geworden sind, werden auf S. 105-106 im Detail beschrieben.

Archetypische Familien

Denkwürdige Familien in der Literatur haben immer irgendeine Art von „Aufhänger". Sie haben eine vielfältige Gruppe von Individuen, aber es gibt ein Motiv, das sie alle verbindet. Falls Sie eine schnelle Idee benötigen, um eine Familie ins Spiel zu bringen, finden Sie hier eine Reihe klassischer Archetypen. Um sie noch besser für ihre Zwecke nutzen zu können, ziehen Sie in Betracht, sie mit etwas anderem als dem offensichtlichen Stamm zu verknüpfen. Eine Gruppe hochnäsiger Blaublütiger aus Neu-England könnte interessanter sein als Familie der Kinder Gaias als der Silberfänge.

Stinkreich: Weiße angelsächsische Protestanten mit altem amerikanischem Geld, moderner Adel, Oberhaupt ausschweifender Erben von Industriellen, neues Geld aus technologischer Industrie, Haushalt eines Verbrecherbosses

Bettelarm: Stammesverbundene, bäuerliche Hinterwäldler, kämpfen gegen die Armut in der Stadt, Haushalt eines Alleinerziehenden, heimatlose Herumtreiber, arbeitslose Vorstädter, Kinder gehen fort auf der Suche nach besserer Arbeit

Familienbetrieb: Mitarbeiter der Polizei oder des Rettungsdienstes, Mediziner, Kriminelle, Bauern, Viehzüchter, Waldaufseher, Handwerker vom alten Schlag, Lehrer, Pfarrer, Bergarbeiter, Hafenarbeiter

Verblasster Ruhm: Vorkriegserbe aus dem Tiefen Süden Amerikas, Adelige, die kurz davor stehen, ihre Besitztümer zu verlieren, alte Namen heiraten neues Geld, die jüngere Generation bricht mit der älteren, verfallende Oberschicht Neu-Englands, heruntergewirtschaftetes Familienanwesen.

Einwanderer: Seit Generationen angepasst, gerade von Bord gegangen, vom Heimatstamm getrennt, halten an den Traditionen der alten Heimat fest, begierig darauf, sich in einer neuen Kultur anzupassen, auf der Flucht aus einem verlorenen Stammesgebiet, verstreut, aber noch in Verbindung

Dunkle Geheimnisse: Unbarmherziger Patriarch/Matriarchin, verfluchte Blutlinie, Inzest, Missbrauch, mit Makel behafteter Vorfahr, Verbindungen zu einem Vampirclan oder sogar noch Schlimmeres, verfolgt, Vorgeschichte mit Kannibalismus, Mörder eines Verwandten

Wissend oder unerfahren?

Wir gehen davon aus, dass die überwiegende Mehrheit der Spiele, in denen Blutsgeschwister vorkommen, mit wissenden Familien arbeitet. Das ermöglicht umfangreichere Ressourcen für die Spieler (wie zum Beispiel Garou-Verbündete und vielleicht ein paar spirituelle Kräfte). Wenn zahlreiche Blutlinien der Blutsgeschwister einander erkennen und für ein einvernehmliches Wohl zusammenarbeiten können, ermöglicht das eine größere Vielfalt. Es ist sicherlich einfacher, nicht den Unwissenden spielen zu müssen.

Gleichwohl kann natürlich auch ein Spiel, in dem unerfahrene Blutsgeschwister mitwirken, sehr viel Spaß machen. Es ist in gewisser Weise vergleichbar mit einem Präludium, in dem die Spielercharaktere ahnungslos aufbrechen und dann erleben dürfen, wie die Welt der Finsternis direkt durch ihr Fenster hereinbricht. Es könnte eine einmalige Kurzgeschichte sein oder sich zu mehr entwickeln. Allerdings ist die Familie am Ende dieser ersten Geschichte mit großer Wahrscheinlichkeit nicht mehr unerfahren.

Chroniken für Blutsgeschwister

Spiele, die sich auf Blutsgeschwister als Spielercharaktere konzentrieren, decken eine ganze Reihe derselben Themen im Hinblick auf Familie und Verpflichtungen ab. Behalten Sie diese Fakten bei Ihren Planungen im Hinterkopf.

Übles Verhängnis: Die Garou sind geboren, um einen blutigen Krieg zu führen. Der Tod ist ein so wesentlicher Bestandteil ihres Daseins, dass das Beste, worauf sie hoffen können, ein guter Tod ist. Blutsgeschwister werden nicht ganz so oft an die Front geschickt, aber andererseits kann es ebenso gut sein, dass sie als entbehrlicher angesehen werden.

Auch wenn Blutsgeschwister nicht dafür herangezogen werden, sich in einen Stock zu wagen oder das Umbra zu durchstreifen, leiden sie dennoch darunter, dass sie sich auf der ungünstigen Seite des Machtgefälles befinden. Sie sterben viel leichter. Sie haben geringere Ressourcen, Bankkonten und soziale Kontakte können verblassen im Vergleich zu Geisterverbündeten, Gaben, Riten und Fetischen. Und trotzdem haben sie dieselben Feinde. Wenn die Streitkräfte des Wyrms einen Caern überfallen, scheren sie sich nicht um einen fairen Kampf. Es könnte dort gut ausgebildete Sondereinsatzkräfte geben, Fomori oder sogar Tänzer der Schwarzen Spirale, die mit der Aufgabe betraut wurden, die Blutlinie hinzumetzeln oder gefangen zu nehmen.

Miteinander verflochtene Familien: Es ist einfacher, ein Spiel für Blutsgeschwister zu inszenieren, wenn alle Spielercharaktere aus derselben Familie stammen. In der Praxis mögen Spieler tendenziell etwas mehr Vielfalt. Wenn die Charaktere der Truppe mehreren Stämmen angehörigen, muss es einen Grund dafür geben, warum sie miteinander arbeiten und nicht mit den Mitgliedern ihrer eigenen Familien. Ein Grund könnte in einer gemeinsamen Rolle als Unterstützer für die Septe sein: ein Säuberungstrupp für die Aktivitäten der Garou, gemeinsamer Zugang zu einer geheimen Bibliothek, auserwählte Repräsentanten ihrer Familien, Mitgliedschaft in einem untergeordneten

Rudel (siehe S. 13) oder eine Blutsgeschwister-Gemeinschaft (siehe S. 27-31). Oder sie könnten durch eine Einrichtung der Sterblichen zueinandergefunden haben: sie könnten zum Beispiel alle am selben College eingeschrieben sein.

Außenperspektive: Ein großer Bestandteil des Daseins der Garou ist für Blutsgeschwister tabu. Sie sehen möglicherweise niemals das Innere eines Caerns, den ihre Familie seit Generationen bewacht hat. Sie werden mit großer Sicherheit niemals das Penumbra sehen, noch weniger die fremdartig abstrakten Reiche jenseits davon. Aber gleichzeitig sehen Blutsgeschwister auch Dinge, die ihren Werwolf-Verwandten entgehen. Sie können unterschwelligere Bedrohungen wahrnehmen an Orten, an die die Garou nicht gehen, oder mit der Zeit das merkwürdige Verhalten eines Nachbarn bemerken.

Gemischte Spielergruppen

Das massive Machtgefälle zwischen Blutsgeschwistern und Gestaltwandlern ist nichts, das sich mechanisch ausgleichen lässt. Das sollte es wohl auch nicht sein. Wenn es den Blutsgeschwistern gelingen würde, mit den Gestaltwandlerrassen gleichzuziehen, würde sich der Krieg deutlich besser entwickeln. Aber Sie als Spieler können die Zeit im Rampenlicht ausgleichen. Wenn jeder Spieler seinen Beitrag leisten kann und ein wenig Zeit bekommt, in der er im Zentrum des Rollenspiels steht, dann sollte es gleichgültig sein, ob die Blutsgeschwister-Charaktere gegen die Tänzer der Schwarzen Spirale nicht Seite an Seite mit den Garou kämpfen können.

Wenn Sie versuchen, die Zeit im Rampenlicht gerecht zu verteilen, berücksichtigen Sie Situationen, in denen manche Charaktere nützlicher sind als andere, in denen aber alle Charaktere in gewisser Weise präsent sind. Nicht alle Gruppen haben Freude daran, wenn das Rampenlicht verteilt wird, indem immer eine einzelne Person zwanzig Minuten lang alleine mit dem Erzähler interagiert und anschließend der nächste Spieler seine zwanzigminütige Einzelsitzung bekommt. Garou können sich bei sozialen Begegnungen anschließen, in denen Personen ohne Zorn größtenteils das Reden übernehmen müssen. Blutsgeschwister können an einer Jagd teilnehmen, auch wenn sie auf nur zwei Beinen langsamer unterwegs sind.

Wenn wir von Gleichgewicht sprechen, tun wir dies häufig im Zusammenhang mit dem Kampf. Ein Kampf ist standardmäßig ein Bereich, in dem theoretisch jeder Charakter seinen Beitrag zu einem einzigen Ziel leistet, und die Zeit im Rampenlicht wird auf der Basis von Initiative und Reihenfolge gemessen. Charaktere, die in einem Kampf nicht viel beizutragen haben, können nicht so viel aus ihrer Zeit im Rampenlicht machen. Und es macht nicht viel Spaß, herumzusitzen und anderen beim Spielen zuzusehen. (Wobei es Ausnahmen gibt. Manche Spieler sind äußerst zufrieden damit, wenn sie den Großteil ihrer Zeit damit verbringen können, ihren Freunden dabei zuzusehen, wie sie so richtig auf den Putz hauen, und sind selbst mit einer weniger aktiven Teilnahme zufrieden.)

Also, was können Sie tun, um die Dinge ein wenig anzugleichen? Zunächst einmal könnten Sie Möglichkeiten ersinnen, durch die Blutsgeschwister an Kämpfen teilnehmen können, ohne zerfetzt zu werden. Das kann ganz einfach geschehen, indem Sie sie dazu ermutigen, aus der sicheren Entfernung heraus zu kämpfen, während die Gestaltwandler alles mit bloßen Händen auseinandernehmen. Dann gibt es da noch die Telekommunikation, sei sie technologischer oder spiritueller Art. Wir haben eine Reihe von neuen Manövern hinzugefügt, die es schwächeren Charakteren ermöglichen, an einem Kampf teilzunehmen und dabei aktiv den Ausgang mitzubestimmen, ohne sich selbst notwendigerweise unter Kugeln, Klauen und Klaiven zu bewegen.

Unterstützende Manöver

Die nachfolgenden Manöver sind wie Kampfmanöver zu behandeln, konzentrieren sich aber darauf, die eigenen Aktionen einzusetzen, um anderen zu helfen. Sie können von jedem eingesetzt werden, der eine klare Sicht auf den Kampf hat und die Fähigkeit besitzt, mit einem Teamkollegen zu kommunizieren. Da sie auf konzentrierter Aufmerksamkeit beruhen, können sie nicht im Zusammenhang mit Kräften wie Zorn oder Geschwindigkeit eingesetzt werden, die zusätzliche Aktionen gewähren. Aber sie können auch aus der Ferne eingesetzt werden, was es einem Blutsgeschwister erlaubt, eine wichtige Rolle als alles überblickendes Auge zu erfüllen.

- **Ziel ausmachen:** Der Charakter behält einen Feind genau im Auge und tut kund, wo seine Deckung schwach ist. Der Spieler legt einen bestimmten Feind fest und einen Kameraden, den er unterstützt, dann legt er eine Probe auf Wahrnehmung + Handgemenge, Nahkampf oder Schusswaffen ab, je nachdem, welche Kampfmethode der von ihm gewählte Kamerad verwendet. Die Schwierigkeit entspricht dem Wert des Feindes auf Geistesschärfe + Sportlichkeit. Gelingt der Wurf, erhält der ausgewählte Kamerad bei seiner nächsten Aktion einen zusätzlichen Würfel für seinen Würfelpool die entsprechende Fähigkeit betreffend, sowie einen zusätzlichen Würfel für jeweils drei Erfolge bei der Probe auf Ziel ausmachen. Dieser Bonus kann nur genutzt werden, um den festgelegten Feind anzugreifen.
- **Zur Verteidigung rufen:** Der Charakter überwacht einen Verbündeten und warnt ihn vor Feinden an jeder Flanke. Der Spieler bestimmt einen Kameraden, den er überwacht, und legt dann eine Probe auf Wahrnehmung + Führungsqualitäten ab (Schwierigkeit 8). Der Verbündete erhält einen zusätzlichen Würfel auf Verteidigungsaktionen (Blocken, Ausweichen und Parieren), die in der nächsten Runde ausgeführt werden, sowie einen zusätzlichen Würfel für jeweils drei Erfolge bei der Probe auf zur Verteidigung rufen. Diese Würfel können nur für Verteidigungen gegen feindliche Angriffe genutzt werden, die der Beobachter sehen kann – entgeht dem Beobachter ein unsichtbarer Ragabash, kann der Verbündete diese Würfel nicht nutzen, um dem heimlichen Neumond-Angriff auszuweichen.

Geschichten für Fera-Blutsgeschwister

Ein Spiel zu leiten, das die Fera und/oder ihre Blutsgeschwister im Fokus hat, kann sogar noch kniffliger sein. Die Herausforderung, mehrere Familien in einer zahlreiche Stämme umfassenden Chronik darzustellen, wird auf dramatische Weise erweitert, wenn Sie möglicherweise Gestaltwandler aus völlig anderen Rassen in Ihrer Gruppe haben. Die Familien eines Rattenkindes, eines Rokea, eines Nuwisha und eines Simba können die Thematiken mühelos in vier unterschiedliche Richtungen führen. Es ist zwar *möglich*, eine einzelne Familie zu haben, durch die so viele Blutsgeschwister-Blutlinien laufen, dass sie Gestaltwandlerkinder aus unterschiedlichen Rassen hervorbringt—aber das ist ernsthaft höchst unwahrscheinlich, in Anbetracht der Tatsache, dass mehrere Fera-Blutlinien das exakte Gegenteil von Reinrassig sind.

Manche Fera haben wissende Familien, die sich in gewisser Weise so verhalten, wie Garou-Blutsgeschwisterfamilien es tun würden, und die deshalb ein wenig einfacher zu handhaben sind. Das gilt insbesondere für Ajaba, Gurahl, Mokolé, manche Corax und einige der Bastet-Stämme wie zum Beispiel die Simba und die Swara. Andere haben eher einen Hang zu unwissenden Blutsgeschwistern, insbesondere die verschlossenen Rassen wie die Rattenkinder und Nagah, oder einzelgängerischere Rassen wie die meisten Bastet.

Gemischte Fera-Gruppen neigen dazu, im Hinblick auf die Thematiken einer Chronik mehr Wert auf Vielfalt zu legen als auf

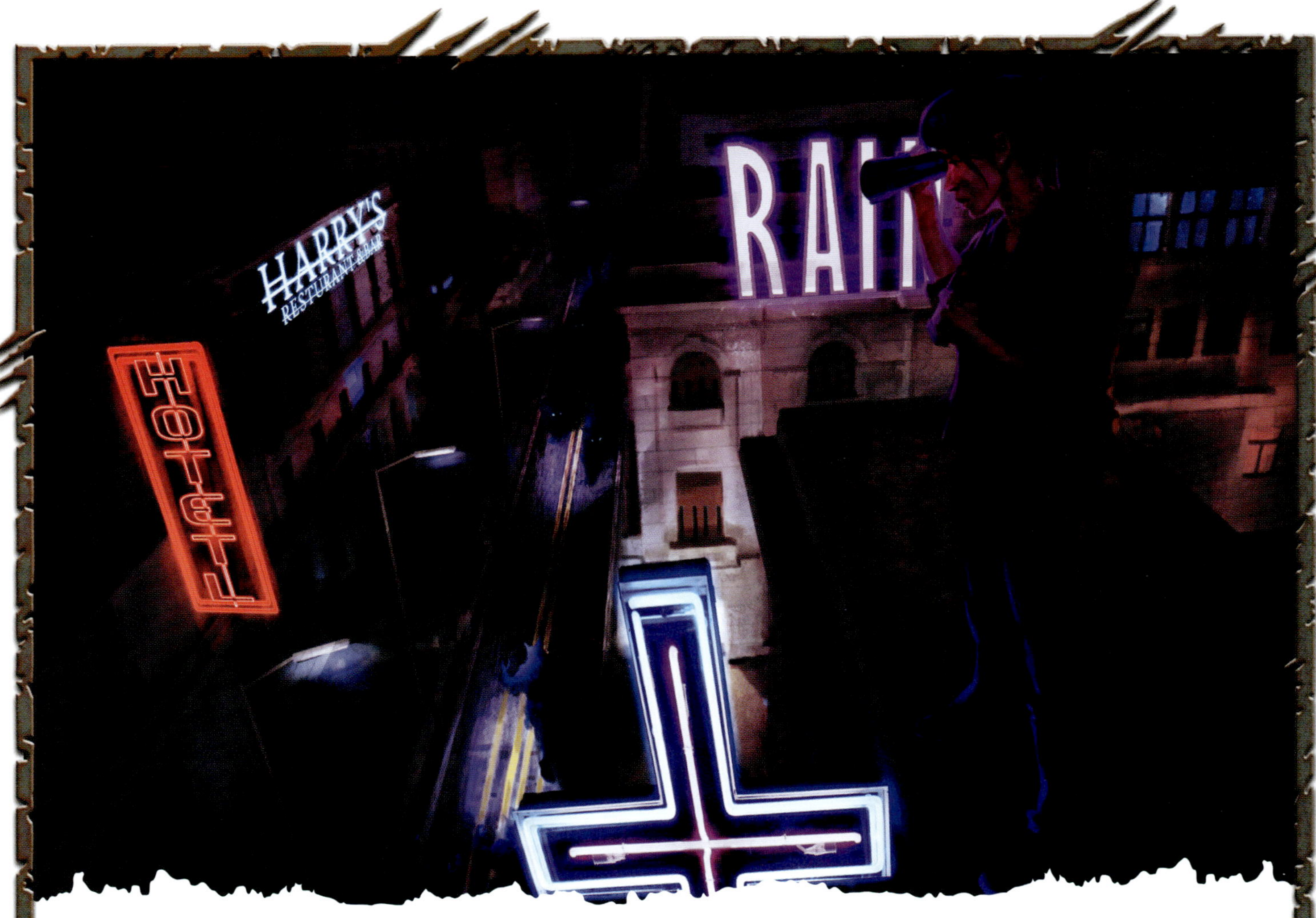

enge Familienbande, deshalb ist es mit mehr Arbeit verbunden, die Thematiken herauszustreichen, die Blutsgeschwistergeschichten eigen sind. Geschichten, in denen Fera-Blutsgeschwister eine große Rolle spielen, könnten sich auf die verstreute Natur ihrer Familien konzentrieren, oder auf Zufallsbegegnungen und angenommene Bindungen.

Für ein Spiel mit Blutsgeschwistern aus gemischten Gestaltwandlerrassen möchten Sie wahrscheinlich eine zusätzliche Gruppenstruktur implementieren: die Gruppe findet zueinander durch die Suche nach einem speziellen legendären Fetisch, sie wurden alle gefangengenommen und entfliehen der Gefangenschaft gemeinsam, ein mysteriöser Geist hat sie alle zusammengerufen, oder dergleichen. Ein kleines bisschen Struktur hinter all den Zufällen macht die Dinge logischerweise einfacher für Sie und könnte dem Spiel einen unvergesslichen Schwerpunkt verleihen.

Beispielhafte Spielaufhänger

• **Unerwünschte Werbung:** Jemand in der Familie hat einen unerwünschten Verehrer. Das könnte ganz einfach daran liegen, dass er der falschen Blutlinie entstammt – aber dieses Mal ist es nicht ganz so einfach. Der Buhler könnte ein anderer Gestaltwandler sein, ein geschickter Lakai des Wyrms, ein übernatürliches Wesen wie zum Beispiel ein Vampir, sogar ein fleischgewordener Geist. Oder die umworbene Partei läuft Gefahr, Familiengeheimnisse zu verraten. Oder beides. Aber der Verehrer hat wichtige Verbindungen, weshalb ein „Verschwinden" wahrscheinlich noch mehr Ärger mit sich bringen würde.

• **Fenris möchte Enkelkinder:** Mindestens einer der Charaktere steht unter dem starken Druck, einen Gefährten wählen zu müssen. Nicht nur von Seiten der Familie – von Geistern, die das Stammestotem repräsentieren, das angeblich irgendeine Art von *Plan* verfolgt. Allerdings sind die vorgeschlagenen Kandidaten noch nicht einmal Sterbliche. Sie sind Geister, und das Werben ist eine Aufgabe, die im Umbra erfüllt werden muss. Handelt es sich um eine symbolische Heirat, mit der ein großes Ritual abgeschlossen werden soll, oder verspricht sich das Totem tatsächlich Halbgeister als Nachfahren? Und wieviel Mitspracherecht haben die Charaktere?

• **Faul im Oberstübchen:** Der Patriarch oder die Matriarchin der Familie wird zunehmend senil. Sie treffen entsetzliche Entscheidungen und fangen an, die Familie auseinanderzubringen. Aber das ist nichts, was sich so einfach mit einer Herausforderung und einem Duell beheben lässt. Die Charaktere haben nicht den nötigen Status, weshalb eine solche Herausforderung die Familie vollständig auseinanderfallen lassen würde. Wie können Personen, die vom Zorn berührt sind, den Übergang ihres eigenen König Lear leichter gestalten?

• **Ungünstige Liebesgeschichte:** Eines der Blutsgeschwister befindet sich in einer wahrhaft destruktiven Beziehung und liebt es. Sie sollten sich zu ihrem eigenen Besten trennen – das Problem ist nur, dass der andere Partner aus sehr gutem Hause stammt und der Liebling einer anderen Blutlinie ist. Können die Spieler die Angelegenheit auf dezente Art und Weise bereinigen, bevor irgendetwas passiert und beide Familien damit beginnen, nach dem Blut der jeweils anderen zu heulen?

• **Plötzliche Veränderung:** Ein Mitglied der Familie erfährt unerwartet seine Erste Verwandlung. Das hätte nicht passieren sollen. Die Garou hatten es bei seiner Geburt geprüft, verkündet, es sei kein Garou, und damit war die Sache erledigt. Was ist geschehen, das die Dinge geändert hat? Wurde innerhalb der Septe irgendetwas vertuscht? Wurden die Kinder heimlich vertauscht? Geht hier irgendetwas wirklich Merkwürdiges vor?

• **Das geht unter die Haut:** Eine durch Zorn herbeigeführte Tragödie der jüngsten Vergangenheit hat dazu geführt, dass die Hälfte der Familie daran zweifelt, ob das alles so gerecht ist. Und ein paar Hauttänzer haben Wind davon bekommen und nutzen jetzt die Gelegenheit, um unter den abgeschiedeneren und verletzlichen Verwandten neue Mitglieder zu rekrutieren. Können die Charaktere herausfinden, was los ist, bevor ihnen nahestehende Personen sich dem Vermächtnis der Häuter zuwenden? Und was werden sie tun, wenn sie zu spät kommen und ihre Vettern oder Geschwister oder Eltern oder Kinder jetzt Hauttänzer sind?

- **Todesspirale:** Die Hauttänzer sind nicht die Einzigen, die sich auf verlockende Mitgliederwerbung verstehen. Es hat sich gezeigt, dass ein Familienzweig tatsächlich aus gemischtem Blut besteht – ein Teil entstammt dem erwarteten Stamm, aber der andere Teil gehört zu den Tänzern der Schwarzen Spirale. Ihre Verwandten haben sie gefunden und möchten sie nun dazu ermutigen, wieder nach Hause zu kommen. Aber es könnte noch schlimmer kommen: Was wäre, wenn das Blut der Spirale sogar durch die Adern eines oder mehrere Spielercharaktere fließen würde?

- **Taten aus alten Zeiten:** Ein Familienmitglied, vielleicht ein Spielercharakter, empfängt Visionen, die er nicht haben sollte. Es handelt sich um flüchtige Eindrücke alter Verbrechen, die von einem weit entfernten Vorfahren begangen wurden. Aber für diesen Vorfahren wird gebürgt. Er ist ein Ahnengeist in hohem Ansehen, der über die Familie wacht. Wie sieht die Wahrheit in dieser Angelegenheit aus? Sind die Erinnerungen nur ein Lügenmärchen, das den Vorfahren verleumden soll, verbirgt der Geist etwas, oder ist der Ahn ein Betrüger?

- **Informationen wollen sich verbreiten:** Die Garou ziehen es vor, dass ihre Blutsgeschwister nicht zu deutlich in Erscheinung treten, insbesondere online. Aber mit genealogischen Webseiten und Stichwortsuchen überall ist es schwer, zu verhindern, dass die eine oder andere Information nach außen dringt. Selbst die Familien, die von technologischen Geistern abgeschirmt werden, leben in dem ständigen Risiko, dass irgendjemand die Muster erkennt, die „Werwolf" aussagen. Wenn jemand auf einmal anonyme E-Mails bekommt, die darauf hinweisen, dass jemand den Code geknackt hat, werden die Dinge plötzlich kompliziert. Was wollen sie? Welche Quellen haben sie wirklich? Wie kann die Sicherheitslücke geschlossen werden, wenn dieser anonyme Ermittler nicht der einzige ist?

- **Hausbesetzer:** Durch eine Verschiebung der Grenzen oder einen plötzlichen Glücksfall hat die Familie die Möglichkeit, ein altes Fleckchen Land zurückzufordern, das einmal ihr gehörte. Irgendwo auf diesem Land liegt ein Vermächtnis begraben, das die Blutlinie einmal bewachte: ein mächtiger Fetisch, ein gebundener Geist, vielleicht sogar ein im Entstehen begriffener Caern. Aber die Blutsgeschwister selbst haben ihre frühere Verantwortung vergessen. Wie werden sie ihr altes Vermächtnis entdecken und wer weiß sonst noch davon? Können sie es verteidigen, bis ihre Garou-Verwandten eintreffen?

- **In Ermangelung eines Geistes:** Der Ritus der Feuertaufe wird an einem Neugeborenen durchgeführt, aber kein Blutspürer antwortet dem Ruf. Die Quelle ist offenkundig versiegt. Wie werden die Spieler neue Blutspürer auftreiben, die sich um die Zukunft der Familie kümmern? Hat die natürliche Abnutzung ihre Reihen ausgedünnt, oder steckt eine geordnetere Macht dahinter?

Liebe und Romantik

Kümmern wir uns zunächst um das Offensichtliche: Nicht jede Spielgruppe fühlt sich wohl damit, romantische Nebenhandlungen rollenspielerisch darzustellen. Ein Chronik, in der auch Blutsgeschwister eine Rolle spielen, wird aber mit großer Wahrscheinlichkeit auf die Themen Heirat und Paarung zu sprechen kommen. Wenn Sie oder Ihre Spieler keine Liebeswerbungen und Schwierigkeiten ausspielen möchten, können Sie diesen Teil der Gleichstellung pragmatisch in den Bereich außerhalb des Charakterspiels verbannen.

Wenn sie diese Art von Geschichten aber doch darstellen möchten, wissen Sie wahrscheinlich bereits, dass romantische Nebenhandlungen wechselweise schwierig, frustrierend, lohnend und sogar eine Quelle unerwarteter Einblicke in den Charakter sein können. In ein Spiel, das sich in großem Umfang mit Blutsgeschwistern befasst, passen sie sogar noch besser. Wenn man jemanden liebt und sich mit ihm eine Zukunft aufbauen möchte, ist der Krieg der Garou, der dafür sorgen soll, dass es überhaupt eine Zukunft gibt, umso bitterer.

Zu viele Informationen?

Die größte Hürde, die eine romantische Nebenhandlung nehmen muss, ist für gewöhnlich die Komfortzone aller Beteiligten. Spieler sind vielleicht ein bisschen verlegen, wenn es darum geht, über Liebeswerben und Süßholzgeraspel zu sprechen, geschweige denn einige dieser Worte auch spielerisch umzusetzen. Falls dies in Ihrer Gruppe der Fall ist, erzwingen Sie nichts. Der Gewinn, den Sie daraus erzielen, ist den Preis eindeutig nicht wert.

LIEBE UND DIE LITANEI

Liebesbeziehungen zwischen Garou und Garou sind verboten und aus diesem Grund äußerst verlockend. Genau genommen brauchen Sie wahrscheinlich keine Unterstützung dabei, Geschichten dieser Art anzuleiten. Spieler neigen dazu, diese Art von Beziehungen aus eigenem Antrieb zu suchen, und die Hindernisse sind offensichtlich. Und außerdem ist es grundsätzlich nicht unbedingt die feine englische Art, Spieler mit derart verbotenen Liebschaften in Schwierigkeiten zu bringen. Was nicht heißen soll, dass sie es nicht tun können. Einige der Tipps in diesem Abschnitt könnten passen, wenn Ihnen danach sein sollte, Versuchungen zu inszenieren, die möglicherweise die Litanei brechen könnten.

WENN ES ERWÄHNT WERDEN MUSS

Einige Spieler verwechseln Sexualität und sexuelle Inhalte. Sexualität klingt rassiger als es tatsächlich ist. Sogar in jugendfreien Disneyfilmen gibt es Sexualität, wann immer ein Prinz und eine Prinzessin sich füreinander interessieren oder ein Kind von seinen biologischen Eltern großgezogen wird. Ein Spiel ganz ohne Sexualität wäre, nun ja, ein Spiel, das gänzlich auf den Bezug zu Blutsgeschwistern verzichtet.

Während die konservativeren Garou keine anderen sexuellen Orientierungen als Heterosexualität akzeptieren und sich wieder einmal darauf beziehen, dass „alles, was die Chance verringert, weitere Garou hervorzubringen, schlecht ist", sind wir der Ansicht, dass sie falsch liegen. Alle sexuellen Orientierungen haben ihren Platz in **Werwolf**, weil sie den Charakteren mehr den Anschein lebender Personen verleihen. Sie können eine jugendfreie Liebesbeziehung zwischen zwei Männern haben, oder eine Triade, oder was auch immer. In jedem Fall finden dieselben Darstellungsregeln Anwendung. In einem Spiel, in dem vernunftbegabte Gestaltwandler sich mit nicht vernunftbegabten Tieren paaren können, ist das alles sowieso eher harmlos.

Falls ein paar Ihrer Spieler interessiert sind und andere lieber auf die tatsächliche Darstellung romantischer Liebe verzichten möchten, haben Sie andere Möglichkeiten. In den frühen Tagen dieses Hobbys haben einige Gruppe privates Rollenspiel über die Weitergabe von gemeinsam geführten Aufsatzbüchern geregelt, in einem Vorgehen, das der Spieleentwickler Aaron Allston als „Blue-Booking" bezeichnete. Heutzutage kann die Liebeswerbung im Rahmen des Charakterspiels über E-Mails und digitale Chats stattfinden. Ein weiterer Vorteil besteht darin, dass es vielen Spielern leichter fällt, sich schriftlich zu artikulieren als mündlich Darüber hinaus können sich einige der Spieler auch außerhalb der regulär geplanten Spielsitzungen treffen, um die ereignislose Zeit mit Szenen zu füllen, die sich speziell mit den Nebenhandlungen dieser Charaktere beschäftigen.

Selbst wenn alle Spieler Spaß daran haben, Liebesgeschichten am Tisch auszuspielen, möchten Sie wahrscheinlich gewisse Grenzen setzen. Das eigentliche Hüllen Fallenlassen muss nur angedeutet werden, es sei denn, Sie sind Teil einer besonders unzüchtigen Truppe. Es reicht aus, die Szene langsam auszublenden und höchstens zu sagen „ihr zwei verbringt einen angenehmen Abend" oder „er ist irgendwie erregt, aber schließlich gelingt es dir, ihn zu beruhigen."

Es könnte frustrierend werden, wenn einige Ihrer Spieler zu verlegen sind, um sich mit romantischen Nebenhandlungen zu beschäftigen. Es erscheint merkwürdig, dass Menschen sich häufig wohler fühlen mit bildlich dargestellter Gewalt als mit abstrakter Romantik. Aber seien Sie nicht zu hart mit ihnen. Romantik ist per definitionem eine intime Handlungsweise, und Intimität ist nichts, das man erzwingen sollte, noch nicht einmal in der sicheren Umgebung eines Spieltisches.

Gewollt vs. ungeplant

Es ist eine knifflige Angelegenheit, sich hinzusetzen und eine romantische Nebenhandlung für einen Charakter zu planen, und es kann sich sogar als kontraproduktiv erweisen. Es kommt häufig vor, dass man einen NSC entwirft mit der Absicht, dass dieser die wahre Liebe eines Spielercharakters werden soll, und dann entwickelt der Spieler kein echtes Interesse an ihm.

Romantische Nebenhandlungen, die sich unaufgefordert ergeben, sind ein bisschen einfacher zu handhaben, auch wenn sie ein bisschen mehr Improvisation erfordern. Wenn sie ungeplant sind, werden sie von aufrichtigem Interesse vorangetrieben. In solchen Fällen ist das Beste, was Sie tun können, um sie unmittelbar anzuregen, Entgegenkommen, wenn ein Spieler sich auf einen Charakter einschießt, den Sie nicht als potenziellen Kandidaten für eine romantische Liebe auf dem Plan hatten. Sicher, vielleicht hatten Sie nicht erwartet, dass sich irgendjemand von dem mit Narben übersäten Veteranen angezogen fühlen könnte, der sein Rudel auf tragische Art und Weise verloren hat. Wenn er zu einem Anwärter für eine romantische Liebesbeziehung wird, macht ihn das etwas weniger zu einem Einzelgänger. Aber in beinahe jedem Fall wird ihn das interessanter und in sich abgerundeter machen. Bedenken Sie, dass der betreffende Charakter nicht sofort in Liebe zu dem Spielercharakter entbrennen muss. Er muss sich anfangs noch nicht einmal zu ihm hingezogen fühlen. Aber falls der Spieler Interesse daran bekundet, diese Herausforderung zu meistern, können Sie sich auf einen proaktiven Spielverlauf freuen.

Manchmal wünschen sich Spieler eine romantische Nebenhandlung, ohne einen bereits vorhandenen Charakter dafür im Hinterkopf zu haben. In solchen Fällen denkt ein entgegenkommender Erzähler etwas sorgfältiger darüber nach, Charaktere einzufügen, die den Vorlieben des Charakters entsprechen. Eine entscheidende Taktik besteht darin, nicht alles auf eine Karte zu setzen. Streuen Sie eine Auswahl an Charakteren ein, die die Aufmerksamkeit des Spielers erregen könnten. Falls er auf einen von ihnen ein Auge wirft, großartig. Falls er zwei oder drei von ihnen interessant findet und sich nicht entscheiden kann, noch besser!

Sobald Sie einen potenziellen Anwärter für eine romantische Liebesbeziehung haben und einen Spieler, der bereit ist, die Sache weiterzuverfolgen, haben Sie das Grundgerüst für eine Romanze. Um es allerdings auszugestalten und eine richtige Geschichte daraus zu machen, benötigen Sie zwei Dinge: Chemie und Unglück.

Chemie

In jeder interessanten Beziehung gibt es die Chemie. Wir lieben es, Funken fliegen zu sehen, wenn zwei (oder mehr) Personen miteinander interagieren. Unglücklicherweise lässt sich eine dauerhafte Chemie nicht erzwingen. Wir müssen daran glauben, damit sie funktionieren kann, und schon viele Erzähler mussten lernen, dass der Charakter, von dem sie glauben, dass er die Fantasien ihrer Spieler für sich einnehmen wird, manchmal gar nicht ankommt. Das geschieht mit Gegenspielern und das geschieht mit Anwärtern für eine romantische Liebesbeziehung. Wir können Ihnen zwar keine todsicheren Ratschläge geben, aber hier sind ein paar Dinge, die bei uns funktioniert haben:

- **Finden Sie heraus, was Charaktere (oder Spieler) mögen:** Sie müssen die Spieler nicht komplett überraschen. Sie können sie durchaus fragen, welche Eigenschaften ihre Charaktere attraktiv finden könnten: Intelligenz, Humor, breite Schultern, ein ungestümes Wesen. Manche Erzähler bitten Spieler sogar darum, ihnen Bilder von Personen zukommen zu lassen, die sie faszinierend finden, von Porträts von Prominenten bis hin zu Fantasy Art. Daraus wird das vereinbarte Zeichen, dass „sie dieses Lächeln von Natalie Dormer" hat oder „er wie Dwayne Johnson gebaut ist" dafür steht, dass „dieser Charakter Dein Interesse erweckt." Versuchen Sie aber, Ihren Spieler zahlreiche Beispiele oder Eigenschaften zu entlocken. Wenn ein Spieler zu Ihnen sagt „irgendjemand, der aussieht wie Oded Fehr, mehr Ansprüche habe ich nicht", dann nötigt Sie das dazu, den Stillen Wanderer, der aussieht wie Oded Fehr, zur besten Alternative zu machen. Und da sich Chemie nun einmal nicht erzwingen lässt, ist es besser, immer noch ein paar Reserven und Alternativen zur Hand zu haben.
- **Machen Sie Charaktere um ihrer selbst willen interessant:** Definieren Sie Charaktere nicht in erster Linie als mögliche Anwärter für eine romantische Liebesbeziehung. Interessante Charaktere haben Ziele und Ambitionen, die von denen des Spielercharakters unabhängig sind. Das macht sie realistischer und in gewisser Weise „schwer zu kriegen". Manchmal gilt ihr Interesse anderen Dingen als dem Spielercharakter. Spielercharaktere, die mit anpacken, um ihnen dabei zu helfen, ihre Ziele zu erreichen, sind auch ein guter Einstieg in eine Romanze. Daraus entsteht eine Partnerschaft und damit ein großartiger Test, um zu sehen, ob die Chemie stimmt.
- **Halten Sie interessante Gründe dafür bereit, dass Sie zu haben sind:** Warum ist ein attraktiver und fähiger Charakter noch nicht in festen Händen? Die Guten sind nicht immer verheiratet oder schwul (oder hetero, was das angeht). Stattdessen sollten sie gute Gründe dafür haben, dass sie noch nicht in einer Beziehung sind, aus denen sich interessante Hindernisse ergeben, die es zu überwinden gilt. Kontrollsüchtige Eltern? Gerade erst eine unschöne Trennung hinter sich gebracht? Auf der Suche nach einem jüngeren Geschwister? Von einem wütenden Ahnengeist heimgesucht? Es ist ein klassischer Aufhänger für eine Romanze, wenn der Protagonist eine Grenze überwindet, die ein geringerer Mann oder eine geringere Frau nicht hätte überwinden können, und damit das Herz des Geliebten gewinnt. Sorgen Sie nur dafür, dass das Hindernis nicht zu abschreckend wirkt. Ein Mann, der noch immer von der Erinnerung an seine erste große Liebe heimgesucht

wird, ist verdammt schwer für sich zu gewinnen, weil der Geist seiner Liebe für ihn immer perfekt sein wird.

- **…oder inakzeptable Gründe, warum Sie nicht zu haben sind:** Alternativ könnte der Charakter in einer Beziehung sein und sein Partner ist entsetzlich. Auch das ist ein klassischer Aufhänger für eine romantische Liebesbeziehung, wenn auch ein wenig kniffliger zuwege zu bringen. Wenn der potenzielle Partner wie ein Burgfräulein daherkommt (männlich oder weiblich), das gerettet werden muss, könnte der Spieler ihn möglicherweise nicht mehr so sehr respektieren. Dieses Szenario ist besonders passend in Werwolfgeschichten, da die Familie der Blutsgeschwister ihnen häufig Heiraten vorschreiben, die aus anderen Gründen als der Liebe geschlossen werden. Der Spieler könnte sich auf die Gelegenheit stürzen, einen Rivalen zu bezwingen und gleichzeitig die Bewunderung eines anderen Charakters auf sich zu ziehen. Noch besser ist es, wenn der Spieler Freude an Geschichten über Ehre hat …

Unglück

Um Thomas Paine zu zitieren: *Was wir zu mühelos erhalten, sehen wir als zu gering an: Erst der hohe Preis gibt jedem Ding seinen Wert.* Deshalb bildet das Unglück das Herzstück von Geschichten und Romanzen stellen *absolut* keine Ausnahme dar. Wenn Liebe keine Hindernisse erdulden muss, um zueinander zu finden und beieinander zu bleiben, sind wir weniger stark involviert. Ein zusätzlicher Nebeneffekt von Unglück ist, dass sich erklären lässt, warum ein romantisches Interesse nicht sofort in einer Liebesbeziehung endet. Der Spielercharakter, der am Ende siegreich bleibt, wo andere gescheitert sind, wird es nur umso mehr genießen.

Grundsätzlich kann man diese Hindernisse entsprechend der bekannten physischen/sozialen/geistigen Spaltung einteilen.

Physisches Unglück ist das geradlinigste und manchmal das künstlichste. Die Liebenden werden durch physische Hindernisse voneinander getrennt. Die Fernbeziehung beruht auf einer physischen Grenze. Man kann nicht einfach dreißig Minuten fahren, um sich mit seinem Auserkorenen zu treffen. Das mag natürlich für Garou, die Zugang zu Mondbrücken haben, keine allzu große Herausforderung darstellen. Ein schwerwiegenderes physisches Hindernis könnte Gefangenschaft darstellen: Der Geliebte wurde im sprichwörtlichen Turm weggesperrt, umgeben von gefährlichen Bestien, kahlen Wänden und anderen physischen Herausforderungen.

Beispiele für physisches Unglück beinhalten große Entfernungen, Gefangenschaft, einige Fälle von Einflussnahme durch Geister, die Heilung von Wunden, störende Charaktere die „auf den ersten Blick töten“, wie beispielsweise Wyrmbrut, oder sogar körperliche Transformationen.

Diese Geschichten passen zu Spielern, die unkomplizierte Herausforderungen und eindeutige Belange mögen. Außerdem lassen sie sich gut an den mythischen Charakter von **Werwolf** anpassen. Es ist passend, ein Liebesgeschichte auszuspielen, die wie ein Märchen oder eine uralte Sage funktioniert. Physisches Unglück ist vor allem über kurze Zeiträume hinweg effektiv: Wenn ein Charakter keinen regelmäßigen Kontakt zu seinem Geliebten pflegen kann, kann der Reiz des Getrenntseins mit der Zeit verfliegen.

Soziales Unglück ist das Herzstück zahlloser Liebesgeschichten. Den Liebenden ist es verboten, zusammen zu sein, aufgrund von verfeindeten Familien, sozialen Schichten, kontrollsüchtigen Vormunden oder beliebig vielen anderen Möglichkeiten. Damit können natürlich auch zusätzlich physische oder geistige Hindernisse verbunden sein: das klassische Beispiel ist Romeo, der sich auf das Anwesen der Capulets schleichen und auf einen Balkon klettern muss. Aber soziales Unglück ist tendenziell langfristig angelegt. Selbst wenn sich die damit verknüpften Hindernisse überwinden lassen – beispielsweise durch eine heimliche Flucht – ist das soziale Kernproblem nicht gelöst, wird es sein hässliches Antlitz erneut erheben. Wenn der Wächter des Caerns nicht wollte, dass man seinen Sohn trifft, wird er nur umso zorniger sein, wenn man sich seinem Willen widersetzt und seinen Sohn geraubt hat.

Beispiele für soziales Unglück beinhalten zum Beispiel kontrollsüchtige Eltern oder Beschützer, verfeindete Familien, die Wahrung des Schleiers, Rivalen, die zu Liebenden werden möchten, Problematiken rund um den Ruf, bestehende Verlobungen oder Abmachungen, einige Fälle von Einflussnahme durch Geister oder Stammesrivalitäten.

Diese Hindernisse eignen sich hervorragend für Spieler, die Interaktionen zwischen Charakteren mögen, Geschichten darüber, wie Ruf erlangt wird, komplizierte Beziehungsgeflechte, Spieler, die es mögen, neue Freundschaften zu schließen und Leute zu beeinflussen. Sie sind besonders effektiv, wenn sie über einen langen Zeitraum hinweg ausgespielt werden.

Geistiges Unglück ist besonders schwierig zu handhaben. Während physisches oder soziales Unglück möglicherweise zwei Liebende voneinander trennt, die zusammen sein möchten, kann geistiges Unglück auch bedeuten, dass ein Anwärter für eine romantische Liebesbeziehung dazu verleitet wird, infrage zu stellen, ob er wirklich mit dem fraglichen Charakter zusammen sein möchte. Ein klassisches Beispiel könnte der Witwer sein, der noch immer um seine verstorbene Frau trauert und nicht sicher ist, ob er schon bereit für etwas Neues ist. Die Hindernisse können nicht körperlich hinweggefegt oder sozial ausmanövriert werden. Sie erfordern grundsätzlich Verständnis und Geduld. Natürlich kann so manches geistige Unglück auch Puzzle beinhalten, die gründlichere Nachforschungen erfordern, wie zum Beispiel dann, wenn ein Anwärter für eine Liebesbeziehung auf mysteriöse Art und Weise verschwindet.

Beispiele für geistiges Unglück beinhalten zum Beispiel Dreiecksbeziehungen, die Trauer um eine verlorene Liebe, Amnesie, ein Trauma aus der Vergangenheit, mysteriöse Vorkommnisse, sogar die hintergründige Besessenheit durch einen Geist.

Geschichten dieser Art passen zu Spielern, die Interesse an der Psychologie der Charaktere haben, an intimen Interaktionen zwischen Charakteren, an mehrdeutigen Beziehungen und am Nervenkitzel der Jagd. Geschichten, in denen Nachforschungen angestellt werden müssen, gefallen natürlich den Spielern, die Spaß an Problemlösungen und Rätseln haben.

Naturgemäß werden romantische Beziehungen durch eine Mischung aus zwei oder drei Arten bedroht. Eine Fernbeziehung könnte auch einen sozialen Aspekt durch einen möglichen Liebesrivalen haben und einen geistigen Aspekt, bei dem die Abwesenheit Zweifel aufkommen lässt. Wenn Sie mit möglichen Hindernissen experimentieren, um die Romanze herauszufordern, verwenden Sie das Dreieck aus physischen/sozialen/geistigen Hindernissen eher als Inspiration und nicht als Vorgabe. Wenn Sie erst einmal Ihr primäres Hindernis als Ausgangspunkt gefunden haben, bleiben Sie offen für alles, was die Romanze überzeugender wirken lassen kann.

Lösungen

Letztendlich hält das Unglück nicht für immer an. In den meisten Fällen überwindet der Charakter entweder die Hindernisse zwischen ihm und seinem oder seiner Auserwählten, oder er verliert das Interesse an der Liebesbeziehung, oder die oder der Auserwählte wird gänzlich aus der Gleichung herausgenommen. Überlassen Sie die immerwährende Tatenlosigkeit des „kriegen sie sich oder kriegen sie sich nicht“ den langweiligen, trägen Dramen in ihrer neunten Spielzeit.

Wenn die Liebenden vereint sind, findet die Werbungsgeschichte ein Ende, aber das ist nicht das Ende aller Geschichten. Es könnten natürlich weitere Widrigkeiten auftauchen – ein typisches Beispiel wäre es, wenn die beiden keine Kinder bekommen können, deshalb geraten sie unter Druck, sich trennen zu müssen und einen Partner zu finden, der ihnen dabei helfen kann, die nächste Generation hervorzubringen. Geliebte Menschen werden tendenziell in so ziemlich jedem Genre bedroht.

Aber nur, weil die Jagd vorüber ist, bedeutet das nicht, dass die Beziehung langweilig ist. Ein Liebespartner ist nicht weniger interessant als irgendein anderer unterstützender Mitwirkende mit einer eigenen Persönlichkeit. Wenn sie es richtig machen, können Sie Spieler mit zusätzlichem sozialem Rollenspiel belohnen und nicht nur mit Erfahrungspunkten – und ist das nicht ein lohnendes Ziel?

Chroniken der Generationen

Wenn Sie und Ihre Spieler Lust auf eine besonders anspruchsvolle Spielvariante haben, kann Sie die Chronik der Generationen an Orte bringen, an die Sie normalerweise nicht gelangen würden. Es gibt keine bessere Möglichkeit, um die Thematik des Vermächtnisses besser zu erkunden, als wenn man tatsächlich die Generation spielt, die die Folgen der Taten ihrer vorangegangenen Charaktere erbt.

In ihrer einfachsten Form bedeutet eine Chronik der Generationen, ein „Kapitel" mit einer Gruppe von Charakteren durchzuspielen und anschließend die Zeitlinie für ein paar Kapitel vorzuspulen, um mit neuen Charakteren weiterzuspielen, den Erben der vorangegangenen Gruppe. Die Spieler können in jeder Generation Garou oder Blutsgeschwister spielen oder eine Mischung aus beidem. Eine Chronik der Generationen kann nur zwei Generationen umspannen oder viele mehr, je nachdem, wie lang die einzelnen Kapitel sind und wie sich die einzelnen Geschichten entwickeln.

Dieser Spielstil kann eine Menge Spaß mit sich bringen, aber er ist auch mit einigen neuen Herausforderungen verbunden. Es kann sich als kniffliger erweisen, immer wieder einen neuen Schwung an Charakteren anzupassen. Aber nichts ist vergleichbar mit der Erregung, die sich einstellt, wenn man erlebt, dass einzelne Teile einer Geschichte Auswirkungen haben, die später wieder zum Vorschein kommen. Sie bekommen die Gelegenheit, die Frage „Was geschieht als nächstes" auf eine völlig neue Art und Weise zu beantworten. Hier sind einige Frage, die Sie sich wahrscheinlich stellen möchten, wenn Sie dabei sind, Ihre Chronik zu planen:

- **Wo ist der Ausgangspunkt?** Wann ist die Geschichte der ersten Generation angesiedelt? Im Amerikanischen Bürgerkrieg? Während der Ankunft der europäischen Kolonisten in Amerika? Im Mittelalter? Oder sogar noch früher?
- **Wo findet alles seinen Abschluss?** In den meisten Fällen wird die Antwort darauf am heutigen Tag lauten, oder am Ende aller Zeiten. Aber eine Chronik kann auch früher enden, insbesondere dann, wenn es den Anschein hat, als stehe ein tragischer Untergang bevor. Eine Chronik, die mit dem Untergang des Römischen Reiches angefangen hat, könnte mit den letzten Kinder einer Garou-Blutlinie enden, die mit den Croatanern verschwindet.
- **Soll jede Generation ausgespielt werden oder können einzelne von ihnen übersprungen werden?** Die Antwort darauf hängt von den beiden vorangegangenen ab. Falls Sie beabsichtigen, im Römischen Reich zu beginnen und mit dem Ende aller Zeiten abzuschließen, wäre es offensichtlich viel zu anstrengend, jede einzelne Generation durchzuspielen. Andererseits, wenn Sie im Ersten Weltkrieg beginnen und beabsichtigen, sich bis in die Neuzeit vorzuarbeiten, könnte es etwas schroff wirken, ein oder zwei Generationen zu überspringen.
- **Eine Blutlinie oder viele?** Bevorzugen die Spieler ein Spiel mit mehreren Stämmen oder interessieren sie sich eher dafür, das Schicksal einer einzelnen Familie mitzuverfolgen? Sie werden eventuell feststellen, dass Chroniken mit nur einer Blutlinie besser funktionieren, wenn sie kürzer sind, weil sie weniger vielfältig, aber enger miteinander verknüpft sind.

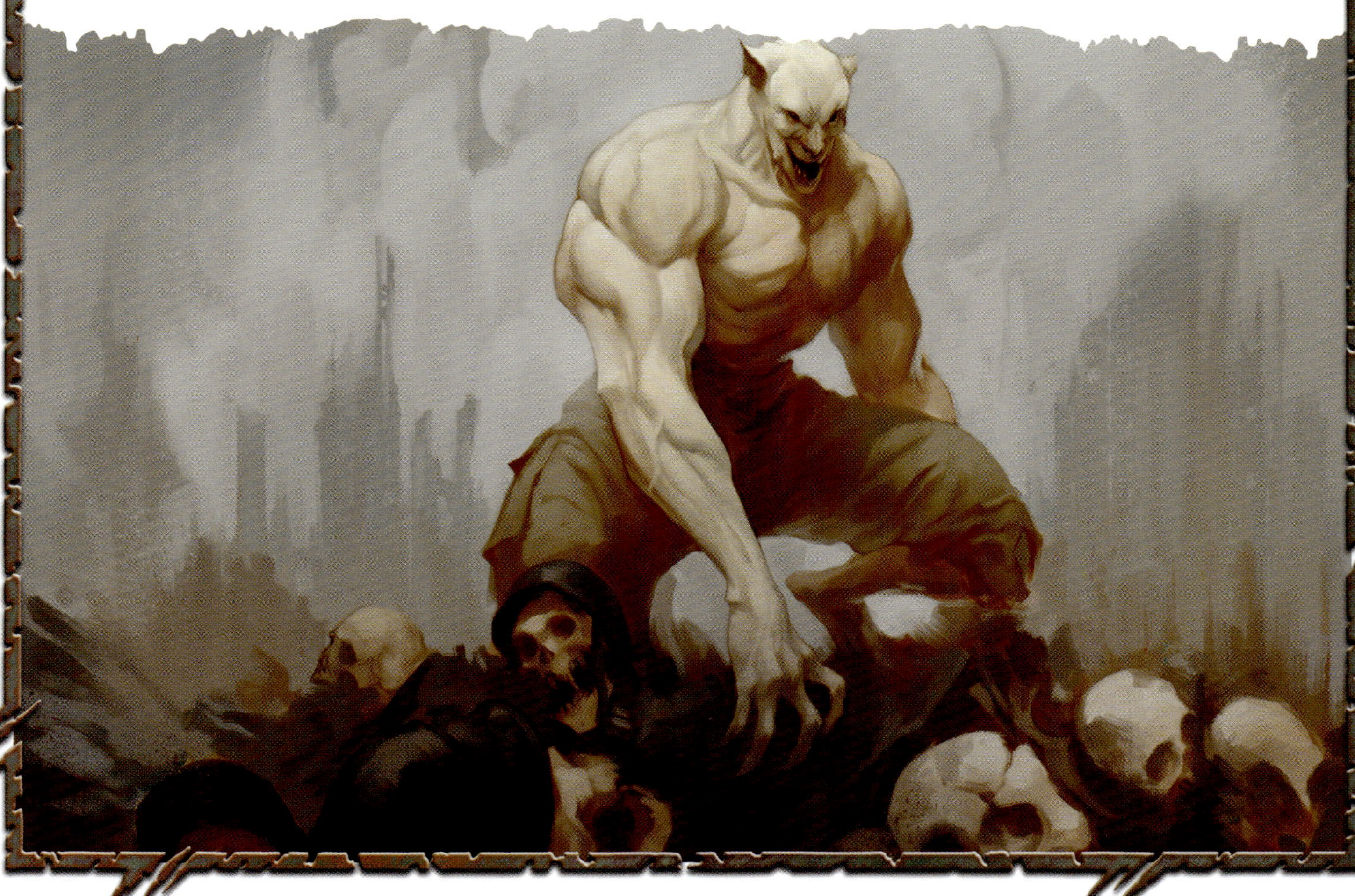

• **Blutsgeschwister, Gestaltwandler oder eine Mischung aus beidem?** Diese Fragen beantworten Sie möglicherweise für jede Generation unterschiedlich. Die Dinge bleiben interessanter, wenn ein Spieler zwischen der Darstellung eines Gestaltwandler und eines Blutsgeschwisters hin und her wechselt, solange Sie sich wohl damit fühlen, eine gemischte Gruppe herauszufordern oder zwischen Geschichten mit Garou in der Hauptrolle zu Geschichten mit einfachen Blutsgeschwistern im Vordergrund zu wechseln. Mit etwas Glück werden Ihre Spieler durch die Ereignisse jedes einzelnen Kapitels inspiriert und ihre Ideen für die Erben ihrer Charaktere machen Ihnen Ihre Arbeit leichter.

Aller Wahrscheinlichkeit nach wird es in jeder Generation mehr Blutsgeschwister als Garou geben, insbesondere dann, wenn Sie mit den Nachfahren der vorangegangenen Generation spielen. Wenn Sie sich mit gemischten Gruppen aus Blutsgeschwistern und Garou wohlfühlen, können Sie jeden Spieler mit einem Würfelwurf entscheiden lassen, ob sein nächster Charakter sich „richtig fortpflanzt". Die Schwierigkeit für den Wurf liegt bei 10, reduziert um 1 für jeden Reinrassigen und noch einmal um 1 reduziert, falls der Spieler sich glaubwürdig von seinem letzten Charakter losgesagt hat. Ein Erfolg legt fest, dass der Spieler einen Garou spielen kann, wenn er das möchte. Anderenfalls ist sein nächster Charakter ein Blutsgeschwister (und nein, es ist nicht vorgesehen, dass bei der Probe ein Patzer gewürfelt wird und der Spieler die nächste Geschichte auslassen muss).

Falls Sie gemischte Gruppen lieber vermeiden möchte, überlegen Sie sich, eventuell jede zweite oder dritte Generation mit einer Garou-Gruppe zu spielen. Das gibt Ihnen einen interessanten Ansatzpunkt, um der Chronik etwas mehr Pfiff zu verleihen, denn die Einsätze werden höher, wann immer ein Werwolfrudel im Spiel ist.

Herausforderungen

Zuvor haben wir bereits darauf hingewiesen, dass Chroniken der Generationen herausfordernd sind. Wenn Sie sich mit dem Gedanken tragen, eine anzuleiten, finden Sie hier ein paar Überlegungen, die Sie eventuell im Hinterkopf behalten möchten.

• **Die Logistik der Dauer:** Eine zufriedenstellende Chronik der Generationen sollte zumindest eine vollständige Geschichte für jede ausgespielte Generation bereithalten. Es kann knifflig sein, die richtige Zeitspanne im Rampenlicht für jede Charaktergruppe festzulegen, bevor es weitergeht. Am prägnanten Ende des Spektrums umfasst die Chronik möglicherweise nur eine einzige Spielsitzung für jede Generation und verknüpft auf effektive Art und Weise Einzelabenteuer miteinander. Auf der großzügig angelegten Seite könnte jedes Kapitel aus zahlreichen Geschichten aufgebaut sein, bevor jede Generation einen dramatischen und zufriedenstellenden Endpunkt erreicht, an dem der Stab weitergereicht wird. Wenn Sie zuvor schon einmal eine länger angelegte Chronik geleitet haben, kennen Sie wahrscheinlich schon einige der Erwägungen. So variiert zum Beispiel die Aufmerksamkeit Ihrer Spieler: möchten sie jeden Charakter gründlich erforschen, oder möchten sie nur ein paar dramatische Höhepunkt mitnehmen und dann etwas anderes ausprobieren? Oder die Einsatzfähigkeit der Spieler: Falls jemand häufig auf Reisen ist, würde ein häufiger Generationenwechsel dann gut für ihn funktionieren? Schätzen Sie ab, auf welche Länge der Chronik sich Ihre Spieler einlassen können — und kürzen Sie diese Schätzung dann eventuell noch einmal, um auch Raum für unvorhergesehene Aufhänger zu lassen.

• **Historische Details:** Niemand erwartet, dass eine Chronik so sorgfältig recherchiert ist wie eine Abschlussarbeit, aber eine Chronik der Generationen muss auf aktuelle Ereignisse oder Meilensteine jeder zeitlichen Epoche Bezug nehmen. Ein Kapitel, das nach einem Weltkrieg angesiedelt ist, sollte Familien beinhalten, die schwerwiegende Verluste erlitten haben. Ein Kapitel, das im Kalten Krieg angesiedelt ist, ist von Paranoia geprägt. Je besser Sie den Zeitgeist einer historischen Kulisse rüberbringen können, desto reicher wird Ihre Chronik werden.

• **Die Apokalypse:** Erfahrene **Werwolf**-Spieler wissen, dass das Ende aller Zeiten in unserer eigenen Neuzeit eintreffen wird. Auch wenn ihre Charaktere das nicht wissen, tun sich Spieler möglicherweise instinktiv schwer damit, apokalyptisches Grauen zu empfinden, wenn ein Spiel einhundert Jahre in der Vergangenheit angesiedelt ist. Verwenden Sie nicht zu viel Mühe darauf, in den historischen Kapiteln den Fokus auf die Apokalypse als Motiv zu legen. Zeigen Sie den Spielern stattdessen, wie ihre Taten die nächste Generation beeinflussen können. Ihre Entscheidungen könnten dazu beitragen, ihre nächste Charaktergruppe in eine schlechtere Situation zu manövrieren, in der die Ressourcen der Familie bereits durchgebracht wurden und die Feinde ihrer Eltern nach ihrem Blut heulen. Die Spieler wissen, dass die Chronik nicht enden wird, sollten ihre Charaktere zu einem frühen Zeitpunkt getötet werden — aber sie wissen auch, dass die Folgen ihrer Handlungen die Zeit ihres aktuellen Charakters überdauern werden.

• **Spielerwechsel:** Es ist eine Tatsache im Leben, dass Spieler manchmal die Spielrunde verlassen müssen und andere um die Erlaubnis bitten, sich anschließen zu dürfen. Das ist an sich noch keine große Herausforderung. Der Generationenwechsel ist der perfekte Zeitpunkt, um die Truppe umzugestalten, und selbst wenn manche Spieler vielleicht im Verlauf der Geschichte einer Generation aufhören müssen, ist das nicht schwieriger zu handhaben als es in einer herkömmlichen Chronik wäre. Der schwierigste Teil, über den Sie sich Gedanken machen müssen, ist die Integration. Sie möchten, dass neue Spieler sich dafür interessieren, was zuvor geschehen ist, damit sich Möglichkeiten auftun, um die Handlungen der vorangegangenen Generation relevant zu machen für die Ziele und Situationen ihrer eigenen Charaktere.

Falls Sie schematische Vermächtnisse verwenden (siehe unten), stellen Sie sicher, sie jedem Charakter in einer Generation anzubieten, die diese erhält, seien es neue Spieler oder nicht. Die Vermächtnisse sind keine Belohnung für eine langfristige Teilnahme, sie sind ein Mechanismus, um aufzuzeigen, dass die Handlungen der Spieler von Bedeutung sind. Dieses Konzept wird noch verstärkt, wenn ein Vermächtnis eine gesamte Generation beeinflusst und nicht nur bestimmte Charaktere.

Vorherbestimmung

Es ist ziemlich offensichtlich, dass die Welt in einer Chronik der Generationen nicht untergehen wird, bevor Sie nicht in der letzten Generation angekommen sind. Nun, das *könnte* sie natürlich, aber das ist grundsätzlich nicht das, worum es geht. Das bedeutet aber nicht, dass alles von Anfang an vorgezeichnet ist. Das sollte es auch nicht sein. Die Spieler dürfen wissen, dass es eine weitere Generation nach der aktuellen geben wird, aber das bedeutet nicht, dass ihre Charaktere überleben müssen, um Kinder zu zeugen oder auszutragen, geschweige denn sie großzuziehen. Die nächste Generation könnte aus den Nachfahren ihrer Vettern bestehen, angenommenen Lehrlingen, nahezu allem.

Möglicherweise haben Sie schon im Vorfeld eine Vorstellung davon, wie die Handlung für jede Generation aussehen könnte. Nehmen Sie unseren Rat an: meißeln Sie vorab nicht schon alles in Stein. Falls Sie planen, die zweite Generation damit zu beginnen, dass ein alter, vernarbter früherer Charakter die Familienklaive übergibt, dann müssen Sie diesen Plan über Bord werfen, falls der Charakter heldenhaft in einem Stock der Schwarzen Spirale stirbt, und seine Klaive geht mit ihm verloren. (Und widerstehen Sie unter allen Umständen der Versuchung, diesen Tod zu verhindern — die Handlungen der Spieler sollten den Weg der Chronik bestimmen, nicht Ihr Skript.) Und außerdem könnte einer der Charaktere jetzt eine „hol die Klaive deines Vaters von den Tänzern der Schwarzen Spirale zurück"-Geschichte haben, und damit hat der Spieler eine persönliche Verbindung zu diesem Handlungsstrang.

Denken Sie ein wenig darüber nach, was die Spieler in jeder Geschichte oder Generation erreichen sollen. Überlegen Sie dann, was passieren könnte, wenn sie scheitern, oder wenn es ihnen noch glorreicher gelingt als Sie das erwartet haben. Der Anfangspunkt der nächsten Geschichte sollte den Endpunkt der vorangegangenen wiederaufnehmen, selbst wenn sie erst Generationen oder sogar Jahrhunderte später angesiedelt ist.

Wenn Sie alles richtig machen, könnte die letzte Geschichte nahezu nichts mehr mit dem zu tun haben, was Sie im Sinn hatten, als Sie die Chronik ursprünglich Ihren Spielern vorgestellt haben. Oder vielleicht könnte sie es doch. Aber mit der Freiheit, den Handlungen der Spieler zu folgen, wird sie um einiges zufriedenstellender ausfallen, weil sie sich echt und selbst erarbeitet anfühlt.

Vermächtnisse

Jede Generation hinterlässt ein Zeichen auf der nachfolgenden. In einer **Werwolf**-Chronik können sie diesen Effekt noch verstärken, indem sie übernatürliche Vermächtnisse ins Spiel bringen oder sogar schematische. Im Wesentlichen ist das eine Gelegenheit, über das Fortbestehen und Konsequenzen nachzudenken, indem spätere Generationen mit Vorteilen oder Belastungen (oder beidem) ins Spiel starten, die sie von ihren Vorfahren geerbt haben.

Das einfachste Vermächtnis ist Wissen. Falls ein Rudel überlebt und sein Wissen weitergeben kann, startet die nächste Generation ins Spiel mit dem Zugang zu einigen der Geheimnisse ihrer Feinde. Das beschränkt sich nicht nur auf die Erklärungszeit, es hilft auch dabei , die Geschichte der Chronik zu vereinheitlichen. Geister und andere unsterbliche NSCs sind eine weitere hervorragende Ressource. Die Spieler könnten die Loyalität eines Geistes gewonnen haben, der ihnen verspricht, ihre Kinder zu beschützen und ihnen beratend zur Seite zu stehen. Oder sie könnten einen Vampir vernichten und damit provozieren, dass der Gefährte des Vampirs ihrer Blutlinie Rache schwört. Ein altersloser Verbündeter oder Feind kreiert auch das Gefühl, dass diese Geschichten miteinander verbunden sind – möglicherweise sogar durch unverhohlene Kommentare.

Von größter Bedeutung, und vielleicht am kniffligsten umzusetzen, ist ein soziales Vermächtnis, das sich auf die nachfolgende Generation auswirkt. Das geht über die Grundlagen von „die Septe weiß, dass eure Vorfahren große Helden waren" hinaus und nimmt spezifischere Formen an. Falls ein Vorgänger-Rudel die Gunst eines Flussgeistes gewonnen hat, dann könnte der Caern selbst Jahre später eine so starke Affinität zu Wassergeistern haben, dass ein neues Rudel Uktena und ihre Blutsgeschwister sich der Septe angeschlossen haben. Der Reiz eines Rollenspiels liegt in der Fähigkeit, Entscheidungen zu treffen, die einen Unterschied machen, und zu sehen, wie die eigenen Handlungen auf organische Art und Weise in der Welt reflektiert werden. Die Inszenierung eines sozialen Vermächtnisses, bei dem die Spieler mitansehen können, wie sie die Welt verändert haben (und wo es ihnen nicht gelungen ist), und das als Ausgangspunkt für eine neue Geschichte zu wählen – das ist die Droge des eigenen Wirkens, mit dem sich die Spieler anfixen lassen.

Vermächtnisse in Regeln fassen

Die vorhandenen Regeln zur Charaktererschaffung bieten einige hervorragende Möglichkeiten, um eindeutige Vermächtnisse für die Spieler bereitzustellen. Sie könnten in Betracht ziehen, nachfolgenden Generationen zusätzliche Erfahrungspunkte für die Charaktererschaffung zu gewähren, freie Hintergrundpunkte, freie Vorzüge (oder freie Schwächen), oder eine beliebige Kombination aus all dem. Die Spezifikationen des Vermächtnisses hängen davon ab, wie die Geschichte im letzten Spiel endete. Falls die Familie beispielsweise im 18. Jahrhundert einer Gruppe gesetzloser Fomori eine Silbermine abgeluchst hat, erhält die nachfolgende Generation möglicherweise einen oder zwei Zusatzpunkte auf Ressourcen, um ihre Einkünfte darzustellen.

Eine beispielhafte Gliederung könnte beispielsweise daraus bestehen, dass eine nachfolgende Generation bis zu zehn freie Erfahrungspunkte erhält und bis zu fünf Punkte auf Hintergrund oder Vorzüge, je nachdem, wie die ihnen vorangegangene Generation das letzte Spiel zu Ende gebracht hat. Wenn die letzte Generationen einen dauerhaften Sieg errungen hat, erhalten die Nachfahren zehn Erfahrungspunkte und einen passenden Vorzug. War es ein Pyrrhussieg, erhalten sie zehn Erfahrungspunkte, einen Vorzug und eine Schwäche. Bei einer vernichtenden Niederlage erhalten sie zehn Erfahrungspunkte und eine Schwäche.

Bitte beachten Sie, dass das Vermächtnis nicht automatisch irgendwo zwischen „großer Vorteil" und „ihr bekommt gar nichts" rangiert. Selbst wenn eine Generation in ihrer Geschichte nicht erfolgreich war, bleiben für ihre Erben damit schon vielfältige Probleme zurück. Sie müssen das Ganze nicht auch noch durch Geiz oder ein ausschließlich negatives Erbe verschlimmern.

Die meisten Hintergründe geben gute Vermächtnis-Belohnungen ab, insbesondere Verbündete, Vorfahren, Kontakte, Schicksal, Fetisch, Blutsgeschwister, Mentor, Ressourcen, Riten und Totem. Sogar Reinrassig und Geistererbe könnten funktionieren, wobei diese aus offensichtlichen Gründen für gewöhnlich nicht einer ganzen Gruppe gewährt werden.

Gut geeignete Vorzüge für schematische Vermächtnisse sind Gefallen, Lager-Freundschaft, Aus Gutem Hause, Übernatürlicher Gefährte und Verbündeter Vorfahr. Besonders passende Schwächen sind Dunkles Geheimnis, Feind, Lager-Feindschaft, Gejagt, Verflucht, Wahnsinniger Vorfahr und möglicherweise Dunkles Schicksal. (Stellen Sie sich eine Chronik vor, in der jeder in jeder Generation Dunkles Schicksal bekommt. Manche Blutlinien haben ein ganz schön großes Kreuz zu tragen ...)

Spielbeispiel

Aaron plant eine Werwolf-Chronik der Generationen, die sich über 150 Jahre der Geschichte erstrecken soll. Er möchte im Zeitalter des Wilden Westens beginnen und die Handlung in die Nähe eines Caerns im Bereich von Sangre de Christo verlegen. Er weiß, dass er eine ganze Reihe von Zeitabschnitten behandeln möchte: Wilder Westen, Prohibition oder Große Depression, die 1960er, die frühen 90er und die Neuzeit. Er hat sich dafür entschieden, jede Generation auf ungefähr eine Geschichte zu beschränken, es sei denn, die Spieler rebellieren und bitten darum, eine weitere Geschichte mit einer besonders lieb gewonnenen Gruppe von Charakteren zu spielen. Es ist seine Absicht, mit einem Werwolfrudel in der Zeit des Wilden Westens zu beginnen, dann zwei Blutsgeschwister-Geschichten folgen zu lassen und dann den Fokus wieder auf die Garou in der neueren Zeit zu lenken.

Er erschafft den Caern Stimme des Schnees und kreiert eine Situation, in der die örtliche Werwolf-Population durch den Krieg mit einer uralten Plage und ihrem Gezücht übel zugerichtet wurde. Die eingeborenen Uktena und Wendigo sind zu gering in ihrer Zahl, um für die Sicherheit des Caerns zu garantieren, aber die neu angekommenen Garou sind ebenfalls zu schwach, um ihn selbst in Besitz zu nehmen und zu halten. Die erste Geschichte konzentriert sich darauf, einen Weg für beide Seiten zu finden, um sich zu vereinigen und die Plage schließlich neu zu binden: im Wesentlichen eine „Entstehungsgeschichte" für den Caern. Er stellt sich vor, dass die Geschichten späterer Generationen eine Mischung aus Handlungssträngen über Vermächtnisse sein werden, die sich aus den Handlungen der Charaktere aus jeder Gruppe entspinnen und sich zu einer Klimax entwickeln, in der die Streitkräfte des Wyrms versuchen, die Plage in der Neuzeit wiederzuerwecken.

Vier seiner Freunde haben sich dazu bereit erklärt, in der Chronik mitzuspielen, wobei nicht alle versprechen können, dass sie in jeder Generation mit dabei sein können. Laurie möchte eine Uktena spielen und legt ihren Schwerpunkt auf die mystischen Geheimnisse, die im Laufe der Jahre weitergegeben werden. Shep möchte in der ersten Geschichte einen Nachfahren des Fenris spielen, aber er möchte abwarten, wie es sich entwickelt. Martin tendiert zu einem Wendigo und spielt mit dem Gedanken, dass seine Blutlinie an irgendeinem Punkt dem Wyrm anheimfallen könnte. Und Liz wählt eine Schwarze Furie aus und ist wirklich fasziniert von dem Gedanken, ein Familienvermächtnis von enormem Ruf aufzubauen.

Aaron entwickelt die erste Geschichte und inszeniert die Hintergründe so, dass die Plage, ein monströses und mächtiges Ding mit Namen Kinder-Zermalmer, tödlich verwundet, aber noch immer auf freiem Fuß ist. Die vielfältigen Verbündeten und Mentoren der Spielercharaktere haben bereits ihr Leben gelassen bei dem Versuch, die Plage so schwer zu verwunden. Es obliegt also den Charakteren, den Frieden zu erkämpfen, das Ritual wiederzufinden, um den Kinder-Zermalmer zu binden und ihn wieder unter die Erde zu verbannen.

Dann überlegt Aaron sich mögliche Endpunkte für die erste Geschichte. Die Spieler könnten vollumfänglich scheitern, was bedeuten würde, dass die nächste Gruppe von Charakteren den Caern von den Streitkräften des Wyrms zurückerobern und das Ritual vollenden müsste. Sie könnten einen gemischten Erfolg erzielen, bei dem der Kinder-Zermalmer wieder gebannt wird, aber zu einem hohen Preis. Und sie könnten seine Erwartungen übertreffen, einen raffinierten Weg finden, um die Plage zu bannen und größtenteils unbeschadet daraus hervorzugehen.

Er beschließt, dass ein vollständiges Scheitern ein schematisches Vermächtnis von 15 zusätzlichen Erfahrungspunkten und eine unschöne punktelose zusätzliche Schwäche für die neuen Charaktere im Zeitalter der Prohibition oder der Depression mit sich bringt. Sie werden zäh sein müssen, aber sie werden auch den Makel des Scheiterns ihrer Vorfahren tragen. Ein gemischter Erfolg wird 12 Erfahrungspunkte mit sich bringen, aber keine Schwäche. Ein grandioser Erfolg wird 12 Erfahrungspunkte mit sich bringen und einen mächtigen Vorzug oder zwei. Auch wenn Aaron bereits ein paar Ideen dazu entwickelt hat, welche Vorzüge und Schwächen passen könnten, entschließt er sich (klugerweise), diese nicht schon im Vorfeld auszuwählen. Die Art und Weise, wie die Spieler die Situation lösen, soll festlegen, welche Vorteile oder Nachteile ihre nächsten Charaktere erben werden.

Am Ende der Geschichte haben die Spieler einen gemischten Erfolg erzielt. Sheps Nachfahre des Fenris ist ruhmreich gestorben und der Kinder-Zermalmer ist gebunden, aber er hatte noch ausreichend Zeit, um einen Fluch über die Überlebenden zu verhängen. Aaron überdenkt seine ursprünglichen Pläne. Zusätzlich zu dem schematischen Vermächtnis von 12 Erfahrungspunkten fügt er eine Schwäche hinzu: Verflucht, aber er gleicht dies aus, indem er den Vorzug: Verbündeter Vorfahr hinzufügt (da ein gemischter Erfolg normalerweise gar keine Schwäche mit sich bringen würde). Die nächste Gruppe von Charakteren hat den Fluch ihrer Eltern und Vorfahren geerbt, aber Sheps Nachfahre hält sich noch in ihrer Nähe auf und ist ein brutal nützlicher Ahnengeist. Aaron teilt den Spielern mit, dass die nächste Generation ihren Schwerpunkt auf Blutsgeschwister-Nachfahren in der Großen Depression legen wird und auf die Schwierigkeiten, mit denen sie sich aufgrund des Fluchs im Spiel auseinandersetzen müssen.

Außerdem gibt es eine Veränderung in der Gruppe. Liz musste aus Gründen im echten Leben für die Dauer der nächsten Geschichte ausscheiden, aber Amado und Karen haben von der Spielrunde gehört und finden, dass sie sich ziemlich gut anhört. Amado erschafft ein Wendigo-Blutsgeschwister, das nur entfernt mit Martins neuem Charakter verwandt ist. Karen möchte einen Erben von Liz' Vermächtnis spielen und bekommt die Erlaubnis, ein Blutsgeschwister der Furien aus dieser Blutlinie zu spielen. Aaron überlässt sowohl Amado als auch Liz die Wahl, ob sie das schematische Vermächtnis annehmen möchten oder nicht. Beide nehmen es an. Amados Charakter ist neu in der Region, aber er mag den Gedanken, dass der Fluch des Kinder-Zermalmers ihm ohne eigene Schuld zufällt.

Aaron skizziert dann die nächste Geschichte auf der Basis der vorgeschlagenen Charaktere und berechnet erneut die mögliche Abstufung des Erfolgs, den die Spieler erzielen könnten, voraus. Und weiter geht die Chronik.

Blutspürer

Die Garou sind ein verstreuter kleiner Haufen von Wächtern entlang einer sehr langen Mauer. Sie können einfach nicht überall sein, wo sie gebraucht werden. Und das bedeutet, dass die meisten Ersten Verwandlungen vollzogen werden, ohne dass ein begleitender Werwolf irgendwo in der Nähe ist. Obwohl ein Werwolf von Geburt an ein Werwolf ist, erscheint er für Geruch der Wahren Gestalt und andere Geistermagie wie Blutsgeschwister bis zu der Stunde seiner Verwandlung. Und da sich die Erste Verwandlung irgendwo zwischen der frühen Jugend und einem späteren Lebensabschnitt vollziehen kann, können Garou noch nicht einmal planen, in der Nähe zu sein, wenn ein Blutsgeschwister „ins richtige Alter kommt". Aus dieser Notwendigkeit heraus wurde die Pflicht, die Blutsgeschwister zu überwachen und ihre Garou-Verwandten zu benachrichtigen, wenn es zu einer Verwandlung kommt, an verbündete Geister übertragen.

Blutspürer sind ein seltenes Beispiel Gaias für einen „kultivierten" Geist, einen, der sich verändert hat, um einem bestimmten Zweck zu dienen, anstatt ein natürliches Wesen, eine Kraft oder eine Abstraktion zurückzuwerfen. Sie begannen als Gaffeling, der an die Brut des Stammestotems gebunden war und wurden auf magische Weise verändert, wie zum Beispiel durch die Gabe: Formbarer Geist (**W20 Grundregelwerk**, S. 165). Heutzutage rangiert die Brut an Blutspürern, die mit einem Stamm verbündet ist, irgendwo zwischen alten Dienern, die seit Generationen oder sogar seit Jahrhunderten da sind, und veränderten Geistern, die noch immer lernen, ihren neuen Zweck zu erfüllen.

Jede größere wissende Familie bedient sich vieler Blutspürer. Im Idealfall sollte ihnen einer für jedes Kind (oder Wolfsjunges) zur Verfügung stehen, das in die Blutlinie hineingeboren wird. In der Praxis ist das nicht immer der Fall. Es gibt nicht nur Generationen mit sehr hoher Fruchtbarkeit, Blutspürer können auch in der Ausübung ihrer Pflicht verloren gehen – oder schlimmer noch – umgedreht werden.

Wie die meisten Geister beginnt auch ein Blutspürer klein, schwach und mit kaum mehr Wissen als einem Bündel von Instinkten. Alles, was von ihnen verlangt wird, ist, dass sie zurückkehren und die Familie alarmieren, wenn ihr Schützling die Verwandlung durchläuft. Da vollwertige Garou in jeder Generation eine Minderheit darstellen, tun die meisten Blutspürer niemals etwas anderes als ihre Schützlinge zu bewachen.

Um stärker zu werden, muss ein Blutspürer seine Aufgabe erfüllen. Der Geist, der mit der Nachricht von einem gerade erst verwandelten Garou zurückkehrt, ist frei und kann neu gebunden werden, aufgrund seines Erfolgs allerdings ein kleines bisschen schneller und scharfsinniger. Viele Stämme, insbesondere die Uktena, machen es sich zur Aufgabe, einem zurückgekehrten Blutspürer die Chiminage anzubieten, um seine Dienste zu ehren. Das stärkt den Geist sogar noch mehr. Weise (und glückliche) Garou-Familien können im Laufe der Generationen mächtigere und individuellere Diener hervorbringen, die beinahe zu angestammten Vertrauten werden. Silberfänge sind stolz darauf, Blutspürer in ihrer Familie zu haben, wie jeder Adelige einen Diener zu schätzen weiß, der sich ausgezeichnet hat.

Obwohl Blutspürer äußerst wertvoll sind, sind sie eine Kuriosität in der Geisterwelt: Geister mit dem ausdrücklichen Zweck, den Garou zu dienen. Sie haben keinerlei Identität abgesehen von ihrer Aufgabe, über die nächste Generation von Werwölfen zu wachen. Das macht sie nicht gerade beliebt bei den Geistern außerhalb der Brut ihres Stammestotems. Nicht alle Blutspürer, die verloren gehen, fallen den Streitkräften des Wyrms anheim.

Der Ablauf

Die ersten Blutspürer wurden aus anderen Geistern aus der Brut des Stammestotems generiert und dann mittels des Ritus des Bindens an ihre kindlichen Schützlinge gebunden. Als mit der Zeit mehr Blutspürer zur Verfügung standen, entwickelten die Garou den Ritus der Feuertaufe. (Siehe S. 210 im **W20 Grundregelwerk**).

Ein mächtiger Theurg kann einen Blutspürer aus einem anderen Geist aus der Brut seines Stammestotems erschaffen, indem er die Gabe: Formbarer Geist mit einer Schwierigkeit von 9 einsetzt. Das funktioniert am besten, wenn der Geist durch ausreichend Chiminage dazu ermutigt wurde, sich für diesen Vorgang „freiwillig zu melden" (wodurch die Schwierigkeit auf 8 sinkt). Einige Älteste unter den Sichelmonden betrachten es als ihre Pflicht, jedes Jahr mehr Blutspürer zu erschaffen, für alle Fälle.

Wenn er sich in einer Notlage befindet, kann ein Werwolf den Ritus der Beschwörung und den Ritus des Bindens einsetzen, um einen Blutspürer mit einem Kind zu verbinden. Aber der Ritus der Feuertaufe ist besser dafür geeignet. Diesen Ritus gibt es in zahlreichen Variationen, je nach Stamm und in manchen Fällen sogar je nach Lager oder Blutlinie. Manche Stämme legen großen Wert darauf, die Feuertaufe alle Blutsgeschwister zu lehren, die sich dazu in der Lage gezeigt haben, Riten anzuwenden. Kinder, die Paaren aus zwei Blutsgeschwistern geboren wurden, erscheinen nicht immer auf dem Radar ihrer Garou-Verwandten, deshalb ist es zweckmäßig, sicherzugehen, dass die Blutsgeschwister für sie einspringen können.

Riten und ihre Varianten

Die Feuertaufe gibt es in zahlreichen Varianten – mindestens dreizehn, denn es gibt eine grundlegende Variante für jeden Stamm. Hier stellen wir Ihnen ein paar mögliche Variante vor, zusammen mit einigen möglichen schematischen Anpassungen. Wenn Ihnen der Gedanke nicht gefällt, dass Riten schematischen Abweichungen unterliegen, verwenden Sie einfach den Ritus in seiner Standardform.

• Eine Feuertaufe der Fianna ist ein geräuschvolles Ereignis, voller Geheul und Gesang. Wenn der Stamm die Möglichkeit hat, in Krawall auszubrechen, ohne die Aufmerksamkeit des Feindes auf sich zu lenken, erschaffen sie damit einen Blutspürer, der einen Punkt mehr auf Gnosis hat als gewöhnlich.

• Die Glaswandler haben Variationen des Ritus entwickelt, die mit anderen religiösen Zeremonien vermischt werden können, wodurch es möglich wird, dass unerfahrene Blutsgeschwister bei einer traditionellen „Taufe" oder dergleichen anwesend sind. Der Ritenmeister, der diesen Ritus durchführt, muss mindestens einen Punkt auf Ausflüchte besitzen. Die Schwierigkeit, um den Blutspürer oder das Brandmal des Kindes zu entdecken, ist um eins erschwert für jeden, der nicht zu den Glaswandlern oder zur Kakerlakenbrut gehört.

• Die Kinder Gaias versuchen, Blutspürer an ihre Kinder zu binden, die eine gewisse Affinität zu Heilung oder guter Gesundheit haben. Ein solcher Blutspürer hat einen Punkt weniger auf Zorn, dafür aber einen Extrapunkt auf Gnosis.

• Die Knochenbeißer neigen zu ausgedehnten und chaotischen Familien. Eine Version ihres Ritus umfasst haufenweise Chiminage für den Blutspürer, beinhaltet aber auch den zusätzlichen Befehl „und falls irgendeines der Geschwister deines Schützlings sich verwandelt, lass es uns wissen."

• Bei den Nachfahren des Fenris ist es gängige Praxis, dem Kind im Verlauf des Ritus Blut abzunehmen. Wenn das Kind nicht schreit, ist das ein ausgezeichnetes Zeichen. Der Ritenmeister kann eine Probe auf Geschick + Medizin ablegen, Schwierigkeit 8, um das Blut schmerzfrei zu entnehmen. Wenn das Kind nicht weint, erhält der beschworene Blutspürer einen Bonus von + 1 auf seinen Zorn- und Willenskraftwert.

• Die Schattenlords löschen sämtliche Feuer und Lichter auf dem Höhepunkt des Rituals. Der Augenblick, in dem der Blutspürer das Kind küsst, wird in völliger Dunkelheit vollzogen. Alle Proben, um das Brandmal des Kindes zu entdecken, sind um +2 erschwert für jeden, der nicht zu den Schattenlords oder zur Brut von Großvater Donner gehört.

• Die Schwarzen Furien verwenden häufig einen Teil der Nabelschnur als Bestandteil des Ritus, um das Band noch mehr zu verstärken. Dadurch erhält der Ritenmeister zwei zusätzliche Würfel für seinen Würfelpool bei der Durchführung des Ritus.

• Die Variante der Silberfänge erfordert eine Menge Zeit, denn sie tragen den umfangreichen Stammbaum des Kindes vor. Der Blutspürer erhält einen Bonus von +1 auf seinen Willenskraftwert, weil er die Schwere seiner Verantwortung begreift.

• Die Sternenträumer müssen ihren Ritus unter freiem Himmel durchführen, der idealerweise wolkenlos sein sollte. Sie sollen den Ritus bereits Mond für Mond hinausgezögert haben, bis die Sterne zu sehen waren. Für die Dauer des nächsten Jahre erhält der Ritenmeister einen zusätzlichen Würfel auf seinen Würfelvorrat für Gaben oder Riten, die eingesetzt werden, um die Zukunft, den Standort oder das Wohlbefinden des Kindes zu erahnen.

• Stille Wanderer sind das genaue Gegenteil der Fianna, denn sie vollführen die Feuertaufe durchgehend flüsternd. Der Blutspürer wird dazu aufgefordert, dabei zu helfen, das Kind in Zeiten der Not zu verbergen. Die Schwierigkeit, um den Blutspürer oder das Brandmal des Kindes zu entdecken, ist um 1 erschwert für jeden, der nicht zu den Stillen Wanderer oder zur Eulenbrut gehört.

• Die Uktena beschwören ihre Blutspürer aus natürlich fließendem Wasser, wenn es ihnen möglich ist. Ihre Blutspürer erhalten einen zusätzlichen Würfel auf jegliche Handlungen, die in Hörreichweite eines natürlichen Stroms oder Flusses durchgeführt werden.

• Die Wendigo rufen beharrliche Blutspürer herbei, indem sie das Kind für einen kurzen Zeitraum den Witterungen aussetzen. Wenn sie angemessen besänftigt werden, erhalten ihre Blutspürer einen Bonus von +1 auf ihren Zornwert.

Verschollene Riten

Manche Galliard hüten Geschichten aus besseren Zeiten. Ihren Legenden zufolge geboten die Stämme damals über mächtigere Riten, die sogar noch mehr bewirken konnten. Eine überlieferte Ballade beschreibt einen Ritus, der eine ganze Schar von Blutspürern beschwören und sie aussenden konnte, um über eine ganze Blutlinie auf einmal zu wachen. Eine andere erzählt von mächtigeren Blutspürern, die von heldenhaften Theurgen aus mächtigen Geistern geformt wurden. Sie konnten einen Welpen nicht nur beobachten, sondern ihn auch bewachen – wenn das Kind bedroht wurde, verwandelten sie sich in eine entsetzliche Bestie – und dann verschwinden, wenn sie die Bedrohung beseitigt hatten. Einige Theurgen haben sogar darüber nachgedacht, dass es möglich gewesen ist, einen Blutspürer an die gesamte Erblinie eines Stammes zu binden, in den Tagen, bevor die Garou über sämtliche Kontinente verstreut wurden.

Unglücklicherweise sind die Riten selbst lange verschollen und die Schamanen der Endzeit haben weitaus dringendere Angelegenheiten im Kopf als die Neuerschaffung dieser Riten. Und doch kommt es vor, dass seltsame Dinge geschehen. Manchmal tauchen merkwürdige Blutspürer auf, und niemand kann sich daran erinnern, sie gebunden zu haben. Sie führen Garou zu gerade verwandelten Welpen aus unbekannten Familien. Eine moderne Legende über ein kleines Mädchen und seinen sehr realen, verstörend gewalttätigen, eingebildeten Freund enthüllt Beweise von einem mächtigen, aber unsichtbaren Geist, der über das Kind wacht. Solche Riten wären ein nützlicher Vorteil, wenn man sie wiederentdecken könnte – oder, falls sie in die Klauen der Tänzer der Schwarzen Spirale fallen sollten, eine gefährliche Inspiration für ihre fieberhaften Fantasien.

Der Auslöser

Sobald ein Blutspürer an seinen Schützling gebunden ist, bleibt er die ganze Zeit über in seiner Nähe und verwendet einen Zauber, um unsichtbar zu bleiben. Andere Geister und Gestaltwandler können nicht feststellen, ob eine Person an einen Blutspürer gebunden ist, indem sie in das Umbra blicken. Das einzige verräterische Anzeichen ist ein Brandmal des Blutspürers. Der Geist kiebitzt manchmal in die materielle Welt und manchmal bleiben seine Sinne im Umbra.

Wenn ein Welpe, der von einem Blutspürer markiert wurde, die Erste Verwandlung durchläuft, weiß es der Geist augenblicklich. Das Brandmal löst sich auf und die freigesetzte Energie alarmiert den Blutspürer. Er macht sich sofort auf die Suche nach dem Garou, der ihn an das Kind gebunden hat, oder, falls ihm das nicht gelingt, nach irgendeinem anderen Garou des betreffenden Stammes, der sich in der Nähe befindet. Manche Blutspürer sind schnelle, andere zielsichere Fährtenleser.

Manchmal natürlich sind die Garou, die sie gebunden haben, tot und begraben. Eine Septe wurde vielleicht schon vor Jahren ausgelöscht und der Blutspürer kann nur noch Knochen finden. Was dann geschieht, variiert, insbesondere in Abhängigkeit von dem jeweiligen Geist. Ein schwacher und nahezu unintelligenter Blutspürer wartet möglicherweise jahrelang in der Nähe des Caerns in der Hoffnung, dass ein Garou auftaucht. Mächtigere Zacklinge begeben sich vielleicht auf eine lange Reise, um passende Verwandte aufzuspüren. Manche informieren den ersten Garou, den sie treffen – ungeachtet seines Stammes.

Das Band brechen

Die Garou können es sich nicht erlauben, einen Blutspürer für immer bei einem gebundenen Blutsgeschwister bleiben zu lassen, wenn es auch noch andere Welpen zu bewachen gibt. Wenn ein Blutsgeschwister ein Alter erreicht, in dem es offensichtlich erscheint, dass die Erste Verwandlung nicht mehr passieren wird – und dieses Alter ist völlig subjektiv – werden seine Werwolf-Verwandten wahrscheinlich eine Variation des Ritus des Geistererweckens durchführen, um sein Brandmal zu entfernen und den Blutspürer zu befreien. Dies bedarf noch größerer Unauffälligkeit bei allen unerfahrenen Blutsgeschwistern, die die Feuertaufe erfahren, und erfolgt normalerweise, wenn sie betäubt sind.

Verweilender Blutspürer (2 Pkt. Blutsgeschwister-Vorzug)

Sie haben sich niemals verwandelt, aber aus irgendeinem Grund haben Ihre Werwolf-Verwandten den Blutspürer niemals befreit, der an Sie gebunden ist. Der Geist ist ungewöhnlich aufmerksam und empfänglich für einen seiner Art und flüstert Ihnen gelegentlich Warnungen über die Dinge zu, die er wahrnimmt. Einmal in jeder Geschichte macht er Sie auf eine Gefahr aufmerksam (vorausgesetzt, dass es in dieser Geschichte eine Gefahr gibt), als hätten Sie eine erfolgreiche Probe auf den Vorzug Gefahrensinn abgelegt (**Werwolf**, S. 480). Vielleicht wissen Sie, woher die Warnung kommt, vielleicht auch nicht. Auch unerfahrene Blutsgeschwister können diesen Vorzug wählen.

Ein Nachteil dieses Vorzugs besteht darin, dass sie noch immer Ihr Brandmal tragen. Jeder Garou, der es sieht – auch Tänzer der Schwarzen Spirale – weiß sofort, dass Sie ein Blutsgeschwister sind.

Simulierender Blutspürer (3 Pkt. Blutsgeschwister-Schwäche)

Der Blutspürer, der an Sie gebunden ist, wurde niemals freigelassen, und seine Aufmerksamkeit ist inzwischen auf unangenehme Weise zwanghaft geworden. In stressigen Zeiten flüstert er Ihnen zu, dass Sie sich verwandeln sollen, was Ihnen eine Erschwernis von -2 auf Wahrnehmungsproben in schwierigen Situationen einbringt. Das kann besonders für unerfahrene Blutsgeschwister unangenehm und beängstigend sein.

Um die Dinge noch komplizierter zu machen, tragen Sie noch immer Ihr Brandmal. Jeder Garou kann Sie als Blutsgeschwister erkennen, wenn er das Zeichen sieht.

Fera und Blutspürer

Auch einige Fera bedienen sich des Brauchs der Blutspürer. Die weniger sozial veranlagten Gestaltwandlerrassen, wie zum Beispiel die meisten Bastet, sind so unorganisiert, dass das Vorgehen sogar noch wichtiger wird. Je nomadenhafter die Gestaltwandlerrasse und je weniger davon auszugehen ist, dass sie septenartige Strukturen aufrechterhalten, desto stärker bedienen sie sich ihrer eigenen Varianten der Feuertaufe. Die Corax zum Beispiel binden häufig einen Blutspürer kurz nach dem Ritus des Fetischeis, den sie durchführen, um ihr halbgeisterhaftes Wesen weiterzugeben.

Manche, wie die Kitsune, behandeln den Vorgang ebenso formell wie die Silberfänge. Anderen ist es egal. Die Rattenkinder verlassen sich auf ihr Informationsnetzwerk, und offen gestanden haben sie so viele Nachkommen, dass die meisten Nester nicht genügend Blutspürer entbehren könnten, um das abzudecken. Die Nuwisha bevorzugen seltsame Weissagungen, um den Zeitpunkt für „merkwürdige Unfälle" vorherzubestimmen. Aber andererseits haben die Werkoyoten noch niemals etwas so gemacht wie alle anderen.

Geister des Blutes

Wie andere Geister, haben auch alle Blutspürer Airtensinn, Materialisieren, Reichsinn und Neubildung, wobei nur die Stärksten unter ihnen das Materialisieren in Betracht ziehen. Die meisten von ihnen verfügen außerdem über die folgenden Geisterzauber.

• **Brandmal:** Der Geist kann einen Sterblichen mit einem kleinen Brandmal markieren, das nur für Garou sichtbar ist und die Form des Symbols des Stammes trägt, mit dem seine Brut verbündet ist. Der Geist kann das Brandmal an jeder beliebigen Stelle des Körpers platzieren, auch auf der Innenseite der Lippe oder auf der Kopfhaut. Die meisten Werwölfe weisen den Blutspürer an, das Brandmal so zu platzieren, dass es schwer auffindbar ist (insbesondere die Tänzer der Schwarzen Spirale). Manche, die mehr Stolz haben, als es ihnen guttut, wünschen sich ein leicht zu erkennendes Zeichen des Ruhmes (wie zum Beispiel viele Silberfänge). Wenn der markierte Sterbliche seine Verwandlung durchläuft, löst sich das Brandmal auf und der Blutspürer wird sofort über die Verwandlung in Kenntnis gesetzt, ganz gleich, ob er zu diesem Zeitpunkt seine Aufmerksamkeit auf die materielle Welt gerichtet hat.

• **Unauffälliger Beobachter**: Der Blutspürer kann sich ohne zusätzliche Kosten unsichtbar machen und die Unsichtbarkeit so lange aufrechterhalten, wie er es wünscht, solange er sich in einem Radius von ungefähr drei Metern innerhalb seiner gebrandmarkten Zielperson aufhält. Andere Geister sind nicht in der Lage, ihn aufzuspüren, es sei denn, sie verfügen über spezielle Gegenzauber.

Blutspürer

Der einfachste Blutspürer ist ein Gaffeling, klein und schwach. Diese Form repräsentiert einen Blutspürer, der seinen Stamm mehr als einmal nicht erfolgreich auf einen gerade verwandelten Welpen aufmerksam gemacht hat, oder einen gerade erst aufgenommenen Geist. Sie sind ruhige und bescheidene Geister, die sich vollständig ihrer Aufgabe verschrieben haben, sobald sie einem Schützling das Brandmal übertragen haben.

Zorn 3, Gnosis 4, Willenskraft 5, Essenz 12-20

Zauber: Brandmal, Kiebitzen, Unauffälliger Beobachter; entweder Schnellflug oder Spurenlesen

Erscheinungsbild: Der typische Blutspürer sieht aus wie ein Mitglied der Brut seines Totems, oder vielleicht wie eine kleine Ausgabe des Avatars seines Totems: struppige Wolfsgeister mit stahlharten Zähnen, Schleiereulen und Kreischeulen, kleine schuppige Schlangen, Ratten jeglicher Färbung. Manche sind kleiner und harmloser und andere sind größer und majestätischer. Da es die Aufgabe eines Blutspürers ist, einem Stamm zu dienen, tragen sie alle ein silbriges Symbol ihres verbündeten Stammes auf ihrem Körper.

Hintergrund: Blutspürer erinnern sich kaum an ihr vorangegangenes Dasein als Tiergeister oder als abstraktere Gaffelinge. Sie wechseln von einem geistigen Fokus, der sich auf das Wohl eines Stammes konzentriert, zu einem geistigen Fokus, der sich auf ein einzelnes Kind oder einen Welpen konzentriert, und dann wieder zurück, wenn ihr Auftrag ausgeführt ist. Sie sind bestenfalls dürftige Gesprächspartner.

Blutfänger / Blutschnüffler

Einige Blutsgeschwisterfamilien sind so alt und wohlhabend, dass ihre Blutspürer sich verändert haben, um sich ihnen noch besser anzupassen. Blutfänger sind ausnahmslos an Blutlinien mit einer großen Zahl von Reinrassigen gebunden, da sie durch die höhere Geburtenrate an Garou gestärkt und verändert werden. Sie sind in den Rang der Zacklinge aufgestiegen und fungieren manchmal als Gottheiten im Haushalt ihrer Familien.

Zorn 7, Gnosis 8, Willenskraft 8, Essenz 23-35

Zauber: Brandmal, Kiebitzen, Unauffälliger Beobachter; Schnellflug, Spurenlesen, ein weiterer Zauber nach Wahl des Erzählers

Erscheinungsbild: Blutfänger sehen aus wie ihre schwächeren Brüder, sind aber deutlich größer und prächtiger. Die meisten Blutfänger sind vom Typ „sieht aus wie das Stammestotem", aber es ist nicht eindeutig, ob sie von Anfang an diese Form hatten. Vielleicht lassen Jahrhunderte getreuer Dienstbarkeit einen Blutspürer der Eule einfach der Eule ähnlichsehen. Natürlich haben manche Blutfänger auch ein anderes und ganz eigenes Erscheinungsbild: Eine Sphinx mit Eulenkopf, eine wortgewandte *Mengu* (Maske der Samurai), ein Hirschbock mit sechs Geweihen. Einige wenige adelige Blutsgeschwisterfamilien führen sogar Wappen, in denen ihr Blutfänger enthalten ist.

Hintergrund: Blutsgeschwisterfamilien, in denen es über viele Generationen hinweg Reinrassige gegeben hat, verfügen vielleicht über einen Blutfänger, der an ihren Clan gebunden ist — manchmal mehr

Blutspürer nach Brut

Jeder Stamm hat Blutspürer, die wie eine kleinere Ausgabe des Avatars ihres Stammestotems aussehen. Hier finden Sie ein paar Anregungen für Blutspürer, die anderen Geistern in der Brut eines Stammestotems ähneln.

Chimäre: Lebende Mandalas, Glasmotten, Luftspiegelungen von Schlangen, zusammengesetzte Tiere, Verkörperung von Namen

Einhorn: Tauben, Schwäne, Enten, Otter, Köter

Eule: Skelettmäuse, Nachtschwalben, Skarabäen, Kobras, Schakale, Skorpione, winzige Krokodile

Falke: Reiher, Pelikane, Kraniche, Zwergfalken, Fischreiher, Mauerschwalben

Fenris: Raben, Kuckucke, Eichhörnchen (Kinder von Ratatoskr), Waffen und Schilde

Greif: Dachse, Vielfraße, Löwenjunge, Aasvögel

Großvater Donner: Krähen, Fledermäuse, Schatten, flüsternde Stimmen, St. Elmos Feuer

Hirsch: Hasen, Mondspinner, weiße Hirsche, Füchse, Keiler, Lachse

Kakerlake: Münzenförmige Spinnen, digitale Insekten, Glasmäuse, Datenwolken, winzige mechanische Drohnen

Pegasus: Geflügelte Tiere, Gazellen, Ziegen, Drakainae, Weberweibchen

Ratte: streunende Hunde, Waschbären, Mäuse, Zeitungstiere, streunende Katzen, Opossums

Uktena: Gefiederte Schlangen, Kolibris, Quetzals, Wegekuckucke, Seeschlangen

Wendigo: Vielfraße, Gänse, Feldhasen, Stachelschweine, lebende Polarlichter

als einer, insbesondere im Falle der Häuser der Silberfänge – allerdings für gewöhnlich einen pro Haushalt. Der Blutfänger trägt einen eigenen Namen, bei dem er während der Feuertaufe gerufen wird. Er wird ausnahmslos an das am vielversprechendsten erscheinende Kind gebunden.

Besudeltes Kindermädchen

Blutspürer können verdorben werden, wie jeder andere Geist, und Blutsgeschwister können ebenso brutal und psychopatisch sein wie jeder andere Sterbliche. Ein Blutspürer, der durch die unredlichen Taten seines Schützlings verdorben wurde, kann zu einem besudelten Kindermädchen werden und genötigt sein, andere Kinder zu finden und ihnen dabei zu helfen, „anständig" aufzuwachsen. Sie senden entsetzliche Einflüsterungen aus dem Umbra und gehen manchmal sogar so weit, von ihren Schützlingen Besitz zu ergreifen und sie in Fomori zu verwandeln. Zu allem Übel haben besudelte Kindermädchen auch noch wirklich ein Händchen dafür, Blutsgeschwister aufzuspüren und ziehen sie allen anderen Kindern vor.

Zorn 4, Gnosis 5, Willenskraft 4, Essenz 13-20

Zauber: Verderbnis, Brandmal, Kiebitzen, Unauffälliger Beobachter, Spurenlesen

Erscheinungsbild: Besudelte Kindermädchen sehen in gewisser Weise aus wie in ihrer ursprünglichen Gestalt und haben eine starke Neigung dazu, ausgezehrt oder fettleibig zu sein. Die Stammessymbole auf ihrem Körper haben sich verändert und viele der bildhaften Striche enden in verzerrten Spiralen, die an den Wyrm erinnern. Sie sprechen in schmeichelndem Flüsterton, wobei sie aber nur ihre Schützlinge ansprechen. „Sag dem scheußlichen Wolf, dass du nicht mit ihm gehen möchtest", sagen sie. „Mach mich stolz."

Hintergrund: Manchmal geraten Blutspürer auf die schiefe Bahn. Besonders häufig kommt es dazu, wenn mit den Kindern, an die sie gebunden sind, irgendetwas nicht ganz stimmt. Das Kind begibt sich an immer dunklere Orte, insbesondere, wenn sie langsam zum Erwachsenenalter heranreifen, und der Blutspürer kann nirgendwohin. Er kann seinen kostbaren Schützling nicht verlassen. Haben sich genügend Makel angesammelt, wird der Geist zu einem besudelten Kindermädchen.

Die Aufgabe des besudelten Kindermädchens wandelt sich von „sag es den Garou" zu „sorge dafür, dass aus dem Kind etwas wird." Wenn er freigelassen wird – normalerweise durch den Tod seines Schützlings, da die meisten nicht an tatsächliche Gestaltwandler gebunden sind – findet er ein neues Kind, an das er sich hängen kann, vorzugsweise ein anderes Blutsgeschwister. Man erzählt sich, sie hätten Blutspürer getötet und verschlungen und dann ihren Platz eingenommen. Einige Tänzer der Schwarzen Spirale binden sogar Besudelte Kindermädchen in ihrer eigenen Variante der Feuertaufe. Sie finden es furchtbar unterhaltsam. Wenn alles gut geht, entwickelt ein Kind im Heranwachsen eine Affinität zum Wyrm, noch bevor es seine Erste Verwandlung durchläuft.

Blutspürer-Spinne

Die Weberin stellt für die Blutspürer, die in großen Städten und ähnlichen Orten aktiv sind, eine ständige Bedrohung dar. Weberin-Geister versuchen, sich Blutspürer einzuverleiben, wie sie es mit jedem anderen Geist tun würden. Die Glaswandler fanden eine Möglichkeit, um diese Bedrohung zu umgehen, indem sie Geister gebunden haben, die als Diener der Weberin herhalten konnten.

Zorn 1, Gnosis 5, Willenskraft 4, Essenz 10-20

Zauber: Brandmal, Kiebitzen, Unauffälliger Beobachter, Tarnung der Weberin*

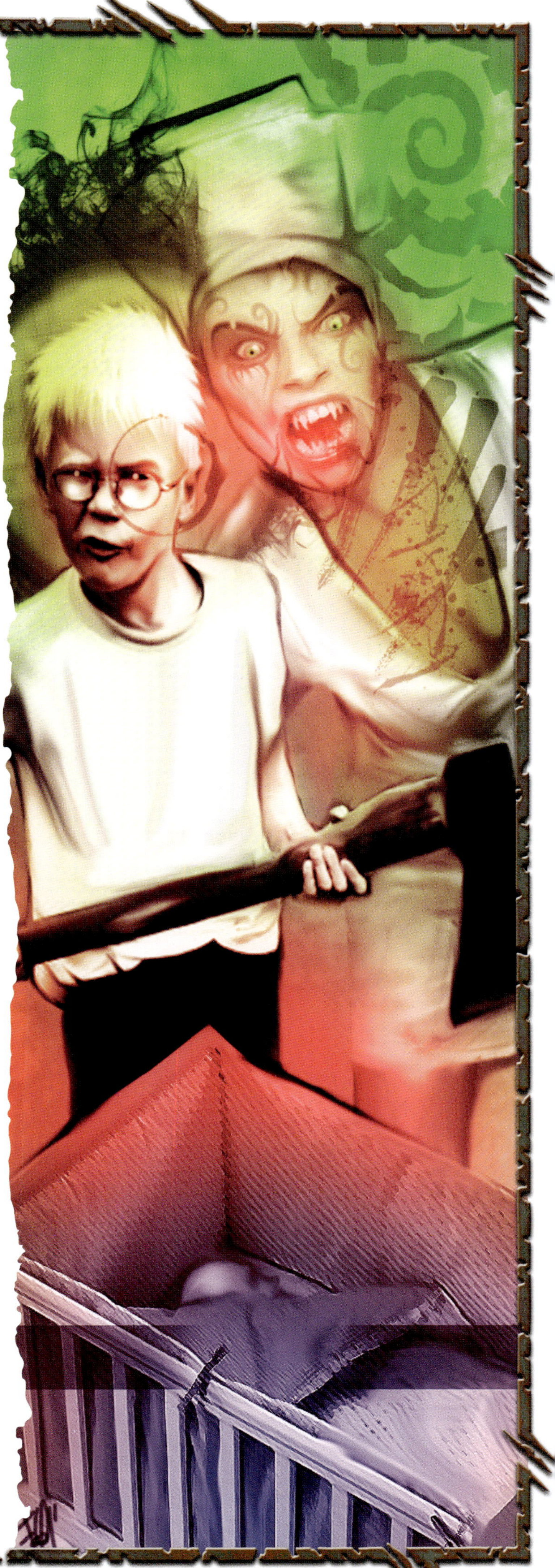

*Tarnung der Weberin:** Weberin-Geister beachten Geistern mit diesem Zauber nicht, weil sie davon ausgehen, dass es sich um einen von ihnen handelt. Falls der Geist beabsichtigt, in ein Gebiet einzudringen, in dem es starke Aktivitäten der Weberin gibt, könnten die Wachgeister bemerken, dass irgendetwas nicht in Ordnung ist. Falls der Verdacht eines Beobachters ausreichend erregt wird, um nach irgendeiner Art von Blendwerk Ausschau zu halten, liegt die Schwierigkeit, die Macht dieses Zaubers zu durchdringen, bei 10 abzüglich dem Zorn des Zauberwirkenden.

Erscheinungsbild: Blutspürer-Spinnen sehen im Großen und Ganzen wie Strukturspinnen aus, wie eine Jagdfliege einer Biene ähnlichsieht oder ein Viceroy nach einem Monarchen kommt. Eine genauere Betrachtung enthüllt eine organischere Rundung ihrer Gelenke und das Symbol der Glaswandler ist unauffällig an der Unterseite ihres Leibes angebracht.

Hintergrund: Niemand kann mit Sicherheit sagen, ob die Theurgen der Glaswandler Weberinnen-Geister verändert haben, um ihre Gefolgschaftstreue zu beeinflussen, oder ob sie die Geister Gaias mit der Essenz der Weberin durchdrungen haben, um eine mächtige Tarnung zu entwickeln. Jede dieser Methoden wäre deutlich anspruchsvoller als die Erschaffung eines Blutspürers aus einem Geist aus der Brut des Stammestotems. Dennoch sind die Blutspürer-Spinnen ein beachtlicher Erfolg, denn sie täuschen sogar Plagen. Der einzige Nachteil liegt darin, dass sie zerbrechlich sind. Je größer der Zorn des Geistes, desto schwerer fällt es ihm, als ein Weberinnen-Geist durchzugehen – seine Lebensenergie fühlt sich einfach zu anders an. Blutspürer-Spinnen sind nicht besonders gut darin, sich selbst zu verteidigen, aber mit ein bisschen Glück kommt es auch gar nicht erst dazu.

Blutspürer-Falke

Diese wespenartigen Geister wurden von den Theurgen der Schwarzen Spirale sorgfältig gepflegt. Ihre Aufgabe besteht darin, Blutspürer zu jagen, auf ihnen zu parasitieren und sie dann dazu zu verleiten, die Nachricht über eine Erste Verwandlung statt zum ursprünglichen Adressaten zu den Tänzern zu bringen.

Zorn 3, Gnosis 4, Willenskraft 6, Essence 13-18

Zauber: Verderbnis, Parasitäre Besessenheit*, Spurenlesen

***Parasitäre Besessenheit:** Wirkt wie der Besessenheit-Zauber, außer, dass der Blutspürer-Falke seine Essenz in die eines anderen Geistes versenken kann. Der Blutspürer-Falke erhält drei zusätzliche Würfel auf die Gnosis-Proben, um von Blutspürern Besitz zu ergreifen.

Erscheinungsbild: Blutspürer-Falken sind nach der Tarantula-Falken-Wespe benannt, nicht nach der Vogelart. Sie sehen ungefähr so aus wie eine Wespe in der Größe eines menschlichen Daumens, mit langen, spritzenförmigen Leibern und einem zusätzlichen Paar gebündelter grüner Facettenaugen. Ihre Sprache klingt wie ein keuchendes Flüstern, das durch das Aneinanderreiben ihrer Flügel entsteht.

Hintergrund: Die Tänzer der Schwarzen Spirale verfügen nicht mehr über sehr viele reine Blutspürer. Die Vertrauten der Weißen Heuler starben schon vor langer Zeit aus und die Tänzer nehmen sich dieses Problems an, indem sie ihre Kinder in Gefangenschaft halten, anstatt Geister anzuwerben, um sie mit ein wenig mehr Freiraum aufwachsen zu lassen. Aber die Tänzer lieben es immer, jemanden anzuwerben, deshalb haben ihre Theurgen diese Geister verändert, damit sie einem heimtückischen Zweck dienen.

Ein Blutspürer-Falke setzt Spurenlesen ein, um Blutspürer aufzuspüren, und versucht dann, von ihnen Besitz zu ergreifen. Die insektenartige Plage bleibt schlummernd in ihrem Geisterwirt und wartet. Wenn ein von einem Parasiten befallener Blutspürer Zeuge davon wird, wie sein Schützling die Erste Verwandlung durchläuft, übernimmt der Blutspürer-Falke die Kontrolle und flieht zum nächsten Stock, um die Tänzer der Schwarzen Spirale davon in Kenntnis zu setzen, dass ein neues Zielt auf seine Rekrutierung wartet. Als zusätzlicher Bonus kann es eine Weile dauern, bis die Gaianer bemerken, dass eines ihrer Kinder verschollen ist …

Kreuzzug für die Kinder

Blutspürer-Falken sind nur ein mögliches Beispiel für das heimtückischere Wettrüsten zwischen Gaias Schöpfung und den Auserwählten des Wyrms. Die Tänzer der Schwarzen Spirale arbeiten daran, neue Riten zu entwickeln und streben nach möglichen Gaben, die es ihnen ermöglichen könnten, Blutspürer Gaias zu erkennen und zu unterwandern. Wenn sie sich durchsetzen könnten, würden sie den spirituellen Wettstreit so manipulieren, dass die Kinder der Dreizehn Stämme sich selbst ohne zu zögern dem nächstgelegenen Stock ausliefern würden.

Aber auch Gaias Theurgen sind nicht untätig. Sie enträtseln die Feinheiten möglicher Gegenmaßnahmen, um ihre als Kindermädchen erschaffenen Geister zu schützen: Riten, die die Prophezeiungen der Spirale täuschen können, Fetische, die Blutspürer-Falken erkennen können, und so weiter. Der Zauber: Unauffälliger Beobachter ist ein altes Beispiel. Damals, in der Zeit, bevor die Weißen Heuler zugrunde gingen, gab es keine Notwendigkeit dafür, dass Blutspürer sich verbergen konnten. Sie blieben in der Nähe ihres Schützlings sichtbar und die meisten Geister machten einen Bogen um sie, sobald sie das Brandmal des Stammes erkannten. Als die Tänzer der Schwarzen Spirale damit begannen, Blutspürer aktiv ins Visier zu nehmen, ersannen die Dreizehn Stämme eine Möglichkeit, um die Geister zu verändern. Jedes Mal, wenn es einer Septe gelingt, einen Stock der Spirale zu überfallen, macht sich mindestens ein Theurg gewissenhaft auf die Suche nach Beweisen für irgendwelche neuen Errungenschaften der Rasse.

Erzählerische Aufhänger für Blutspürer:

- **Abgefangen:** Ein Charakter empfängt den Ruf seiner Blutsgeschwister, nach dem eines seiner Familienmitglieder sich gerade verwandelt hat. Aber der Blutspürer ist niemals bei der Septe angekommen. Gerüchten zufolge soll der Geist vom Feind abgefangen worden sein, wodurch ein Rennen gegen die Zeit beginnt, um den Welpen unbemerkt an einen sicheren Ort zu bringen. Um die Dinge noch komplizierter zu gestalten: Was wäre, wenn der Blutspürer älter und stärker wäre, etwa wie ein Blutfänger? Soll das Rudel sich in Gefahr bringen, um ihn zu retten, oder ist es wahrscheinlicher, dass er irgendwann von selbst auftaucht, verdorben und verraten?
- **Nestraub:** Die Charakter haben nicht einfach nur irgendeine Plage abgefangen, sondern einen Blutspürer der Tänzer der Schwarzen Spirale, der auf dem Weg war, um Bericht zu erstatten. Sie haben nun die Möglichkeit, einen neuen Garou vor einem entsetzlichen Leben voller Verderbtheit zu retten, aber es ist ziemlich sicher, dass der Welpe alle möglichen Probleme in seinem Blut mit sich herumträgt. Können sie eine Seele voller schwarzem Zorn retten? Und was ist, wenn die Verwandten des Welpen aus den Reihen der Tänzer wirklich an ihn gebunden sind?

• **Kokon:** Ein altgedienter Blutspürer hat Anzeichen gesteigerter Intelligenz und Wahrnehmung gezeigt, indem er sich an Unterhaltungen beteiligt hat, die sich um andere Dinge drehten als das Hier und Jetzt seines Schützlings. Er steht an der Schwelle zur Verwandlung zu einem Blutfänger, was sich als unglaublich wertvoll erweisen würde, und der Welpe, über den er wacht, hat Anzeichen für anschwellenden Zorn gezeigt. Aber er beginnt, sich durch sein neu erworbenes Bewusstsein ablenken zu lassen und die Leute bemerken, dass sich um den Welpen herum merkwürdige Dinge ereignen. Ist das Rudel in der Lage, bis zur Verwandlung über den Welpen zu wachen? Können sie den Geist beschützen, bevor er sich selbst verwandelt? Und welche Bedrohungen löst das Verhalten des Blutspürers aus, die beide Vorhaben komplizieren könnten?

• **Raffinesse erforderlich:** Der Stamm benötigt weitere freie Blutspürer, um die Geburten der jüngsten Zeit abdecken zu können. Das Rudel erhält den Auftrag, die Blutspürer von älteren Mitgliedern einer Familie oder von einer Familie von unerfahrenen Blutsgeschwistern abzuziehen. Aber sie müssen dies bewerkstelligen, ohne einen Radau zu verursachen oder die Aufmerksamkeit darauf zu lenken, dass mehr in der Familie steckt, als es den Anschein hat. Wie versiert ist das Rudel, wenn es um Ausflüchte und Heimlichkeit geht? Und was passiert, wenn sie entdecken sollten, dass eines der Blutsgeschwister doch auf der Schwelle zu einer Verwandlung steht?

• **Informationskrieg:** Ein paar Blutsgeschwister gehen verloren, und so unwahrscheinlich es auch sein mag, irgendjemand hat ihre Blutspürer ins Visier genommen. Ein technikversierter Theurg der Schwarzen Spirale hat eine neue Möglichkeit entwickelt, um Blutspürer mithilfe von korrumpierter Magie der Weberin aufzuspüren. Können die Spieler die Datenspur erfolgreich verfolgen, ohne sich zu sehr im Netz der Weberin zu verstricken? Können sie effektive Gegenmaßnahmen ersinnen, oder vielleicht sogar eine Möglichkeit finden, um die eigenen Methoden der Spirale für sich zu nutzen?

• **Unbekannter Vetter:** Das Rudel trifft auf einen Fremden, der das Mal eines Blutspürers trägt, aber nachdem sie ihm Fragen gestellt und ihre Aufzeichnungen durchgesehen haben, stellen sie fest, dass er nicht aus irgendeiner der bekannten Blutsgeschwister-Blutlinien stammt. Einige Nachforschungen fördern zutage, dass er wahrscheinlich ein unerfahrenes Blutsgeschwister ist, ein Nachfahre des Zweigs eines jüngeren Bruderzweiges, der schon seit Jahrhunderten verschollen geglaubt war. Wie kann es da sein, dass er einen Blutspürer mit sich führt? Wurde er von einem geheimnisvollen Verwandten dort platziert, der möglicherweise den Ronin angehört? Hat sich der Blutspürer ihm *von sich aus* angeschlossen, nachdem sein vorangegangener Wirt gestorben war, und falls das so ist, *wie* war das möglich?

• **Als ausgestorben erachtet:** Ein merkwürdiger Blutspürer taucht beim Caern auf und informiert die Septe über die Verwandlung eines neuen Garou. Zur Überraschung aller ist der Blutspürer an einen der verlorenen Stämme gebunden. Wie kann es sein, dass er nach all den Jahren immer noch an einen Schützling gebunden ist? Ist irgendwo dort draußen ein neuer Welpe, der das reine Blut der Gefallenen in sich trägt? Hat irgendjemand einen Weg gefunden, um die Blutspürer verlorener Stämme zu beschwören? Ist es eine Falle?

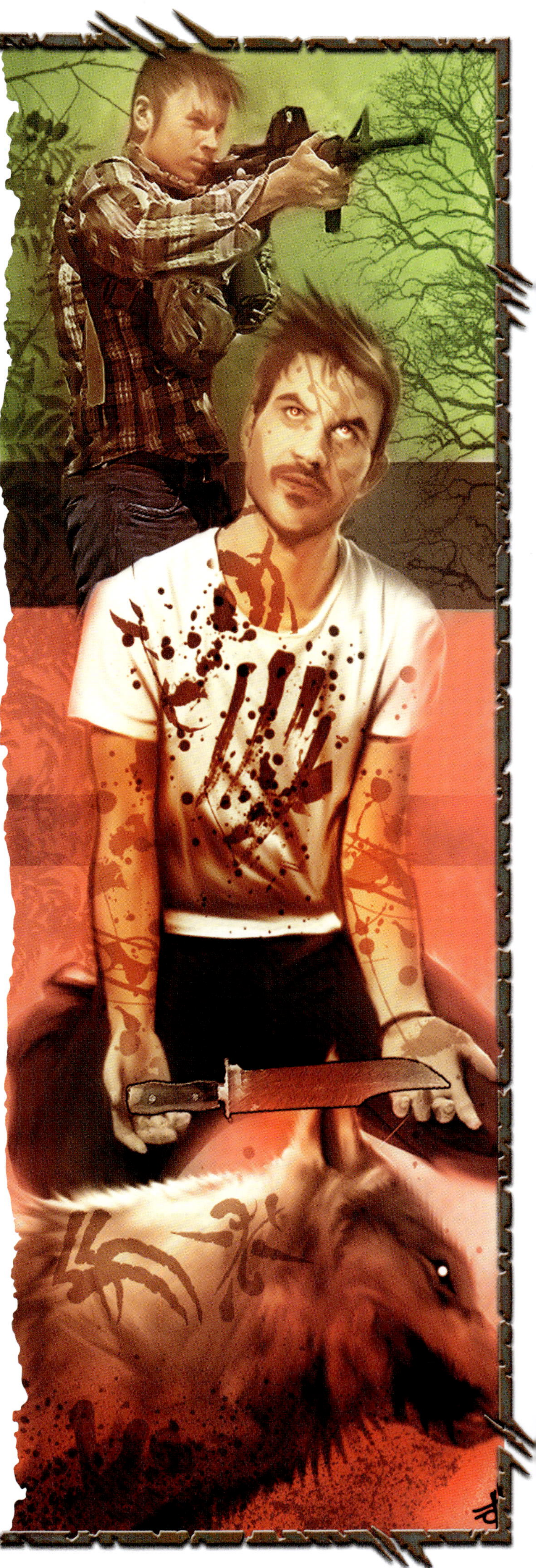

Hauttänzer

Irgendwann einmal ist einem Blutsgeschwister etwas Schreckliches klargeworden. Wenn man die Haut von fünf Garou nimmt und ein blasphemisches Ritual durchführt, kann man selbst zu einem Werwolf werden. Dieser Mann, der Häuter, ist schon lange tot. Aber er hat andere sein Kunststück gelehrt, das er euphemistisch den „Ritus der heiligen Wiedergeburt“ nannte. Heute sind sie ein Trugbild von einem Stamm, der neue Mitglieder anwirbt, wann immer genügend Felle zusammengetragen werden können. Sie nennen sich selbst die Hauttänzer und die Garou-Nation verachtet sie.

Die Hauttänzer wurden ursprünglich nicht als Gegenspieler für Blutsgeschwister-Chroniken entwickelt, aber sie erfüllen diese Rolle perfekt. Sie waren selbst einmal Blutsgeschwister, bevor sie sich gegen ihre Garou-Verwandten gestellt haben. Sie haben Gräueltaten verübt, möglicherweise von verständlicher Rache getrieben, möglicherweise aus Neid und Ehrgeiz. Und jedes Blutsgeschwister könnte einer von ihnen werden. Ein Hauttänzer ist eine potenzielle Bedrohung für die Angehörigen eines Charakters, aber auch eine Quelle echter Versuchung. Er unterstreicht das Machtungleichgewicht zwischen den Blutsgeschwistern und ihren Gestaltwandler-Verwandten, und bietet gleichzeitig eine Möglichkeit an, um die Waagschalen auszugleichen. Allein seine Anwesenheit wirft schon die Frage auf „Wie sehr dürstet es mich nach Macht?“

Die verlockende Überzeugung

Einer der Gründe dafür, dass die Hauttänzer immer noch so erfolgreich sind, ist, dass sie häufig die Gelegenheit bekommen, sich selbst ins Spiel zu bringen. Viele Garou möchten ihren Blutsgeschwistern nur ungern erzählen, dass die Hauttänzer existieren – das könnte ihnen immerhin Flausen in den Kopf setzen. Also wenn ein neuer Freund mit sanften und freundlichen Worten beginnt, von Idealen zu sprechen, darüber, wie großartig es wäre, wenn die Blutsgeschwister mit den Garou auf Augenhöhe wären, wird man aller Wahrscheinlichkeit nach noch nicht einmal wissen, warum man ihm nicht zuhören sollte.

Der schwierige Teil des ganzen Verkaufsgespräches ist es natürlich, dass die Pelze herangeschafft werden müssen. Fünf Garou-Pelze sind ganz schön viel verlangt. Der erste Häuter war ein Serienmörder auf einer Stufe, mit der es die meisten Blutsgeschwister nicht aufnehmen können. Aber die Sache wird sogar noch komplizierter. Die Pelze dürfen nämlich auf jede beliebige Art und Weise herangeschafft werden. Ein potenzieller Hauttänzer muss nicht fünf Garou töten. Ein bisschen Grabräuberei oder eine verdeckte Aufräumaktion genügt auch. Gerüchte behaupten sogar, wenn alle fünf Häute freiwillig überlassen werden, wie eine freiwillige Organspende, bleibt der neue Hauttänzer gänzlich frei vom Makel des Wyrms.

Und wenn man das tatsächlich durchziehen kann? Nun, jeder Angehörige der Blutsgeschwister, der die Wahrheit über die Garou kennt, hat mindestens schon einmal davon geträumt, sich selbst zu verwandeln. Die meisten von ihnen haben sich gesagt „Wenn ich diese Macht hätte, würde *ich* dieses oder jenes damit anfangen.“ Es gibt so vieles zu gewinnen. Und auch so vieles zu verlieren ... aber die Hauttänzer halten sich nicht allzu sehr mit diesem Teil auf, wenn sie Mitglieder anwerben. Das könnte zu entmutigend wirken.

Die größere Gefahr

Im Grunde genommen sind die Hauttänzer gar nicht selbst die Gefahr, zumindest nicht für durchschnittliche Blutsgeschwister. Es stimmt schon, dass manche von ihnen sich nach dem Ritus einem alten Groll hingeben und verhasste Familienmitglieder töten, bevor sie in die Nacht hinaus flüchten. Aber die meisten Hauttänzer neigen eher zum Rekrutieren oder Unterwandern als zum Mord. Offen gestanden brauchen sie einfach jedes Mitglied. Nein, die wahre Gefahr, die von den Hauttänzern ausgeht, entsteht durch das *Zuhören.* Für ein Blutgeschwister, das im Verdacht steht, Sympathien gegenüber den Hauttänzern zu hegen, geht die weitaus größere Gefahr von seinen Garou-Vettern aus.

Das ist auch der Grund dafür, dass es höllisch gefährlich sein kann, Geheimnisse vor seinen Werwolf-Verwandten zu haben. Die Garou erinnern sich noch daran, wie das grausige Vermächtnis des Häuters seinen Anfang nahm. Geheime Blutsgeschwister-Gesellschaften nehmen ihr Leben in die eigenen Hände, denn früher oder später werden ihre Beziehungen zu den Wolfsblütigen sie mit den Hauttänzern auf eine Stufe bringen.

Die Hauttänzer einsetzen

Von der Spielmechanik her sind Gegenspieler aus den Reihen der Hauttänzer ziemlich simpel. Der Prozess unterscheidet sich nicht allzu sehr davon, andere Garou-Charaktere zu erschaffen, aber sie legen tendenziell einen starken Fokus auf Fähigkeiten und Attribute – sie mussten einst fähige und widerstandsfähige Blutsgeschwister sein, um diese Häute an sich bringen zu können – auch wenn es nur durch Ausflüchte war. Die Auswahl an Gaben, die ihnen zur Verfügung stehen, ist etwas dürftig und konzentriert sich auf Gaben der Brut und der Vorzeichen, da sie keinerlei Stammesaffinitäten besitzen. Aber die meisten von ihnen verstehen sich auf Riten, da es erforderlich für sie war, den Ritus der heiligen Wiedergeburt zu erlernen.

Die Hauttänzer sind im Wesentlichen Außenseiter, eine Rolle, die wir normalerweise den Protagonisten vorbehalten. Ihnen fehlen die Truppenstärke und die Ressourcen, die die Tänzer der Schwarzen Spirale so bedrohlich machen. Um anständige Gegenspieler abzugeben, müssen sie clever und skrupellos sein. Ein Werwolfjäger, der schwer von Begriff ist, macht es nicht lange, ob er von Geblüt ist oder nicht. Tendenziell handelt es sich um Persönlichkeitskulte, die um einen charismatischen und fähigen Anführer herum angeordnet sind, der unglückliche Blutsgeschwister mit dem Versprechen auf Rache und Macht verführt. Die Bedrohung, die von ihnen ausgeht, liegt in der Zersetzung. Sie können dafür sorgen, dass sich die Familie eines Garou gegen ihn wendet – und niemand weiß besser als die Familie, wie man jemandem an besten in den Rücken fallen kann.

In ihrem Kern ist die Klage, die die Hauttänzer hervorbringen, verständlich. Aber was einen Hauttänzer von jedem anderen fehlgeleiteten, missgünstigen oder aufrührerischen Blutsgeschwister unterscheidet, ist seine Grausamkeit. Wie die Spiralen sind auch die Hauttänzer durchaus dazu in der Lage, Gründe für ihr Handeln anzuführen. Und genau wie die Spiralen, sind ihre Methoden nicht zu rechtfertigen – zumindest in unseren Augen. Aber für sie ergeben sie durchaus Sinn. Und sobald sie diese Häute auf ihrem Rücken tragen, lässt sich alles noch leichter rechtfertigen. Wer den Ritus der heiligen Wiedergeburt durchführt, unterschreibt damit effektiv sein eigenes Todesurteil – man muss schon klug, hart und dezent genug sein, um sicherzustellen, dass die Garou nicht die Chance dazu bekommen, es zu vollstrecken.

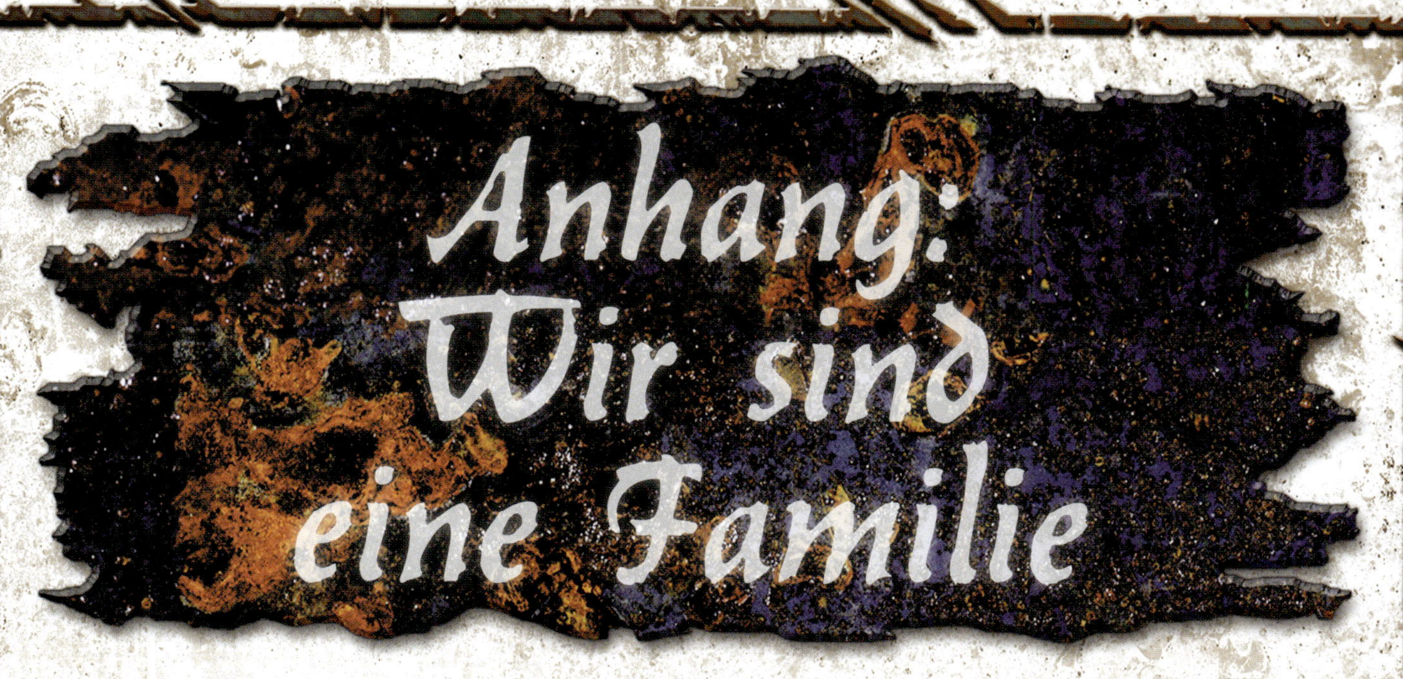

Wenn du das Familienskelett nicht loswerden kannst, kannst du es genauso gut tanzen lassen.

– George Bernard Shaw, Unreif

Die Blackwoods: Ballast und Narben (Wissend)

Manchen Familien liegt es im Blut, Polizist zu sein. In anderen landet jeder treue Sohn und jede treue Tochter irgendwann in der Armee. Bei den Blackwoods ist es ziemlich ähnlich. Sie kennen den Preis der Pflicht. Für sie ist es eine Frage des Familienstolzes, dass sie dienen – nicht, dass sie unterwürfig wären, nein, nein – sondern, dass sie tun, was für ihre Garou-Verwandten getan werden muss.

Die Blackwoods wissen alles über den Kampf. Sie bringen ihren Kindern Verhaltensweisen für den Notfall bei, Erste Hilfe, mechanische Reparaturen, was auch immer erforderlich sein könnte, um eine Krise zu meistern. In direkter Form unterstützten sie ihre Garou-Verwandten, indem sie als Aufräumer tätig werden. Sie können Leichen und Beweise rasch und effizient verschwinden lassen, sogar so etwas Erdrückendes wie einen Haufen Fomori-Leichen.

Aber jedes Seil franst irgendwann aus und jede Kette rostet. Selbst der stärkste Rücken kann eine Last nicht für immer tragen. Selbst die hingebungsvollste Seele kann zu viel sehen. Die Blackwoods mögen wertvolle Verbündete sein oder lieb gewordene Familienmitglieder, aber es braucht schon das Eingreifen von Charakteren, um den Clan zusammenzuhalten und ein paar ihrer alten Wunden zu heilen.

Die Blackwoods einsetzen

Sie können die Blackwoods bestens und ohne große Mühe in jeden beliebigen Stamm einfügen. Sie sind eine pragmatische Familie mit vielen Narben und einem gewissen Grad an Abhärtung und als solche passen sie gut zu den Nachfahren des Fenris, den Schattenlords, den Fianna, den Schwarzen Furien und den Wendigo in ihren Stereotypen. Mit ein paar Anpassungen (beispielsweise vielleicht eine Änderung ihres Nachnamens, damit er nicht mehr nach einem Anglizismus klingt), passen sie sich auch anderen Stämmen an.

Die Blackwoods verfügen über eine Reihe nützlicher Fertigkeiten, und zwar ausreichend, um ein gutes Tauschobjekt für den Hintergrund Blutsgeschwister abzugeben, oder potenziell als zuverlässige Verbündete oder Kontakte. Manche von ihnen könnten gut als Anwärter für eine Liebesbeziehung herangezogen werden, insbesondere für Charaktere, die nach einem fähigen Partner suchen. Sie könnten auch als mögliche Gegenspieler eingesetzt werden, wenn man ihre skrupellose Ader ausspielt. Sie rühmen sich ihrer Fähigkeit, Probleme verschwinden zu lassen, was für Charaktere, die als Problem zu betrachten sind, eine schlechte Nachricht sein dürfte.

Spielercharaktere könnten problemlos Blutsverwandte der Blackwoods sein. Der abwesende Patriarch der Familie wird standardmäßig nicht namentlich erwähnt. Das ist Absicht. Er könnte ein vorhandener NSC in einer lang angelegten Chronik sein, der zu irgendeinem Zeitpunkt verloren geht, ein Name aus dem Präludium der Spielercharaktere oder sogar ein Verwandter. (Falls sie einen vorgegebenen Arbeitstitel benötigen, verwenden Sie „Blut-an-der-Mauer.“)

Familiengeschichte

Die Blackwoods sind schon seit einigen Generationen wissend. Sie sind an eine harte, aber faire Behandlung durch ihre Garou-Verwandten gewöhnt. Sie bleiben gleichmütig im Angesicht der Geringschätzung und sind tüchtig und hilfreich genug, um Lob zu verdienen. Dieser spezielle Zweig folgte seinen Verwandten an ihren aktuellen Standort und ließ sich dort nieder, nachdem ihre Gestaltwandler-Vettern sich dem örtlichen Caern angeschlossen hatten. In den letzten etwa zwanzig Jahren kamen sie in „geordnetere" Bahnen. Nachdem sie es einige Jahre auf die harte Tour versucht hatten, erhielt „Diskrete Trauma-Dienstleistungen" seine offizielle Lizenz als seriöses Unternehmen für die Säuberung von Tatorten. Sie haben sich als dauerhafter Vorteil für den Caern und den Stamm erwiesen und haben ihm dabei geholfen, den Schleier aufrechtzuerhalten.

Natürlich hatten die Blackwoods auch ein paar Ausfälle zu verkraften. Kürzlich wurde ihr Patriarch – ein angesehener Garou-Krieger – im Kampf schwer verletzt. Seine Familie brachte ihn nach Hause, damit er wieder zu Kräften kommen konnte, aber es ging leider nicht gut aus. Er erlag im Zuhause der Blackwoods seinen Wunden. Das hinterließ einen kleinen schwarzen Makel auf dem Ansehen der Familie. Und wenn der Rest der Septe die ganze Geschichte kennen würde, wäre dieser Makel sogar noch größer.

Das Familiengeheimnis

Es war gerechtfertigt. Jeder dort wusste, dass es so war. Aber Tatsache ist, dass die Blackwoods zu Mördern ihrer Verwandten geworden sind. Sie haben einen der Ihren getötet – einen Garou, einen von Gaias außergewöhnlichen Soldaten – und dann haben sie die Beweise verschwinden lassen. Die überlebenden Mitglieder der Familie bewahren dieses Geheimnis mit aller Macht, denn Blutsgeschwisterfamilien, selbst solche, die einer guten Zucht entstammen, sind schon für weniger ausgemerzt worden.

Lotties Ehemann, der Patriarch der Blackwoods, war der Stellvertreter des kommandierenden Offiziers in einem Rudel von gutem Ruf. Unglücklicherweise hatte er das Gefühl, dass ihm mehr zustünde als nur der zweite Platz. Er war nicht ambitioniert genug, um seine Rudelgefährten zu hintergehen, aber er brauchte das Gefühl, an irgendeiner Stelle selbst das Ruder in der Hand zu haben. Seine Familie war es letztendlich, die seine Frustration in voller Härte zu spüren bekam. Größtenteils blieb es bei emotionalen Misshandlungen, aber eines Nachts ließ er sich doch von seinem Zorn übermannen. Seine Frau Lottie überlebte, aber sie wird nie wieder laufen können.

Die Septe erteilte ihm einen scharfen Verweis und er verlor einen Teil seiner Ehre durch diesen Übergriff. Das war alles. Dann kehrte er nach Hause zurück, gedemütigt und voller Entschuldigungen. Aber seine Familie brauchte nicht lange, um zu bemerken, dass die Schande sein Gemüt erneut mit einer sehr kurzen Zündschnur versehen hatte.

Die Blackwoods haben schon vor langer Zeit gelernt, pragmatisch zu sein. Sie ergriffen Vorsichtsmaßnahmen. Schon sehr bald kam ihr Vater nach Hause und war von Silber und Gift schwer verletzt worden, die Zeichen eines Zusammenstoßes mit irgendwelchen alten Feinden. Sie legten ihn ins Bett und begannen, ihn zu pflegen. Und als er begann, in seinem Schmerz um sich zu schlagen, brachten sie die Sache zu Ende.

Die Blackwoods hatten reichlich Erfahrung damit, Leichen zu manipulieren. Das übrige Rudel sah, dass er offensichtlich seinen Wunden erlegen war, und sie hatten keinen Grund, um daran zu zweifeln. Sie sprachen der Familie ihr Beileid aus, und damit hatte es sich.

Bisher.

Professionelle Reiniger

Viele Menschen wissen nicht, dass die Reinigung von Tatorten ein einträgliches und privatisiertes Geschäft ist. Diese Reinigungsunternehmen sind für gewöhnlich klein und ortsansässig, nur wenige von ihnen sind groß genug, um landesweit tätig zu sein. Sie müssen amtlich zugelassen sein, um biologisches Gefahrengut wie Blut, toxische Reizstoffe wie Tränengas-Rückstände, Drogenrückstände in einem Methlabor und ähnliche gefährliche Substanzen transportieren zu dürfen. Die Rechtsmedizin oder andere Regierungsbehörden müssen den Tatort freigeben, bevor ein Reinigungsunternehmen an die Arbeit gehen kann. Die gewerbliche Bezeichnung für die Reinigung ist „Wiederherstellung". In diesem Anhang ist nicht genügend Raum, um sämtliche Details aufzuführen, aber Sie können über eine gute Suchmaschine und mit ein wenig Zeiteinsatz, um interessante Ansatzpunkte und Ideen weiterzuverfolgen, weiterführende Einzelheiten über die Reinigung eines Tatortes finden.

In der Welt der Finsternis sind viele dieser Geschäftsmodelle mehr, als sie zu sein scheinen. Die meisten Vampirprinzen empfinden es als nützlich, mindestens einen auf der Gehaltsliste zu haben, der ihnen dabei helfen kann, mit potenziellen Maskeradebrüchen umzugehen. Pentex besitzt eines der landesweit führenden Unternehmen, eine äußerst nützliche Tochtergesellschaft mit dem Namen Sterilico – „Engagiert, Sorgfältig, Diskret." Lieferwagen der Firma Sterilico sind schnell am Tatort so mancher Sabotageaktion, und sie sind immer sorgfältig darum bemüht, einige ihrer vielversprechender aussehenden Stichproben an andere Filialen weiterzureichen.

Das Zuhause der Blackwoods

Die Blackwoods bewohnen ein großes und weitläufiges Haus, entweder am Stadtrand oder in einer ländlichen Gegend, je nachdem, was in Ihre Chronik passt. Offiziell führen sie zwei Unternehmen von zu Hause aus: ein Cateringunternehmen mit finanziellen Schwierigkeiten (hauptsächlich als Tarnung) und Diskrete Trauma-Dienstleistungen. Das Wohnhaus verfügt über eine großzügige Küche, zahlreiche Schlafzimmer (davon sind einige für Garou reserviert, in denen sie pennen oder sich darin erholen können) und ein sehr gut ausgestattetes Kellergeschoss mit dem Eingang eines Sturmkellers.

Ihre große freistehende Garage ist eigentlich ein Wagenschuppen. Sie beherbergt sowohl die Lieferwagen des Caterings als auch der Reinigung und verfügt über eine Zweizimmerwohnung in der oberen Etage. Das Zuhause birgt auch ein Geheimnis, das mit dem verschiedenen Patriarchen zu tun hat. Es könnte ein Panikraum sein, der vor dem Umbra versiegelt ist, ein vergrabener Schatzspeicher voller Talens, die dem Wyrm gestohlen wurden, eine verborgene Kontonummer, alles Mögliche. Wählen Sie etwas aus,

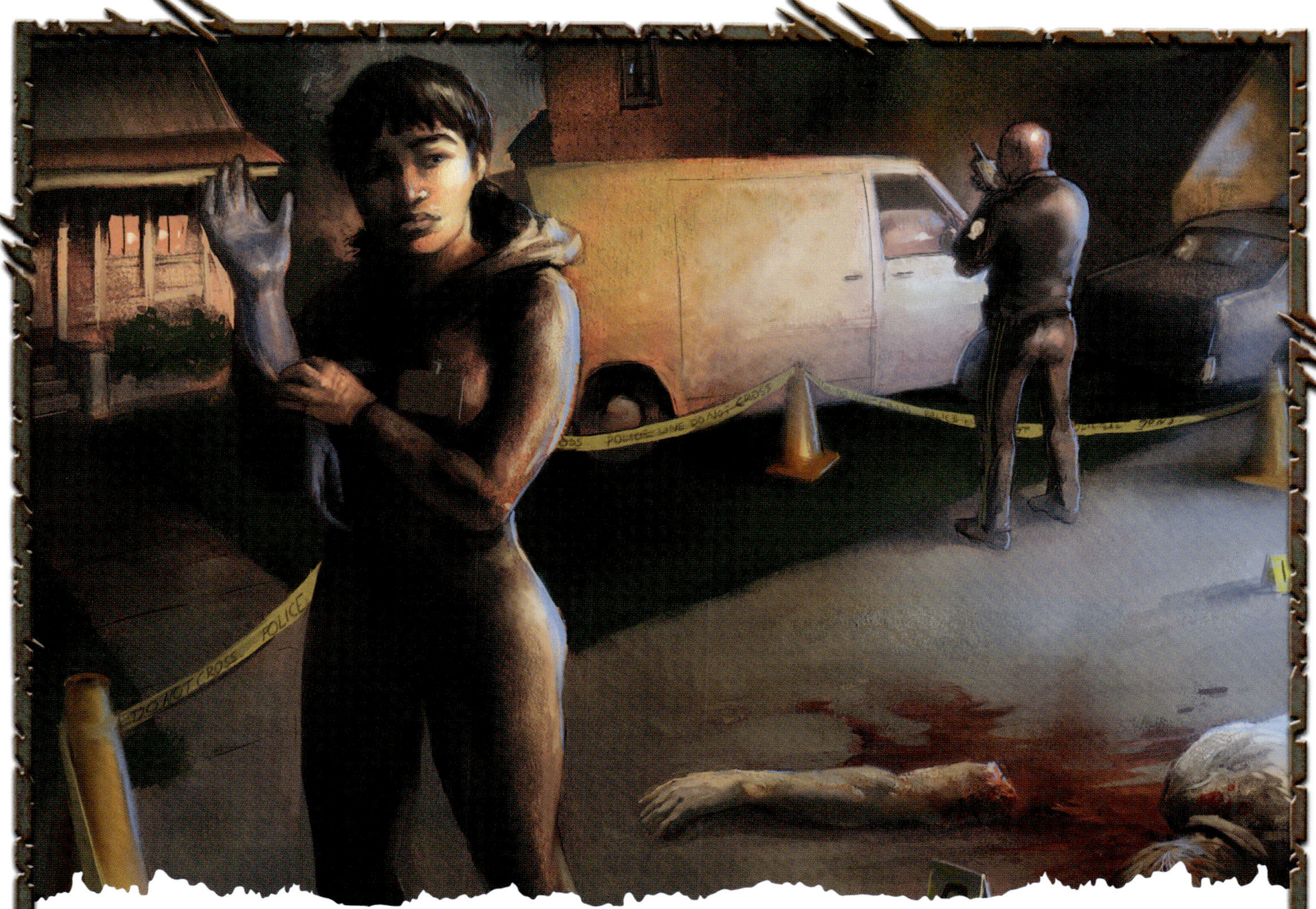

das Ihnen angemessen erscheint für einen Patriarchen, wie Sie ihn kreiert haben. Die Blackwoods wissen entweder von dem Geheimnis und sind auf der Suche nach der richtigen Person, der sie es anvertrauen können, oder sie wissen nichts davon und sollen in naher Zukunft Besuch von einer zwielichtigen Person erhalten, die Kenntnis davon hat. Was auch immer für Sie interessanter klingt.

Die Familie Blackwood

Lottie Blackwood, die Matriarchin

Charlotte Blackwood war eine gute Ehefrau. Sie wusste, dass es schwierig werden würde, einen Garou zu heiraten und seine Kinder auszutragen, aber ihre Erziehung hatte sie auf diese Herausforderung vorbereitet. In gewisser Weise lernte sie sogar, ihren Ehemann zu lieben, auch wenn er es ihr manchmal sehr schwer machte. Aber ihre Kinder liebte sie aufrichtig, jedes von ihnen.

In jener schrecklichen Nacht, als die Klauen ihren Rücken und ihre Hüfte zerfetzten, dachte Lottie, dass es das jetzt für sie gewesen war. Sie fragte sich, ob sich ihre letzten Gedanken um die Frage drehen würden, was sie falsch gemacht hatte. Aber ihre Kinder waren für sie da und Darrens schnelle Behandlung hatte geholfen, sie durchzubringen. Aber sie konnte nicht in ein Krankenhaus gehen, nicht mit diesen klauenartigen Wunden. Die liebevolle Fürsorge ihrer Familie ließ die Schmerzen verschwinden und half ihr dabei, wieder zu Kräften zu kommen, aber sie konnte ihr nicht dabei helfen, wieder zu laufen. Sie wollte ihr Schicksal verfluchen, aber das tut eine Blackwood nicht.

Sein Tod war nicht ihre Idee. Als ihr Ehemann zurückkehrte, völlig zerfetzt durch Silber und Gift, hatte sie sich damit abgefunden, ihm ein weiteres Mal dabei zu helfen, das durchzustehen. Aber sie bemerkte den Ausdruck in den Augen ihrer Kinder. Heute vermutet sie, dass sie verdammt war in dem Augenblick, in dem ihr Blick auf Ginas traf und sie langsam nickte.

Lottie ist eine stolze Frau. Sie tut, was in ihrer Macht steht, um immer noch den Haushalt zu führen, obwohl sie widerwillig zugelassen hat, dass Gina einen Teil der Aufgaben übernommen hat, die mehr Beweglichkeit erfordern, wie zum Beispiel die Berichterstattung an den Stamm, wenn ein Alarm ertönt ist. Manchmal vermisst sie ihren Ehemann entsetzlich, und manchmal verflucht sie die Erinnerung an ihn. Ihre Familie steht ihr in eiserner Treue zur Seite, und es gibt kaum etwas, das sie so erschüttert, wie der Gedanke daran, dass ihre Kinder in Gefahr geraten könnten, weil jemand hinter ihr Geheimnis gekommen ist.

Lottie ist eine Frau mittleren Alters mit deutlichen Spuren von Grau in ihrem Haar. Sie ist an einen Rollstuhl gefesselt und hat immer ein silbernes Messer unter die Sitzfläche geschnallt. Sie verfügt immer noch über ein ordentliches Maß an Stärke und sogar überraschend viel Humor.

Gina Blackwood, die Älteste

Gina, die älteste Tochter der Blackwood-Familie ist gleichzeitig diejenige, die die größte Verantwortung trägt. Sie kontrolliert die Geschäfte der Diskrete Trauma-Dienstleistungen, wo auch ihr jüngerer Bruder Darren und einige andere Blutsgeschwister aus der Septe arbeiten. Sie kümmert sich außerdem um die Familienangelegenheiten, die ihre Mutter nicht mehr so einfach regeln kann. Gina ist knallhart und funktioniert auch mit sehr wenig Schlaf hervorragend. Sie hat den aufrichtigen Wunsch, ihre Familie vor Leid zu bewahren, was wesentlich dazu beigetragen hat, dass die Blackwoods da sind, wo sie heute sind.

Auch wenn ihre Geschwister ihr geholfen haben, war es Gina, die die Sache mit ihrem Vater zu Ende gebracht hat. Sie war auch diejenige, die die Aufräumarbeiten geleitet hat und dafür gesorgt hat, dass nur die richtigen Leute da waren, um ihren Garou-Verwandten zu berichten, was passiert war. Die ganze Angelegenheit hat sie emotional stark belastet, aber sie hat es mit eisernem Willen ertragen. Die anderen wissen, dass sie es wieder genauso machen würde, und der Gedanke versetzt die meisten von ihnen in Angst.

Gina ist eine attraktive Frau in den frühen 30ern. Ihr Haar trägt sie für gewöhnlich zurückgebunden. Sie hat ein paar Brand- und Schnittnarben an den Händen und hat in den letzten Jahren kein Makeup mehr aufgetragen. Trotzdem macht sie eine gute Figur, wenn sie sie für formelle Anlässe zurechtmacht, ihr Auftreten ist von einer entschlossenen Würde geprägt.

Jesse & Anna Blackwood, das problematische Paar

Jesse ist der ältere Sohn der Familie und ungefähr 30 Jahre alt. Er und seine Frau Anna führen das Cateringunternehmen. Es bringt den Blackwoods nicht nur etwas zusätzliches Einkommen, der Lieferwagen des Unternehmens hat sich auch als äußerst praktisch erwiesen, um ein paar diskrete Aufträge zu erledigen.

Jesse ist nicht nur als Koch tätig, er sammelt auch bestimmte Kräuter und Reagenzien für den Stamm. Er und Anna haben Schwierigkeiten, ein Kind zu bekommen, insbesondere weil ihr Sexleben in der letzten Zeit kaum mehr der Rede wert ist. Für ihn ist es ein bisschen zu leicht, sich in seiner Arbeit zu vergraben und er hat ehrlich gesagt ein bisschen Angst davor, was passieren könnte, falls ein Kind zur wahren Brut gehört.

Anna ist selbst wissend und stammt aus einer anderen Blutsgeschwisterfamilie, die mit dem Stamm verwandt ist. Allerdings hatte sie einige Schwierigkeiten, sich an die zupackendere Herangehensweise ihrer Schwiegerfamilie zu gewöhnen. Sie ist nicht so gleichmütig wie Lottie oder so skrupellos wie Gina und langsam strapaziert es ihre Nerven. Sie liebt ihren Ehemann, und obwohl sie so ihre Vermutungen hat, was den Tod ihres Schwiegervaters angeht, würde sie die Familie niemals absichtlich verraten. Aber die Belastung wird immer größer und früher oder später könnte sie einen Fehler machen.

Darren Blackwood, der Heiler

Darren ist Ginas und Jesses jüngerer Bruder und hat einen Teil des medizinischen Vorstudiums geschafft, bevor die Familienangelegenheiten ihn zwangen, nach Hause zurückzukehren. Er verfügt über eine große Bandbreite an medizinischen Fähigkeiten, von einer Ausbildung zum Rettungssanitäter bis zu den älteren Heilmitteln der Garou. Er arbeitet in Teilzeit als Rettungssanitäter, hilft aber von Zeit zu Zeit auch in der Reinigungsfirma aus. Er tut sich am schwersten mit dem Mord an ihrem Vater, aber wenn er das Leid seiner Mutter sieht, sagt er sich immer wieder, dass sie im Recht waren.

Darren ist Mitte 20 und hat seinen gerechten Anteil vom guten Aussehen der Familie bekommen. Er ist athletisch, geschickt mit den Händen und hat ein charmantes, wenn auch irgendwie nervöses Lächeln. Sein Umgang mit Kranken ist ein bisschen zu stark von Galgenhumor geprägt für den Geschmack der meisten Leute. Er kann kämpfen, aber manchmal hat er Albträume davon, wie leicht es für einen Garou wäre, ihn in Stücke zu reißen.

Maggie Blackwood, die Historikerin

Maggie ist das jüngste von Charlottes Kindern. Sie hat kürzlich ihren Abschluss in Bibliothekswissenschaften gemacht und dient der Familie als Lehrerin. Sie kennt sich mit dem Internet aus, auch wenn sie im Programmieren noch eine Anfängerin ist. Sie bräuchte Unterricht, um eine richtige Hackerin zu werden, wobei sie über den erforderlichen Intellekt verfügt. Ihr Zimmer ist übersät mit Büchern und die Anmerkungen sind in einem Code geschrieben, den sie selbst entwickelt hat. Sie wuchs in ständiger Angst vor ihrem Vater auf, trotzdem trauert sie um ihn.

Maggie ist eine scharfsichtige Frau in den frühen 20ern, deren Kleidungsstil an den eleganten Stil der Bibliothekarinnen angelehnt ist. Für eine Blackwood kann sie manchmal zimperlich sein, vor allem dann, wenn es um verletzte Tiere geht. Sie hat einen wirklich neugierigen Geist und möchte so viele Riten erlernen, wie sie als Blutsgeschwister kann. Maggie weiß genug über die Geisterwelt, um Respekt vor ihren Gefahren zu haben, aber ihre Angst hält sie nicht davon ab, jede Möglichkeit zu ergreifen, um zu lernen.

Paul Blackwood, der clevere Vetter

Pau lebt nicht auf dem Anwesen der Blackwoods. Er ist ein Vetter von Charlottes Seite, wissend, aber mit weniger Verantwortung. Er arbeitet für Diskrete Trauma-Dienstleistungen und kommt halbwegs gut mit Gina zurecht. Paus war nicht dort, als der Patriarch der Blackwoods „es nicht geschafft hat", aber Gina hat ihn nicht lange danach in das Geheimnis eingeweiht.

Paul mimt den Verständnisvollen, was er aber nicht sagt, ist, dass er den Mord für falsch hält. Er selbst hat den Patriarchen nur in seinen guten Augenblicken erlebt, und auch, wenn sich nicht leugnen lässt, dass Lottie jetzt im Rollstuhl sitzt, fällt es ihm immer noch schwer, sich vorzustellen, dass der Patriarch das getan haben soll. Im Augenblick denkt Paul darüber nach, ob er jemanden über den Vorfall informieren sollte. Er möchte nicht, dass seine Vettern sterben, aber er glaubt, dass sie bestraft werden sollten. Er weiß nur nicht, wie die Septe reagieren wird. Und er ist schwach genug, um seine Entscheidung von einer eventuellen Geldzuwendung beeinflussen zu lassen.

Paul ist frühen mittleren Alters mit zahlreichen Lachfältchen und dem oberflächlichen Geplauder eines Verkäufers. Er ist pingeliger, was sein Aussehen angeht, als sie meisten Blackwoods, und er putzt sich gerne heraus. Wenn er sich in der Gegenwart von echten Garou befindet, wird sein Gebaren respektvoll und ein wenig eingeschüchtert.

Ansatzpunkte für die Geschichte

• Informant: Paul ist auf der Suche nach der passenden Person, der er möglicherweise etwas über das Familiengeheimnis der Blackwoods verraten könnte. Die „passende Person" wäre jemand, der Gerechtigkeit üben würde, ohne seine Vettern sofort abzuschlachten, jemand, der Paul vor möglichen Vergeltungsmaßnahmen schützen könnte und idealerweise jemand, der aus Dankbarkeit seine Position verbessern könnte. Er beginnt damit, bei einem oder mehreren der Spielercharaktere herumzuschnüffeln, oder, wenn sie den Blackwoods gegenüber zu loyal zu sein scheinen, bei einigen ihrer Rivalen.

• Hartnäckige Flecken: Die Blackwoods werden für einen neuen Säuberungsauftrag angefordert, einen, bei dem es eine ganze Menge Beweismittel für die Wyrmbrut loszuwerden gilt. Der Auftrag erweist sich allerdings als keine Routineaufgabe als ein kleiner Fetisch, der übersehen wurde, etwas … Infektiöses… an sich zu haben scheint. Es ist ein einfaches Messer, perfekt dafür geeignet, durch Sehnen und Muskeln zu schneiden, und so geht es in die Ausrüstung der Reinigungstruppe über. Wie lange wird es dauern, bis jemand bemerkt, dass einer von den Blackwoods dem Zauber des verunreinigten Ritualwerkzeugs verfallen ist?

• Das Familienerbstück: Als der Patriarch der Familie das Zeitliche segnete, hinterließ er einen mächtigen Fetisch, vielleicht sogar eine Klaive. Die Blackwoods haben keinen Anspruch darauf, aber sie möchten, dass es einem würdigen Garou überantwortet wird – einem, der nicht einfach die Seinen verletzen würde. Sie laden einen achtbaren Spielercharakter als möglichen Erben auf ihr Anwesen ein, und übermitteln ihm eine „letzte Bitte" von Lotties Ehemann. Was ist so wichtig, dass sie dafür das Risiko eingehen würden, einen Garou anzulügen? Wird das Rudel des Charakters die Aufmerksamkeit eines anwesenden Blackwood erregen, oder werden sie in die Familienintrigen hineingezogen?

• Hauttanz: Das Reinigungsgeschäft der Familie hat einem Blackwood eine einmalige Gelegenheit eröffnet. Nach einer blutigen letzten Begegnung mit einem Rudel der Schwarzen Spirale haben die Garou den Clan hinzugerufen, um die Leichen zu entsorgen. Aber einer der Blackwoods hat vor einiger Zeit ein paar interessante Briefe von einem Hauttänzer erhalten. Jetzt gibt es fünf Pelze der Schwarzen Spirale, die zusammengebunden im Kellergeschoss gelagert sind. Werden die Charaktere es herausfinden, bevor ihr Verwandter den Ritus der Heiligen Wiedergeburt durchführt? Und wenn sie es schaffen, werden sie überhaupt versuchen, das Ritual aufzuhalten? Oder würden sie es lieber sehen, dass ein loyaler Blackwood endlich zu der ihm gebührenden Stärke eines Werwolfes aufsteigt, und sei es auch durch unlautere Mittel? Wenn dies der Fall ist, wie weit werden sie gehen, um ihn zu verteidigen?

• Beim zweiten Mal wird es leichter: Eines der Blackwood-Kinder hat einen neuen Verehrer. Der Bewerber ist ein vollblütiger Garou, der ehrlich Gefallen an ihm oder ihr gefunden hat und der Rest des Stammes ist bereit, bei der Heirat mitzuziehen. Aber die Blackwoods glauben, dass irgendetwas mit dem Neuankömmling nicht stimmt, ein irgendwie vertrauter Charakterzug. Als die ersten Blutergüsse auftauchen, muss die Familie entscheiden, ob sie bereit sind, ein weiteres Mal zu töten, um einen der Ihren zu beschützen.

Die Millers: Mythen und Schwarzgebrannter (Wissend)

Schwarzbrenner-Familien sind immer noch stark in den entlegenen Provinzen und einsiedlerischen Gebieten vieler Staaten von den Appalachen im westlichen North Carolina und dem östlichen Tennessee über den tiefen Süden bis zu den verborgenen Orten in dem Ozark-Gebirge und in den Gebirgsregionen Pennsylvanias und dem Hinterland von New York. In manchen Familien ist es zur häuslichen Tradition geworden, nicht besteuerte Spirituosen (und Kornalkohol) herzustellen und zu verkaufen. In anderen stellt es eine praktische Möglichkeit dar, um sich vom Versorgungsnetz fernzuhalten und trotzdem ihre Familien mit Unterkunft und Verpflegung zu versorgen.

Das Leben als Schwarzbrenner erlaubt es den Millers nicht nur, sich von der Masse des öffentlichen Lebens fernzuhalten, es eröffnet dieser Familie aus wissenden Blutsgeschwistern außerdem einen Weg, Gaias Freigiebigkeit mit ihren Garou-Verwandten zu teilen und mit anderen, die das Glück haben, ihre besonderen Geister zu genießen.

Die Kinder der Millers erlernen schon im Heranwachsen zahlreiche Überlebensfähigkeiten, die in den entlegenen Provinzen und der Wildnis nützlich sein können. Sie wissen außerdem, wie man eine große Anzahl von Maschinen repariert, von Destillierapparaten bis zu Automobilen, und sie kennen sich außerdem mit Erster Hilfe und Brandbekämpfung aus. Sie können sich auch in Heimlichkeit und Ausweichen hervortun, insbesondere dann, wenn sie aufgrund ihrer illegalen Lebensgrundlage mit dem Gesetz in Konflikt geraten.

Wie viele Schwarzbrenner und Berg- und Hinterlandbewohner im Allgemeinen sind die Millers unabhängig und unempfänglich für die Einmischung der Regierung oder anderer Behörden. Sie tun das Mindeste, das notwendig ist, um der Aufmerksamkeit der Gerichtsbarkeit zu entgehen, der Steuerbehörden und der Sozialarbeiter.

Auch wenn die Millers zunächst vielleicht wie die typischen „Hinterwäldler" rüberkommen mögen, zeigen sie bei näherer Betrachtung doch viele Tendenzen, die sie von der Norm abheben und sie für eine Blutsgeschwister-Chronik vielseitig nutzbar machen.

Die Millers einsetzen

Normalerweise passen die Millers ohne große Anpassungen zu einem Stamm der Knochenbeißer. Sie würden allerdings genauso gut als Fianna funktionieren – wenn man ihnen einen keltischer anmutenden Namen gibt – oder als Kinder Gaias. Mit kleinen Anpassungen könnte diese Familie auch ein verarmter Ableger einer Blutsgeschwisterlinie der Silberfänge sein, mit dem Potenzial an Peinlichkeiten, die das für die Familie bereithalten könnte. Ihre überraschend vielseitigen Kombinationen aus Persönlichkeiten und Fähigkeiten machen sie zu guten Verbündeten und ebenso zu brauchbaren Beispielen für den Hintergrund Blutsgeschwister. Sie sind außerdem ein farbenfroher Haufen mit ausreichend guter Stimmung und manchmal derben Eigenheiten, um ein wenig von der dringend benötigten befreienden Komik ins Spiel zu bringen, sollte der Erzähler sich dafür entscheiden, diesen Aspekt der Familie herauszustreichen.

Auf der anderen Seite haben die Millers auch eine wilde Seite an sich. Ihre Aktivitäten im Bereich der Schwarzbrennerei machen sie nicht gerade lieb Kind mit dem Gesetz, mit einigen Ausnahmen. Sie haben zwar grundsätzlich nicht viel für die Polizei übrig, seien es Streifenpolizisten, die Staatspolizei oder Bundesagenten, aber sie bewundern Tapferkeit und loben die Arbeit, die die Gesetzeshüter häufig als Ersthelfer bei Katastrophen leisten. Die Miller-Söhne sind sich selbst nicht zu fein dafür, hin und wieder den einen oder anderen Unfall zu provozieren. Sie betrachten das als eine Möglichkeit, um ihre Fähigkeiten zu erproben.

Die Millers könnten als eine erweiterte Blutsgeschwisterfamilie für jeden der Charaktere herhalten, indem dem Hauptzweig ein weiteres Kind hinzugefügt wird oder eine weitere Tante oder ein Onkel erfunden wird, die an jedem beliebigen Ort des Landes leben können. Zunächst sind sie Fremden gegenüber skeptisch, aber sobald die Charaktere von einem anderen Familienmitglied für gut befunden wurden, oder von einem Garou, mit dem sie bekannt sind, erweisen sie sich als warmherzige Personen, überaus großzügig und jederzeit bereit, einem von den „Blutsgeschwistern" unter die Arme zu greifen.

Die Familiengeschichte

Die Millers waren eigenen Angaben zufolge schon immer „Wolfsblütige“ und in Familiengeschichten finden sich Bekundungen, nach denen es in ihrem Leben seit Generationen Garou gegeben hat. Der Gründer der Familie kam mit den ersten Europäern auf den Kontinent, um das Hinterland des amerikanischen Kontinents zu besiedeln. Im Gegensatz zu vielen der „Wyrmankömmlinge“ schlossen sie allerdings Freundschaft mit den eingeborenen Garou und ihren Blutsgeschwistern. Da sie in der Alten Welt der untersten sozialen Schicht angehörten, brachten sie nur wenig mit, als sie in die Neue Welt kamen, und sie verspürten auch keinerlei verwandtschaftliche Bande mit Grundbesitzern oder dem Besitzbürgertum, deren Handeln die englischen Kolonien prägte. Sie identifizierten sich vielmehr mit den Unterdrückten, zu denen auch die eingeborenen Stämme gehörten. Als Blutsgeschwister fühlten sie sich den Uktena zugehörig, von denen sie viel über die Eigenheiten des Landes lernten. Als eine landhungrige US-Regierung die eingeborenen Stämme immer weiter in den Westen trieb, halfen die Millers dabei, ein paar der Blutsgeschwister der Uktena für eine Weile zu verstecken, und entdeckten in diesem Zuge eine Reihe von Höhlen, die ihnen noch heute als Zuhause dienen.

Die fortziehenden Uktena hinterließen den Millers zwei ihrer heiligsten Schützlinge: ein kleines Wolfsrudel, das sie selbst dann noch gehegt haben, als die Wölfe beinahe bis zum Aussterben gejagt wurden, und eine Plage, die die Theurgen der Uktena gefangen genommen und gebunden hatten, Jahre vor der Ankunft der Europäer. Die Millers bewahren diese beiden Geheimnisse mit einer ernsten Hingabe, die ihre unbekümmerte und gelassene Oberfläche Lügen straft.

Das Zuhause der Millers

Sie hatten niemals die Absicht, in einem hochmodernen, umweltfreundlichen Erdhaus zu leben. Die ersten Millers lebten in einer Hütte aus Holz und Lehm, wie viele der anderen Bergfamilien. Als sie sich einmischten und eine Gruppe von Uktena-Blutsgeschwistern in einem Höhlensystem versteckten, auf das die Familie stieß, entdeckten sie etwas, das sie als eine natürlichere Lebensweise empfanden. Die Uktena-Blutsgeschwister wanderten schließlich in den Westen, um sich wieder ihrem ursprünglichen Stamm anzuschließen und im Westen nach weiteren Wyrm-Kreaturen zu suchen, und sie ließen die Höhlen zurück, die ihnen in der letzten Zeit ein Zuhause gewesen waren.

Im Laufe der Jahre haben die Millers die Höhle ausgeschmückt und den Fels so bearbeitet, dass daraus robuste und ansehnliche Mauern und Bodenebenen entstanden. In der Mitte des 19. Jahrhunderts hielten es die Miller-Jungs für eine gute Idee, vor die eigentliche Höhle eine Fassade aus einer Holzhütte zu setzen. Dort konnten sie für jeden Besucher von außen den Anschein eines „normalen rustikalen Lebens“ erwecken. Sie konnten auch ein paar moderne Annehmlichkeiten zur Schau stellen, wie zum Beispiel ein Radio, ein Telefon und, später, einen Fernseher, ohne an der falschen Stelle zu viel Aufsehen zu erregen.

Das Höhlensystem ist ziemlich groß und „luftig“, denn es macht sich ein paar natürliche Öffnungen als Fenster zunutze, durch die Licht und frische Luft eindringen können. Bäume und anderes Pflanzenwerk verbergen die Öffnungen vor zufälligen Beobachtern, wobei jemand, der weiß, wonach er suchen muss, Anzeichen für geformten oder behauenen Felsen erkennen kann, insbesondere in der Nähe von Fenstern und Türen.

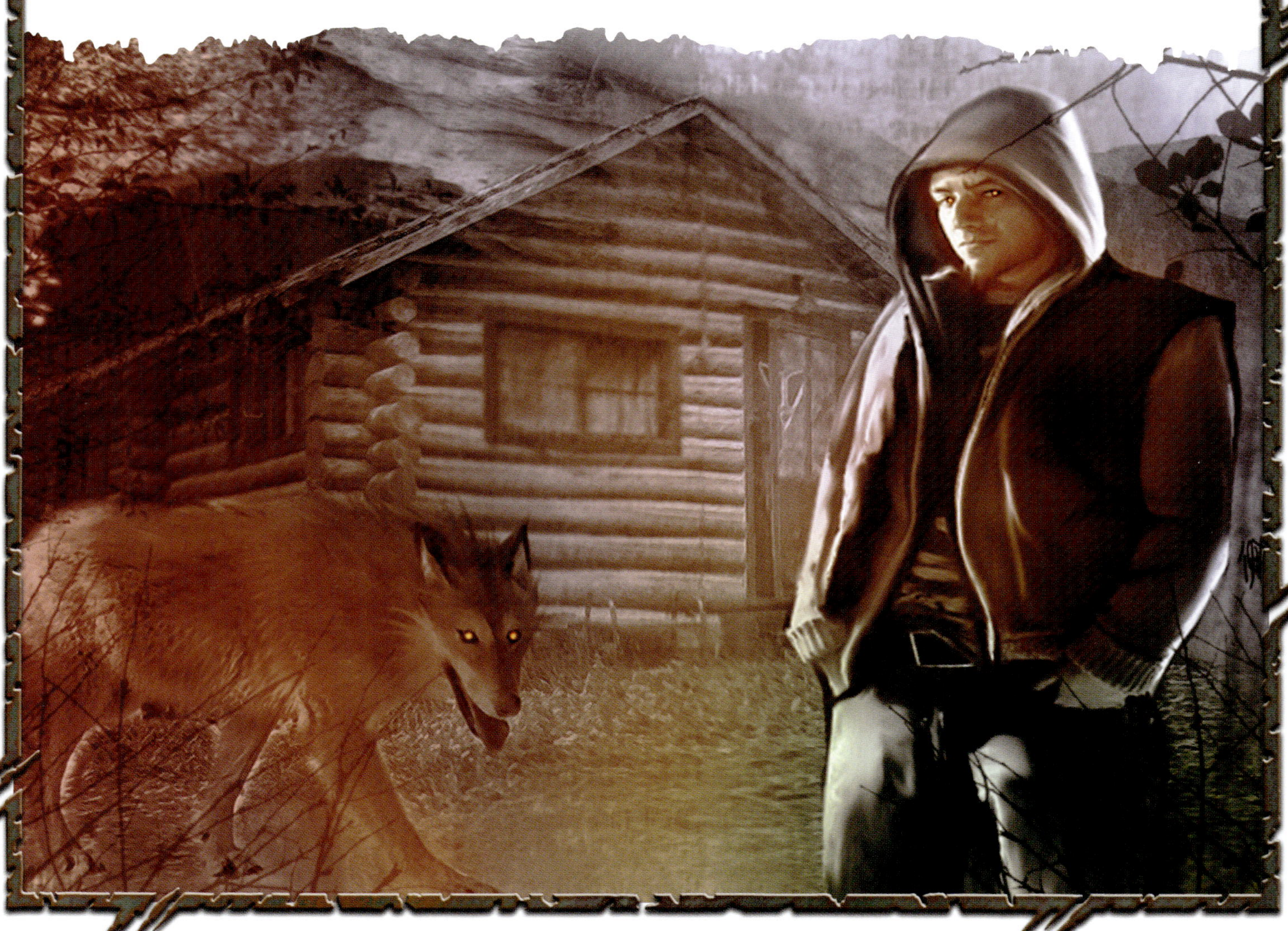

Die verborgene Höhle

Ein schmaler Durchgang, der für alle, die nicht in Lupusform sind, nur schwer zu begehen ist, führt vom Haupthöhlensystem in eine kleinere Höhle. Mystische Symbole der Uktena schmücken eine der Höhlenwände, auf der die Gefangennahme und das Binden der Plage mit dem Namen Die-das-Land-Verzerrt abgebildet ist. Im Zentrum des Höhlenbodens befindet sich ein Durchgang in das Gefängnis, in dem Die-das-Land-Verzerrt gefangen gehalten wird und wo sie in einem unbehaglichen Schlaf und Bewegungslosigkeit liegt. Drei Siegel halten diesen Durchgang verschlossen.

Bevor die Uktena die Plage gebunden hatten, litt das Land unter immer wiederkehrenden schweren Erdbeben (die mit einer Stärke von 4-5 auf der Richterskala gemessen wurden). Jedes Beben hinterließ in seinem Kielwasser irgendeine Art von vergiftetem Boden oder Pflanze. Hätte sie weiter ungehindert ihr Unwesen treiben dürfen, hätte sie irgendwann das gesamte Gebiet über Meilen hinweg verdorben und es damit für jeden anderen außer den Kreaturen des Wyrms unbewohnbar gemacht.

Der Patriarch der Familie Miller besucht diese Höhle alle drei Monate, um die Bindung zu erneuern. Diese Zeremonie erfordert einen zeremoniellen Aderlass (des Patriarchen), das Verbrennen bestimmter Kräuter und das Aufsagen von Gebeten für die Geister des Felsens und des Landes, auf dass sie die Bindungen erneuern mögen.

John Miller hat das Geheimnis um die Höhle und das, was sich darin befindet, bisher noch an keinen seiner Söhne weitergegeben. Sobald Billy-Bob sich dazu bereit zeigt, einen Teil der Verantwortung zu übernehmen, die mit der Bewachung der Plage einhergeht, hat John allerdings die Absicht, ihn mit in die Höhle zu nehmen.

Im Inneren des „Hauses“ gibt es mehrere großzügige Räume, darunter auch ein Schlafzimmer für jedes Familienmitglied, Gästezimmer oder Alkoven, einen natürlichen „Whirlpool“, der durch Wasser gespeist wird, das auf natürliche Weise tief unter der Erde erhitzt wird. Ein Fluss (eigentlich ein Bach) fließt buchstäblich durch das Haus, wodurch nicht nur eine Innentoilette möglich ist, sondern auch das Familienunternehmen, das tief im Inneren der Höhlen angesiedelt ist, mit frischem Gebirgswasser versorgt wird.

Die Familie Miller

Im Folgenden werden die wichtigsten Mitglieder der Familie aufgeführt. Der Erzähler oder die Spieler können weitere Kinder erschaffen, um die Familie entsprechend den Anforderungen ihrer Chronik zu erweitern.

John-Jacob Joe-Bob Miller, der Patriarch (Garou)

Der Patriarch der Familie sieht aus wie ein „Rübezahl“, wie man sie zuhauf in unerschlossenen Waldgebieten von Carolina oder Tennessee findet, in Ozark oder überall dort, wo Hinterwäldler sich niedergelassen haben. Wie viele Männer und Frauen, die sich selbst genug sind, trägt John (sein offizieller Name) viele Hüte, die scheinbar nach jeder Rolle, die er im Haushalt spielt, einen eigenen Namen tragen. John (oder John Jacob) Miller leitet das Familienunternehmen, wenn er nicht grade aktiv seiner Pflicht als Theurg für seine in der Nähe ansässige Septe nachkommt. Seine Nachbarn kennen Joe-Bob Miller als einen wortkargen, aber nicht unfreundlichen Mann, der manchmal eines der örtlichen Wasserlöcher besucht, mit seiner Familie zum Anlass von Gemeindeversammlungen, wie zum Beispiel bei einem Hausbau, Beerdigungen, einem Potluck und dergleichen, in die Stadt kommt und sich gelegentlich von den Leuten dazu überreden lässt, seine Fiedel auszupacken und sie mit bekannten Liedern und manchmal auch mit einer eigenen Komposition zu unterhalten.

Die Angehörigen seines Rudels und seiner Septe nennen ihn Augen-des-Waldes, sowohl, um seine Pflicht als Plagenbewahrer zu würdigen, als auch aufgrund seiner Gewohnheit, nach verschollenen Welpen oder gerade erst verwandelten Lupus-Garou zu suchen.

Zu Hause nennt seine Frau ihn vor anderen „Gemahl“ (wie er sie „Weib“ nennt). Seine Kinder nennen ihn Dad oder Daddy und seine Geschwister nennen ihn ThreeJay. Er kann all seinen Namen etwas Spaßiges abgewinnen und sagt, dass all diese „Leute“, die in ihm leben, ihm dabei helfen, seine Magie auf dem richtigen Weg zu halten. Auch wenn er gelassen wirkt, kommt er niemals zur Ruhe und ist immer mit irgendetwas beschäftigt. Er hält sich gerne auf dem Laufenden, was die Ereignisse in der Welt da draußen angeht, aber auch innerhalb der Septe. Dennoch zieht er es vor, seine Informationen aus den Erzählungen anderer zu ziehen. Zum Vergnügen liest er ein paar alte Lieblingsbücher. Sein liebster von Menschenhand geschaffener Gegenstand, abgesehen von seinem Destillierapparat, ist ein Polizeiradio mit Scanner, das es ihm ermöglicht, alle möglichen Arten von Aktivitäten in seiner Gemeinschaft mitzuverfolgen.

John ist ein hagerer Mann in den frühen 50ern, sein Körper ist sehnig und es ist kein Gramm Fett zu viel an ihm. Sein sandfarbenes Haar (das inzwischen erste Schimmer von Grau zeigt) trägt er so lang, dass es ihm über die Ohren reicht, und manchmal streicht er es sich aus den Augen, wenn es vorne zu lang wird. Er trägt eine Baseballmütze oder einen abgetragenen Filzhut, wenn es erforderlich ist. Jeans, Arbeitshemden, schwere Flanellhemden und ein Jagdmantel machen den Großteil seiner Kleidung aus, mit den dazugehörigen Arbeitsstiefeln und Riemchensandalen, die er im Haus trägt. In seiner Wolfgestalt ist er ein gelbbrauner Wolf, der langgliedrig und „edel“ aussieht. Seine bernsteinfarbenen Augen erzählen in jeder seiner Gestalten viele Geheimnisse.

Billie-Jean Mahoney Miller, die Matriarchin

Die Matriarchin der Familie, die geborene Billie-Jean Mahoney, heiratete John Miller, als sie 17 Jahre alt war und er ein paar Jahre älter. Als sie im Abschlussjahr der High School war, nahmen ihre Eltern sie eines Abends mit zu einem Treffen mit einer anderen Familie, stellten sie John vor und sagten ihr, dass sie ihn heiraten würde, sobald sie ihren Abschluss gemacht hatte. Sie war ihm schon seit Jahren versprochen. Zu ihrem Glück verliebte sie sich augenblicklich in John, denn sie glaubte, dass er ein deutlich besserer Fang war als die meisten Jungs, die sie kannte.

Bevor sie ihren Ehemann traf, hatte Billie-Jean keine Ahnung, dass die Garou existierten und dass sie ein Blutsgeschwister war. Ihre Eltern, die sich nicht entscheiden konnte, wie sie sich ihrem einzigen Kind erklären sollten, verschoben „das Gespräch“ mit ihr einfach. Sie überließen es John, seine junge Frau in die Geheimnisse des Lebens von Blutsgeschwistern einzuführen.

Im Großen und Ganzen nahm Billie-Jean die Neuigkeiten recht gut auf. Nach ein paar Demonstrationen glaubte sie die wilde Geschichte, die er ihr erzählte. Bis es soweit war, dass sie die Mitglieder seiner Septe und seines Rudels kennenlernen sollte, wusste sie, wie sie sich zu verhalten hatte. John sagte ihr, sie solle einfach sie selbst sein, dann würde alles wunderbar laufen.

Nach der High School besuchte sie das Community College und machte ihren Abschluss in Buchhaltung und Rechnungswesen, damit sie die Finanzen des Schwarzbrennerbetriebes der Familie regeln konnte und ihre eigene bescheidene Tätigkeit als eine außergewöhnlich gute Schneiderin. Jede Art von Arbeit mit der Nadel fällt ihr leicht und ihr Haus kommt in den Genuss der Schönheit ihrer handgemachten und selbst entworfenen Decken, Tücher, Stickereien und Knüpfarbeiten.

Zu Johns Freude ist sie auch gut darin, Kinder zur Welt zu bringen. (Erzähler oder Spieler sollten nicht zögern, dieser Familie nach Bedarf weitere Kinder hinzuzufügen. Hier sind nur ein paar im Detail aufgeführt.)

Billie-Jean ist ein paar Zoll kleiner als John, aber ihre natürliche Selbstsicherheit und ihr Sinn für Würde lassen sie ebenso groß erscheinen wie ihr Ehemann, wenn nicht sogar noch größer. Sie trägt ihr dunkles Haar lang und für gewöhnlich wickelt sie es im Nacken zusammen oder türmt es auf dem Kopf auf. Sie trägt einfache Kleidung aus eigener Nadel und sieht immer so schick aus wie aus dem Katalog. Sie hat ein bisschen mehr Gewicht auf ihrem knochigen Körper, als sie es selbst gerne hätte, aber John liebt das weiche „Kissen", als das er ihren Körper bezeichnet. In ihrem Gesicht zeichnen sich Jahre harter Arbeit und vieler Kinder ab, trotzdem strahlt es immer noch in einer gelassenen Lieblichkeit, die von innerem Frieden genährt wird. Sie ist religiös, aber nicht auf fanatische Weise. Sie singt gerne die Kirchenlieder aus einem Exemplar des Broadman Gesangbuches, das sie bei ihrem Klavier aufbewahrt.

Billy-Bob Joe-John Miller (Garou)

John-Jacob hatte so ein „Gefühl", als er vor zwei Jahren in den Wald ging, um nach zwei Wolfsrudeln zu suchen, auf die er regelmäßig ein Auge hat. Als er einige Tage später wieder aus dem Wald auftauchte, hatte er einen jungen Burschen bei sich, einen schlaksigen Jugendlichen mit der langbeinigen, wilden Unabhängigkeit der frühen Teenagerjahre. Er und Billie Jean nannten ihn Billy-Bob (nach Billie Jean) Joe-John (nach John) und ließen ihn mitten in ihre Familie plumpsen.

Billy-Bob gewöhnte sich schnell an die Lebensweise der Menschen, besonders mochte er es aber, Getreidemaische in feinen, milden Schwarzgebrannten zu verwandeln. Er verbringt viel Zeit in der Höhle, in der die Destilliermaschine untergebracht ist, und lauscht den Geräuschen, die die Maschine macht, wenn sie ihre Magie auf das Getreide übergehen lässt.

Als John-Jacob den Welpen seiner Septe vorstellte, stellten sie fest, dass Billy-Bob ein Theurg sein sollte und John erklärte sich bereit, seinem „Sohn" die Gebräuche des Sichelmondes beizubringen. Innerhalb eines Jahres hatte Billy-Bob die Grundlagen gemeistert, seinen Initiationsritus mit Links gemeistert und war nun bereit, sich einem Rudel anzuschließen. Bisher hat er sich diesbezüglich eher unwillig gezeigt. Er empfindet eine tiefe Verbundenheit gegenüber seiner menschlichen Familie und gegenüber dem Geschäft mit der Schwarzbrennerei, und er scheint keinerlei Neigung zu haben, schon wieder eine Familie zu verlassen. Sowohl seine Septe als auch seine Adoptivfamilie warten darauf mit gemischten Gefühlen, dass der Augenblick kommt, in dem er fortgehen muss, um für Gaia in die Schlacht zu ziehen. John-Jacob hat die Absicht, Billy-Bob in die Gepflogenheiten der Plagenhaltung einzuführen, hofft aber, dass er zuerst seine Erfahrung mit einem Rudel machen darf.

Billy-Bob ist beinahe groß (ungefähr 1,50 m) und schlaksig, hat strohfarbenes Haar, das nur gelegentlich einen Kamm zu sehen bekommt und ihm normalerweise um die Schultern hängt und in die Augen fällt. Er trägt bequeme Kleidung. Seine Farben sind von blasser Bernsteinfarbe, denen von John-Jacob nicht unähnlich. John hat niemals geleugnet, Billy-Bobs leiblicher Vater zu sein, andererseits hat ihn auch niemals jemand danach gefragt. Billy-Bob ist klug und saugt Wissen in sich auf, wo auch immer er es findet. Er spricht nur selten, bringt die Dinge aber immer auf den Punkt und nimmt vieles wörtlich. Außerdem nimmt er es sehr ernst, dass er ein Werwolf ist. Obwohl er beinahe wie zwanzig aussieht, ist Billy-Bob erst zwei Jahre alt.

John-Jacob Joe-Bob ("Junior") Miller, Jr., der Erstgeborene

Mit 17 Jahren trägt Junior Miller bereits den fragwürdigen Titel des erstgeborenen Sohnes. Er muss noch mindestens ein Jahr zur Schule gehen, bevor er einen High-School-Abschluss machen kann, aber er scharrt bereits vor Ungeduld mit den Füßen, weil er sich als Erwachsener profilieren möchte. Sein „kleiner" Bruder Billy-Bob betet ihn an und hat viel von seinem menschlichen Verhalten gelernt, indem er Junior dabei beobachtet hat, wie er mit der Familie und den Menschen interagiert, die wegen des feinen Gebräus der Millers vorbeikommen.

Junior genießt die Bewunderung seines jüngeren Bruders, ertappt sich aber immer wieder dabei, dass er mehr als nur ein bisschen eifersüchtig ist, weil er seine Erste Verwandlung noch nicht erfahren hat, und sie vielleicht auch niemals erleben wird. Irgendetwas in ihm will Billy-Bob immer wieder dazu herausfordern, sich im Hinblick auf Körperkraft oder andere Fähigkeiten mit ihm zu messen, vom Blechdosen vom Zaun schießen bis zum Wettkampf, wer schneller auf einen Baum klettern kann. Manchmal schummelt Junior, damit er Billy-Bob sicher schlagen kann, aber der Garouwelpe bemerkt es entweder nicht oder er sieht darüber hinweg, weil er glaubt, dass sein großer Bruder ruhig hin und wieder gewinnen sollte.

Junior weiß, dass er die Plagenhüterpflichten seines Vaters nicht übernehmen kann, bevor er nicht seine Erste Verwandlung durchlaufen hat, aber er hofft, dass er irgendwann die Brennerei übernehmen kann. Bisher ist es ihm gelungen, seinen Neid im Zaum zu halten und die anderen Familienmitglieder versuchen, ihn auf Trab zu halten. Aber das kann sich alles ändern.

Junior ist von etwas kleinerem Wuchs als sein Vater, denn er kommt im Hinblick auf Größe und Teint nach seiner Mutter. Normalerweise trägt er Jeans und T-Shirts oder Flanellhemden, wenn er im Haus ist. Er hat gerade die Mädchen für sich entdeckt und geht mit seiner Mutter regelmäßig zu gesellschaftlichen Anlässen und gemeinsamen Essen in der Kirche. Wenn er das tut, ist er mehr um sein Aussehen bemüht und einige junge Mädchen in seinem Alter finden durchaus Gefallen an ihm.

Rose Apple Miller, die älteste Tochter

Junior mag zwar der erstgeborene Sohn sein, aber er ist nicht das älteste von John-Jacobs Kindern. Diese Ehre gebührt Rose, einer jungen Frau von elfenhafter Anmut, mit dem dunklen guten Aussehen und der Selbstsicherheit ihrer Mutter und der inneren Stärke ihres Vaters. Als sie zur Schule ging, fand Rose heraus, dass ihre beste Freundin von ihrem Vater missbraucht wird. Da sie selbst hilflos war und nichts tun konnte, erzählte sie ihren Eltern, was sie glaubte, was dort vor sich gehe. Ein paar Wochen später hatte der Vater ihrer Freundin einen Unfall, durch den er nicht mehr laufen konnte und einen Großteil seiner Kraft verlor.

Rose hegte zwar den Verdacht, dass ihr Vater etwas damit zu tun hatte, aber sie machte niemals ein Aufhebens darum. Trotzdem machte der Vorfall sie hellhörig für Missbrauchsfälle, denen sie irgendwo begegnet. Sie ist ein kluges Kind, besuchte das College und machte einen Abschluss in Erziehungswissenschaften. Jetzt führt sie eine Schule für die Kinder in dem Tal, in dem ihre Familie lebt. Sie reist auch in nahegelegene Städte, um dort mit Familiengruppen und Schulgruppen über häusliche Gewalt zu sprechen.

Sie ist sich darüber im Klaren, dass ihr Vater als Werwolf über starke Emotionen verfügt und unter Umständen gewalttätig werden könnte, deshalb hat sie es sich zur Aufgabe gemacht, nach den Zeichen Ausschau zu halten. Sie hat Unterricht in Selbstverteidigung genommen, um sich vor unerwünschten Übergriffen zu schützen.

Als Tochter eines Garou weiß Rose auch, dass die Septe ihres Vaters von ihr verlangen könnte, eines ihrer Mitglieder zu heiraten. Sie ist sich nicht sicher, wie sie dazu steht, aber sie versucht, Geduld zu haben. Sie hofft, dass man sie nicht in eine Beziehung zwingen wird, die sie nicht will.

Rose ist eine dunkelhaarige, dunkeläugige Schönheit in den frühen 20ern. Sie ist schlank und grazil, ohne magersüchtig zu wirken. Selbstverteidigungskurse und harte Arbeit im häuslichen Umfeld haben ihre Muskeln gestählt, sodass sie es mit vielen der Jungs, die sie trifft, aufnehmen kann. Sie hofft, weiter zur Schule gehen zu können, um zusätzliche Abschlüsse zu bekommen, aber sie kann sich noch nicht dazu aufraffen, ihr Zuhause zu verlassen.

June Bird ("Birdy") Miller, die unverheiratete Tante

Birdy ist John-Jacobs ältere Schwester. Sie steht ihrem Bruder altersmäßig am nächsten und hat sich ihm immer schon näher gefühlt als jedem anderen Mitglied der Familie. Sie wohnt in einer kleinen Hütte nicht weit von der Wohnhöhle ihres Bruders entfernt. Hier baut sie das Getreide für das Familienunternehmen an.

Birdy ist eine Scharlatanin oder eine weise Frau. Sie verfügt über einen großen Wissensschatz bezüglich Kräutern und kann für nahezu alles einen Trank brauen. Ihr Bruder behauptet, dass sie mit dem Getreide spricht, damit es besser wächst, und damit liegt er nicht völlig falsch.

Birdy hat niemals geheiratet, und obwohl sie weiß, dass einige Mitglieder der Septe ihres Bruders beunruhigt darüber sind, dass sie kein Interesse daran zu haben scheint, sich fortzupflanzen, respektieren sie sie aufgrund ihrer Magie, die sie mit ihnen teilt, wenn sie sie brauchen. Sie beobachtet Rose aufmerksam und ist bereit, ihre Nichte in Schutz zu nehmen, wann immer sie vor einer ungewollten Hochzeit bewahrt werden muss. Birdy ist eine mittelgroße, korpulente (aber nicht dicke) Frau in den mittleren 50ern. Sie trägt Hosen für die Arbeit auf dem Getreidefeld, im Haus trägt sie aber Kleider. Ihre Kleider sind entweder im Laden gekauft oder von Billy-Jean für sie gemacht. Ihr langes Haar zeigt erste Spuren von Grau und sie denkt darüber nach, es abzuschneiden. Im Augenblick trägt sie es eingedreht hoch auf dem Kopf oder unter einem Kopftuch.

Ansatzpunkte für die Geschichte

• **Der schurkische Verehrer:** Rose hat sich in einen jungen Mann verliebt, den sie nach einer ihrer Präsentationen über die Prävention von häuslichem Missbrauch kennengelernt hat. Was sie nicht weiß, ist, dass der charmante, bemühte junge Mann eigentlich ein Blutsgeschwister der Schwarzen Spirale ist, der Rose für die perfekte Partnerin hält. Um die Dinge noch komplizierter zu machen, hat ihre Familie bereits einen jungen Garou aus dem Rudel ihres Vaters ausgewählt, der gut zu ihr passen würde. Unwillkürlich hat sie den Auserwählten ihrer Eltern abgelehnt und ist bereit, mit ihrem Freund durchzubrennen. Die Charaktere könnten in die Suche nach Rose verwickelt werden oder sie könnten von ihr erfahren, wenn sie den Blutsgeschwister der Schwarzen Spirale entdecken. Die Folge könnte eine Romanze oder Blutvergießen sein.

• **Gesucht und gefunden:** Der Schwarzgebrannte der Millers hat einen ausgezeichneten Ruf, aber gelegentlich brauen sie eine besondere Charge für besondere Anlässe, wofür sie Wasser aus dem Caern der örtlichen Septe verwenden und ihr eigenes reines Flusswasser. Eine dieser Chargen, die für eine besondere Feierlichkeit der Septe gedacht war, ist verloren gegangen. Die Millers suchen verzweifelt danach, da sie keine Ahnung haben, welche Wirkung dieses besonders starke und magische Gebräu auf die einfache Bevölkerung haben könnte. Möglicherweise müssen die Charaktere das Gebirge durchsuchen, um das verlorene Gebräu zu finden. Vielleicht wissen die Diebe nicht, was sie da haben und versuchen einfach nur, ein bisschen guten Schwarzgebrannten zu Höchstpreisen zu verkaufen. Oder vielleicht wissen sie ganz genau, was sie da haben, und haben spezielle Pläne damit …

• **Dinge brechen auseinander:** Die Schutzzeichen, die die Plage bewacht haben, die unter dem Haus der Millers gefangen gehalten wird, sind schwach geworden. Die Familie bemerkt zunächst die Ausbreitung geringerer Wyrmgeister im nahegelegenen Umbra, die sich um die Heimstätte der Millers versammeln. Um das Haus herum beginnen die Dinge auf Abwege zu geraten: Nahrung, die noch frisch sein sollte, verdirbt, Möbel und Teile des Hauses, die von der Familie Miller erbaut wurden, brechen zusammen. Ein übler Geruch hängt in den tieferen Höhlenbereichen. John-Jacob Senior erkennt, dass irgendetwas mit der Plage vor sich geht, aber er ist sich nicht sicher, was er diesbezüglich unternehmen soll. Er hat keine seiner Pflichten vernachlässigt, und Billy-Bob auch nicht, wenn er seinen Vater begleitet hat. Was die beiden Garou nicht wissen, ist, dass John-Jacob Junior versucht hat, das nachzuahmen, was er seinen Vater tun sah, und dabei versehentlich die Schutzzeichen geschwächt und einige der Zauber aufgehoben hat. Blutsgeschwister-Charaktere sind zwar nicht stark genug, um die Plage zu bekämpfen, falls sie befreit werden sollte, aber sie können dabei helfen, herauszufinden, was vor sich geht, und Hilfe holen, und natürlich einige der Kreaturen bekämpfen, die von der wiedererstarkten Plage beschworen werden.

• **Wolf auf der Jagd:** Ein zwei Jahre alter Wolf, ein Mitglied des Rudels, für das die Millers sorgen, hat seine Erste Verwandlung durchlaufen und kann nicht damit umgehen. Zu dem Zeitpunkt war er gerade vom Rudel getrennt und irrt jetzt frei herum, in Panik und gefährlich. Die Suche nach ihm hat begonnen und die Millers brauchen die Hilfe der Charaktere. Der neue Garou verursacht im Wald schwere Schäden. Auch wenn er bisher noch keinen Menschen getötet hat, wächst die Gefahr doch mit jedem Tag, den er frei herumläuft.

• **Ein Treffen mit den Millers:** Spieler mit Blutsgeschwister-Charakteren ziehen entweder in das Gebirge, in dem die Millers zu Hause sind, oder sie besuchen die Region. Man hat ihnen den Namen eines der Millers (nach Wahl der Erzählers) als einen guten Kontakt in der Region genannt, aber es wurden keine weiteren Informationen preisgegeben. Das ist eine Gelegenheit für den Erzähler, sich einen Spaß daraus zu machen, die zahlreichen Schichten des komplizierten Lebens der Millers nach und nach an die Oberfläche treten zu lassen: als Blutsgeschwister, als Schwarzbrenner, als Plagenwächter (die beiden Garou) und als Verwandte einer praktizierenden Scharlatanin. Die Art und Weise, wie die Charaktere das Zusammentreffen mit dieser Blutsgeschwisterfamilie handhaben, könnte ernstliche Auseinandersetzungen beinhalten, eine leichte Romanze oder allerhand Unfug im Gebirge.

• **Genau wie im Film:** Irgendjemand hat die Millers als potenzielle Schwarzbrenner verpfiffen und die Bundespolizei ist auf der Suche nach ihnen. Die Familie hat sich darauf vorbereitet, dass es einmal dazu kommen könnte, und muss jetzt ihre Destillerie abbauen und einlagern, ihre Lagerbestände verstecken und jegliche Spur ihrer Geschäftstätigkeit verwischen. Vor allem aber müssen sie die Männer (und Frauen) von der Regierung von der Höhle fernhalten, in der die Plage gefangen gehalten wird. Alles könnte schiefgehen – und mindestens eine Sache geht auch schief. Sie können die Charaktere als letzte Rettung einfügen oder damit sie das Chaos noch vergrößern. Das ist das ideale Szenario für nächtliche Verfolgungsjagden über kurvige Gebirgsstraßen, schnelles Denken und noch schnelleres Reden, Kämpfe, Schießereien und vielleicht ein paar übernatürliche Drehungen und Wendungen.

Der fahrende Zirkus der Longstrider: Aus dem Gleichgewicht auf der Straße (Unerfahren)

Manchmal kommt es vor, dass eine Blutsgeschwisterfamilie durch das Raster der Garou fällt und ihrem Stamm verlorengeht. Sie verlieren die Verbindung zu jeglichem Wissen über ihr Erbe und leben ihr Leben, ohne ihre wahre Natur zu kennen. Die Garou nennen sie „unerfahrene" Blutsgeschwister. Sie wissen zwar, dass es dort draußen viele dieser Familien gibt, aber bisher hat noch niemand eine gute Möglichkeit entwickelt, um sie wieder aufzuspüren, wenn nicht per Zufall.

Die Familie Craddock hat ihre Verbindung zu den Garou schon vor ein paar Jahrzehnten verloren und lebt jetzt hauptsächlich in dem Bemühen, die Familie zusammenzuhalten und mit ihrem fahrenden Zirkus durchzubringen. Heutzutage haben sie allerdings Schwierigkeiten, das Publikum anzulocken und einige Familienmitglieder glauben, dass die Familie verflucht oder von Geistern heimgesucht ist.

Sie haben schon ein paarmal im Verlauf der Familiengeschichte versucht, irgendwo Wurzeln zu schlagen. Innerhalb weniger Monate zwingen die Umstände oder die Wanderlust sie allerdings immer wieder dazu, weiterzuziehen. Sie versuchen immer wieder, ihre Zirkusdarbietungen moderner zu gestalten, aber irgendwie bleiben sie doch immer in der hinteren Reihe und fragen sich, ob es die erste Reihe überhaupt gibt. Gerade erst haben sie ihre Tierdarbietungen eingeschränkt, weil sie Druck von Tierrechtsorganisationen bekommen haben. Sie mussten ihre exotischen Tiere in Naturschutzgebiete abgeben. Jetzt können sie nur noch die Haustiere der Familie in ihre Vorstellungen einbinden, eine kleine Tierschau, um die sie sich aber sehr gut kümmern.

Die Craddocks einsetzen

Aufgrund ihrer ruhelosen Natur funktionieren die Craddocks am besten als verschollene Blutsgeschwister der Stillen Wanderer, aber sie könnten ebenso gut aus den Beständen der Silberfänge oder der Schattenlords stammen und ihre Wurzeln in Osteuropa oder Eurasien haben. Es könnte auch sein, dass das Blut der Kinder Gaias in ihren Adern fließt.

Sie verfügen über eine große Bandbreite an Fertigkeiten, wobei die meisten von ihnen dazu neigen, sich körperlich aktiven Beschäftigungen zuzuwenden. Obwohl die meisten von ihnen eigene Nummern haben, die sie im Zirkus vorführen, besitzen manche auch Fertigkeiten, die es ihnen erlauben, vorübergehend eine Arbeit anzunehmen, wenn sie für eine Weile irgendwo bleiben, für gewöhnlich mehrere Wochen. Sie sind eine grundsätzlich freundliche Familie, wobei sie dazu neigen, gegenüber anderen nicht viel mehr als ein paar oberflächliche Informationen über sich preiszugeben. Beide Geschlechter haben einen Hang zu kurzlebigen Beziehungen und kehren immer wieder zur Familie zurück, die immer über allem steht.

Spielercharaktere könnten der Familie begegnen und sie kennenlernen. Sie könnten merkwürdige Dinge im Umfeld der Familie bemerken, die schließlich dazu führen könnten, sie als unerfahrene Blutsgeschwister zu identifizieren. In diesem Fall könnten die Charaktere dafür verantwortlich sein, eine willkommene Gruppe von Verschwendern gefunden und in die erweiterte Familie der Garou zurückgeführt zu haben.

Die Familiengeschichte

Im Jahre 1919 immigrierte Luiz Cradiscz mit seiner Familie nach New York aus der neuen Ungarischen Republik, die nach dem Ende des Ersten Weltkrieges entstanden war. Die Verwüstungen des Krieges hatten die Familie zugrunde gerichtet und ein Haus aus einst erfolgreichen Darstellern in eine Gruppe hungernder Bettler verwandelt. Zu diesem Zeitpunkt verloren sie auch ihren Patron, einen entfernten Verwandten, der von Zeit zu Zeit vorbeischaute und immer dafür sorgte, dass sie genug Geld und repräsentative Buchungen vorweisen konnten, aus den Augen. Die Familie hielt ihn für tot, ein weiteres Opfer des Krieges.

Die Familie brannte darauf, sich an die Kultur ihrer neuen Heimat anzupassen, deshalb änderte sie ihren Namen in Craddock und suchte Arbeit in New York City. Die Männer der Familie sprangen von einer Hilfstätigkeit in die nächste, während ein paar der Frauen eine Anstellung in einer Fabrik fanden, die kaum genug abwarf, um ihnen ein Dach über dem Kopf zu verschaffen. Die Kinder kamen mit dem Leben auf der Straße in Kontakt und ihre Eltern waren besorgt, sie könnten zu Ganoven oder Schlimmerem heranwachsen.

Ein paar harte Jahre in der Großstadt überzeugten die Familie davon, wieder zu ihrer ursprünglichen Lebensweise zurückzukehren,

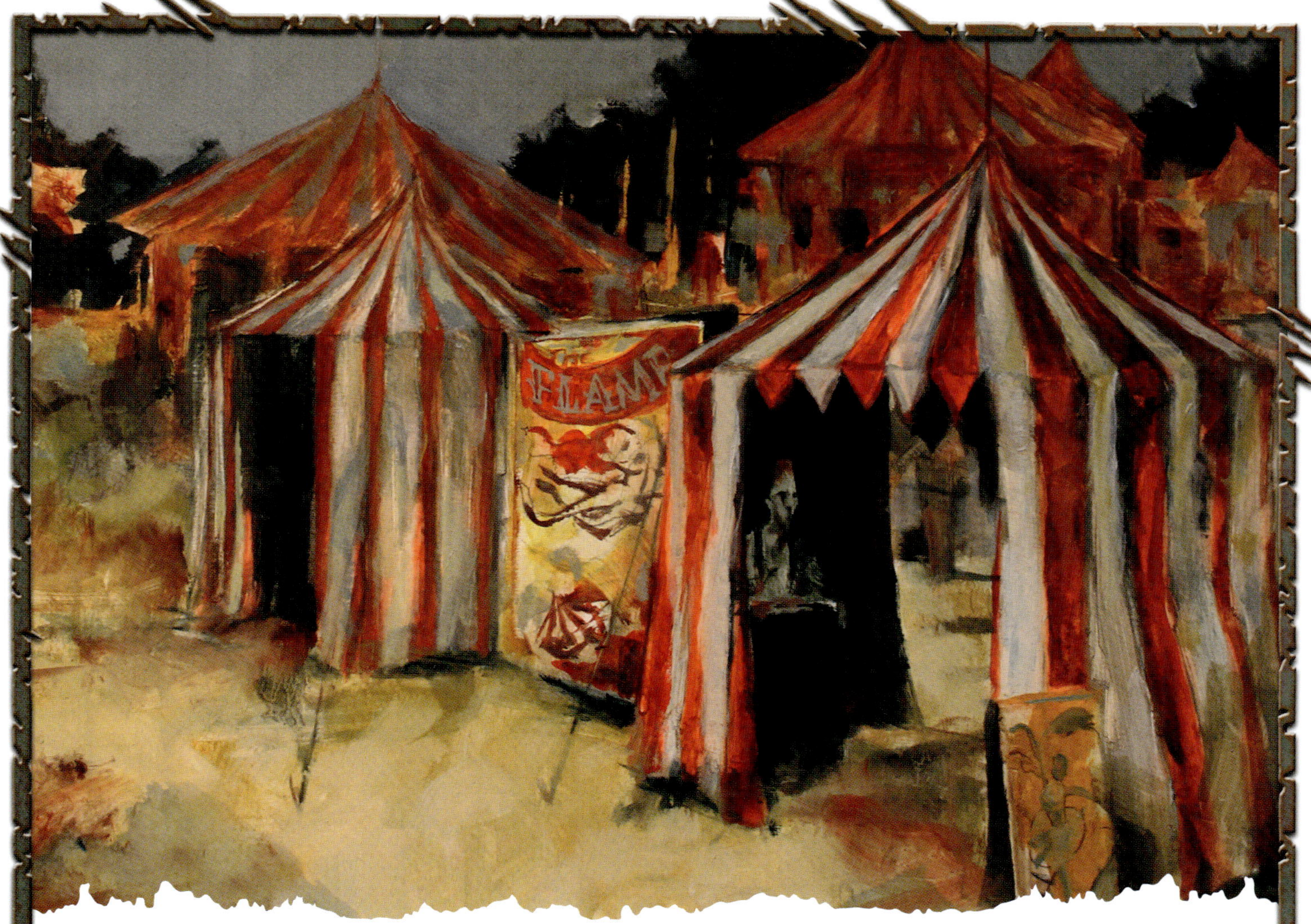

als fahrender Zirkus. Elmar Craddock, das Familienoberhaupt, borgte sich Geld, um ein paar Wohnwagen und Pferde zu kaufen und der fahrende Zirkus der Longstrider war geboren.

Die ersten Jahre mit dem Zirkus liefen gut. Die Craddocks verdienten genug Geld, um ihre Schulden zurückzuzahlen und ihre Karawane zu vergrößern. Sie fertigten ihre eigenen Kostüme an, kauften weitere Tiere für ihre Tierdarbietungen und schlossen sich dem Kreislauf der Zirkusse und Jahrmärkte an, die in den Tagen vor der Erfindung des Fernsehens für Unterhaltung sorgten.

Im Laufe der Jahre schlug die Familie immer wieder irgendwo Wurzeln und ließ sich in einigen Staaten im Mittleren Westen nieder. Früher oder später zwangen sie die Umstände immer wieder dazu, auf die Straße zurückzukehren. Die Craddocks versuchten, ihre Darbietungen dem Wandel der Zeiten anzupassen, aber irgendwie blieb ihnen der „große Wurf" versagt.

Als Tierrechtsorganisationen mit ihren Kampagnen begannen, um die Vorführung von Tierdarbietungen in Zirkussen zu verbieten, willigten die Craddocks ein, ihre Nummern mit exotischen Tieren einzustellen. Sie entließen zwei Elefanten, drei alternde Tiger und einige Affen in den Ruhestand und überführten sie in anerkannte Naturschutzgebiete. Sie behielten die Familienhaustiere, einige Katzen, ein paar Wachhunde und eine Chihuahuafamilie, sowie ihre Pferde, die sie in ihre Darbietungen integrierten, wobei sie sorgfältig darauf achteten, dass die Tiere in keiner Weise misshandelt wurden.

Inzwischen ist aus den Wagen eine kleine Flotte von Pritschenwagen, Lieferwagen, Pferdeanhängern und einem Sattelschlepper geworden, in dem die Wagen untergebracht werden, die sie für ihre Paraden in den Städten verwendeten, in denen sie für Vorstellungen gebucht waren.

Die Familienschwäche

Im Laufe der Jahre bemerkten die Craddocks, dass merkwürdige Dinge in und um ihren Zirkus herum passierten. Requisiten gingen verloren, nur um an den unwahrscheinlichsten Orten wiederaufzutauchen. Familienmitglieder hörten seltsame Geräusche in der Nacht und gelegentlich stellten sie fest, dass irgendjemand offenbar ihre Fahrzeuge umgestellt hatte, ohne einen von ihnen aufzuwecken. Mehr als einmal hatten einige Mitglieder der Familie denselben Traum, verstörende Persiflagen, in denen sie kopfüber durch dunkle Wälder flogen oder gespenstische Verfolgungsjagden durch labyrinthartige Gebäude unternahmen, während gestaltlose böse „Dinge" sie verfolgten. Die meisten der Craddocks hatten das Gefühl, dass irgendjemand sie beobachtete, aber nicht mit wohlwollenden Absichten.

Dieser grundlegende Sinn für Verfolgungswahn und Unpässlichkeiten war die ursprüngliche Motivation für den Widerwillen der Familie, den Zirkus aufzugeben und dauerhaft irgendwo Wurzeln zu schlagen, auch wenn es so scheint als seien die Tage des Zirkuslebens gezählt.

Das Zuhause der Craddocks

Die Craddocks leben in mehreren Wohnmobilen, die gemeinsam mit ihren anderen Fahrzeugen die Karawane der Familie bilden. Wenn sie für einen längeren Zeitraum an einem Ort bleiben, nutzen sie Campingplätze und Wohnwagenparkplätze, wo sie gelegentlich auch Kontakt zu den Bewohnern dieser Orte knüpfen.

Derzeit besteht der Haushalt der Craddocks aus drei Familien. Matthew Craddock, das Familienoberhaupt, lebt mit seiner zweiten Frau Marina und ihren drei jungen Kindern in einem Wohnwagen.

Matthews ältester Sohn Daniel und seine Frau Olivia bewohnen gemeinsam mit ihren Zwillingstöchtern und ihrem Sohn im Kleinkindalter ein zweites Wohnmobil. Cerise, Matthews älteste Tochter, ihr Ehemann Alexander Paton und ihr kleiner Sohn Christopher wohnen in einem Winnebago, das aufgrund seiner Größe auch als allgemeiner Treffpunkt für die Familie dient, wenn Zusammenkünfte erforderlich sind.

Andere Craddocks, Tanten, Onkel, Vettern und nicht näher definierte Verwandte haben einzelne Wohnwagen, zu Wohnwagen umgebaute Lieferwagen oder sie kampieren in Zelten, wenn die Familie in einer Stadt anhält. Diejenigen unter ihnen, die nicht auftreten, arbeiten als Fahrer, übernehmen Instandhaltungsarbeiten und stellen die allgemeine Truppe der Familie.

Die Familie Craddock

Die unten aufgeführten Familienmitglieder stellen nur einen Teil der erweiterten Familie Craddock dar. Sie sollten nach Belieben Familienmitglieder hinzufügen oder weglassen, wie es Ihren Anforderungen entspricht.

Matthew Craddock, der Zirkusdirektor

Matthew Craddock trägt die Verantwortung für die Familie Craddock und den fahrenden Zirkus seit seine Eltern vor drei Jahren bei einem Autounfall starben, als ihr Laster auf dem Rückweg zum Winterquartier des Zirkus in der Nähe von Columbus, Ohio, von einer vereisten Brücke abkam. Ihre Tode wurden als Unfall eingestuft, da es in dieser Nacht einige weitere Verkehrsunfälle gegeben hatte. Matthew, der zu dem Zeitpunkt ebenfalls im Fahrzeug gesessen hatte, wurde unversehrt geborgen, aber seine beiden Eltern starben noch am Unfallort.

Matthew lebt mit der Schuld des Überlebenden, weil er in dieser Nacht darum gebeten hatte, dass man ihn abholen und zum Zirkus zurückfahren sollte, nachdem seine Pläne für eine Übernachtung in Columbus abgesagt worden waren. Sein Vater hatte sich bereiterklärt, ihn außerhalb eines Clubs in der Nähe des Hotels abzuholen, in dem er ursprünglich die Nacht verbringen wollte. In letzter Minute entschied sich seine Mutter dazu, ihren Ehemann zu begleiten.

Was Matthew keinem erzählt hatte, war, dass er auf dieser Heimfahrt, auf der Schnee und Eisregen seine Sicht behinderten, seinen Eltern gestanden hatte, dass er in Columbus mit einer Frau ausgegangen war und nun die Absicht hatte, sich nach einer letzten gemeinsamen Nacht von ihr zu trennen. Sie hatte sich anders entschieden und ihn überstürzt verlassen und ihn mit verletzten Gefühlen und keinem Platz zum Übernachten zurückgelassen. Er glaubt, dass sein Vater so erschüttert darüber war, dass er seine Frau betrogen hatte, mit der er erst seit wenigen Jahren verheiratet war, dass er es versäumte, beim Überqueren der Brücke das Tempo zu drosseln, obwohl dort Warnzeichen wegen überfrierender Nässe angebracht waren.

Matthew glaubt, dass er nicht hätte überleben sollen, hat sich seitdem aber wie besessen seiner Frau und seinen kleinen Kindern verschrieben sowie dem Zirkus. Der Gedanke, dass der Zirkus unter seiner Obhut untergehen könnte, macht ihm Angst, insbesondere deshalb, weil er nie ein anderes Leben kennengelernt hat.

Andere Familienmitglieder und Freunde, die nicht wissen, was Matthew weiß, glauben, dass der Tod von Adam und Leonore einem weiteren merkwürdigen Umstand aufgrund des „Familienfluchs" geschuldet ist. Selbst Matthews Frau, die gesehen hat, wie seine Eltern aufgebrochen sind, um ihn abzuholen, schwört, dass sie etwas gesehen hat, das wie eine schattenhafte Gestalt aussah, die hinter dem Paar hergeschlichen ist, als sie ins Auto gestiegen sind. Inzwischen glaubt sie, dass sie den Geist von einem von beiden gesehen hat.

Matthews Aufgabe im Zirkus besteht darin, die Darbietungen anzukündigen. Während der Vorführung ist er der Inspizient und führt die Bücher, wobei ihm sein Abschluss in Buchhaltung sehr gelegen kommt. Er hat kürzlich Führerscheine für das Führen der meisten Arten von Nutzfahrzeugen gemacht und hat damit begonnen, Onlinekurse im Bereich Reparaturen im Haushalt und Fahrzeugreparaturen zu belegen.

Matthew ist Ende 40, aber die Falten in seinem Gesicht lassen ihn 10 Jahre älter wirken. Er hat gelocktes schwarzes (ergrauendes) Haar, einen olivfarbenen Teint und blasse bernsteinfarbene Augen, die von seiner Familie manchmal als „Wolfsaugen" bezeichnet werden. Er ist sauber rasiert, muss sich aber zweimal am Tag rasieren, um so zu bleiben. Er treibt Sport und leistet seinen Anteil an der körperlichen Arbeit für den Zirkus, weshalb er sich bester Gesundheit erfreut und eines muskulösen Körperbaus. Er kleidet sich tendenziell lässig, seine Lieblingskleidung sind Latzhosen, bequeme Schuhe und Rollkragenpullover oder Shirts und Pullis. Seine Charakterzüge lassen innere Stärke vermuten und er handelt entschlossen, wenn es um seine Familie und den Zirkus geht, aber scharfsinnige Leute können eine gewisse Zerbrechlichkeit unter der Oberfläche erkennen, als wäre er verzweifelt darum bemüht, allem immer einen Schritt voraus zu sein, um zu verhindern, dass alles auseinanderfällt. Matthew Craddock wird ständig von seiner Vergangenheit heimgesucht.

Marina Crayton Craddock, der "Schwan"

Marina Crayton heiratete Matthew Craddock ein Jahr, nachdem seine erste Frau, Ramona, an Krebs gestorben war. Marina war eine enge Freundin Ramonas und war bei ihrer Hochzeit mit Matthew die Trauzeugin gewesen. Als Ramona die Nachricht erhielt, dass sie eine aggressive Form von Krebs hat, nahm sie Kontakt mit Marina auf und bat sie darum, bei ihr zu bleiben und ihr im letzten Stadium ihrer Krankheit Gesellschaft zu leisten, damit ihr Ehemann sich nicht entscheiden musste, bei ihr zu bleiben oder sich um den Zirkus zu kümmern. Ramona lebte nach ihrer Diagnose nur noch sechs Monate, aber in dieser Zeit hatte Marina damit begonnen, sich wie ein Teil der Familie zu fühlen. Es war Ramonas letzter Wunsch vor ihrem Tod, dass ihr Ehemann und Marina versuchen sollten, miteinander glücklich zu werden. Deshalb wurden Marina und Matthew ein paar Jahre später verheiratet.

Anfangs hatten die beiden Schwierigkeiten damit, sich an das Leben miteinander und ohne Ramona zu gewöhnen. Marina hatte das Gefühl, dass Ramonas Geist sie ständig beobachtete, um sicherzugehen, dass sie Matthew glücklich machte, während Matthew das Gefühl hatte, dass Ramonas Anwesenheit zwischen ihm und seiner neuen Frau stand. Auch wenn Marina es nicht weiß, war das einer der Gründe dafür, dass Matthew in den ersten Jahren Trost außerhalb seiner Ehe suchte.

Marina glaubt, dass der Tod von Matthews Eltern notwendig war, um in ihm den Wunsch zu wecken, dass ihre Ehe funktionierte, und sie schließt sie jede Nacht in ihre Gebete ein. Trotz des Altersunterschiedes zwischen ihnen (Matthew ist 47 und Marina ist 25) liebt Marina Matthew und genießt die Zuneigung, die er ihr und der Familie entgegenbringt. Vor allem aber liebt sie ihre Kinder, die Zwillingsmädchen Tabitha und Talitha, deren Spitznamen

„Dornröschen" und „Schneeblume" sind, und ihren kleinen Sohn Adam, der nach Matthews Vater benannt ist.

Marina hat in ihrer Kindheit Ballettunterricht genommen und hat ihre Fähigkeiten in ihre Zirkusvorführung integriert. Marina wird als „Der Schwan" angekündigt und führt eine Variation von „Schwanensee" vor, in der Ballett, Gymnastik und Modern Dance in einer äußerst dramatischen Soloperformance zusammenfließen, die in letzter Zeit für die Erwachsenen, die sich die Vorführung ansehen, zum Highlight der Zirkusvorführung avanciert ist.

Marina ist auch eine talentierte Schneiderin und hilft bei den Kostümen für die Darsteller. Außerdem übernimmt sie einen Großteil des Kochens für die Familie, die die Gewohnheit entwickelt hat, gemeinsam zu essen, um Zeit und Geld zu sparen.

Marina ist groß und blond und die Eisprinzessin zur dunkelhäutigen und geerdeten Ausstrahlung ihres Ehemannes. Sie meditiert, wodurch es ihr möglich ist, eine ruhige Miene zu zeigen, ganz gleich, was gerade um sie herum passiert, wobei die Eskapaden ihrer Kinder sie häufig laut lachen lassen. Wenn sie nicht gerade auftritt, ist ihr Kleidungsstil züchtig und bequem. Als „Der Schwan" ist sie eine ätherisch schöne und begehrenswerte Königin des Tanzes.

Daniel Craddock, der "König am Hohen Trapez"

Matthews Sohn Daniel, inzwischen 25 Jahre alt, wurde für den Zirkus geboren. Er ist athletisch und war als Kind ein kleiner Draufgänger. In das Trapez und Hochseilakte im Allgemeinen ist er ganz vernarrt. Schon sein ganzes Leben lang ist er ein Fan der Flying Wallendas, der deutschstämmigen Hochseil-Zauberer, die trotz ihrer Geschichte tödlicher Stürze zu den Stars des Zirkusses der Ringling Brothers wurden. Daniel ist entschlossen, in ihre Fußstapfen zu treten, und hat deshalb die Kunst des Hochseiltanzes und des Trapezes bei jedem studiert, der ihm etwas beibringen konnte.

Genau wie seine Helden arbeitet auch Daniel ohne Sicherheitsnetz, ein ständiger Streitpunkt zwischen ihm und seiner Frau Olivia. Seine immer gefährlicheren Darbietungen sind inzwischen der größte Zuschauermagnet für den Zirkus, also selbst, wenn er lieber auf Nummer sicher gehen würde, müsste er es ablehnen, um auch weiterhin das Publikum anzulocken. Wenn er nicht gerade trainiert oder immer gefährlichere Darbietungen entwickelt, hilft Daniel dabei, die Fahrzeugflotte instand zu halten und hilft außerdem bei den Kostümen mit, denn er konnte sich ein wenig Wissen aneignen während der Winter, in denen er für einen Schneider gearbeitet hat und in seinen Kursen in Hauswirtschaft, die er an der High School belegte.

Daniel ist eine etwas kleinere und drahtigere Ausgabe seines Vaters. Er trägt sein lockiges Haar lang und lässt sich seit Kurzem einen Schnurrbart stehen, wobei in dieser Sache das letzte Wort noch nicht gesprochen ist. Er trägt Kleidung, die seinen stattlichen Körperbau betonen, denn er betrachtet sich selbst als Aushängeschild für seine Darbietung. Er liebt seine Frau inbrünstig, aber die Gefahr liebt er noch mehr. Das könnte für die Zukunft nichts Gutes verheißen.

Olivia Hines Craddock, der "Feuervogel"

Olivia Hines liebt Daniel schon fast ihr ganzes Leben lang. Ihr Vater, der inzwischen verstorben ist, war ein langjähriger Freund von Matthew Craddock. Olivia und Daniel sind zusammen aufgewachsen, sind zusammen in Schwierigkeiten geraten und teilten die Liebe für riskante Unterfangen.

Olivia ist eine talentierte Akrobatin und Pferdereiterin und hat im Zirkus ihre eigenen Nummern. Sie lockt ein großes Publikum an, das sich nicht nur an Schönheit und Geschick erfreut, sondern auch am Anblick einer Frau auf dem Rücken eines Pferdes, die sich wie eine mystische Sagengestalt gibt. Gemeinsam mit Cerise, Daniels Schwester, sind die beiden Frauen ein Duo ohne Sattel, das die Menge ständig in Atem hält.

Als „Der Feuervogel" gibt Olivia ihre akrobatischen Fähigkeiten zum Besten und integriert das Feuer in verschiedene Teile ihres Auftritts. Anders als ihr Ehemann arbeitet sie allerdings immer mit einem Netz und redet immer wieder auf ihn ein, es ihr gleichzutun. Mit dem Erwachsenwerden hat sie ein Verantwortungsgefühl für ihre persönliche Sicherheit entwickelt, das ihrem draufgängerischen Ehemann offensichtlich abgeht.

Olivia ist ein feuriger Rotschopf mit dem Körper einer Athletin und dem Gesicht eines Engels. Sie stylt ihr langes rotes Haar passend zu ihrem Auftritt und trägt es in einer kunstvollen Hochsteckfrisur wie „Der Feuervogel", um es vor den Flammen zu schützen. Für ihre Reitdarbietung trägt sie es ansonsten lang und wallend in einem langen Zopf. Sie ist unfähig, ihre Gefühle zu verbergen und äußert ihre Meinung lautstark, auch dann, wenn sie der Meinung ist, dass irgendjemand (zum Beispiel ihr Ehemann) sich wie ein Idiot aufführt.

Alan Paton, der "Leitwolf"

Alan Paton hat schon immer davon geträumt, beim Zirkus zu sein. Er hatte eine Gabe, Dinge zu treffen – nicht so sehr andere Menschen – und nicht mit seinen Fäusten, sondern mit seinem Wurfarm und seiner ausgeprägten Treffsicherheit. Als hervorragender Messerwerfer, Meisterschütze mit seinem Gewehr, seiner Pistole und mit Pfeil und Bogen nutzte er die Ankunft des Zirkus in seiner Kleinstadt in Minnesota, um den Craddocks sein Können vorzuführen. Außerdem fiel ihm die junge Cerise Craddock ins Auge und er wiederum erregte ihre Aufmerksamkeit. Adam Craddock engagierte ihn vom Fleck weg.

Während er an seinen zahlreichen Nummern herumfeilte, demonstrierte Alan gleichzeitig auch sein Können mit den Tieren der Familie, insbesondere mit den Hunden. Irgendwie gelang es ihm, sie dazu zu bringen, außergewöhnliche Tricks zu vollführen, wie zum Beispiel durch Feuerreifen springen und über Drahtseile zu laufen, die in der Luft gespannt waren. Nur jemand, der ein äußerst feines Gespür für die Sprache der Tiere hatte, konnte erkennen, dass der Gehorsam, den die Hunde zeigten, ihrer Angst vor der Einschüchterung durch Paton erwuchs.

Obwohl Alan und Cerise schon seit 13 Jahren verheiratet sind, ist ihre Beziehung alles andere als harmonisch. Cerise mimt die Gleichgültige, wenn es um die Gefühle für ihre Familie geht. Sie weiß wohl, dass Alan zu einem wertvollen Teil des Zirkusses geworden ist, aber sie nahezu von Anfang an das Opfer von Alans emotionalem und verbalem Missbrauch gewesen ist. Indem er seine Zuneigung und seine Anerkennung strategisch gewährt und vorenthält und seine Fähigkeit, mit Worten umzugehen, einsetzt, um Cerise herabzuwürdigen, wenn sie ohne seine Zustimmung oder seine Erlaubnis handelt, hält er sie in einem andauernden Zustand nervöser Anspannung und sie ist sprungbereit, wenn jemand sie auch nur berührt oder in rauem Ton mit ihr spricht. In all ihren gemeinsamen Jahren hat Alan sie niemals körperlich verletzt. Stattdessen setzt er seine physische Attraktivität ein, um sie zu dominieren. Und er sorgt dafür, dass sie sich darüber im Klaren ist, dass sie sein Eigentum ist und dass er sie jederzeit verletzen könnte – oder ihren Sohn – wann immer ihm danach ist. Cerise hat ihn niemals herausgefordert oder mit irgendjemandem aus ihrer Familie darüber gesprochen.

Alans stolzester Besitz ist allerdings nicht Cerise, sondern ihr Sohn Gideon. Alan ist sehr sorgfältig darum bemüht, sicherzustellen, dass Gideon ihn vollkommen liebt und dass der Junge nahezu alles tun würde, um seinem Vater zu gefallen. Mit Gideon legt er viel Geduld und Verständnis an den Tag, was in starkem Kontrast steht zu seinem Verhalten gegenüber Cerise, und er hat bemerkt, dass sein Sohn inzwischen dazu neigt, seine Mutter mit denselben wertenden Vorurteilen zu betrachten wie Alan. Tief in seinem Inneren weiß Alan, dass er Gideon auf irgendetwas vorbereitet. Er weiß nur noch nicht, was es ist.

Die Wahrheit würde Alan wahrscheinlich schockieren, wenn er sie kennen würde. Er hat nicht nur in eine Familie von unerfahrenen Blutsgeschwistern eingeheiratet, er ist selbst ein Mitglied einer Familie von Blutsgeschwistern der Tänzer der Schwarzen Spirale, das durch den Stamm bewusst in Ahnungslosigkeit gehalten und dafür benutzt wurde, um Blutsgeschwister anderer Stämme auszumachen und zu verführen auf der Suche nach neuen Schwarzen Spiralen. Alans „Betreuer" ist ein Theurg der Schwarzen Spirale, der seine Gabe einsetzt, um Alan aus der Ferne dazu zu zwingen, bestimmte Handlungen auszuführen. Von Kindesbeinen an wurde Alan darauf konditioniert, sich auf eine bestimmte Weise zu verhalten, was seine subtile Art der Misshandlungen zu höchsten Stufen entwickelt hat. Ein Einsatz beim Militär, nachdem er während seiner Ausbildung zur Scharfschützenschule gegangen war, hat nicht nur sein Können im Umgang mit Fernkampfwaffen vervollkommnet, sondern auch seine Fähigkeit, ohne Skrupel Leben zu nehmen, falls es notwendig sein sollte.

Alan Paton ist ein hagerer, drahtiger Mann Ende 30 mit braunem Haar, das er kurz trägt, wie in der Armee. Er hat schöne, aber scharfkantige Gesichtszüge und stechende dunkelbraune Augen. Er strahlt eine animalische Anziehungskraft aus, die Menschen beider Geschlechter anzieht und es ihm erlaubt, sie zu beeinflussen, ohne ihnen für ihre Bemühungen etwas zurückgeben zu müssen außer einem widerwillig zustimmenden Nicken. Er kleidet sich in Schwarz, sowohl aufgrund seines Sinnes für das Dramatische als auch weil er in sehr dunklen Farben einfach am besten aussieht.

Cerise Craddock Paton, "Prinzessin des Tanzes"

Cerise ist Matthews Erstgeborene und Daniels um sechs Jahre ältere Schwester. Sie lebt für das Tanzen. In jüngeren Jahren wollte sie nichts mehr als eine klassische Ballerina zu werden, aber der rastlose Lebensstil der Familie machte es unmöglich, an irgendeinem Ort eine längere Ausbildung zu erhalten. Trotzdem nahm Cerise Unterricht, wann immer sie konnte, und sie wurde von ihren Eltern dazu ermutigt, die die Nützlichkeit ihres wachsenden Talentes als Tänzerin und als heranwachsende Schlangenfrau erkannten.

Cerises Liebe zu Tieren und ihre Verbundenheit mit den Katzen der Familie hat es ihr ermöglicht, eine humorvolle „Katzennummer" zu entwickeln, die sich zu einem der leichteren Höhepunkte des Zirkus entwickelt hat. Sie setzt Verkleidungen und Tricks ein und bringt die Katzen so dazu, sich durch eine Reihe von Hindernissen zu bewegen, auf ihren Hinterpfoten zu laufen und grundsätzlich jeden zu entzücken, der sich schon einmal für alberne Katzenvideos begeistern konnte. Gemeinsam mit Olivia, ihrer Schwägerin, tritt Cerise auch auf dem Pferderücken auf, zur Begeisterung des Publikums.

Ihre Solonummer besteht aus einer Kombination aus Tanzbewegungen und Vorführungen körperlicher Beweglichkeit und Verdrehungen, mit denen sie es mit einigen der besten Akrobaten Chinas aufnehmen kann. Sie hat offenbar großes Vergnügen an ihren Fertigkeiten und genießt die Anerkennung des Publikums mit einem Strahlen, das nur echt sein kann.

Cerise zieht zwar Anerkennung aus ihren Darbietungen, aber ihr Privatleben bringt ihr nichts als emotionale Folter. Um die grausamen, herabwürdigenden Bemerkungen ihres Ehemannes, und jetzt sogar ihres Sohnes, zu vermeiden, hat Cerise gelernt, sich so zu kleiden, wie Alan es von ihr erwartet, nur zu sprechen, wenn sie angesprochen wird, wenig zu essen, um zu verhindern, dass sie als „zu fett und hässlich, um aufzutreten" bezeichnet wird und niemals davon auszugehen, dass irgendein Bereich ihres Leben frei von Kritik ist. Sie ist in sich gekehrt und still geworden innerhalb der Familie, was eine Sanftmut vermuten lässt, die im krassen Gegensatz zu der Ausstrahlung steht, die sie als Künstlerin zur Schau stellt oder der frechen Überschwänglichkeit, die sie als Kind zeigte. Cerise erlaubt es sich selbst noch nicht einmal, Tränen zu zeigen, aus Angst, dass Alan sie hören könnte und sie aufgrund ihrer emotionalen Schwäche mit einer weiteren seiner verächtlichen Tiraden überziehen könnte. In letzter Zeit hat sie über Selbstmord nachgedacht, aber der Gedanke erschreckt sie. Trotzdem scheint es ihr manchmal, als wäre alles besser als das Leben, das sie gerade führt.

Tabitha Craddock ("Dornröschen) und Talitha Craddock ("Schneeblume")

Auch wenn sie noch im Kleinkindalter sind, zeigen die beiden zweijährigen Zwillingstöchter von Daniel und Olivia Craddock schon eine verblüffende Intelligenz und eine gespenstische Fähigkeit, miteinander zu kommunizieren, ohne zu sprechen. Darüber hinaus zeigen sie keinerlei Angst vor Tieren und scheinen sie von Natur aus verstehen zu können. Die Hunde, Katzen und Pferde der Familie betrachten die beiden Kleinkinder allesamt als Wesen, die ihres Schutzes bedürfen und Zuneigung verdienen. Was aus ihnen werden wird, bleibt abzuwarten.

Gideon Paton (Das schwierige Kind)

Schon im Alter von 11 Jahren zeigt Gideon Paton ein großes Interesse am Familienbetrieb, wobei er sich nach den Zeiten zurücksehnt, in denen die großen Tiernummern noch gefragt waren. Er versteht, dass Tiere nicht misshandelt werden sollten, aber er ist fasziniert von den Großkatzen, Bären aller Art und, ganz besonders, von Wölfen. In der letzten Zeit hat er seltsame Träume und hat ein Verlangen nach rohem Fleisch aller Art entwickelt. Er empfand Glückseligkeit, als er im Alter von 6 Jahren Sushi für sich entdeckte, aber jetzt, nachdem er zum ersten Mal ein Steak Tatar gekostet hat, glaubt er, niemals wieder zum Medium Rare zurückkehren zu können. Er hat Fantasien davon, ein großes Raubtier zu sein und manchmal tut er so, als würde er seine Beute verfolgen (die Hunde und Katzen der Familie), wenn er spielt. Er erlernt Sturz- und Akrobatiktechniken, aber eigentlich möchte er lieber Kämpfen lernen.

Gideon kommt größtenteils nach der Craddockseite seiner Familie. Er hat einen drahtigen Körperbau, dunkle Locken und einen olivfarbenen Teint und lässt bereits vermuten, das er einmal ein sehr attraktiver Mann werden wird. Von seinem Vater hat

Gideon den voreingenommenen Charakter geerbt, insbesondere gegenüber seiner Mutter, die er jetzt durch die Augen seines Vaters sieht. Er versteht noch nicht alles, was er emotional gegenüber seinen Eltern empfindet, aber er weiß, dass er alles tun wird, um die Anerkennung seines Vaters zu bekommen und dass seine Mutter eine schwache Person ohne Kampfgeist ist. Seine Eltern glauben zwar, dass er ein glückliches Kind ist, aber Gideon wird von seinen Träumen gequält und von dem Gefühl, dass irgendetwas in seinem kurzen Leben bald vorbei sein wird.

Ansatzpunkte für die Geschichte

• **Alles in der Familie:** Eines Nachts, nachdem der Zirkus in einer Kleinstadt aufgetreten ist, macht das Heulen der Hunde die Familie darauf aufmerksam, dass etwas nicht stimmt. Als die Familie nach der Ursache für die Störung sucht, findet sie Cerises Körper, der im Stall ihres Lieblingspferdes liegt, in der Hand hält sie noch eine leere Flasche mit Schlaftabletten. Sie atmet kaum noch und kann gerettet werden, je nachdem, wie die Familie reagiert. Das führt dazu, dass die Familie herausfinden möchte, was sie an diesen dunklen Ort führte. Die darauffolgenden Nachforschungen könnten die Familie auf die verborgenen Misshandlungen aufmerksam machen, die mitten unter ihnen stattgefunden haben. Die Wellen, die dies nach außen hin schlagen könnte (die Möglichkeit, dass Cerise sich Hilfe sucht; Alans Widerwille, dasselbe zu tun; Mordverdächtigungen, falls Cerise stirbt), könnten entweder die örtlichen Garou oder die Wächter der Schwarzen Spirale (oder beide) auf die Existenz der Garou aufmerksam machen. Der Familie könnte eine übernatürliche Überraschung bevorstehen.

• **Der Spuk:** Die unheimlichen Ereignisse, die die Craddocks umgeben haben, nehmen urplötzlich eine erschreckende Wendung: Die Zwillingsmädchen Tabitha und Talitha glauben plötzlich, dass ihre Spitznamen echt sind und bestehen darauf, dass sie Dornröschen und Schneewittchen sind. Zunächst glaubt die Familie womöglich, dass das Paar einer Art von „Prinzessinnenfieber" verfallen ist und dass die Phase bald vorbeigehen wird. Als die Zwillinge sich im Zentrum eines metaphysischen Wirbelwindes aus Poltergeisterscheinungen zu befinden scheinen, sucht die Familie möglicherweise Hilfe für ihr Problem bei Außenstehenden. Kinderpsychologen erweisen sich als Sackgasse. Die Familie könnte es mit einem Exorzismus versuchen, stellt aber fest, dass die herkömmliche Variante auch nicht funktioniert. Die Situation droht außer Kontrolle zu geraten und ruft die übernatürliche Gemeinschaft auf den Plan, weil sich in den Grenzgebieten ihrer Gesellschaft ein Sturm zusammenbraut. Das könnte der Ansatzpunkt für eine übergreifende Chronik sein, in der Garou, Magi, Wechselbälger und Todesalben – sogar Vampire – sich ein Rennen liefern, um eine Lösung zu finden und Anspruch auf diese winzigen Quellen enormer Macht zu erheben.

• **Rückkehr der verschollenen Herde:** Ein Garou-Rudel hat plötzlich merkwürdige Träume, in denen Menschen, die sie noch nie zuvor gesehen haben, um Hilfe zu rufen scheinen. Diese Kuriositäten halten an, bis eines Abends, während einer Zusammenkunft, die einberufen wurde, um die Angelegenheit zu besprechen, ein Blutspürer mit der Nachricht von einem Erstling auftaucht. Das Problem ist nur, dass der Blutspürer kaum Hinweise auf den Standort der betroffenen Familie geben kann, da irgendetwas sie jetzt blockiert. Die Suche der Garou nach den Craddocks beinhaltet Kämpfe mit den Geistern, die von der Schwarzen Spirale abgestellt wurden, um die Familie zu bewachen, bevor sie die Craddocks ausfindig machen und Gideon in Sicherheit bringen können – und die Craddocks vielleicht darüber in Kenntnis setzen, dass ihr wahrer Platz in der Gesellschaft der Garou ist.

• **Wie sich der Wyrm dreht:** In einer anderen geisterhaften Variante verstärken sich die Heimsuchungen der Familie Craddock dramatisch und Matthew steht im Fokus. Trotz der Schwierigkeiten, die Familiengeschichte zurückzuverfolgen aufgrund ihrer kurzlebigen Lebensweise, könnten Mitglieder der Familie, oder vielleicht Matthew selbst, versuchen, Informationen über den Tod seiner Eltern zu bekommen, für den Matthew sich selbst die Schuld gibt. Wenn er vorliegende Informationen von der Polizei und möglicherweise aus Aufzeichnungen des Krankenhauses enthüllt, stellt er fest, dass der Tod seiner Eltern kein Unfall war, sondern stattdessen auf einen unbekannten Täter zurückzuführen ist. Versuche, den Mörder nach so vielen Jahren ausfindig zu machen, könnten schließlich zu der Entdeckung einer echten übernatürlichen Verbindung in der Familiengeschichte führen und letztendlich zu der Eröffnung, dass sie eine Familie von Blutsgeschwistern sind. Diese Art von Chronik könnte wie ein Rätsel oder wie eine Polizeiermittlung aufgebaut sein, bis die Geister des Wyrms und die Werwölfe, die für das Verbrechen verantwortlich sind, ans Licht kommen. Fans der Fernsehserie Supernatural könnten Spaß an einer Mischung aus Mystery und Horror haben.

• **Die Rückkehr des Wolfes:** Entweder durch das genealogische Informationsnetzwerk der Silberfänge oder durch das Surfen in Abstammungswebseiten in den sozialen Medien hat ein Garou den Namen der Craddocks als einen entdeckt, der ursprünglich zu den Blutsgeschwistern ihres Stammes gehörte. Jetzt hat das Spiel begonnen, denn die Garou beziehen wissende Blutsgeschwister in die Suche nach der verschollenen Familie mit ein. Sobald die Garou die Craddocks ausfindig gemacht haben, müssen sie entscheiden, wie sie die Nachricht überbringen. Blutsgeschwister könnten praktisch sein, um als Mittelsmänner dienen können, bis es zur unvermeidlichen „Enthüllungsshow" kommt. Diese Geschichte ermöglicht es dem Erzähler und den Spielern, den Fokus darauf zu legen, wie unerfahrene Blutsgeschwister zu wissenden werden.

Die Garrisons: Vögel ohne Grenzen (Wissend)

Die Familie Garrison als „professionelle Blutsgeschwister" zu bezeichnen, wäre sowohl im buchstäblichen als auch im metaphorischen Sinne wahr. Seit Generationen hat ihre Erblinie getreu den Corax gedient – insbesondere dem Hermetischen Orden des Eiligen Lichts – auf jede nur erdenkliche Weise, zu der jedes einzelne Familienmitglied am besten geeignet war. In der Vergangenheit waren sie Krieger und Stellmacher, Folterer und Steuereintreiber, Schmuggler, Schriftgelehrte und Hafenarbeiter. In der heutigen Zeit ist es nicht anders. Nur die Fähigkeiten haben sich im Laufe der Jahre verändert.

Heute arbeiten die Garrisons (größtenteils) als Büroangestellte für den Orden: Lehrer, Wissenschaftler, Banker, Rechtsanwälte, Informationstechniker. Sie sind ein Teil der Infrastruktur, die die Erste Welt am Laufen hält, und über ihr ausgedehntes Netzwerk leisten sie wertvolle Dienste und bieten Zugang zu wichtigen Informationen für die Corax und ihre Verwandten.

Die Garrisons habe ebenfalls ihre eigenen Beweggründe, Begehrlichkeiten, Unzulänglichkeiten und Geheimnisse. Wer einem Garrison dabei helfen kann, seine Ziele zu erreichen, wird womöglich feststellen, dass er jetzt einen Verbündeten fürs Leben gefunden hat, aber kein Bündnis ist ganz frei von Bedingungen, und die Garrisons befinden sich in einer wahrlich heiklen Situation.

Die Garrisons einsetzen

Die Loyalität der Garrisons gehört zwar in erster Linie den Corax, aber auch andere, die sie von ähnlichen Zielen überzeugen können, erkennen in ihnen möglicherweise eine wertvolle Quelle sowohl für professionelle Dienstleistungen als auch für Informationen. Solange sie durch die Erfüllung von Aufträgen nicht Gefahr laufen, in den Augen ihrer gestaltwandelnden Verwandten in Ungnade zu fallen, dürfte es nicht schwierig werden, die Blutsgeschwisterfamilie davon zu überzeugen, bei Aufgaben Hilfestellung zu leisten, die im Dienste Gaias geschehen.

Da ihre zahlreichen Einsätze für den Hermetischen Orden des Eiligen Lichtes sie mit einer großen Bandbreite an Informationsquellen in Kontakt bringen, könnten die Garrisons mühelos (entweder einzeln oder als Gruppe) als Kontakte dienen, die als Aufhänger für die Geschichte herangezogen werden können, um die Protagonisten in ein Abenteuer zu führen. Als Verbündete verfügen sie über ein breites Angebot an Berufsfertigkeiten, die für die Garou oder andere Gestaltwandlerrassen nützlich sein könnten, vorausgesetzt, diejenigen, die ihre Hilfe suchen, können die Loyalität der Blutsgeschwister gewinnen (oder es lohnt sich für sie).

Allerdings sind die Garrisons stolz, und Beleidigungen ihnen gegenüber oder gegenüber ihrer Familie werden nicht auf die leichte Schulter genommen. Wer ihnen das Gefühl gibt, weniger wert zu sein, weil sie keine Gestaltwandler sind, wird feststellen, dass Anfragen stoisch abgeblockt werden.

Die Garrisons gehören zwar zu „den Guten", aber Spielercharaktere könnten auch mit der Familie aneinandergeraten. Die Garrisons nehmen ihre Pflichten äußerst ernst, also wenn sie damit beauftragt werden, Informationen über die Spieler zu sammeln oder gegen sie vorzugehen, werden diese Blutsgeschwister alles tun, was in ihrer Macht steht, um zum Ziel zu gelangen. Wenn sie als Verbündete schlecht behandelt werden, werden sie ebenfalls nicht zögern und Vergeltung üben. Sie mögen zwar „nur" Blutsgeschwister sein, aber die Garrisons sind, als Person, entschlossene Persönlichkeiten und als wissende Blutsgeschwister wissen sie durchaus, wie sie sich und die Ihren gegen jeden verteidigen können, den sie für eine Bedrohung halten. Sie werden nicht zögern, die Fäden zu ziehen, Gefallen von früheren Verbündeten einzufordern oder ihr breites Spektrum an Berufsfertigkeiten einzusetzen, um all jenen, die ihnen übel mitspielen, das Leben sehr unangenehm zu machen.

Familiengeschichte

Die Erblinie der Garrisons hat ihren Ursprung auf den Britischen Inseln, und die Familie Garrison in den Vereinigten Staaten kann ihre Erblinie bis zur Mayflower zurückverfolgen, eine Tatsache, auf die sie äußerst stolz sind. Unglücklicherweise hat dieser Stolz sie dazu gebracht, vorwiegend Heiraten innerhalb angemessener (z. B. nahezu reine Corax-Blutsgeschwister) Blutlinien zu arrangieren. Die arrangierten Verbindungen und eine Generation nach der anderen in einem begrenzten genetischen Pool haben zu rückläufigen Fruchtbarkeitsraten in der Familienerblinie geführt – und zu der (mehr als) gelegentlich vorkommenden geistigen Verschrobenheit.

Seit Jahren hat das Patriarchat der Garrisons diese Tatsachen weitgehend ignoriert, allerdings nicht die Corax selbst, die sich immer seltener in der Lage gezeigt haben, die Gabe, ein Corax zu werden, an die genetisch geschwächte Familie weiterzugeben. Frühere Generationen ignorierten diesen Rückgang oder machten andere Faktoren dafür verantwortlich. Die aktuelle Familie hat sich allerdings dazu entschlossen, die Dinge selbst in die Hand zu nehmen.

Verzweifelt darum bemüht, seine im Niedergang befindliche Erblinie zu stärken (und vielleicht für seine Nachkommen die Gunst wiedererlangen zu können, für den Ritus des Fetischeis ausgewählt zu werden), hat Isaac Garrison sowohl offenkundige als auch verborgene Maßnahmen ergriffen. Er hat Gefallen eingefordert, um seine Erblinie an die der Gillanis zu binden, eine starke Blutsgeschwisterfamilie der Corax aus Südasien, und Gerüchten zufolge waren das weder die ersten noch die bedeutendsten Fäden, die das Familienoberhaupt gezogen hat in dem Versuch, die Tauglichkeit seiner Familie in den Augen ihrer gestaltwandelnden Verwandten wiederherzustellen. Ironischerweise waren es nicht seine Taten, sondern die seiner Schwiegertochter, die der Familie ihren ersten latenten Corax seit Generationen gewährt haben.

Das Familiengeheimnis

Eine Familie wie die Garrisons ist voller Geheimnisse. Manche von ihnen werden zwar stark vermutet, aber man spricht nicht darüber. Darunter ist auch die Tatsache, dass Ethan nicht Isaacs leiblicher Sohn ist. Jeder, der den schwächlichen Körperbau von Isaac, John und praktisch jedem anderen Mitglied der Garrison-Erblinie in den letzten Generationen sieht, könnte den Verdacht schöpfen, dass Ethans genetischer Aufbau möglicherweise durch ein bisschen frisches Blut erreicht wurde. Das wahre Geheimnis ist allerdings nicht, dass Isaac ein betrogener Ehemann ist, sondern, dass er das Arrangement selbst getroffen hat, in einem frühen Versuch, die Erblinie seiner Familie zu erneuern. Die Einzelheiten kennen nur Isaac und seine kürzlich verstorbene Frau, aber Isaac betrachtete das „Experiment" zunächst als Erfolg. Als der Junge allerdings damit anfing, zu rebellieren und einen begrenzten Intellekt zu zeigen, überdachte Isaac seine ursprüngliche Einschätzung und machte sich daran, stattdessen neue Pläne für die nächste Generation zu entwerfen.

Das Zuhause der Garrisons

Aufgrund ihrer vielfältigen Berufswege verbringen die Garrisons eine Menge Zeit über den gesamten Erdball verstreut, aber „Zuhause" ist ein jahrhundertealtes Bauernhaus, das von fünf Morgen Ackerland und Wald umgeben ist. Isaacs Ur-Urgroßvater ließ das Haus kurz nach der Jahrhundertwende bauen und zahlreiche Generationen von Garrisons haben seither dort gewohnt. Jetzt leben John und Jacob dort, gemeinsam mit Johns Bruder Ethan und Ethans Frau Tara, die dort einzog, kurz nachdem Mahnaz zu Feldstudien abberufen wurde.

Isaacs Mobilität erlaubt es ihm nicht mehr, sich in der mehrgeschossigen Wohnstätte zu bewegen und sein Stolz lässt es nicht zu, dass er Treppenlifte oder andere Vorrichtungen einbauen lässt, die es ihm ermöglichen würden. Stattdessen hat er eine Wohnung im Erdgeschoss in der nahegelegenen Stadt angemietet, von wo aus er den Garrison-Clan weiterhin managt.

Saradar besitzt noch immer eine luxuriöse Eigentumswohnung im obersten Stockwerk in Karachi, Pakistan (zusammen mit zahlreichen Anlageimmobilien auf der ganzen Welt), obwohl er in die Vereinigten Staaten gezogen ist, nachdem er kürzlich in den Ruhestand gegangen ist, um näher bei seiner Tochter und seinem einzigen Enkelkind zu sein. Er ist für sein Alter noch rüstig und erfreut sich bester Gesundheit, weshalb er immer noch ausgedehnte Reisen unternimmt und auch im Ruhestand noch Geschäfte als Berater mit seinen früheren Angestellten macht.

Die Familie Garrison

Isaac Garrison, das zukunftsorientierte Familienoberhaupt

Das Zuhause aus Isaacs Kindheit wurde gebaut, um Dutzende von Kindern zu beherbergen, wobei diese Perspektive selbst vor einem Jahrhundert schon eher eine Hoffnung als eine Erwartung war. Jahre der Inzucht haben die Erblinie der Garrisons mit Unfruchtbarkeit, schlechter Gesundheit und anderen genetischen Schwierigkeiten verflucht. Als er geboren wurde, waren seine beiden Elternteile (eine arrangierte Heirat zwischen Cousin und Cousine zweiten Grades) bereits beide Einzelkinder und Isaac selbst kam erst zur Welt, nachdem seine Mutter zahlreiche Fehlgeburten und einige Totgeburten erlitten hatte und den Tod seiner älteren Schwester im frühen Kindesalter

Isaacs Familie hat ihn schon in seiner Kindheit in seine Pflicht eingeführt und Isaac nahm seine Verantwortung ernst. Er heiratete die entfernte Verwandte, die sie für ihn ausgesucht hatten und lernte mit der Zeit, seine Braut zu respektieren, wenn auch nicht besonders zu lieben. Als er sah, dass sie unter den Anforderungen zu leiden hatte, die auch seine Mutter im Hinblick auf Schwangerschaft und das Kinderbekommen gequält hatten, entschied Isaac, dass die bisherigen Methoden, um die genetische Reinheit zu sichern, in Wahrheit der Familie schadeten, und er machte sich daran, Möglichkeiten zu finden, um das Fortbestehen seiner Erblinie zu sichern und einen Teil des Schadens wiedergutzumachen, den die vorangegangenen Generationen angerichtet hatten.

John Garrison, der Technik-Geek

John wurde in einem gefährlich frühen Stadium geboren und war immer ein kränkliches, unterentwickeltes Kind. Sein Verstand war allerdings stark, genau wie sein gutgelauntes Gebaren. Unglücklicherweise reicht keines von beiden aus, um ihm wirklich die Anerkennung seines strengen und autoritären Vaters einzubringen.

Von dem Augenblick an, in dem sein Bruder geboren wurde, lebte John körperlich im Schatten seines jüngeren, aber stärkeren Geschwisters. Überraschenderweise hat das allerdings den Älteren nicht verbittert. John vergöttert Ethan nicht nur, er hat auch seinen eigenen (häufig selbstironischen) Sinn für Humor darin gefunden, sich von dem jüngeren Garrison-Bruder vor Hänseleien retten und beschützen zu lassen.

Er verbrachte Jahre mit Lesen, Lernen und der Bastelei mit Computerbits und entwickelte sich schließlich soweit, dass er ein volles Stipendium am MIT bekam und eine erfolgreiche Karriere in der Informationstechnologie begann, in der er für eine der Satellitenfirmen des Hermetischen Ordens des Eiligen Lichtes arbeitete. John lernte Mahnaz kennen, als sie beide an der Ostküste studierten und er hat keine Ahnung, dass ihre Beziehung von Isaac sorgfältig eingefädelt und gepflegt wurde und sämtlichen weltlichen und übernatürlichen Gefallen, die er von früheren Verbündeten einfordern konnte, geschuldet ist.

Ganz gleich, wie es dazu kam, John liebt Mahnaz und ihren Sohn von ganzem Herzen. Er ist ein hingebungsvoller Vater und als Mahnaz kürzlich einen Forschungsauftrag außer Landes erhielt, richtete er es so ein, dass er den Großteil seiner Arbeit in Teleheimarbeit leiste konnte, um mehr Zeit mit ihrem Sohn verbringen zu können.

Dr. Mahnaz Garrison, die Umweltexpertin

Mahnaz wurde in Karachi, Pakistan geboren, in eine gut situierte Familie aus Fachkräften. Ihr Vater war ein Investment-Banker, ihre Mutter eine Firmenanwältin, und als ihr einziges Kind wuchs Mahnaz mit sämtlichen Vorzügen auf. Nach dem „Unfalltod“ ihrer Mutter verbrachte Mahnaz ihre Teenagerjahre und ihre frühen Zwanziger in Großbritannien, wo sie ein Studium absolvierte, bevor sie in die Vereinigten Staaten zog, um dort ihren Doktor in Umweltstudien zu machen.

Mahnaz ist eine eifrige Studentin und hat ein ernstes Wesen, das ruhige Gegenstück zur komödiantischen Persönlichkeit ihres Ehemannes. Ihre Collegeliebe zu Coyle war eine kurze Phase der Leidenschaftlichkeit, die sie John gegenüber niemals erwähnt hat, auch nicht, als die Corax nach Jacobs Geburt wieder in ihr Leben trat.

Mahnaz traf John Garrison an der Universität und verliebte sich in ihn. Sie wurden einander durch scheinbar zufällige Umstände vorgestellt, die tatsächlich aber von Isaac eingefädelt wurden, ohne das Wissen seines Sohnes. Die beiden heirateten kurz nach dem Abschluss und ihr Sohn Jacob wurde ein paar Jahre später geboren.

Mahnaz ist eine talentierte Wissenschaftlerin und wurde kürzlich für einen einjährigen Forschungsauftrag ausgewählt, ein Auftrag, der in Wahrheit daraus besteht, Fernsensoren einzurichten, um mutmaßliche Manipulationen der Umwelt durch Pentex-Organisationen zu überwachen. Sie hasst es, von ihrer Familie getrennt zu sein und bleibt über regelmäßige Videochats und Anrufe mit ihnen in Kontakt.

Jacob Garrison, der latente Corax

Die meisten Eltern glauben, dass ihr Kind etwas Besonderes ist, aber in Mahnaz und Johns Fall wissen die beiden, dass es wahr ist. Coyle, ein „Freund“ aus Mahnaz Jugendzeit, erwies dem jungen Blutsgeschwister eine große Ehre: Den Ritus des Fetischeis. Seitdem hat die Familie den Jungen mit angehaltenem Atem beobachtet und darauf gewartet, dass er erste Anzeichen für seine Erste Verwandlung zeigt.

Jacob ist ein gutes Kind. Wie seine beiden Eltern ist er schmächtig, obwohl er jetzt mit 11 durchaus Knie und Ellenbogen entwickelt. Er ist klug, hat aber zunehmend Schwierigkeiten damit, sich im Unterricht zu konzentrieren, worunter seine Noten leiden. Seine Lehrer haben empfohlen, ihn auf ADHS testen zu lassen, aber seine Familie glaubt, dass das nur die frühen Anzeichen dafür sind, dass das Fetischei sich auf das Schlüpfen vorbereitet und sein neues Schicksal entfesseln wird.

Ethan Garrison, der Rebell

Ganz gleich, wie pflichtschuldig eine Erblinie auch sein mag, es muss immer ein Mitglied geben, das aus der Reihe tanzt. Ethan entspricht dem in höchstem Maße. Als einziger Athlet in einer Familie von Intellektuellen hat Ethan sich auf das Körperliche konzentriert und sticht im Sport heraus. Außerdem entwickelte er sich zu einem ziemlichen Raufbold. Mit Charme und Betrügereien hat er es durch die High School geschafft und hat anschließend ein volles Stipendium als Footballspieler für eine staatliche Uni-

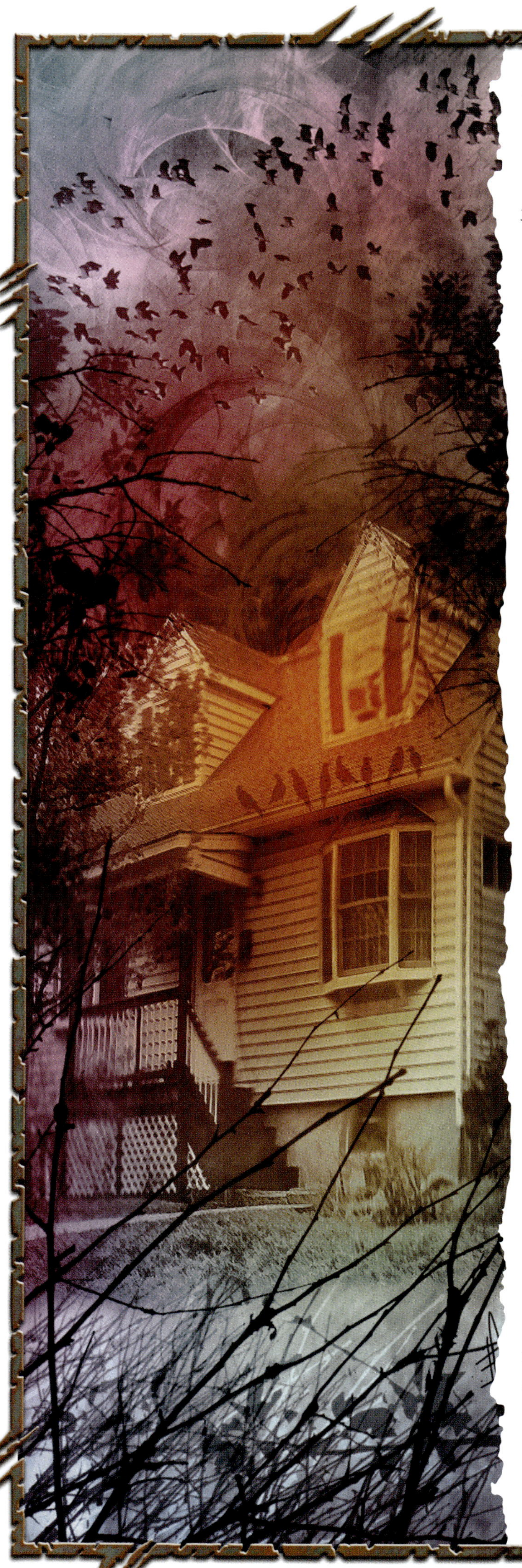

versität bekommen. Schlechte Noten und noch schlechteres Benehmen gefährdeten allerdings seine Karriere am College schon im ersten Semester und als er im zweiten Studienjahr positiv auf Partydrogen getestet wurde, war noch nicht einmal sein Trainer traurig, dass er gehen musste. Er hat sich seitdem mit wechselnden Gelegenheitsjobs durchgeschlagen, als Sicherheitsangestellter gearbeitet und als angeheuerter Schläger für den Orden gearbeitet.

Es war nicht vorgesehen, dass Ethan Tara heiratet, die kein Blutsgeschwister ist und nichts über die Corax oder die Pflicht der Garrisons weiß. Als er in seinem Elternhaus auftauchte mit seiner neuen Braut im Schlepptau, machte das seinen Vater sehr wütend, denn er hatte geplant, die Hochzeit seines jüngeren Sohnes zu arrangieren, sobald er das richtige Alter erreicht hatte. Die beiden sprechen kaum noch miteinander, wobei das keine neue Entwicklung ist.

Tara Garrison, die unerfahrene Verwandte

Anders als die übrigen Garrisons ist Tara kein Blutsgeschwister der Corax. Tatsächlich weiß sie nicht einmal, dass sie existieren. Ethan heiratete sie ebenso sehr deshalb, weil er seine Familie ärgern wollte (insbesondere seinen Vater) als aus jedem anderen Grund. Es gibt kein bisschen Liebe zwischen ihr und ihrem Ehemann. Ihre stürmische Romanze war schon sauer geworden, bevor sie und Ethan im Haus der Garrisons auftauchten, und nur ihr geldgieriges Wesen hält sie momentan noch dort.

Genau wie ihr Ehemann trinkt Tara sehr viel und verbringt ihre Abende am liebsten in den örtlichen Kneipen. Sie ist schon mit der örtlichen Polizei in Konflikt geraten aufgrund ihrer zahlreichen Trunkenheitsdelikte und wenn Isaac nicht ein paar Fäden gezogen hätte, damit die Anklagen gegen sie fallengelassen werden, säße sie wahrscheinlich hinter Gittern.

Saradar Gillani, der besorgte Schwiegervater

Genau wie die Garrisons hat auch Saradar Gillanis Erblinie den Corax seit vielen Generationen wissentlich gedient. Seine kürzlich verstorbene Frau, Mahnaz Mutter, stammte aus einer vergleichbaren Erblinie und ihre Heirat war arrangiert, um die beiden südasiatischen Blutsgeschwisterlinien besser miteinander zu verknüpfen. Im Laufe der Zeit lernten Saradar und seine Frau, sich zutiefst zu respektieren und zu mögen, aber er hoffte immer, dass seine Tochter einen Partner finden würde, den sie aufrichtig liebte.

Sowohl Gillani, ein Investment-Banker, als auch seine verstorbene Frau, eine Firmenanwältin, arbeiteten ihr gesamtes Erwachsenenleben lang für den Hermetischen Orden des Eiligen Lichts in der pakistanischen Stadt Karachi, wobei komplizierte Abfolgen von Holdings und miteinander verschmolzenen Tochterunternehmen dafür sorgten, dass selbst der klügste Bürokrat Schwierigkeiten damit gehabt hätte, irgendeine Zugehörigkeit zwischen ihren Arbeitgebern auszumachen.

Als Mahnaz im fortgeschrittenen Teenageralter war, wurde ihre Mutter getötet. Offiziell wurde ein willkürlicher Ausbruch politischer Gewalt zwischen antireligiösen Aktivisten und den örtlichen Sicherheitsstreitkräften dafür verantwortlich gemacht, aber Gillani wusste es besser. Seine Frau war damit beauftragt worden, die leitenden Arbeiten zur Schließung einer Tochtergesellschaft von Pentex durchzuführen, die gerade eine neue Zentrale in Pakistan eröffnet hatte, und ihre Arbeit, die an sich erfolgreich gewesen war, hatte Auftragsmord zur Folge gehabt. Um die junge Mahnaz zu schützen, schickte Gillani seine Tochter nach der Beerdigung ihrer Mutter auf ein Internat in

London, doch zuvor weihte er sie in die Familiengeschichte (und ihre Pflicht) ein.

Mit seinem kürzlich begonnen Ruhestand zog Gillani in die Vereinigten Staaten, um näher bei seiner Tochter und seinem einzigen Enkelkind sein zu können. Bisher hat er sich bei den Garrisons ziemlich rausgehalten, obwohl er zu vermuten beginnt, dass Isaac, sein Pendant in der Garrison-Hierarchie, durchaus hinterhältiger und skrupelloser sein könnte, als der Rest der Familie ahnt.

Coyle, die Wächterin (Corax)

Obwohl Coyle an sich kein Mitglied der Familie Garrison ist, ist ihr Schicksal mit dem ihren verwoben. Sie hat den Ritus des Fetischeis mit Jacob durchgeführt (mit Mahnaz und Johns Segen) und schaut bei dem Burschen nach dem Rechten, so oft es ihre Pflichten für den Hermetischen Orden zulassen.

Coyle wurde von Mahnaz gerettet, als das Blutsgeschwister noch in Großbritannien zur Schule ging. Als die Corax in ihrer Rabengestalt bei Nachforschungen in den Abwasserkanälen unter der Stadt von einer plagenverseuchten Werratte gebissen worden war, pflegte Mahnaz den Vogel, bis er geheilt war, und die beiden wurden während Mahnaz frühen Jahren an der Universität für eine kurze und stürmische Zeit ein Liebespaar. Die Beziehung war allerdings dem Untergang geweiht, was zu keinem geringen Teil ihrer Inkompatibilität durch Coyles nicht-menschliches Temperament und ihr betrügerisches Wesen und Mahnaz ernsthaftes Wesen geschuldet war. Trotz ihrer Trennung blieb das Paar Freunde, selbst nachdem Mahnaz in die Vereinigten Staaten zog, um ihre Ausbildung abzuschließen.

John weiß zwar, dass Mahnaz Coyles Leben gerettet hat und glaubt, dass dies dazu beigetragen hat, dass der Werrabe Jacob mit einem Fetischei gesegnet hat, aber er hat keine Ahnung, wie tief die frühere Beziehung zwischen seiner Frau und der Corax war.

Ansatzpunkte für die Geschichte

- **Freunde der Familie** – Der Vater eines der Spielercharaktere bekommt eine tödliche Krankheit und enthüllt seinem Nachkommen auf dem Totenbett ein Geheimnis: Ungefähr vor dreißig Jahren, in einer Zeit großer Armut, wurde er dafür angeworben, für ein unfruchtbares Paar ein Kind zu zeugen. Nun ist es sein letzter Wunsch auf dem Totenbett, dass sein Kind das Kind dieser Transaktion ausfindig macht und dafür sorgt, dass es ihm gut geht. Alle Anzeichen deuten darauf hin, dass dieses Kind Ethan Garrison ist.
- **Spurlos verschwunden** – Nach Monaten, in denen sie sich nur jeden Tag aus der Ferne melden konnte, stellt Mahnaz plötzlich den Kontakt mit der Familie ein und alle Anrufe bei ihr laufen ins Leere. Ihr Arbeitgeber versichert der Familie, dass es sich dabei nur um ein technisches Problem handelt, aber als aus Tagen Wochen werden, suchen die Garrisons Hilfe aus jeder möglichen Quelle, um herauszufinden, was mit ihrem geliebten Familienmitglied geschehen ist.
- **Arrangierte Heirat** – Saradar Gillani findet heraus, dass Isaac die Heirat seiner Tochter mit John Garrison beeinflusst hat, und er vermutet, dass ihre Gefühle vollständig durch übernatürliche Mittel erschaffen wurden. Sie glaubt ihm natürlich nicht, also macht er sich daran, seinen Verdacht zu beweisen, und dafür greift er auf die Hilfe der Spielercharaktere zurück, die in den mystischen Künsten bewandert sind, um jede Art von Magie zunichte zu machen, die seine Tochter in ihrer Gewalt hat.
- **Herausgerutscht** – Bei einem Besuch, bei dem sie nach Jacob sehen möchte, rutscht Coyle etwas über ihre frühere Beziehung mit Mahnaz heraus, nicht nur vor John, sondern vor der gesamten Familie. Wie stark ist das Bedürfnis der Blutsgeschwister, das Wohlwollen der einzigen Corax zu behalten, die dazu geeignet war, ihrer Erblinie den Ritus des Fetischeis über Generationen hinweg zu gewähren? Und wie wird das Mahnaz Beziehung zu ihrem Ehemann, ihrem Schwiegervater und ihrem Vater beeinflussen, wenn sie von ihren Forschungen zurückkehrt?
- **In Schwierigkeiten geraten** – Tara wird schon wieder in betrunkenem Zustand in einen Autounfall verwickelt – diesmal mit den Spielercharakteren. Sie ist schwer verletzt und beide Fahrzeuge sind stark beschädigt. Wie werden die Garrisons diesen Unfall verbergen und in welche Art von Konflikt werden sie deshalb mit den Opfern von Taras Sorglosigkeit geraten?

Die Grinders: Drogen und Gewalt (Unerfahren)

Diese Straßengang ist die Nachkommenschaft eines halben Dutzends von abtrünnigen Rattenkindern und ist in Drogendealereien, Menschenhandel, Waffenschieberei und allgemeinen Terror verwickelt. Als ihr Familienoberhaupt erkannte, dass seine Möglichkeiten als menschliches Rattenkind begrenzt waren, nahm er das Schicksal in seine eigenen Hände und erschuf seine eigene Armee von Anhängern, die ihm und seiner Sache vollständig und fanatisch ergeben sind.

Anders als die meisten Blutsgeschwister-„Familien“ sind die Grinders nicht alle Blutsverwandte. Stattdessen sind sie alle sorgfältig aus einem begrenzten genetischen Pool eingesammelt worden aufgrund ihrer Gefolgschaftstreue gegenüber dem Gangoberhaupt, ihrer Hingabe an die Familienkultur und ihrer soziopathischen Bereitschaft, für die Gruppe zu töten oder zu sterben. Sie dienen als Vollstrecker, Geldmacher, Spione oder Erzeuger und jeder überlebende Grinder hat eine Rolle innerhalb der Gang und wurde von Geburt an dazu erzogen, sie zu erfüllen.

Allerdings können selbst die besten Pläne auf Abwege geraten. Ihrem Anführer mag es gelungen sein, seine Gruppe von Blutsgeschwistern zu erschaffen, aber keine Herrschaft dauert ewig. Wenn seine Lakaien stärker werden und seine Macht über sie dahinschwindet, könnte er erkennen, dass die sorgfältig gezüchtete Brutalität seiner Familie sich nun gegen ihren Erschaffer wenden könnte.

Die Grinders einsetzen

Die Grinders sind geistesgestört und gewalttätig und würden deshalb großartige immer wiederkehrende Gegenspieler für einen städtisch angelegten Handlungsbogen abgeben. Sie halten sich selbst für überlegene Raubtiere der Straßenkultur und sie werden mit Sicherheit früher oder später mit so ziemlich jeder Gruppe von Spielercharakteren aneinandergeraten. Spielercharaktere mit guten Absichten könnten glauben, dass die „menschliche“ Straßengang eine leichte Herausforderung ist, bevor sie herausfinden, dass die Grinders viel mehr sind, als es den Anschein macht.

Rattenkinder-Blutsgeschwister sind vielleicht keine große Herausforderung für Gestaltwandler und andere Kreaturen mit

DIE GRENZE ZIEHEN

Obwohl die überwiegende Mehrheit der Grinders unerfahren bleibt, bedeutet das nicht, dass die Rattenkinder sich ihrer nicht bedienen. Selbst nachdem er seine eigene kriminelle Armee aufgebaut hat, strebt Twitch immer noch nach Anerkennung von der Gesellschaft der Werratten, eine Besessenheit, die es ihnen leicht macht, sie für seine Zwecke zu benutzen. Wenn die Ältesten der Werratten Fleischschilde brauchen, verzichtbare Agenten oder Kanonenfutter, werden sie sich wahrscheinlich an Twitch wenden, damit er ihnen seine Blutsgeschwister an jeden erforderlichen Ort schickt. Und wenn sie das Gefühl haben, dass seine kleine Armee zu stark wird, können sie durchaus „notwendige" Aufträge erfinden, um Twitchs Herde auf ein akzeptables Maß herunterzubrechen.

Obwohl die Rattenkinder die zerstörerischen Ausschreitungen der Grinders unterstützen, ziehen sie doch eine Grenze bei Aktivitäten, die unmittelbar dem Wyrm oder der Weberin dienen. Bomben, chemische Waffen und Sprengstoff sind in Ordnung. Wenn die Grinders sich aber mit Waffen versuchen, die vom Wyrm oder der Weberin verseucht sind, wird die Rattennation definitiv einen Weg finden, um dem (und ihnen) ein Ende zu setzen.

Da sie nicht davor zurückschrecken, den Rest von Gaias Kindern ihre Drecksarbeit machen zu lassen, könnte das sogar zur Folge haben, dass die Grinders die Aufmerksamkeit der Garou auf sich ziehen, und die Natur ihren Lauf nimmt.

übernatürlichen Kräften, aber die Gerissenheit, Geschwindigkeit, Stärke und Anzahl der Grinders sorgen dafür, dass sie ebenso schwer aufzuspüren sind wie ihre gestaltwandelnden Verwandten. Und wenn es so aussieht, als würde das Pendel zu stark zu Ungunsten der Grinders ausschlagen, werden ihre übernatürlichen Verwandten wahrscheinlich eingreifen. Während die Rattenkinder diese Armee von menschlichen Blutsgeschwistern als nichts weiter als Kanonenfutter betrachten – absolut akzeptable Verluste für ihre eigenen Pläne – sind die Grinders *ihr* Kanonenfutter. Die Werratten werden wahrscheinlich Anstoß an direkten Angriffen gegen sie nehmen, und sie werden mit Sicherheit eingreifen, wenn es zu irgendwelchen Versuchen von außen kommen sollte, die Gang auszumerzen.

Die Grinders sind nicht gerade Freunde davon, anderen zu helfen, es sei denn, sie können damit die Pläne ihres Anführers vorantreiben, aber das bedeutet nicht, dass ihre Rolle komplett als Gegenspieler angelegt sein muss. Sie sind Halsabschneider (häufig sogar im wörtlichen Sinne), gewalttätig und seit einem so jungen Alter vollkommen indoktriniert in ihrer eigenen Subkultur, dass sie zu nützlichen Werkzeugen werden, um Aufträge auszuführen, die zu grauenhaft, gewalttätig oder moralisch abstoßend sind für den durchschnittlichen Straßenschläger. In solchen Arenen könnten sie Verbündete für die Spielercharaktere sein, zumindest auf kurze Sicht. Überzeugen Sie sie davon, dass es in ihrem Interesse ist und die gesamte psychotische Familie könnte als kriminelle Verbündete und Kontakte im Untergrund dienen. Bedenken Sie allerdings, dass ihre Loyalität letztendlich immer sich selbst und den Ihren gelten wird.

Familiengeschichte

Die Grinders waren ursprünglich eine Gang von Rattenkinder-Menschlingen, angeführt von einem jungen Messerstecher namens Twitch. Als Werratten-Menschling war Twitch jemand, dem man misstraute und den man misshandelte und schnell erkannte er, dass er es innerhalb der Ränge der Rattenkinder-Gesellschaft niemals zu etwas bringen würde. Ganz gleich wie brutal, wie unbarmherzig, wie loyal er war, er würde niemals das volle Vertrauen der Verantwortlichen gewinnen. Er gründete eine kleine Gang mit anderen Rattenkinder-Menschlingen in ähnlicher Position, aber er erkannte, dass sie selbst dann, wenn sie zusammenarbeiteten, in den Augen ihrer misstrauischen gestaltwandelnden Verwandten niemals viel zählen würden. Als die ursprünglichen Grinders auseinanderzubrechen begannen, suchte Twitch verzweifelt nach einem Weg, um Macht und Bedeutung zu behalten.

Twitch, der inzwischen mehr als nur ein bisschen wahnsinnig war, hatte die Idee, sich buchstäblich selbst die nächste Generation von Grinders heranzuzüchten. Seine eigene Armee aus loyalen Anhängern, getreue Lakaien und Fleischschilde, die dazu bereit waren, für ihn und die Sache zu sterben, an die zu glauben er sie heranziehen würde. Mit der Hilfe von beinahe zwei Dutzend menschlichen Frauen – von denen keine davon in Kenntnis gesetzt wurde, was sein wahres Wesen war und wofür ihre Nachkommen gedacht waren – hat Twitch in den letzten 35 Jahren mehr als einhundert Rattenkinder-Blutsgeschwister gezeugt. Zwischen ihm selbst und den ursprünglichen Grinders sind sie für die Zeugung jedes existierenden Mitglieds der derzeitigen Gang verantwortlich.

Die örtlichen Rattenkinder sehen in den Grinders wenig mehr als ein Selbstmordkommando, das in jede Richtung geschickt werden kann, in der hirnlose Gewalt gefordert ist. Da Twitch sie seit Jahrzehnten auf Gefolgschaftstreue getrimmt hat, ist die Gang leicht zu steuern. Wenn sie davon überzeugt sind, dass ein bestimmtes Ziel eine Bedrohung oder einen Nachteil für die Gang bedeutet, wird die Familie zu einer selbst zielenden Waffe, die nur darauf wartet, dass Twitch den Abzug betätigt.

Das Familiengeheimnis

Von außen betrachtet wirkte die Wachablösung innerhalb der Grinders natürlich. In einer Welt, die auf Gewalt, Machtkämpfen und kriminellen Machenschaften basiert, können Tode vorkommen. Jemand, der mit der 9-Millimeter in der Hand lebt, wird mit großer Wahrscheinlichkeit auch durch die 9-Millimeter sterben, und das für gewöhnlich auf ziemlich unschöne Art und Weise. Also ist es nicht besonders überraschend, dass fünf von sechs ursprünglichen Grinders im Laufe von 20 Jahren gestorben sind.

Was allerdings von außen nicht auf den ersten Blick zu erkennen ist, ist, dass Twitch den Tod jedes einzelnen der ursprünglichen Gangmitglieder sorgfältig inszeniert hat. Nachdem er sich ihrer lange genug bedient hatte, um sicherzustellen, dass die erste Generation der Mitglieder seiner Blutsgeschwisterfamilie alt genug war, um ihren Platz einzunehmen, waren seine ursprünglichen Gangmitglieder potenzielle Bedrohungen, und als solche stellte Twitch sicher, dass man sich um sie kümmerte. Gleichzeitig wurden sämtliche Mitglieder von Blutlinien außerhalb von Twitchs eigener, die noch immer ihre Loyalität für die Familie über die der Gang als Ganzes stellten, ebenfalls ausgelöscht. Sogar Twitchs eigene Nachkommen (oder ihre Kinder im Laufe der Jahrzehnte) bildeten keine Ausnahme bei der Erlegung, wenn sie nicht gut genug in das Konzept des Gangoberhaupts von der persönlichen Lehenstreue passten.

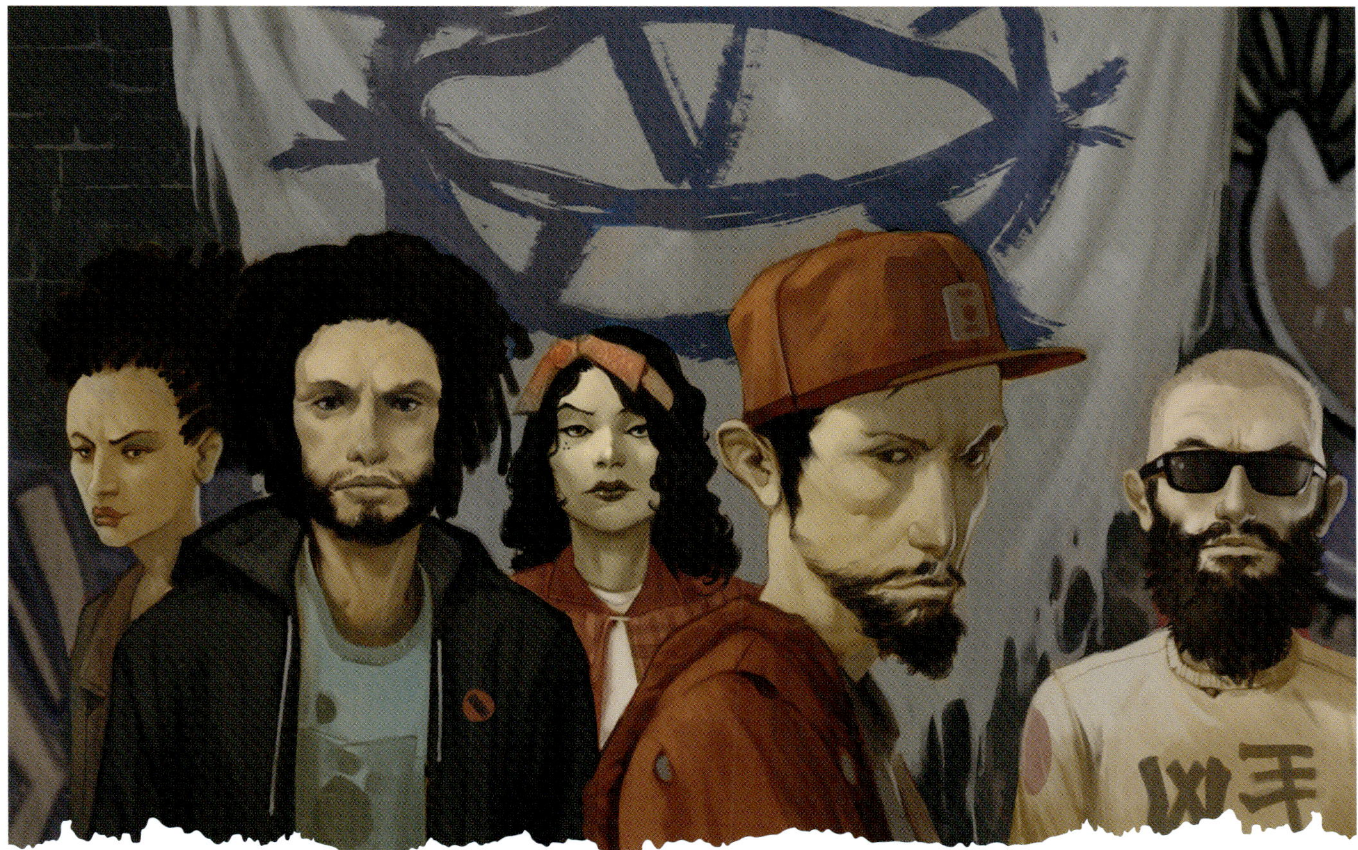

Manche wurden Verbrechen gegen die Gang bezichtigt und Twitch richtete sie unter dem Deckmantel der Gerechtigkeit hin. Andere wurden in sorgfältig inszenierten Unfällen getötet, sabotiert und dann zurückgelassen, damit die Feinde der Gang sich um sie kümmern konnten oder auf Missionen geschickt, deren Erfolg völlig aussichtslos war. Als die Zeit kam, das Twitchs ältester überlebender Sohn Jojo dazu bereit war, seinen Platz an der Spitze der Gang einzunehmen, waren die aktiven Mitglieder, ob Blutsverwandte oder nicht, Twitch und der makabren Kultur, die er für die Grinders erschaffen hatte, allesamt zu 100 % treu ergeben.

Das Zuhause der Grinders

Was für die Grinders am nächsten an ein Familienheim herankommt, ist Mama Ginas. Es ist nichts Besonders und befindet sich auch nicht in einer guten Nachbarschaft und das Haus nimmt fast jeden Zoll des Grundstücks ein, aber es gibt ein halbes Dutzend Zimmer, die häufig ein Dutzend oder mehr Kinder, Teenager und junge Erwachsene beherbergen. Es ist gut in Schuss. Gina hat eine starke Arbeitsmoral und glaubt daran, dass man mit dem arbeiten sollte, was man hat und die Fähigkeiten, die man benötigt, von klein auf erlernen sollte.

Gina hat ein paar strenge Regeln für ihr Haus aufgestellt und als die unangefochtene Matriarchin von Twitchs Brut gewährt er ihr eine Menge Freiheiten, um sie durchzusetzen. Unter Mama Ginas Dach werden keinerlei kriminelle Machenschaften geduldet. Respektlosigkeit ist nicht erlaubt. Freche Antworten werden mit einer Ohrfeige beantwortet und wiederholte Verstöße führen dazu, dass vollständiges Hausverbot erteilt wird. Obszönitäten sind verboten, ebenso wie Alkohol und Drogen. Körperliche Gewalt (abgesehen von der, die den Regelbrechern widerfährt) ist von vorneherein tabu.

Ein paar von Twitchs Nachkommen sind einfach nicht dazu in der Lage, sich den Hausregeln zu beugen, weshalb sie es von vorneherein meiden. Aber für die ganz Jungen oder für diejenigen, die in der Lage sind, mit dem Widerspruch zwischen ihrem Leben „da draußen" und dem Verhalten, das Gina von ihnen erwartet, klar zu kommen, ist das Haus eine unberührte Oase in einer ansonsten wahnsinnigen Welt.

Außerhalb von Ginas Haus besitzt die Gang Dutzende von Wohnungen und Lagerhallen, die sie innerhalb ihres Territoriums in der Stadt für vielfältige Zwecke unterhalten. Manche sind kleinere (und flüchtigere) Versionen von Mama Ginas: Orte, an denen zahlreiche Frauen noch immer Twitchs teilweise Rattenkinder-Nachkommen aufziehen und der Gang die nachfolgenden Generationen sichern. Andere sind schäbige Absteigen, in denen die erwachsenen Gangmitglieder leben, wobei die Unterkünfte in Abhängigkeit von der Gunst, die die Personen aktuell innerhalb der Gang genießen, stark variieren. Es gibt Örtlichkeiten, die genutzt werden, um Lieferungen von Schmuggelware in Empfang zu nehmen, Absteigen, die zur Prostitution genutzt werden, Drogenumschlagplätze und Vorderseiten von Geschäftshäusern, die seriös aussehen, aber ebenfalls als Fassade für illegale Machenschaften verwendet werden.

Die Grinders

Twitch: Der selbsternannte Rattenkönig (Rattenkind)

Michael „Mikey" Davis ist dürr und unreif. Er wurde als Sohn eines heroinabhängigen Rattenkinder-Blutsgeschwisters und ihres Dealers geboren und startete unter ungünstigen Vorzeichen ins Leben. Als seine Mutter bemerkte, dass Mikey auf dem Weg war, war sein Vater bereits tot und der doppelte Schlag des Verlustes ihres bürgerlichen Ehemannes (und ihrer Quelle für Drogen) und der Erkenntnis, dass sie schwanger war, trieb sie nur noch tiefer in die Sucht.

Mikey wurde 10 Wochen zu früh geboren und da er keinerlei medizinische Versorgung erhielt, hätte er eigentlich nicht überleben sollen. Aber irgendetwas in ihm weigerte sich, sich dem Tod zu ergeben. Der Junge zog sich im Grunde genommen selbst groß und lernte rasch, Nahrung und Vorräte zu stehlen, um für sich selbst zu sorgen, wenn seine Mutter es nicht konnte. Die Schule besuchte er hauptsächlich, um dem abbruchreifen Gebäude, in dem sie lebten, und seiner immer geistesgestörteren Mutter, die der Herr im Hause war, zu entkommen. Als sie starb, fanden die Ratten sie, bevor er es tat. Die Entdeckung ihres halb aufgefressenen Leichnams ließ das schon immer verunsicherte Kind völlig die Kontrolle verlieren und er entwickelte einen nervösen Tick, der ihm den Spitznamen „Twitch" einbrachte.

Die örtlichen Rattenkinder infizierten den Jungen, als er zwölf war, und zwar mehr, um ihn loszuwerden, als aus irgendwelchen anderen Gründen. Zu ihrer Überraschung überlebte er nicht nur die Geburtsseuche und die darauffolgende Erste Verwandlung, sobald die ersten Wellen des Wahnsinns verebbten, schien Twitch sogar irgendwie ruhiger zu sein als zuvor.

In Wirklichkeit war seine Gelassenheit allerdings nichts weiter als ein zwanghafter Fokus auf sein eigenes Wohlbefinden und sein Überleben – um jeden Preis. Diese Besessenheit brachte ihn dazu, die Grinders zu erschaffen, ein Vermächtnis, das das langsam in die Jahre kommende Rattenkind mit Sicherheit überleben wird.

Twitch ist zwar immer noch das Oberhaupt der Grinders, aber er hat die Gang nicht mehr so unter Kontrolle wie in der Vergangenheit. Mit 52 ist Twitch für ein Rattenkind uralt (und für ein Gangmitglied). Sein Alter, seine Verletzungen und die Jahre, in denen er sich in all den Vorzügen seiner Position als Boss gesuhlt hat, haben Twitch langsam und fett werden lassen und reif für einen Nachfolger.

Gina: Big Momma

Twitch hat zwar über einhundert Kinder mit mehr als zwei Dutzend Frauen gezeugt, aber Gina ist trotzdem etwas Besonderes. „Big Momma" hat Twitch in den letzten 27 Jahren 17 Kinder geboren, darunter auch drei Zwillingspaare. 14 von ihnen leben immer noch und liegen altersmäßig jetzt zwischen Jojo, der Ende 20 ist, und einem Mädchenpaar, das noch nicht alt genug ist, um zur Schule zu gehen.

Die Kinder in der Familie, sowohl ihre eigenen als auch all jene, deren Mütter sie für bereit halten, um sie bei Gina zu lassen, sind Big Mommas Revier. Sie sorgt dafür, dass sie medizinisch versorgt sind, dass sie die Möglichkeit einer schulischen Ausbildung bekommen und dass sie die Dinge lernen, die sie brauchen werden, um sich so erfolgreich wie möglich in die Gang einzugliedern.

Darüber hinaus hat Gina nichts mit dem zu tun, was sie Twitchs „Geschäft" nennt. Sie stellt keine Fragen, auf die sie die Antwort nicht hören möchte, und sie unterstützt Twitch und die erwachsenen Mitglieder der Familie mit ihrem Schweigen und indem sie jedem neuen Nachkommen den bestmöglichen Feinschliff verpasst, damit er zu einem möglichst perfekten neuen Anwärter für die Gang wird.

Jojo: der Tonangeber

Jojo ist nicht Twitchs Erstgeborener, aber er ist das älteste überlebende Kind des Rattenkinds und das aktive Oberhaupt der Grinders, jetzt, da sein Vater eine zurückgezogenere Position einnimmt. Jojo ist mehr als einen Fuß größer als sein Vater (ein Vermächtnis seiner Mutter Gina) und muskulös genug, um jeden Möchtegern-Herausforderer auf die Matte zu werfen. Er hat mit dem Einverständnis und der Unterstützung seines Vaters das Zepter bei den Grinders übernommen und Twitchs früheren „Stellvertreter" abgesetzt, als herauskam, dass der Sohn eines der anderen ursprünglichen Rattenkinder-Mitglieder ein doppeltes Spiel mit den Grinders und einer rivalisierenden Gang trieb. Jojo ist sich darüber im Klaren, dass die Anschuldigungen gegen seinen Vorgänger erfunden waren, aber das hat ihn nicht davon abgehalten, die Hinrichtung auszuführen, als Twitch sie befahl.

Jojo ist der Sohn seines Vaters in mehr als nur einer Hinsicht. Sein Anspruch reicht weit über seine Dienste als getreuer Schoßhund für seinen Vater hinaus. Es wird einst der Tag kommen – eher früher als später – an dem Jojo das Vermächtnis seines Vaters übernehmen wird und die gesamte Gang wird dann ihm gehören.

Shaggy: Der Verbindungsmann

Wenn ein Kunde es haben möchte, kennt Shaggy irgendeinen Typen, der einen Typen kennt, der es für ihn besorgen kann. Meth, Uzis, importierte „Brücken", gestohlene Autoteile oder illegal importierte Zigarren, Shaggy hat Kontakte für alles, was die Grinders oder ihre Klientel brauchen könnten.

Shaggy hat mehr als seinen gerechten Anteil von den illegalen Substanzen gekostet, auf deren Handel er sich spezialisiert hat, was ihm die durchgeknallte Persönlichkeit eingebracht hat, der er seinen Spitznamen zu verdanken hat. Aber wenn es darum geht, sich an Quellen, Nummern, Devisenkurse oder Gewinnmargen zu erinnern, ist er ein Wunderkind.

Zee-Dub: Die Puffmutter

Prostitution ist ein einträgliches Geschäft und die Grinders sind nicht die Art von Leuten, die sich eine profitable Einnahmequelle entgehen lassen. Twitch hat zwar keinerlei moralische Bedenken, die Mädchen in der Gang ins Rotlichtmilieu zu schicken, aber er weiß, dass die Karrieren in diesem Bereich eher von kurzer Dauer sind und Frauen, die in die sexuelle Sklaverei gezwungen werden, taugen meist zu nichts anderem mehr, wenn ihre markttaugliche Zeit vorüber ist. Außerdem ist es schwierig, Loyalität von jenen zu ernten, die wie eine verkäufliche Ware behandelt werden. Aus diesem Grunde bedient sich die Gang fast ausschließlich externer Anwärterinnen, um diesen Markt zu bedienen.

Als Puffmutter ist es Zee-Dubs Aufgabe, sicherzustellen, dass die neu hinzugekommenen „Angestellten" ausgebildet werden, und zwar nicht nur im Hinblick auf ihre Dienstleistungen, sondern auch bezüglich ihrer Einstellung, selbst wenn das bedeutet, sie drogenabhängig zu machen, um sich ihrer Loyalität und ihrer Zufriedenheit zu versichern. Ihre Position verleiht ihr Autorität über sämtliche Sexarbeiterinnen der Gang und ein gewisses Maß an Macht aufgrund der Bedeutung, die ihre Aufgaben für das Einkommen der Familie haben.

Ant: Die Kundschafterin

Ant ist die jüngste Tochter von eines von Twitchs ursprünglichen Rattenkinder-Gangmitgliedern, der auf einer Mission getötet wurde, bevor das Mädchen geboren wurde. Ihre Mutter lehnte Twitchs Empfehlung, das Mädchen von Gina großziehen zu lassen, unerbittlich ab und der Mangel an Nahrung und gesundheitlicher Versorgung, die sie im Kindesalter erhielt, haben sicher einen wesentlichen Anteil daran, dass das Mädchen heute so unreife Züge hat.

Angela, auch bekannt als „Ant", war schon immer klein für ihr Alter und sieht eher aus wie ein Grundschulkind als wie eine pfiffige 14-Jährige. Ihre zierliche Statur und ihre kindlichen Gesichtszüge leisten ihr und der Gang allerdings gute Dienste. Niemand achtet besonders auf ein Kind, und Ant hat ihr unschuldiges und unverdächtiges Aussehen in einen wertvollen Informationskanal für ihre Familie verwandelt. Sie ist außerdem eine vollendete Gelegenheitsdiebin, denn sie kann sich in Bereiche hinein- und wieder hinausschleichen, die die meisten Leute für unerreichbar halten würden.

Ansatzpunkte für die Geschichte

• **Verbreitet euch wie eine Seuche** – Die örtlichen Rattenkinder beschließen, dass Twitchs Familie sich der Geburtsseuche jetzt lange genug entzogen hat und schicken Agenten zu ihnen, die seine gesamte Erblinie von den Jüngsten bis hin zu Jojo selbst infizieren sollen. Zu ihrer Überraschung überlebt mehr als nur ein kleiner Anteil das Ritual, was zu einem Massenausbruch wahnsinniger Gangmitglieder führt, zu früh verwandelten Kinder-Rattenkindern und einem sehr wütenden Twitch, die alle auf die Stadt losgelassen werden.

• **Ersatzteile** – Jemand hat Bedarf an Relikten, im religiösen Sinne: übernatürliche Körperteile für arkane Zwecke. Shaggy und die Grinders wissen vielleicht nicht, dass sie mit der übernatürlichen Welt in Verbindung stehen, aber wenn der Preis stimmt, sind sie bereit, zu glauben, dass ihre Zielperson es tut. Wenn die Grinders auf die Spielercharaktere oder ihre Verbündeten angesetzt werden, was ist dann stärker? Die Gier der Gang oder der Überlebensinstinkt ihrer Zielperson?

• **Der König ist tot** – Twitch ist verschollen und hat die gesamte Gang in Raserei versetzt. Jojo tritt hervor, um die Macht zu übernehmen, aber als klar wird, dass der Sohn seinen Vater getötet hat, wird die Gang aufgespalten zwischen denen, die dem neuen König folgen, und denen, die Rache für den alten König schwören. Der Gangkrieg verbreitet sich wie ein Lauffeuer, insbesondere nachdem die Rattenkinder beschließen, noch einen draufzusetzen, die Anführer beider Lager beißen und ihre ohnehin schon soziopathischen Wesen in den kompletten Wahnsinn zu treiben. Kann die Stadt die Auswirkungen von zwei vollkommen wahnsinnigen, übernatürlichen Ganganführern verkraften, von denen jeder wild entschlossen ist, den anderen zu vernichten?

• **An den höchsten Bieter** – Irgendjemand, der den Spielercharakteren nahesteht, geht verloren, und die Spur führt zu den Grinders. Bis sie dort ankommen, ist die Zielperson allerdings schon unter Drogen gesetzt und gefesselt mit der Absicht, sie in irgendeinem fremden Hafen auf einer Sklavenauktion zu verkaufen. Nur Twitch kennt den endgültigen Bestimmungsort und da eine ganze Gang bereit ist, sich schützend vor ihn zu werfen, ist er nicht besonders motiviert, diese Information zu teilen.

• **Einen Dieb fangen** – Die Spielercharaktere fangen Ant auf frischer Tat und da es ihr nicht gelingt, ihnen zu entkommen, spielt das Mädchen die „ich habe gestohlen, um meine Familie zu ernähren"-Karte aus. In Wirklichkeit wurde sie damit beauftragt, ihnen Informationen und potenziell wertvolle Artefakte für die Grinders zu stehlen. Wenn sie freigelassen wird, wird sie es weiter versuchen, oder die Bemühungen der Grinders, die Gegenstände zu bekommen, die sie haben möchten, werden offensichtlicher.

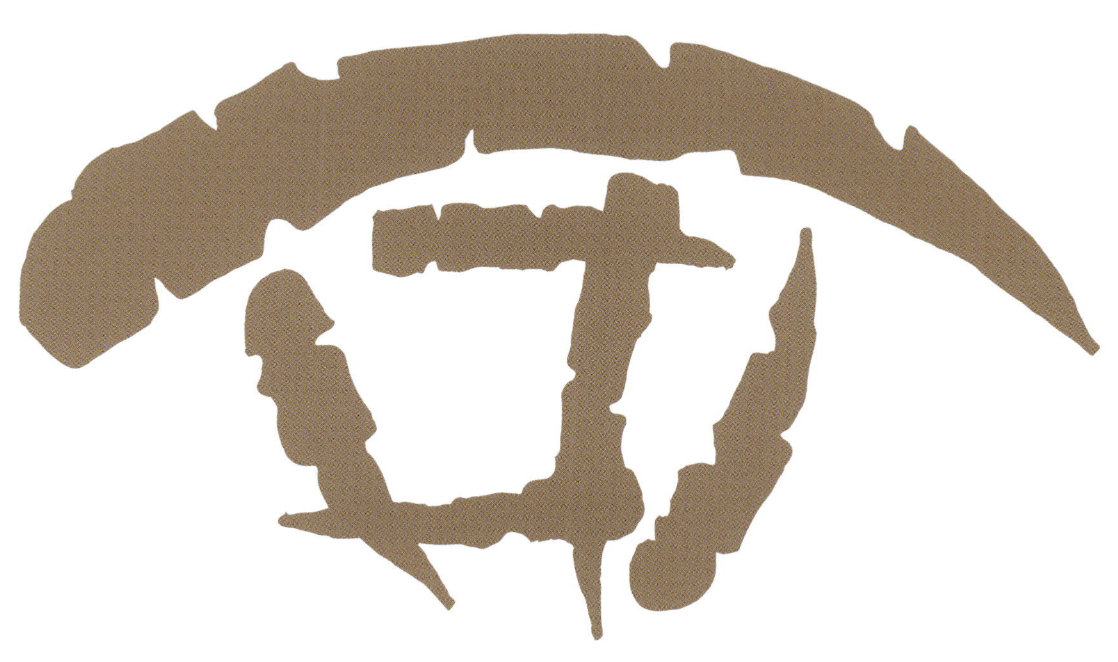

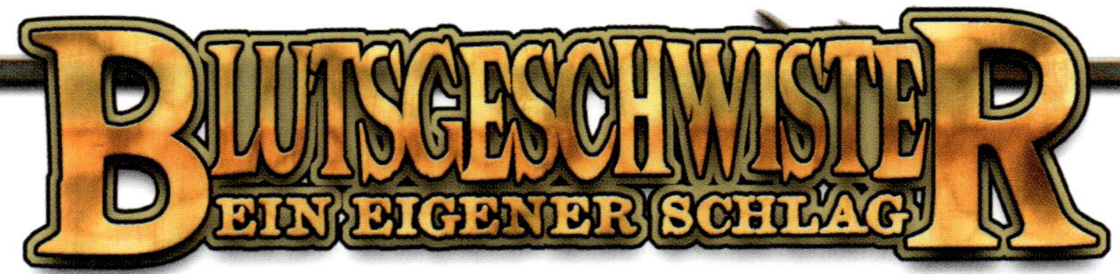

Name: | Brut: | Wesen:
Spieler: | Stamm: | Verhalten:
Chronik: | Zugehörigkeit: | Konzept:

Attribute

Körperlich		Gesellschaftlich		Geistig	
Stärke ______	OOOOO	Charisma ______	OOOOO	Wahrnehmung ______	OOOOO
Geschick ______	OOOOO	Manipulation ______	OOOOO	Intelligenz ______	OOOOO
Widerstandsfähigkeit ______	OOOOO	Erscheinungsbild ______	OOOOO	Geistesschärfe ______	OOOOO

Fähigkeiten

Talente		Fertigkeiten		Kenntnisse	
Aufmerksamkeit ______	OOOOO	Diebstahl ______	OOOOO	Akademisches Wissen ______	OOOOO
Ausdruck ______	OOOOO	Etikette ______	OOOOO	Computer ______	OOOOO
Ausflüchte ______	OOOOO	Fahren ______	OOOOO	Enigmas ______	OOOOO
Einschüchtern ______	OOOOO	Handwerk ______	OOOOO	Nachforschungen ______	OOOOO
Empathie ______	OOOOO	Heimlichkeit ______	OOOOO	Gesetzeskenntnis ______	OOOOO
Führungsqualitäten ______	OOOOO	Nahkampf ______	OOOOO	Medizin ______	OOOOO
Handgemenge ______	OOOOO	Schusswaffen ______	OOOOO	Okkultismus ______	OOOOO
Instinkt ______	OOOOO	Tierkunde ______	OOOOO	Rituale ______	OOOOO
Sportlichkeit ______	OOOOO	Überleben ______	OOOOO	Naturwissenschaften ______	OOOOO
Szenekenntnis ______	OOOOO	Vortrag ______	OOOOO	Technologie ______	OOOOO
______	OOOOO	______	OOOOO	______	OOOOO

Vorteile

Hintergründe		Gaben	Verschiedenes
______	OOOOO	______	______
______	OOOOO	______	______
______	OOOOO	______	______
______	OOOOO	______	______
______	OOOOO	______	______
______	OOOOO	______	______
______	OOOOO	______	______
______	OOOOO	______	______

Ruf

Ruhm

O O O O O O O O O O
☐ ☐ ☐ ☐ ☐ ☐ ☐ ☐ ☐ ☐

Ehre

O O O O O O O O O O
☐ ☐ ☐ ☐ ☐ ☐ ☐ ☐ ☐ ☐

Weisheit

O O O O O O O O O O
☐ ☐ ☐ ☐ ☐ ☐ ☐ ☐ ☐ ☐

Gnosis

O O O O O O O O O O
☐ ☐ ☐ ☐ ☐ ☐ ☐ ☐ ☐ ☐

Willenskraft

O O O O O O O O O O
☐ ☐ ☐ ☐ ☐ ☐ ☐ ☐ ☐ ☐

Gesundheit

Blaue Flecken		☐
Verletzt	-1	☐
Schwer verletzt	-1	☐
Verwundet	-2	☐
Schwer verwundet	-2	☐
Verkrüppelt	-5	☐
Außer Gefecht		☐

Erfahrung

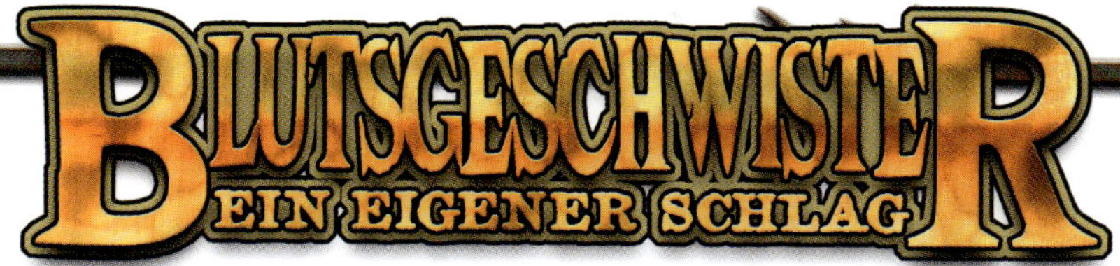

Vorzüge und Schwächen

Vorzug	Typ	Kosten	Schwäche	Typ	Kosten

Andere Eigenschaften

_____ OOOOO
_____ OOOOO
_____ OOOOO
_____ OOOOO
_____ OOOOO
_____ OOOOO
_____ OOOOO
_____ OOOOO
_____ OOOOO
_____ OOOOO
_____ OOOOO
_____ OOOOO

Fetische

Gegenstand: _____ Stufe: ___ Gnosis: ___
Kraft: _____
Gegenstand: _____ Stufe: ___ Gnosis: ___
Kraft: _____
Gegenstand: _____ Stufe: ___ Gnosis: ___
Kraft: _____
Gegenstand: _____ Stufe: ___ Gnosis: ___
Kraft: _____
Gegenstand: _____ Stufe: ___ Gnosis: ___
Kraft: _____
Gegenstand: _____ Stufe: ___ Gnosis: ___
Kraft: _____

Notizen

Riten

Kampf

Waffe/Angriff	Wurf	Schw.	Schaden	Reichw.	Schussf.	Magazin

Handgemenge-Tabelle

Manöver	Wurf	Schw.	Schaden
Biss*	Geschick + Handgem.	5	Stärke + 1/SH
Rammstoß	Geschick + Handgem.	7	speziell/S
Packen	Geschick + Handgem.	6	Stärke/S
Tritt	Geschick + Handgem.	7	Stärke + 1S
Hieb	Geschick + Handgem.	6	Stärke/S

SH = schwer heilbarar Schaden
S = Schlagschaden
* nur Lupus

Rüstung: _____

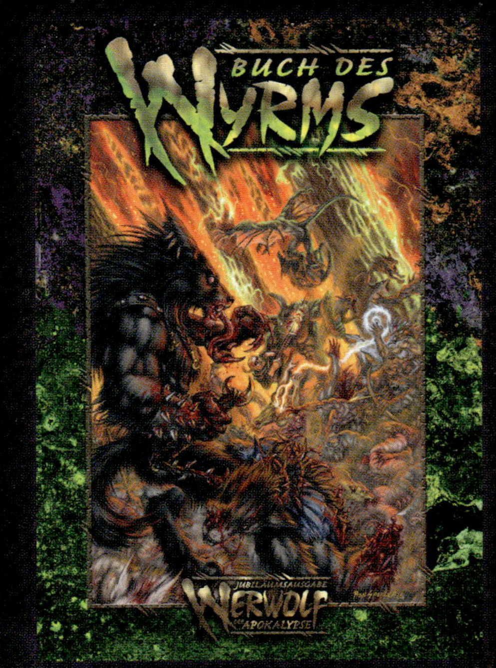

Buch des Wyrms
ISBN 978-3-95752-551-2

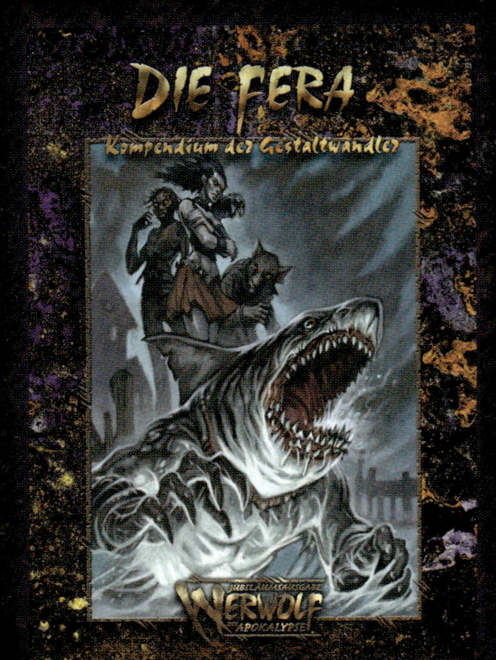

Die Fera
ISBN 978-3-95752-552-9

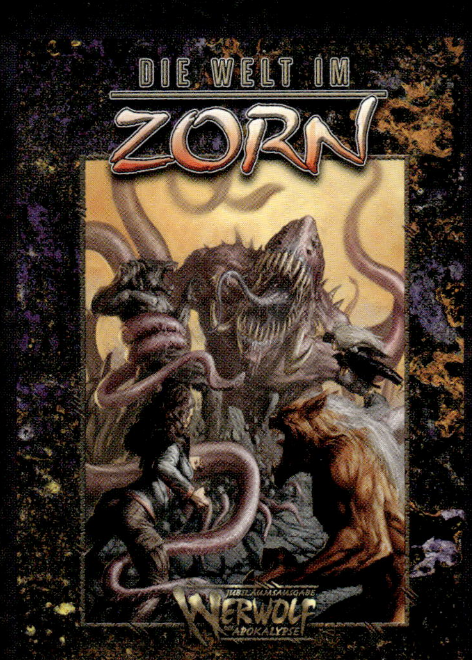

Die Welt im Zorn
ISBN 978-3-95752-553-6

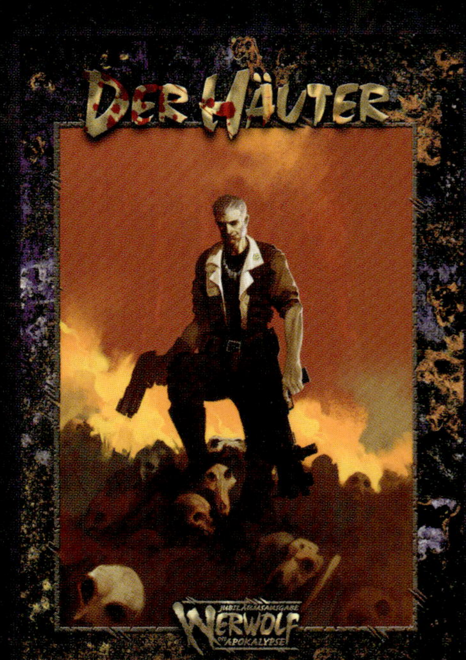

Der Häuter
ISBN 978-3-95752-554-3